The Historical Evolution, Characteristics
and Trends of the National Education Policy in the United States

Colonial Period - 1980
（Volume 1）

美国全国性教育政策形成的
历史过程、特点与趋势

殖民地时期—1980年

（上卷）

郭玉贵　著

Yugui Guo

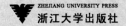

ZHEJIANG UNIVERSITY PRESS
浙江大学出版社

图书在版编目（CIP）数据

美国全国性教育政策形成的历史过程、特点与趋势：殖民地时期—1980年. 上卷 / 郭玉贵著. -- 杭州：浙江大学出版社，2021.2

ISBN 978-7-308-21064-5

Ⅰ. ①美…　Ⅱ. ①郭…　Ⅲ. ①教育政策－历史－研究－美国　Ⅳ. ①G571.29

中国版本图书馆 CIP 数据核字（2021）第026061号

美国全国性教育政策形成的历史过程、特点与趋势：殖民地时期—1980年（上卷）

郭玉贵　著

策　　划	吴伟伟	
责任编辑	钱济平　陈佩钰	
责任校对	许艺涛　黄慧英	
封面设计	项梦怡	
出版发行	浙江大学出版社	
	（杭州市天目山路148号　邮政编码310007）	
	（网址：http://www.zjupress.com）	
排　　版	杭州兴邦电子印务有限公司	
印　　刷	浙江新华数码印务有限公司	
开　　本	710mm×1000mm　1/16	
印　　张	25.5	
字　　数	431千	
版 印 次	2021年2月第1版　2021年2月第1次印刷	
书　　号	ISBN 978-7-308-21064-5	
定　　价	88.00元	

专家推荐

郭玉贵先生的这部著作,从美国殖民地时代的教育政策说起,一直到当代。分上下卷,上卷从殖民地时代到1980年,下卷从1981年到现在,对美国200多年来的教育政策进行了系统的评介。该书篇幅宏大,资料丰富,具有系统性、全面性、历史性、时代性的特点,是国别教育研究的一部力作。

——新中国比较教育学科创始人之一,北京师范大学资深教授　顾明远

从地方层面向全国层面的转变是美国教育政策的重要改革趋向,也是我们理解和把握美国教育政策的关键。本书从多个维度动态描绘了这一转变历程。作为一部追溯教育历史的著作,本书为教育改革的未来趋向提供了启迪;作为一部讨论教育政策的著作,本书对教育决策的动力机制进行了透彻分析;作为一部研究教育问题的著作,本书从社会治理结构的层面提供了新的视域。

——江苏大学教师教育学院院长、教授,美国加州大学伯克利分校法学院访问学者　王佳佳

多年的研究积累使郭玉贵老师对美国教育政策的理解全面透彻,分析深入浅出,表述驾轻就熟。这部纵贯数百年的美国联邦教育政策史巨著,以联邦教育政治的结构为框架,以时间轴为叙事线,在翔实的数据资料基础上,通过一个个典型的政策案例,呈现出一幅生动而恢宏的历史画卷。这部著作既有清晰的历史脉络,又有理论的分析框架,再加上娓娓道来的叙事风格,为读者理解和把握美国联邦教育政策的发展演变拨开了历史和政治的重重迷雾,实为该研究领域难得的一部好书。本书既可以作为比较教育和教育政策研究的案头书,也可以作为高校教学的参考书,对于读者来说则有很强的可读性。

——南京师范大学教育科学学院副教授,美国斯坦福大学政治学系访问学者　生兆欣

郭教授在本书中系统梳理了殖民地时期至20世纪80年代美国全国性教育政策的形成过程，并深刻剖析了教育政策与美国的社会政治之间的密切联系，对于我们真正认识美国联邦教育政策的演变有着极为重要的学术价值。

——浙江大学教育学院副教授，美国威斯康星大学麦迪逊分校访问学者　王慧敏

美国全国教育政策的形成是从抽象概念到政治现实的漫长过程。在这个过程中，既反映制度结构的优劣，也体现各方利益的博弈，更借助历史事件的巧合。郭玉贵老师长期穿梭中美两国开展教育研究，具有中美两国顶尖教育智库的资深经历，深知中美两国教育制度和决策机制的差异。上下两部鸿篇巨著将从跨国界、跨学科、跨时空的视角为我们展现史诗级的美国教育政策演变史。

——华东师范大学教育学部晨晖学者，美国加州大学伯克利分校法学院访问学者　刘涛

本书是一部全面系统研究美国教育政策的著作，它跳出教育论教育，围绕美国的权力结构、政治结构、决策过程、管理体制、社会民众等利益相关者的参与和博弈等，结合不断变换的时代背景、社会事件和法律，广泛深入探究，梳理了从美国殖民地时期至20世纪70年代末的联邦政府教育政策形成的历史过程与变化原因，归纳提炼其特点和这些政策的执行与发展趋势，敏锐地意识到联邦政府在美国教育发展中话语权逐渐加大。本书上卷着重论述了美国农业经济时代和工业经济时代背景下的美国联邦政府教育政策，这个时期也是美国教育快速发展时期，这对我国宏观教育战略政策研究有很好的借鉴参考价值。

本书语言通俗易懂，结构层次分明，条理清晰，特别是编制了数十张图表，展示了美国不同时期联邦政府权力结构概貌、教育政策和法律形成过程以及历届党派之争对教育政策发展造成的影响，直观明了，让人耳目一新。本书对于青年学者、学生们学习研究美国教育政策具有一定的理论意义和较强的现实意义，非常值得对国际比较教育研究和中国宏观教育战略政策及人力资源战略研究有兴趣的学生阅读学习。

——中国教育科学研究院助理研究员，美国密歇根大学访问学者　蓝文婷

鸣 谢

本书(上卷)的出版完成了笔者的部分心愿,这是国内外学术界的前辈、同事、朋友和师生多年来鼓励和支持的结果。在此庆贺之际,笔者向大家表示由衷的谢意。

首先,笔者真诚感谢新中国比较教育学科创始人之一、北京师范大学资深教授顾明远老前辈。与许多同辈学者一样,35年前,笔者就是从学习顾老师编写的比较教育教科书而开始进入该学科领域,在之后的学术生涯中,笔者一直敬顾老师为自己的学术导师,顾老师对笔者的学术研究也给予了极大的关心和鼓励,对本书的撰写提供了极具价值的指导意见和建议。在本书完成后,他不顾91岁高龄、视力严重衰退的情况,欣然撰写了序言,笔者既深感荣幸,又深为感动。

笔者真诚感谢5位中青年学者:江苏大学教师教育学院院长王佳佳教授、南京师范大学教育科学学院副教授生兆欣博士、浙江大学教育学院副教授王慧敏博士、华东师范大学教育学部晨晖学者刘涛博士、中国教育科学研究院助理研究员蓝文婷博士。他们都在教育政策和比较教育领域获得博士学位或从事博士后研究,并在美国接受过良好的学术训练,是近年来在国际与比较教育研究领域涌现出来的青年才俊。他们以各自的学术素养、专业背景以及留美研学的亲身经历,花费大量时间,对本书进行了认真的审读,撰写了令人印象深刻的推荐语。笔者在表示真挚感谢之余,期待今后有更多机会与他们进行交流和合作。

笔者特别对浙江大学社会科学学部主任、创新管理与持续竞争力研究国家哲学社会科学创新基地主任、长江学者吴晓波教授表示诚挚的敬意。感谢吴教授为笔者潜心研究和撰写本书所提供的宽松的学术氛围和优越的学术条件,并在本书出版过程中提供了及时的资助。没有吴主任和浙大管理学院朱原书记、魏江院长、汪蕾副院长等各位领导和同事的鼓励和帮助,本书是不可能完成的。

　　笔者真诚感谢浙江大学创新管理与持续竞争力研究中心为本书的顺利出版提供的慷慨资助。本书有幸获选2020年浙江大学支持出版高水平著作的"求是智库"丛书品牌建设项目，笔者也感谢"求是智库"对本书的出版提供了及时的资助。

　　也要感谢本项目的国际合作机构：美国亚洲文化学院（US Asian Cultural Academy）。在整个课题研究过程中，笔者的美国同事，美国亚洲文化学院校董会主席赵晓明教授、美国亚洲文化学院R. 马洛里·斯塔尔（R. Mallory Starr Jr.）院长、拉尔夫·温妮（Ralph E. Winnie）副院长、史蒂文·李（Steven Lee）副院长、章以本（William Chang）副院长等同人为笔者的研究提供了宝贵的第一手资料和建议，并在笔者数次访美调研、收集资料和讲学期间给予周到的接待和真诚的帮助。

　　笔者尤其感谢本书的出版机构——浙江大学出版社袁亚春总编辑和张琛副总编辑的敏锐眼光，他们对本书的选题价值给予充分认可和肯定，并给予特别的支持，使本书得以顺利出版。在本书编辑过程中，笔者充分感受到责任编辑钱济平老师，负责前期沟通和策划等工作的社科学术出版中心副主任吴伟伟老师和副总编辑张琛老师的高效、严谨、一丝不苟和耐心细致的工作作风。他们的专业能力、工作态度、敬业精神令我钦佩，同他们的合作既愉快又受益匪浅。

　　笔者由衷感谢苏州工业园区外国语学校创始者、张永红董事长在人力和物力上给予的无私支持。该校谭恺玥老师帮助制作了部分图表，笔者在此也表示诚挚的感谢。

　　对所有在本书撰写过程中给予支持和帮助的各位学者、专家、同事、学生和中美各机构、组织及人员，笔者表示衷心的感谢。

　　最后，笔者特在此对家人——太太陈寄兰和儿子郭亦表示由衷的感谢。多年来他们对我的学术工作给予了倾情支持，没有他们始终如一的理解和奉献，本书的完成是绝对不可能的。从这个意义上来说，他们可被视作本书的共同作者。

　　上卷的完稿仅是完成了本书的一半，笔者一定再接再厉、继续努力，力争尽早完成本书的下卷，以不辜负广大读者的期望。

郭玉贵

2020年12月于杭州求是园

gillguo@msn.com

序 言

比较教育是一个跨国家、跨地区、跨文化的教育学科分支,早在19世纪初朱利安发表《比较教育的研究计划和初步意见》时,就是以"借鉴"为特征。虽然当前比较教育界认为"借鉴"已经过时,但我始终认为,比较教育研究仍然有借鉴价值,借鉴别国教育经验为本国教育服务。这种借鉴已经不是像朱利安时代那样,一个国家向另一个国家学习,而是互相学习,互相借鉴。在当今全球化时代,国际教育交流与合作越来越频繁,交流与合作过程中就在互相借鉴。交流也好,借鉴也好,就要对别国的教育有一个彻底的了解。因此,比较研究的一个方向就是国别教育研究,国别教育研究是比较研究的基础。国别教育研究就应该追溯该国教育发展的历史,及至该国的历史文化背景。所以有人说,比较教育是教育史的延续。

改革开放以后,我们对欧美6个发达国家的教育进行了系统研究。特别是近些年来对美国教育研究的著作和文章十分丰富。这是因为,虽然美国只有200多年的历史,但其突然崛起,成为世界上最发达的国家,人们很想知道美国的教育起了什么作用。

郭玉贵先生就读于美国大学并在美国工作多年,近些年来回国工作,一直从事美国教育研究,特别是研究美国教育政策的演变和特点。凭借他在美国学习和工作的经验,他对美国教育的政策有比较透彻的了解。本书就是他研究的结晶。

书中所说的全国性教育政策,是指美国联邦政府层面的政策。美国是地方分权制,美国《宪法》中没有教育条款,联邦政府到1980年才设立教育部,但不领导各州教育,教育是各州的事务。所以美国全国性教育政策,只是联邦政府层面的政策,并不能完全覆盖各州地方的教育政策。但是随着科学技术的发展,教育在经济社会发展中显得越来越重要。特别是1957年苏联第一颗人造卫星上天以后,美国联邦政府就坐不住了,于是在1958年通过了著名的《国防教育法》。以后历届政府都有一些教育政策出台。如老布什任总统时期提出重建美国学校的主张；小布什时代提出不让一个孩子掉队；等等。这些政策对全国的影响确实难以估计。1991年我访问美国时，问他们怎么重建美国学校，许多校长和老师告诉我，这只是一种政治口号而已，下面并无动静。所以我们在阅读美国全国性教育政策时，不要以为这些政策都已经贯彻落实，只能看作是美国联邦政府对教育的一种认识。当然有些教育政策也会对各州有一定的影响，特别是当联邦政府有经费资助的时候，影响就会更大一些。例如《国防教育法》颁布以后，联邦政府给出了巨大拨款，进行了大规模的课程改革，有力地推进了美国教育现代化。

郭玉贵先生的这部著作，从美国殖民地时代的教育政策说起，一直到当代。全书分上下卷，上卷从殖民地时代到1980年，下卷从1981年到现在，对美国200多年来的教育政策进行了系统的评介。该书篇幅宏大，资料丰富，具有系统性、全面性、历史性、时代性的特点，是国别教育研究的一部力作。可惜我因视力严重衰退，未能通读全书。但在2018年我们交谈过他的写作提纲，因此对本书内容有所了解。郭玉贵先生要我写几句话，是为序。

北京师范大学资深教授
新中国比较教育学科创始人之一
中国教育学会名誉会长
2020年6月7日

前 言

改革开放40余年以来,为博采各发达国家的教育经验,中国教育学者纷纷走向世界,深入各国实地考察和研究各国教育的理论、法律、制度和实践,回国后通过著书立说将异国他乡的经验介绍至国内,为近几十年中国的教育改革和创新提供了宝贵的经验和参照系。毋庸讳言,在卷帙浩繁的文献中,介绍和研究美国教育的著作和文章占了最大的比重,笔者在早年的求学生涯中也受益良多。近年来,笔者根据自身留美多年的学习和研究经历,期望从某些独特的背景和角度进行梳理,以本书与中国教育学界,尤其是国际比较教育学界的同人们分享本人的心得体会,这就是撰写本书的初衷。

一、研究背景

笔者撰写本书最初源于3个机缘,第一个机缘发生在2007年上半年,应北京师范大学教育学院国际与比较教育研究中心的邀请,作为该中心的"985工程"客座研究员,笔者在那里进行了一学期的研究工作。其间,笔者为全院研究生就本书主题作了4场共10个多小时的系列讲座,反响非常热烈。受此题材和笔者研究方法的影响和启发,有些博士研究生在随后的博士后研究工作中,也选择将美国教育政策的某一个历史阶段或某一重点作为博士后报告的研究方向,并取得了可喜的突破。在此之后,笔者又陆续应邀赴国内其他大学和中国驻美国大使馆教育处就此题材作了多次讲座,均深受欢迎。其间国内同行建议和鼓励笔者写成专著,以飨更多读者。因一直忙于其他研究,此事就暂时搁置。

第二个机缘发生在2008年11月初,适逢美国总统大选结果刚揭晓,应《中国教育报》之邀,笔者撰写了2万字的文章《布什执政八年的教育遗产与奥巴马教育政策的推测》。文章刊出后,在国内外华人教育界引起了较大的反响。中国驻美国大使馆教育处公使衔参赞尤少忠博士专门将文章报送当时分管国际教育的教育部副部长章新胜，并得到章副部长的高度认可和赞赏。由此，也更加增强了笔者对该研究的信心。

第三个机缘发生在2012年，该年初，在美国朝野上下广泛评选的基础上，美国著名智库"美国进步中心"（Center for American Progress）发布了一份名为《美国政府对提升20世纪美国竞争力所作的最有效的十大投资项目》的重要研究报告。①该报告列举的十大投资项目中有三项是与人力资本和教育有关，笔者据此启动了"'人力资本世纪'——从新的角度审视美国近百年的人力资源发展轨迹"的研究。针对第一个投资项目"爱丽丝岛"（1900年）进行的研究已完成，其成果《美国全球人力资源战略的历史演变与启示——构建面向世界的中国21世纪人才战略》一书已于2015年12月由中组部下属的党建读物出版社出版。针对第二个投资项目《退役军人权利法》（1944年）所进行的研究成果——《反思与超越：构建新时代中国特色职业教育保障体系》一书也已于2019年6月由中央党校出版集团下属的国家行政学院出版社出版。而该报告列举的十大投资项目中的第三个与人力资本和教育有关的项目是美国1965年通过的《初等与中等教育法》。《初等与中等教育法》正是笔者2007年在北师大所作系列讲座内容中的核心部分。

在这种情况下，笔者开始将专著的撰写工作提到议事日程上来。然而，在构思书稿框架时，笔者遇到一个问题：与前面两个项目不同的是，影响和制约美国教育政策的背景和因素远超前两者。前两个项目的产生更多的是一种历史的偶然性，其历史背景和制约因素相对较简单，对它们后续发展效应的评价基本是正面的。而对《初等与中等教育法》的研究却远为复杂，牵涉到美国整个历史、理念、价值、政治、社会、经济、法律、宗教、种族、政权体制、党派之争、社会治理、利益团体、教育制度以及联邦与地方权力划分等等，真可谓在纵向上可上溯至最初的殖民地和建国以来的历史，在横向上可涵盖社会的所有领域，尤其是教育在美国属各州的地方事务，在这一独特的社会背景下，教育问题不仅与上述各领域密不可分，还与千家万户的普通民众密切相关。因此，单单孤立地介绍和分析《初等与中等教育法》本身，不可能在深度和广度上达到令人满意的效果，读者也难以同时达到"知其然，知其所以然"的程度。考虑到

---

① 十大投资项目分别是爱丽丝岛（1900年）、《退役军人权利法》（1944年）、《初等与中等教育法》（1965年）、巴拿马运河（1904—1914年）、胡佛大坝（1931—1936年）、马歇尔计划（1948—1951年）、州际高速公路系统（1954—1991年）、国防部高级研究计划署（1958年）、阿波罗太空计划（1961—1969年）、人类基因组计划（1990—2000年）。笔者研究的是前三个。

这一题材的复杂性,必须跳出教育的范畴,围绕《初等与中等教育法》,将其置于美国各个历史和现实的时空背景下进行考察,对美国的联邦教育政策进行尽可能全景式和多层次的描述和分析。

基于上述考虑,笔者在陆续完成20世纪提升美国竞争力的前两个与人力资本和教育有关的项目之后,即按照新的思路和框架开始本书的构思。笔者在2018年5月专门拜见和请教我国比较教育学科的开创者之一、北京师范大学资深教授顾明远老前辈。顾教授对本书的目录框架审阅后,给予了充分的肯定和鼓励,并允诺撰写序言。随后笔者于2018年秋转入浙江大学工作,即全力写作,终于于2020年5月中旬完成本书的初稿。

二、研究内容

本书(上卷)对美国早期殖民地时期和建国至1980年的300多年以来联邦政府教育政策形成的历史过程、特点与趋势进行了详细和深刻的剖析,尤其是对第二次世界大战后至20世纪70年代末的历任总统在各个时期联邦教育政策上所起的主导作用进行了详尽的个案研究。围绕美国特殊的"三权分立"的权力结构——行政、立法和司法,"四权分离"的政治结构——智库与媒体、国会、总统、法院,联邦政府①的"决策过程"——智库→媒体→国会→政府→政策出台,美国国家管理体制——横向分权制衡结构和纵向分权制衡结构以及相互之间的权力制衡关系,美国国会的结构、组织、职能和议事程序,以及社会各利益团体和民众在联邦政府教育政策形成过程中的博弈方式、过程、内容和结果进行了广泛和深入的介绍。

本书主要包括三大部分:美国联邦政府教育政策形成的历史过程,内容和特点,执行和发展趋势。全书共五章,根据美国各历史阶段不同的政治和社会发展的特点予以区分。

作为导论的第一章"背景铺垫",对本书的撰写目的和研究的问题以及美国独特的联邦政府的构成、权力职能与决策过程等框架作了较为详尽的介绍和分析,为读者了解和理解后面各章内容提供了充分的知识背景和基础。

第二章论述了美国联邦政府从早期殖民地时期至20世纪上半叶在教育方面的作用,涵盖了美国殖民地时期的教育萌芽和美国联邦政府早期至20世纪

---

① 本书论及的美国联邦政府包括了联邦行政部门、联邦国会和联邦最高法院,这三者构成了美国联邦政府不可分割的整体。

40年代的工作，挖掘出一些学术界尚未发现的新的史料。

第三章梳理了美国联邦政府在20世纪40—50年代的教育政策，该时期联邦政府所制定的教育政策与战争、国防和冷战相联系，并对该时期联邦政府通过的与此相关的3部法律[1940年的《兰哈姆法》(Lanham Act)、1944年的《退役军人权利法》(GI BILL)和1958年的《国防教育法》(National Defense Education Act)]分别进行了系统和详细的案例分析。

第四章确定了美国联邦政府20世纪60年代的教育政策与"向贫穷开战"相联系的特点，该章根据当时的历史与社会背景，分别对肯尼迪总统任内的教育政策和约翰逊总统继任后所提出的"伟大社会"计划(Great Society)进行了介绍，然后详细介绍了约翰逊当选总统后如何推动国会通过美国迄今为止最为重要的教育法律——《初等与中等教育法》，最后对1965—1968年《初等与中等教育法》的实施成效与面临的挑战进行了分析。

第五章揭示了美国联邦政府20世纪70年代教育政策受制于缺乏互信与严重对立的党派政治环境。这是缘于当时美国联邦政府的权力结构遇到了建国200多年来从未经历过的情况，共和党的尼克松总统和福特总统在各自的总统任期内一直受制于由民主党掌控的国会，"府院之争"贯穿了两位共和党总统的任期。70年代末民主党的卡特总统上任后虽然有所缓和，但"府院"之间处于互不信任的状况以一种新的形式继续存在。

由于整部书稿篇幅较长，分为上卷和下卷，本书仅限于上卷的内容，故以上内容仅限于上卷的部分，不涉及下卷内容。但是，为了使读者对整部书稿的框架有整体的了解，笔者也将下卷的章节目录一并附在"附录一"中。

三、几点说明

考虑到本书的研究角度和撰写风格可能与国内学者有所不同，笔者想作几点说明。

(1)可能读者已注意到，本书的书名为《美国全国性教育政策形成的历史过程、特点与趋势：殖民地时期—1980年（上卷）》，然而在通读完本书之后，读者会发现书中论述的都是美国联邦政府的教育政策，而非全国性教育政策。鉴于中美两国政府行政制度的不同，前者是中央集中管理型制度，后者是地方分权式制度。如果在中国说中央教育政策，一般就是涵盖全国的教育政策，两者是基本一致的。但是，如果在美国说联邦教育政策，那就通常仅指在联邦政府层面的政策，并不能完全覆盖各州地方的教育政策，两者并不等同。然而，随着社会的发展,尤其是在20世纪80年代后美国逐渐进入知识经济时代后,经济基础的改变必然要求上层建筑也作出相应的变化,联邦政府在全国教育领域的话语权也逐渐加大,在朝野各方的持续努力下,最终在21世纪初形成了全国性的教育政策,这是下卷中要重点论述的内容,特此予以说明。

(2)有关书名的另一个说明是指"历史过程",本书自始至终专注于美国全国性教育政策形成的"过程"论述,而非强调"结果"。如果能将过程讲透彻了,结果也就自然而然地呈现出来。此外,本书以论述为主,甚少评论,更避免主观价值判断。基于这样的设想,笔者不仅希望揭示美国全国性教育政策形成过程中的事实(know-what),同时也揭示其是如何产生的(know-how),更要力求揭示其为什么会形成(know-why)。如果说有时候对政治问题的研究宜粗不宜细,那么对学术问题的研究则宜细不宜粗,将影响和制约事物发展的背后因素揭示得越透彻,越是接近事物的本来面貌。

(3)本书论及的美国联邦政府并不限于美国联邦行政部门,而是包括了联邦国会和联邦最高法院,这三者构成了美国联邦政府不可分割的整体,各自在联邦教育政策的制定过程中扮演了不同的角色,与此同时,这三者也在联邦教育政策的形成过程中互相制约和平衡。

(4)虽然上述的美国联邦政府是制定美国联邦教育政策的主体,但是美国的教育决策在相当程度上是以民意为基础的。美国是选举政治,民意主流对政府政策的制定影响巨大,从这个意义上来说,国家的政策取决于民意的选择。而民意的源头就在智库和媒体,从这个角度看,美国的决策过程中,政府和国会只是展现决策的最终结果,而不是决策的源头,这是美国的社会政治制度所决定的。

(5)囿于美国《宪法》对教育的限定,美国的教育事务是由各州管理,联邦政府无权直接干预教育。然而,随着历史的演变和民众的需要,美国联邦政府通过制定新的法律,采用变通和间接的方式资助和影响各州教育政策的制定和走向。经过200多年的持续演变,最终从联邦教育政策过渡到全国性教育政策。

(6)虽然美国联邦政府的权力结构是三权分立,但是历任总统在联邦教育政策的制定过程中扮演了关键的角色。无论是教育政策制定的方向还是实施结果,均与历任总统的社会理念、教育经历、从政阅历、执政志向、政治运作与策略等个人特质密切相关。正因为存在这些个性差异,在不同的总统执政时期,美国联邦教育政策的制定和实施具有鲜明的个人特征。

（7）虽然早期的美国《宪法》规定了美国教育行政的地方分权体制，但并不意味着美国联邦政府完全无视教育、推卸责任。事实上，联邦政府一直非常重视教育在国家的巩固和建设中所起的作用，只是在《宪法》的限制下采取了不同于其他国家的特殊方式和手段。本书用翔实的资料澄清了国内学者在这方面长期形成的误区。

（8）美国联邦政府教育政策形成的过程绝对不是简单和一帆风顺的，是一种动态发展。将教育政策转化为国家法律的过程不但受美国特殊的政治、社会和意识形态大环境的影响，也受限于历任总统和历届国会议员各自的党派背景与个人意识形态的倾向，以及他们各自所代表的各地选区选民的利益和对教育的诉求。鉴于此，本书详细编制了数十张图表，提供了从20世纪50年代初至今整整60多年的各届联邦政府（包括行政和立法）的权力结构概貌，尽可能将各时期美国的教育政策和法律的形成过程与历任总统和历届国会党派之间的博弈、争斗，以及所起的作用进行介绍和分析，展示了一个动态的图景。

（9）按照美国《宪法》的安排，在正常情况下教育事务是由各州负责。然而，一旦出现某种外部事件的冲击，例如重大灾难、战争、国防、经济危机等形成对现状的挑战，甚至影响到美国的国家安全，联邦政府会立即承担起教育改革的重任。自20世纪50年代迄今以来即有3个典型的案例分别是：50年代的教育改革、80年代的教育改革和21世纪初迄今的教育改革。三次教育改革的共同点都是外部事件的冲击，使联邦政府将教育事业的成败与国家安全紧密联系在一起。

（10）虽然美国教育政策制定的主体是联邦政府各个部门，但是社会各界和民众的作用也不能轻视。美国有大量来自不同国家和地区的移民，他们的宗教信仰、语言文化、民族传统、价值观念、利益诉求和受教育程度等都不相同。因此本书深度揭示了美国教育政策的影响因素，详细描述了美国联邦教育政策在制定过程中始终囿于美国特殊的权力结构、意识形态、政治生态、种族差异、世俗与教会、联邦控制与各州州权以及各方利益团体的博弈等因素的制约和限制的特殊状况。

（11）上卷主要考察和论述了美国从殖民地时期至20世纪70年代末美国农业经济时代和工业经济时代背景下的联邦政府教育政策，下卷中我们将考察和论述知识经济时代美国联邦政府的教育政策以及全国性教育政策的演变过程，与此相应揭示美国教育的几大重点转变：从注重投入到注重产出，从注重平等到注重提高，从注重数量到注重质量，从注重过程到注重结果。显然，美国教育政策的这些重大转变和调整是为了适应全球化和知识经济的需求和挑战。

（12）记得有一位学者曾说过，"离开政治制度而孤立地讨论教育问题是毫无意义的"，这一名言最适合诠释对美国教育的研究。本书对美国联邦政府教育政策演变的整个过程作了全方位和立体性的介绍，并对其经验和教训进行了系统和完整的剖析，向中国读者清晰地展现了美国联邦教育政策演变的全貌。该研究成果对制定中国宏观教育战略政策、人力资源战略研究以及国际与比较教育学科发展，均具有一定的借鉴和参考意义。与国内同领域研究比较，本书研究的主题或内容，研究的角度或对象，研究的广度和深度，以及资料的翔实度和可信度，均具有独特性，也是一次特殊的尝试。

郭玉贵

浙江大学管理学院

中美社会治理创新研究中心常务副主任、教授

美国亚洲文化学院（UACA）国际教育研究中心主任

2020年5月

目 录

第一章　背景铺垫

第一节　问题的提出：
俞可平《关于"民主是个好东西"的辨证》

在介绍美国全国性教育政策形成的历史过程时，我们无法绕过其特殊的政治、权力和社会结构。然而，如果对美国基本的政治体制不甚了解的话，对理解本书的内容会有一定的困难。尤其是在美国的社会环境中，全国性教育政策的制定、形成和执行是在与我国迥然不同的背景下进行的，这一"过程"具有独特性，更反映了美国与众不同的历史、文化和国情。从这个角度考虑，作为铺垫，笔者在本书开头将对美国特殊的政治、权力和社会结构作简要的介绍。

而要描述美国的民主模式，既非本书的目的，也非笔者的能力所及。对于美国民主模式究竟如何，笔者想引用中共中央编译局副局长俞可平（现为北京大学政府管理学院院长）于2006年10月23日在《北京日报》发表的文章《关于"民主是个好东西"的辨证》中的几段：

> 民主是个好东西，不是对个别的人而言的，也不是对一些官员而言的；它是对整个国家和民族而言的，是对广大人民群众而言的。坦率地说，对于那些以自我利益为重的官员而言，民主不但不是一个好东西，还是一个麻烦东西，甚至是一个坏东西。试想，在民主政治条件下，官员要通过公民的选举产生，要得到多数人的拥护与支持；其权力要受到公民的制约，他不能为所欲为，还要与老百姓平起平坐、讨价还价。单这两点，很多人就不会喜欢。因此，民主政治不会自发运转，它需要人民自己和代表人民利益的政府官员去推动和实践。

民主是个好东西，不是说民主什么都好。民主绝不是十全十美的，它有许多内在的不足。民主确实会使公民走上街头，举行集会，从而可能引发政局的不稳定；民主使一些在非民主条件下很简单的事务变得相对复杂和烦琐，从而增加政治和行政的成本；民主往往需要反反复复的协商和讨论，常常会使一些本来应当及时做出的决定，变得悬而未决，从而降低行政效率；民主还会使一些夸夸其谈的政治骗子有可乘之机，成为其蒙蔽人民的工具，如此等等。但是，在人类迄今发明和推行的所有政治制度中，民主是弊端最少的一种。也就是说，相对而言，民主是人类迄今最好的政治制度。

我们正在建设中国特色的社会主义现代化强国，对于我们来说，民主更是一个好东西，也更加必不可少。马克思主义经典作家说过，没有民主，就没有社会主义。当然，我们正在建设的，是具有中国特色的社会主义民主政治。一方面，我们要充分吸取人类政治文明的一切优秀成果，包括民主政治方面的优秀成果；但另一方面，我们不照搬国外的政治模式。我们的民主政治建设，也必须密切结合我国的历史文化传统和社会现实条件。只有这样，中国人民才能真正享受民主政治的甜蜜果实。

第二节　美国联邦政府的结构、职能与决策过程

一、"三权分立"的特点与作用：立法、行政、司法（权力结构）

我国绝大多数读者对美国"三权分立"的权力结构还是有所了解的。三权分立原则作为一种学说最先是由英国思想家洛克提出，经法国思想家孟德斯鸠发展和完善。而美国建国初期的政治家、宪法学家汉密尔顿则提出了具有完整意义的"三权分立"和制衡理论。他的"三权分立"和制衡理论，成为当时美国立宪的基本原则之一。美国三权分立原则是指国家的立法、行政、司法三种权力，分别由议会、政府、法院独立行使并相互制衡。立法权由国会掌握，行政权归于总统，司法权属于联邦最高法院。三权相互制约，国会可以通过弹劾等诸多形式限制总统，总统可以通过"搁置否决权"等形式限制国会的权力，而联邦最高法院则可以通过违宪审查的形式限制国会的立法权和总统的行政权。

二、"四权分离"：智库与媒体、国会、总统、法院（政治结构）

美国"三权分立"的权力结构是由《宪法》明文规定的。然而在美国待过一段时间的人们会发现，在影响国计民生的重大政策出台的各种力量中，还得加上难以计数的民间智库和所谓"无冕之王"的媒体，由此形成了"四权分离"的政治结构。智库与媒体、国会、总统、法院，四大势力各自独立、各司其职、各自为政。当然，一些智库和媒体有浓厚的官方背景，比如兰德公司、美国之音，但更多的是完全独立于官方的智库和媒体。这就使得智库和媒体能够与权力部门保持距离，并具有极强的独立性，以便完成使命。从表面上看，美国智库和媒体都是非官方的，似乎只能起到咨询和传递民意的作用。其实，它们的重要性是由美国政治的决策过程所决定的。在日常操作中，智库虽然与政府往来密切，但与政府往往是合同关系，实行项目合作。智库做课题研究，资金来源或是政府，或是其他机构，美国政府并不干涉。这样就使得智库成为美国政府名副其实的"外脑"，超然于权力之外进行独立思考。[①]

三、决策过程：智库→媒体→国会→政府→政策出台

美国的决策过程的特点是自下而上，其决策过程先后有序，大致的顺序是：智库→媒体→国会→政府（行政当局）→政策出台。对于某项政策的出台，首先，智库独立进行多方面的调研、论证和总结，并得出具有可操作性的政策意见。然后，智库又通过媒体进一步公开传播和辩论，引起整个社会对这项政策的关注。其实，这两者合作就成了美国社会的"意见领袖"。紧接着，媒体和智库提出的政策意见势必会引起美国国会和行政部门的关注，国会通过听证会等方法进行进一步的辩论。最后，行政部门会根据"意见领袖"的建议或国会的压力对这项政策做出决定，于是一项政策、法规、法律就出台了。总体上说，美国重大政策的出台不会脱离这么一个过程。

上海太平洋国际战略研究所高级分析员朱小琳对美国独特的决策过程有很形象的比喻，"如果说智库是厨师，而媒体就有点像饭馆，美国主流媒体往往成为智库或政治精英表达意见的阵地。在这个饭馆里，美国决策部门及执行机构只负责吃饭即可。因为他们整日忙碌，把太多的精力集中在执行政策、紧

---

① 朱小琳：《美国对华决策始于"外脑"》，载《环球时报》2006年10月27日第11版，http://www.wendangku.net/doc/84d146dca58da0116d174900.html，2018年7月4日访问。

急事务和日常事务中,无法静下心来集中精力对某项政策进行冷静的、充分的思考和论证。他们只吃饭,而不做饭,更没有时间去琢磨做好饭。政府可以从智库和媒体上挑选他们所需要的、现成的饭菜"。

笔者根据自身的经历体会到,由于美国社会相对开放和透明,通常智库的研究成果和建议右手提交给政府有关部门,左手就同时送达媒体并向公众公布。也就是说,民众和政府所得到的信息基本上是同步的,没有时间差的问题。而美国决策部门及执行机构的官员不可能是所有领域的专家,他们到媒体这个"饭馆"充其量扮演"食客"的角色,不具备品味各种美味佳肴的素养。这就为民间各领域的学者和专家提供了极好的条件。这些在某一领域具有"美食家"资质的专家和学者,通过在多家"饭馆"对各种美味佳肴的品尝,基本上可以先于决策部门及执行机构预测到美国下一步发展的大致方向和趋势,这是因为美国的决策相当程度上是以民意为基础的。从这个角度看,美国政府和国会只是决策的最终结果,而不是决策的源头。美国政策的源头就在智库和媒体,这是美国的社会政治环境所决定的。从这个意义上来讲,只要抓住美国的智库和媒体,就基本把握了美国的政策走向。笔者在美国多年的研究经历遵循了这一原则,受益匪浅。

四、外部事件的冲击创造改革的条件

美国是个全球利益的国家,开放程度相当高。由于美国利益遍布全世界,世界某个地方发生的事情,往往会对其产生迅即和重要的影响和冲击。具体到教育领域,第二次世界大战以来,美国所进行的三次最重要的教育改革的动因,都是外部事件的冲击。

（一）第一次教育改革（1957—1960年）

1957年苏联第一颗人造地球卫星的成功发射,极大地震动了美国社会。朝野上下一致认为美国低质量的普通教育拖了高等教育发展的后腿,影响了科技水平与工程技术人员培养的质量,必须倾全力改革教育现状,才能取得科技竞赛的领先地位,从而与苏联争夺霸权。为达到这一目的,美国把教育改革与国防联系在一起。联邦政府于1958年颁布了二战后的重要教育法律,即著名的《国防教育法》(National Defense Education Act)。

（二）第二次教育改革（1983—1990年）

自20世纪70年代至80年代上半期,日本、德国及韩国经济发展如日中天,其出口产品充斥美国市场,美国经济受到前所未有的挑战。加之越南战争、中东石油危机及一系列国内问题,美国经济持续十几年衰退,民众普遍生活在非常沮丧的气氛中。在教育界,情况更糟。在美国参加的19次国际中小学生学业竞赛中,美国学生多次名落孙山,且有7次垫底。消息披露后,全民哗然。在此气氛中,由美国联邦教育部下设的一个教育委员会在经过长达18个月的准备后,于1983年适时地推出了一份名为《国家处在危险中》(*A Nation at Risk*)的报告。该报告的出炉拉开了美国二战后第二次教育改革的序幕。

(三)第三次教育改革(2000年迄今)

自20世纪90年代开始,人类几乎同时进入信息化时代和全球化时代,各国对科技人才的争夺加剧,使美国——这个对外籍专家依赖程度最高的国家——体验到前所未有的危机感。美国公众突然发现:美国领先于全球的科技和经济很大程度上是依靠大量的外国"客座"专家和学者所支撑着。

我们说美国第三次教育改革的动因是受到全球化的影响,但全球化总得落实到具体的推动因素上。这就是人才的培养和人才的全球大流动。事实上,美国所担忧的问题是:如中国、印度的高层次人才,尤其是理工科人才的培养速度快、规模大;外国学生尤其是中国、印度高层次人才占据美国外国留学生的比例高以及他们将来的去留问题。笔者在美国参加的许多高层次研讨会上,中国和印度是会议中提及频率最高的国家。有人将中国和印度的崛起比为19世纪德国和20世纪初美国的崛起,更有人将中国和印度的崛起比为新的Sputnik事件(即1957年苏联卫星上天对美国的冲击),是比日本20世纪80年代挑战美国更为严重的事件。美国以率先登上月球的成就作为打败苏联的标志。另外,美国虽未能击败日本,但日本却被自己打败了。这第三次挑战来自中国和印度,最后的结果将会怎样呢?

如果说20世纪50年代的第一次教育改革的重点是美国联邦政府加大力度资助研究生教育和科学研究,80年代的第二次教育改革主要为提高中小学教育质量,那么迄今为止的第三次教育改革则涵盖的方面更广、涉及的层次更深、影响力更为长远:涉及中小学直至大学、研究生教育;涵盖学校教育和全社会人力资源的培养;既有教育质量的老问题,更有教育数量的新问题。因此是全局性和整体性的。

另外一点需要指出的是,第二次世界大战以来,美国三次教育改革有一个共同点:将教育事业的成败与国家安全紧密联系在一起。近年来,美国政府调整了国家战略,一反将国家安全限于国防和外交的传统安全观,而是广泛地将科学技术和教育纳入影响国家安全的重要因素,并将之提到前所未有的高度,声称：如果无法培养足够的科技和工程人才，其对美国国家安全造成的威胁仅次于大规模杀伤性武器对美国本土的攻击！

第三节　横向与纵向的分权制衡结构

美国国家管理的本质特征是分权，其管理体系分为横向分权制衡结构和纵向分权制衡结构两大部分。

一、横向分权制衡结构

美国联邦权力结构的特点是三种权力之间的相互分立与制衡。三权分立是美国政权组建和运行的基本原则，其核心内容是权力分立、制约和平衡。中央政权机关由彼此平等而又独立的立法、行政和司法三个机关组成，立法权属于国会，行政权属于总统，司法权属于联邦法院。国会负责立法，总统负责实施法律，法院负责审查法律，如图1-1所示。

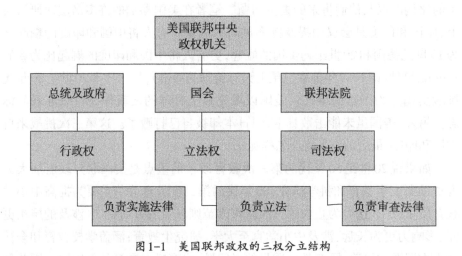

图1-1　美国联邦政权的三权分立结构

二、纵向分权的联邦体制

美国公共管理的分权还表现在它独特的纵向分权上，这就是著名的联邦体制，它形成了美国独特的三级管理体制，即联邦、州和地方政府，表1-1列举了美国政府三部门纵向结构。对应于联邦政府层面的三权分立结构，在州和地方两个层面也相应地设立了对应的立法、行政和司法机构。如立法方面有州议会和市政委员会，在行政方面有州长和市长，在司法方面有州法院和地方法院。

表1-1 美国政府纵向结构

级 别	立 法	行 政	司 法
联邦	国会	总统	联邦最高法院
州	州议会	州长	州法院
地方	市政委员会	市长	地方法院

在美国联邦制的纵向结构中，作为国家一级的联邦政府和作为次级的州政府不是上下级关系，州具有很高的自主权。这一制度结构的特征在于：第一，三级政府在各自权力的范围内行事，联邦政府只能行使宪法中所列举的权力。根据著名的美国宪法第十修正案规定，"本宪法未授予合众国、也未禁止各州行使的权力，保留给各州行使，或保留给人民行使之"。这样，各州在很大程度上得以防止受到联邦权力的侵犯。第二，三级政府的关系表现为既冲突、又合作，这是权力上下分割带来的一种必然现象，尽管合作是主要面。但不管怎样，联邦体制的本质特征并未改变。

三、联邦政府的权力制衡关系

三权分立是为了相互制衡，其关系见图1-2所示。简单说，总统的行政部门有权向国会建议制定法律和对国会通过的法案予以签署或否决，而国会有权对总统提交的法案予以批准并监督其执行；总统有权任命联邦法官，而联邦法官有权对总统的行政命令予以审查并裁决是否违宪；国会对总统任命的联邦法官有权予以批准或否决，而联邦法官对国会通过的法律同样有权审查并裁决是否违宪。

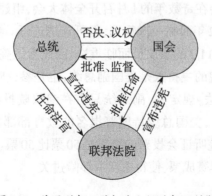

图1-2 美国联邦三种权力之间的相互制衡

第四节　美国国会的结构、组织和议事程序

一、美国国会的结构

由于美国国会的主要职能是制定法律，而美国的教育政策都是通过法律的形式予以颁布和执行，故先将美国国会的结构、组织和议事程序作一简介，这有助于读者了解美国立法过程和程序的复杂性和艰难性。

美国的开国元勋们为了能在全国立法机构中实现机构自身互相牵制、互相监督的目的，设计了一种两院制国会。在某种程度上，这种形式是联邦体制的特点所要求的。各州的利益在参议院得到平等体现（参议员有100人，每州有2位代表），从而，联邦结构固若金汤；而众议院则以人口数量为根据确定参与名额（目前有435人）。正如行政、立法、司法三大机构可以互相制约，国会内的两院也互相制约。因为国会每通过一项法令，都需要参众两院共同批准。

根据《宪法》第20条规定，每届国会任职2年。《宪法》第1条第4款要求国会每年至少召开一次全体大会，《宪法》第2条第3款规定总统有权在必要的时候在"特殊场合"召开国会。总统只有在两院无法就何时休会达成一致意见时才能下令国会休会，不过这种尴尬僵局还从未出现过。如果在该届国会第1次会议上提出某项法案，第2次会议就应对此进行考虑。但如果第2次会议上未通过，则必须由下届国会重新提出。根据1946年通过的立法机构重组法案，国会应在每年的7月31日以前结束年会。但国会面临的工作压力很大，以至于国会每年的年会往往要持续近1年。

每届新当选国会在奇数年的1月召开全体大会，组建本届国会。众议员任职2年，每位议员每2年面临一次重选，但可连选连任。参议员任职是6年，每次选举期间只有大约1/3的参议员面临重选，因此参议院一般被看作是个相对稳定的机构。参议院的主持人是美国副总统，也是参议院主席，这个职位是外加给参议院的（《宪法》规定）。副总统只有在参议院投票出现平局时才能投票。2017年2月7日，美国总统特朗普提名的教育部部长贝齐·德沃斯（Betsy DeVos）在国会参议院听证会投票的结果是50票比50票。局面僵持不下之时，副总统彭斯投出关键赞成票，使得德沃斯涉险过关。

二、美国国会的职能

美国国会大约有以下几项职能。

(1)监督行政管理——从重要性上讲,国会制定法律后的重点工作就是履行立法监督的职能。为了确保行政机构按国会意图执行法律,国会成立了许多委员会来监督成千上万个政府项目的运行情况。国会在监督总统及其行政机构时,有许多可供使用的武器。即使遭到总统的否决,国会也可以通过新的立法。更通常的做法是,国会可以行使"财政权力"来影响行政程序。国会有权决定是否向政府项目拨款。如果国会对某个具体计划不满意,可以减少或取消对这个项目的拨款(如特朗普总统修边境墙的计划在财政拨款问题上与国会的反复缠斗)。因此,对任何一个行政官员来说,极少有比搞好同众议院和参议院的拨款委员会的关系更为重要的事了。

(2)美国国会其他职能——在某种程度上,国会履行着巡视官的职能。国会的大多数议员听取公民的意见并进行调查。调查官的效率各不相同。这不仅是由议员的能力,也是由议员在国会的地位、意见的种类以及意见是针对哪个政府机构等因素决定的。许多机构会竭尽全力避免冒犯国会议员。

与巡视官的职能有直接关系的是立法者的职责。立法者的职责更加集中于为本地区选民团体、本地区强有力的派系或本地区的选民个人提供服务。不论议员是否发挥了这一职能,对议员来说,让这些选民和选民团体相信他或她正在良好地履行自身职能是至关重要的,只有这样,他或她才能重新当选议员。

国会议员的另一个极其重要的职能就是继续调查和辩论,向公众提供信息。通常,调查权是十分谨慎地使用的。20世纪70年代较为著名的例子当属众议院司法委员会对可能弹劾尼克松总统的调查,以及1987年对伊朗门丑闻所做的调查听证。在任何事件中,调查和立法辩论以及许多其他国会活动不仅向立法机构的议员提供信息,也向公众提供信息。

三、美国国会的权力

《宪法》第1条第8款规定了国会一系列正式权力。这些权力很广泛,包括确立税项及征收税款的权力、借款、调控商业、为公民归化和企业破产作出规定、铸造货币、确定度量标准、建立邮政体系、创立司法体系、宣布参战、划定联邦区域研究管理版权和专利权。尽管国会权力广泛,但也是有限制的。《宪法》专门规定了一些限制范围,例如宪法第一修正案就规定国会不能制定任何剥夺言论或新闻出版自由的法律。

四、美国国会议事程序：议案通过的曲折道路

那种从国会记录上反映出来的，参众两院整天在公开辩论、当场签署通过法案的场面，其实是一种想象。事实上，国会绝大多数事务都是由委员会来处理的，而且国会记录上所报告的绝大多数议事活动近乎虚构。《宪法》要求参众两院记录每次会议的议程，但十分重要的委员会工作的议程却未被包括在内。某位国会议员可以在国会记录中插入一段材料，也许看上去像是进行过激烈辩论，且他/她始终参加了辩论，但实际上，辩论过程中几乎没有什么内容。只要有要求（总是可以得到的）一致同意某议案的议员提出"修改和扩充他/她的发言"，就可以修改国会记录。议员也可以在国会记录后面标有"发言增补"的部分里任意插入他们想加入的几乎所有材料。辩论当然是有的，而且有时（虽然十分罕见）水平很高，但国会记录却不能完全反映辩论实情。议员们会拿到他们在会议上发言的副本，重新编辑，去掉不通顺之处，或干脆重新修改，然后才写入国会记录。这样，当每位议员看到会议记录时，他或她在国会记录上的发言将是完美的。如果某位议员没有编辑发言副本，记录又要按时出版，那这一部分会被删除，但会附上说明告知，某位议员的发言将附在"发言增补"部分。尽管存在着缺陷，国会记录对于那些想知道国会每天发生的事的人来说，仍不失为最好的资料。这是很有价值的资料，而且是全世界出版物中备受青睐的资料之一。

另外一种想象是，国会议员们就是整天在华盛顿不分青红皂白地通过法案。应当注意的是，1990年，国会近7400项议案中只有160条最终成为法案。要想弄清通过一项法案究竟有多难，让我们追踪一项议案从提出到成为法律的路径吧。

只有众议员或参议员才可以提出议案。除《宪法》规定有关财政税收的议案必须由众议院提出以外，参众两院均可各自提出议案，也可以一起提出议案。按传统，拨款议案由众议院提出，不过，这不是法定的。在图1-3中，我们追踪的议案是来自众议院的，议案是确立一项大学生学费津贴项目，众议员提出，希望能得到2亿美元的拨款。由于该议案技术性颇强，议员及其团队很难单独草拟，议员也许会把议案的纲要交给教育部的专家，再由专家在不考虑他们本人对该项目意见的情况下，协助草拟一份议案。当然，这种做法使行政机构在议案形成初期就对所提出的方案产生了一定的影响。

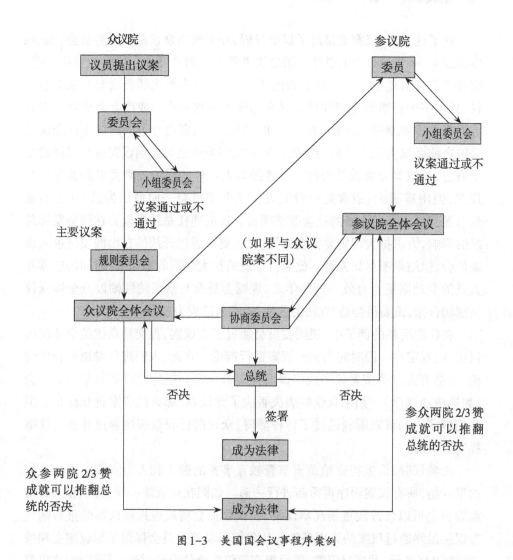

图1-3 美国国会议事程序案例

众议院提出议案后,先递交给拨款委员会,再提交给教育和劳工委员会。然后由教育和劳工委员会将议案交给管辖这类问题的分委员会来审查,也许举行听证会,请证人就本议案的优缺点发表意见,再由委员会或分委员会成员进行修改,按他们认为需要的方式修改议案的内容。无论什么原因,只要委员会没有通报赞成该议案,此议案通常就是被扼杀了。委员会也许会增加议案修正案,或重新起草一份新议案,与原来提交的议案截然不同。在我们目前假设的这个例子中,教育和劳工委员会弄清了该议案并予以通过,但做了修改:仅提供项目拨款1亿美元。

到了这一步，议案就排进了议事日程，并必须由众议院规则委员会（House Committee on Rules）审批通过。国会议事程序控制着通往众议院的交通大道，但并不负责其他委员会提交上来的所有议案，因为绝大部分议案并未引起争议，只需按例行事务处理即可。只有那些由筹款委员会或拨款委员会提交的方案报告才能享受"特殊礼遇"。一般来说，绝大多数有争议的议案在众议院采纳之前必须由规则委员会审核。如果规则委员会对此项议案进行阻挠或不予通过，该议案通常就是失败。尽管提案人有可能强迫规则委员会通过一个议案，但困难很大，通常是白费工夫。这个委员会一向被认为是"立法的墓地"，尤其是对那些进步的社会改革项目。肯尼迪任总统时极力在国会发挥总统的影响，力求扩大规则委员会的规模，让更多思想开放的自由派议员进入该委员会，但结果不尽如人意。比起肯尼迪的扩大规模的举措来，时间的迁移和人员的变动则更为有效。近些年来，规则委员会与众议院领袖以及全体众议员密切合作，该委员会是"立法的墓地"的恶名已成为过去。

在我们所举的例子中，规则委员会通过了该议案，提交给众议院全体议员讨论，按规定在一段时间内就此议案进行辩论。在此，人们进行辩论和会议讨论；也会有人试图搁置议案或将议案提交给一定会拒绝此议案的某个委员会（如果成功的话）。如果众议院表决否决了此议案，那么此议案就此终止。但我们例子中的议案顺利通过了种种障碍，众议院已投票表决通过并将此议案提交参议院。

在参议院，议案提交给负责掌管教育事务的劳工和人力资源委员会。从这里开始，所有议案程序再重新进行一遍。如同在众议院一样，劳工和人力资源委员会可以修改或重新起草议案，而该委员会赞成通过该议案的报告则是参议院最终通过议案的先决条件。让我们假设该委员会保留了原议案立项拨款数额2亿美元，并通过议案，然后提交参议院全体会议讨论。请注意，这里没有相当于众议院规则委员会的那么一个委员会（参议院内虽有规则和管理委员会，但大体相当于众议院的管理委员会，而不是规则委员会）。由于所有立法都必须经由参众两院通过，所以参议院如果反对议案，或不表态，都会扼杀议案。就像在众议院，如果成功地搁置议案或将议案提交给委员会都有可能扼杀议案。在我们所举的例子中，参议院投票通过了该项议案。尽管参众两院都通过了议案，但它仍不是国会法案，因为参众两院没有以完全相同的形式通过该议案。参众两院通过的议案文本只要存在极其微小的差别，也必须提交协商委员会协商。由于众议院通过的议案中立项拨款是1亿美元，而参议院议案中的数额是2亿美元,因此,该议案提交给了协商委员会。

正如前文所提到的,协商委员会的任务是消除参众两院议案文本中的差别。如果众议院绝大多数协商委员和参议院绝大多数协商委员无法达成一致意见,那么,即使在此之前两院均通过此议案,议案也会被扼杀。我们假设协商委员会通过了我们的议案,并经过妥协,同意立项拨款1.5亿美元。然后,最终通过协商委员会的议案报告又回到参众两院。通常参众两院都会接受此议案报告,但假如一院不接受,议案也会因此终止。在我们的图示中,参众两院全都投了赞成票,该议案成了国会法案,提交到总统。

总统接到这一法案,必须做出是否批准该法案成为正式法律的决定。如果总统在国会开会期间否决了这一法案,该法案将重新提交国会。除非国会两院均以2/3多数票重新通过该法案,否则,该法案就此终止。如果总统在国会休会期间否决该法案,那么就可以扼杀该法案,再想推翻总统的否决是不可能的。如果总统既不表示赞成,又不表示否决,该法案提交总统10天后自动成为法律。如果正值国会休会,该法案也会终止(所谓搁置否决)。在我们假设的议案中,总统签署了该法案,使之成为法律。

显然,在议案通往法律的道路上障碍重重。无疑,只有少数议案得以提交,最终通过,被签署成为法律。图1-3指出的要点是一案通过的程序有多么复杂,而这只有现实中复杂程度的一半。法案只是授权拨款,实际上并未拨款。要实现这一项目,就必须有另一个法案,拨款法案,那也必须走一遍全过程。这一议案必须在参众两院各自的拨款委员会里游走,而不是在最初处理提出议案的那些委员会那里。因此,法案会面对许多新的敌意。

整个立法程序中还有很大一部分涉及讨价还价和妥协。在许多情况下,人际关系和欠下的人情如同政治问题一样重要。整个立法程序的复杂绝非简短的讨论所能概括的。只有在国会参众两院意见几乎都一致的情况下,国会才能较为迅速地批准一项法案,不过这种情况极为罕见。20世纪60年代中期,国会神速地做出决定,将烧毁征兵卡片视为触犯联邦法律的罪行;约翰逊总统也同样神速地签署了这一决定,使之成为法律。1980年,当卡特总统呼吁军队征兵应重新注册时,国会又极为迅捷地表示同意。1981年,国会草率地采纳了大规模减税措施,丝毫没有意识到这将会引起日后大量的赤字。与此相反,国会花了25年以上的时间讨论通过老年医疗保健法案,花了近100年时间才通过已有成效的公民权利法案。①

第五节　美国法院制度

一、双轨系统的美国法院制度

美国实行联邦与地方分权的做法也体现在司法系统的双轨系统（dual system）上，即联邦法院和州法院系统。除了联邦法院外，各州也设州法院。这意味着美国实际上共有51种法院体制，一种是联邦层面的，另外则是50个州各自的法院制度，所幸其组织结构大致是相同的。基本上，联邦法院与州法院系统没有从属之分，只是管辖范围有所差异。

关于联邦与各州在司法上的权限界定，主要依据美国1789年通过的《宪法》。《宪法》第3条第2款规定："司法权所及的范围，应包括根据本法、合众国法律、合众国已定及将定的条约而发生的一切普通法及衡平法的案件；一切有关大使、公使及领事的案件；一切有关海上裁判权及海事裁判权的案件；合众国为当事人的诉讼、州与州之间的诉讼；州与另一州公民之间的诉讼；一州公民与另一州公民之间的诉讼；同州公民之间为不同的州所让与的土地而争执的诉讼；以及一州或其公民与外国政府，其公民或其属民之间的诉讼。"②从此正式界定联邦司法机构所管辖的范围，其后，美国国会在200多年间通过多项联邦法律，使联邦法院的管辖权范围不断扩大。

美国联邦法院与州法院系统彼此之间并非毫不相通，有些案件可以选择在州或联邦法院提起诉讼，反之亦然。因此，近年来联邦法院与州法院系统之间有日益模糊的趋势。实际上，美国州法院与联邦法院系统并无从属关系，而是各有管辖权。联邦法院管辖所谓的"联邦议题"（federal question），即联邦法律所规范内容中的争议事项。州法院管辖的"州议题"（state question），则为联邦议题以外的争议事项，联邦法律没有规范的事项均由州管辖。

当联邦法院审理"州议题"案件时，就必须采用州法律为审判依据。反之，

---

① ［美］麦克斯·J.斯基德摩，马歇尔·卡特·特里普，张帆、林琳译：《美国政府简介》，中国经济出版社1998年版。

② 秦梦群：《美国教育法与判例》，北京大学出版社2006年版，第27页。

当州法院审理"联邦议题"案件时,则必须适用联邦法律为审判依据。基本上,除了少数专属联邦法院管辖的案件应由联邦法院审理之外,联邦与各州法院会发生管辖重叠的情况,这时其判决力高低以下列原则为准。

(1)各州法院审理关于州法的问题,对所有法院均有约束力。针对州法而言,除非是州法与联邦法律发生冲突,联邦法院亦受到各州法院判决的约束。

(2)对于不同州人民的诉讼,联邦审理关于州法的问题时,根据前条规则,应受到各州法院对州法所作解释的约束。

(3)有关联邦法律的诉讼,有些不但可在联邦法院,亦可在各州法院提起,然而这些案件必须根据联邦法律作出判决,州最高法院作出的判决仍须受到联邦最高法院的审查。

(4)混合案件(mixed case),即在同时涉及联邦及各州法律问题的案件中,上述原则仍然适用。不过,在两种法律不相冲突的案件中,联邦法院倾向依照州法判决,而不就联邦法律作出判决。[①]

二、美国三级法院的架构

由于采用司法双轨系统,联邦与州的法院组织均分为三级,分别为初审法院(trial court)、上诉法院(appellate court 或 court of appeal)与最高法院(supreme court),详情请见图1-4美国法院系统组织简图。虽然三级法院的名称稍有差异,但功能却多半雷同,其内部组织结构则分别由州法律与联邦法律加以规定。

(一) 初审法院

初审法院根据案件种类和双方当事人的意愿,进行有陪审团或无陪审团的审判。初审法院法官的工作包括审查案件双方律师所提出的证据,根据辩论和证据厘清案件的事实。

由于初审法院是三级法院中唯一的事实审法院,此阶段不论是法官或陪审团,必须确认证据、证人的可信性与所有证据的重要性。这项工作极为重要,因为一旦上诉,上级法院并不对事实重新审理。

(二) 上诉法院与州最高法院

在美国的司法制度中,初审法院之上有上诉法院和州最高法院。最高法院的法官通常被尊称为"大法官"(justice),而上诉法院和初审法院的法官则被

---

① 秦梦群:《美国教育法与判例》,北京大学出版社2006年版,第28页。

称为"法官"（judge），上诉法院与州最高法院没有陪审团或其他非律师人员出庭。上诉法院通常有3位法官聆听和审判案件，而州最高法院通常有5位、7位或9位法官负责。

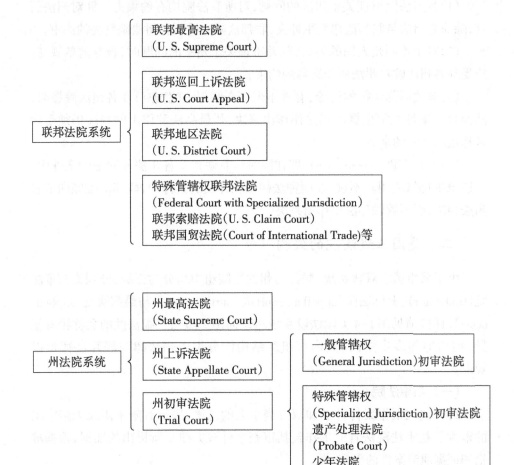

图1-4 美国法院系统组织简图

在初审法院审判终结后，双方当事人都有权提出上诉，如要继续上诉至州最高法院，州最高法院有决定是否审理的裁量权。然而，某些案件则可无条件地继续上诉至州最高法院，例如死刑的案件。上诉法院的任务主要是纠正初审的错误，州最高法院则多牵涉宪法的争议，因此只审判有重大争议的案件。

大多数上诉法院以法官3人小组的形式审理案件，如果小组成员对案件产生歧见，则必须加以协调。如果上诉法院法官拒绝召开会议来解决争议，则该州的最高法院可能允许该案件继续上诉。原则上，州最高法院是以全体法官出庭听审的方式判决案件。

法理上，上诉法院必须避免因其对于证据的判定，而推翻初审法院陪审团的意见，因此上诉法院无法再接受与事实争议有关的新证据。即使上诉法院认为需要更多的证据才能作出判决，也会将案件驳回至初审法院，指示其接受新证据并对案件重新审判。

上诉法院可以采用不同的判决方式，其中包括：（1）确认（affirm）初审法院的判决，表示赞同初审法院的判决；（2）推翻（reverse）初审法院的判决，并且判定另一方胜诉；（3）撤销（vacate）初审法院的判决，并将案件"发回"（remand）初审法院重审，使其检视新证据再深入探究真相，或依循上诉法院在其判决书中的指示重审案件。

三、州法院系统

由于体制不一样，各州法院系统的机构颇有差异，但基本上其功能均须依州宪法规定。与联邦法院相比较，州法院可审理案件的范围极大，除非是州法明令禁止的。这是因为联邦法院审理的范围仅限于联邦《宪法》第3条所规定的，明显较州法院小。

一般而言，州法院系统可分为3级。最下一级多称为州初审法院，对重大的民事争议和刑事犯罪行使管辖权。通常各州初审法院的管辖权只限州界的范围内。其中又可分为：（1）一般管辖权（general jurisdiction）初审法院：在各州多半又被称为district court或circuit court，甚至在纽约州竟被称为super court，对应州内各郡；（2）特殊管辖权（specialized jurisdiction）初审法院，例如遗产处理法院（probate court）、少年法院（juvenile court），以处理特定的争议。此外，美国大多数州在拥有一般管辖权的初审法院层级，设立小额索赔法院，负责审理小额赔偿金（例如500美元以下）的争议。程序十分简单，而且案件通常无法上诉。在大多数小额索赔法院，如果案件双方希望聘任律师或希望由一般的初审法院审理，则可要求小额索赔法院将案件"转移"至一般的初审法院。

州法院的第二级为州上诉法院（State Appellate Court），在某些州又被称作上级法院（Superior Court），再上级则为州最高法院（State Supreme Court）。各州因规定不同，名称也有所差异，有的州最高法院被称为Supreme Judicial Court；在纽约州和马里兰州则为 Court of Appeals；西弗吉尼亚州为 Supreme Court of Appeals。但不管名称如何，对于州最高法院的决定，均可申请上诉至联邦最高法院。

原则上，在审理案件时，州初审法院一方面认定事实，一方面寻找适用的法律；而州上诉法院则不再做事实调查，仅根据原审法院提供的书面记录，针对法律问题作出判决。至于州最高法院的基本职权，是审查下级法院判决。纯粹属于州的事务，至多只能上诉到州最高法院，只有牵涉到联邦问题时，才可以上诉到联邦最高法院。

四、联邦法院系统

美国《宪法》第3条规定："美国联邦司法权，属于最高法院及国会随时设置的下级法院。"联邦法院的设立，有两种不同的依据，联邦最高法院由《宪法》明文规定，至于以下的各级联邦法院，则依国会制定的法律而设立。

联邦法院系统也分为三级，最上层为联邦最高法院（U.S. Supreme Court），仅有1个；中层为联邦巡回上诉法院（U.S. Court of Appeals），至2004年有13个联邦巡回上诉法院；底层为联邦地区法院（U.S. District Court），至2004年，全国共有97个联邦地区法院。除了联邦最高法院的设置是《宪法》规定外，联邦最高法院大法官的人员编制，以及下级法院的设置与人员编制，均依据国会所制定的法律。

美国联邦法院审理的案件，大致分为两类：一是关于联邦问题的案件，也就是涉及美国《宪法》、联邦法律及联邦条约的案件；二是牵涉各州间人民或外国人的案件。虽然联邦法院审理的案件远少于州法院，但其处理的多半为重要的争议案件，例如涉及美国《宪法》的重大争议。由于美国联邦法院法官审理的案件影响深远，故其法官都由总统任命，为终身制，虽然人数少，但享有极高的荣誉。

（一）联邦地区法院

截至2004年，联邦法院系统的基层初审法院为分散于97个区域的联邦地区法院。在人口密集的州甚至可分为4个区域，例如加利福尼亚州即有东、南、西、北四个区域，而人口较少的阿拉斯加州则只有一个区域。

联邦地区法院早期采取法官独任审判制，目前则至少有2位法官。此外，1976年以后，对于联邦地区法院审理宪法相关案件时，开始采3人合议制，以决定法律适用是否违宪。重大案件甚至可由联邦地区法院全体法官共同审理。

（二）联邦巡回上诉法院

联邦地区法院之上设有13个联邦巡回上诉法院，审理联邦地区法院的上诉案件。除了美国联邦巡回上诉法院与华盛顿哥伦比亚特区巡回法院外，其余11个联邦巡回上诉法院分布于各州，均以数字命名（例如第一巡回上诉法院、第二巡回上诉法院等），每个联邦巡回上诉法院管辖数个州。

联邦巡回法院沿用"circut"一词，有其特殊的历史背景。早年英国国王任命的法官巡回各地处理案件的传统传到了美国，独立初期时美国法官也采用相同的方式。由于当时法官巡回之地即是法院，所以称为"巡回法院"。现在虽然法院位置都已固定，但"巡回法院"一词仍然保留至今。

联邦巡回上诉法院间的意见有时可能产生冲突，但彼此之间并不具有约束力。当不同的联邦巡回上诉法院判决相异时，联邦最高法院即行介入，其对意见分歧的联邦巡回上诉法院的判决有审查权。联邦巡回上诉法院受理联邦地区法院的上诉案件，通常由3位法官组成合议庭审理，可由不同巡回区的法官担任，或由该巡回区内的地区法院资深法官担任，必要时巡回上诉法院对于较重要的案件可由全体法官一起审理。

（三）联邦最高法院

美国联邦最高法院由9位法官组成，至少有6位出席才能开庭审理。每年10月到次年6月为审判期间，其任务是审理宪法及法律适用争议的案件。联邦最高法院对联邦巡回上诉法院的上诉案件，以及有关联邦法律争议的州法院判决，均可行使管辖权，其结构与管辖权由国会立法决定。自1868年以来，联邦最高法院共有9位大法官，包括1位首席大法官（chief justice）和8位陪审大法官（associate justice）。9位大法官共同出庭听审和判决所有上诉案件，首席大法官在判决时的地位与其他大法官相同，并未拥有特殊否决权。早期当事人上诉到联邦最高法院必须取得"错误令状"（writ of error），仿效英国司法中案件上诉到上议院的方式。现今实务上，案件上诉至联邦最高法院的方式有两种：一为"上诉"（appeal）；二为申请"调卷令"（writ of certiorari）。后者指上级法院命令下级法院，把与案件有关的诉讼证物资料呈交上级法院重新加以审理，调卷令由上级法院发给下级法院；上诉是指人民有上诉的当然权利，但须符合一定的条件，而调卷令则须经核准。在接到调卷令的申请后，联邦最高法院全体法官会召开会议加以审查。必须要有至少4位大法官的同意，才会下达调卷令。

第六节　美国教育行政机构与职权

美国教育行政体系分为联邦、州与地方三级，基本上实行地方分权原则。这是因为美国《宪法》中并无有关教育的条文，而根据宪法第十修正案，将宪法未明确的权限归属于州和人民。所以，自建国以来，州政府始终是美国各地教育的领导者，地方学区为执行者，联邦政府往往退居辅导与建议的角色。以下我们就美国三级教育行政体系予以介绍和分析。

广义而言，联邦教育行政机构除联邦教育部之外，还包括联邦立法机构。立法机构通过制定各种法律对各州教育实施影响。但我们这里仅介绍狭义上的美国教育行政机构，见图1-5。

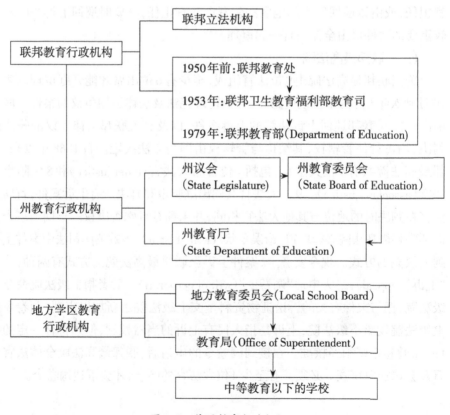

图1-5　美国教育行政组织

一、联邦教育部的职能

联邦教育部（Department of Education）最早设立于1867年，其任务仅为收集资料与研究发展，功能极为有限，后来降级为单独的联邦"教育办公室"（Office of Education）。到了1953年，改为隶属于联邦卫生教育福利部（Department of Health, Education and Welfare）。1979年10月，国会通过《教育部组织法》（Department of Education Organization Act），教育部从卫生教育福利部独立出来，属于内阁级的部门。

教育部的主要职能包括协调联邦政府对教育活动的参与，确认具有全国性的重要教育需求，针对这些需求提出对策，提供州与地方教育机关在技术及财政上的资助等。联邦政府的教育资助接近半数是由教育部执行的，因此教育部所制定颁布的规范教育资助的行政规章对各州具有重大的影响，通过这些规章的制定，教育行政机关得以影响州及地方的教育政策。

二、州教育行政机关及其职权

美国建国之初，兴办教育多被认为是私人与教会的责任，因此公立学校数量并不多，各州政府也缺乏专职机构。直到1837年，马萨诸塞州政府才创建第一个州教育委员会。州政府有权管理教育事务，因此各州宪法（State Constitution）规定公立学校相关法律责任，此为州立法机构的权力。州议会（State Legislature）通过立法，设立州内学区的运作架构，至于学区实际上如何运作则授权州教育委员会（State Board of Education）、州教育厅（State Department of Education）与地方教育委员会（Local School Board）来处理，这些机构依据法律，制定相关办法和规则运营和管理公立学校。

由于各州法律无法详细规定公立学校的每一细节，因此各州通常会设置类似"州教育委员会"的机构，由其制定更详尽的办法来落实法律。州教育委员会的成员多由人民直接选举产生，也有州长任命，州教育委员会在教育管理层面上直接隶属于州议会，通常通过预算的控制，强迫地方学区遵守其命令。委员会的人数在7—27人不等，任期4—9年不等，一般为4—6年。委员需具备的资格因各州要求不同而有所差异。少数州规定至少有1名学生代表。

除了作为决策机构的州教育委员会外，各州会任命教育厅厅长（Chief State School Officer），通常称为"Superintendent of Public Instruction"，执行工作。此外，各州亦设有"教育厅"（State Department of Education），其成员为教育

方面的专家，利用专业知识向州教育委员会、教育厅厅长和地方学区提供建议。教育厅常收集地方学区的资料，以确保州议会制定的法律和州教育委员会的政策被执行。此外，教育厅也从事教育研究来改善教学的质量。

首席教育行政官员负责监督公立学校系统。虽然少数州教育厅厅长由州长任命或由民众选举产生，但大多数州均由州教育委员会任命。教育厅厅长通常要有7年教学和行政经验，任期平均为3—4年。其职责为了解州民的教育需求、向大众呈现教育成果、对地方教育委员会和行政人员进行评价、提倡并实施各种教育方案、解决地方学校系统的争执、分配州和联邦政府的教育经费、评价教师、调和州内的教育事务、指派教育行政官员，以及参与州和全国教育评价工作等。

三、地方教育行政机构及其职权

地方学区为美国地方教育行政的基本单位，学区内最重要的机构为地方教育委员会，委员通常由民众选举产生。委员会组织成员不同于学校雇员（school employee），而被视为公立学校官员（public school officer），主要职责在于执行命令。地方学区另设有教育局（office of superintendent），教育局设局长（superintendent）。教育委员会的主要职权有：

(1)任命教育局局长；

(2)核定教育局局长所建议的学校计划；

(3)任用教育局局长所推荐的校长、教师及所属行政人员；

(4)审核教育预算；

(5)依法制定和颁布规则或办法；

(6)维持学校与社区良好公共关系。

学区的划分不一定与普通行政区相同，两者之间并无隶属关系，学区大小也有所不同，规模小的只办一所学校，甚至不办学校，而把学生送到邻近的学区；规模大的则有完整的学校系统。学区的类型各州并不相同，一般可分成五类：

(1)单独划分的学区；

(2)以州为单位划分学区（如夏威夷州只有一个学区）；

(3)以郡为单位划分学区；

(4)以镇和乡为单位划分学区；

（5）以市为单位划分学区。[①]

学区的行政组织与州相似，一般均设有民选或委派组成的地方学区教育委员会，委员人数少则5人，多则可达数十人，任期一般为3—5年。比例上，委员大多是中产阶级的商业人士或来自专业团体。地方学区教育委员会的职责是制定教育方针、征收所需税款、聘请教师及制定教育计划，并选派学区督学，而学区督学负责学区的教育督导事宜。

问题的提出：

1. 是谁制定美国教育政策？

2. 美国有无全国性的教育政策？联邦教育政策是否等同于全国性教育政策？

3. 如果有，是如何和何时形成的？有什么特点及趋势？

4. 有什么经验和教训？

5. 最后，对我国教育改革和发展有什么启示？

[①] 秦梦群：《美国教育法与判例》，北京大学出版社2006年版，第5—6页。

第二章 美国联邦政府早期对教育的作用（殖民地时期至第二次世界大战前）

第一节 殖民地时期的教育萌芽

我国著名比较教育学前辈滕大春教授曾指出："从英国于1607年在北美洲开始殖民，至今仅300余年，一片莽莽荒原竟然成为世界教育超级大国，被众多学者称为人类教育史上的奇迹。"[①]虽然殖民地时代的移民来自英国、西班牙、法国、荷兰等欧洲国家，然而，按照西方主流历史学家的研究认定：美国人最重要的和不朽的文化思想遗产都源自最初移民新英格兰的英国新教徒与他们的后代。[②]不同于其他一些欧洲殖民国家通常都是暂时前往殖民地做些掠夺的勾当，一旦便宜到手便离去，不做长远打算，英国则把殖民地作为永久性的领地，使之成为自治自立的社会，在那里兴办教会、教团、印刷厂、学校、政权机关等等，借以发扬英国的传统观念、政治、法律、文学、艺术之类。[③]因此，来自英国的早期移民在北美建起了13个英属殖民地之后，开始将英国的教育向殖民地移植。自17世纪40年代起，这种教育移植和发展进入了快速阶段，如主妇学校、贫儿学校、慈善学校和读写学校，还有拉丁文法学校，都先后在不同殖民地区域出现。

北美殖民地的教育主要从英国移植而来，兼容了其他欧洲国家的一些做法，故一种独特的盎格鲁—美利坚综合型文化教育在北美殖民地诞生了。17世纪的英国濒临资产阶级革命，国内各派宗教教义、学术主张和学术理论的争议甚为尖锐，如天主教与新教、国教与新教、忠君派与民主派、自然科学者与人

---

① 滕大春：《美国教育史》，人民教育出版社2001年版，第1页。

② Perry Miller and Thomas H. Johnson eds. The Puritans: A Sourcebook of Their Writings. Vol. 1, Harper Torchbooks, New York, 1963, p. 1.

③ 滕大春：《美国教育史》，人民教育出版社2001年版，第34页。

文主义者之争等等。这种百家争鸣和百花争艳的气氛受英国移民影响并传到北美,其历史意义非常深远。除了各类学校的移植之外,英国的教育思想也向北美滚滚涌来。英国思想家培根和洛克的教育理论在北美影响最为深切。其结果是,以英国教育理念为主而兼收别国教育之长的盎格鲁—美利坚综合型文化教育奠定了北美的教育根基。

当时英属13个殖民地大致可分为北部、中部和南部。这三部分殖民地在地理环境、生产方式和生活方式上有很大不同,因而在教育的组织形式和管理方式上也有不同的特点。如北部地区,政府机关尽力发挥对教育的领导和监督职能,而且直接拨款维持学校;中部地区实行对宗教宽容政策,教派林立,且都创办学校,以传播本教派的教义而呈现出多样性的特色;南部地区地广人稀,主要由家教和私立学校承担教育儿童的任务。①

美国殖民地时期,教育呈现出明显的区域性特色,发展也不平衡,而且各地对教育的要求也千差万别。在这种情况下,由地方因地制宜地制定教育政策是最佳选择,尤其是在各殖民地当时财力有限的情况下,中央集权制的管理方式会使政府感到力不从心、鞭长莫及,不利于教育的发展,反而会限制各地办教育的积极性。美国殖民地时期的教育状况及特点奠定了美国地方分权的教育行政体制的雏形。

第二节　美国联邦政府早期对教育的作用

美国特殊的教育行政地方分权体制的形成是与美国的国体及政治历史背景、文化教育传统密切相关的。1787年最初制定的美国《宪法》中并未提及教育,只是在数年后的1791年通过的宪法修正案,即《人权法案》第十条中规定"本宪法未授予合众国,也未禁止各州行使的权力,保留给各州行使,或保留给人民行使之"。这就是说,美国作为一个国家只享有《宪法》赋予的权力,各州所拥有的权力包括开办学校、制定新的婚姻法等,从而确立了教育地方分权之原则。为何一部世界史上有意义而且有关国家组织运营的基本法中没有提及教育呢? 关于这个问题有几种说法。

美国立宪时也确实存在集权制和分权制两种思想的争议。提倡集权制者

---

① 王蛹:《美国教育行政体制特征分析》,载《外国教育资料》1994年第1期,第68页。

主张加强联邦政府权力，建立统一的国家教育制度，甚至要求在联邦政府设立教育部和国立大学，领导全国的教育事业。分权制主张者则竭力反对，他们认为如果中央垄断职权过多，一旦不得其人则易流于暴政，唯有采行分权制可以避免灾难。

此外，由于建国初期经纬万端，联邦政府不暇及此。新建国家面临许多严重问题，如暴乱、分裂的危险，与之相比，教育问题也就显得不那么重要。另外制定《宪法》时，美国13个州各行其是，其教育思想与实践千差万别，各州都从自身利益出发，各执己见，因而在教育方面无法达成折中方案。因此美国《宪法》的最终方案对教育避而不提。上述说法都有一定的道理，《宪法》的处理方式为美国灵活的地方分权教育行政体制奠定了基础。此后，各州纷纷制定自己的教育法律，正所谓"美国有50个教育系统，而不是1个国家的教育系统，这种客观状况是由宪法第十修正案发展而来的，旨在保持国家传统，反对高度中央集权"[1]。

我们在指出美国地方分权教育行政体制的特殊性时，并不是说联邦政府完全无视教育工作、推卸责任。事实上，自建国后，美国联邦政府非常重视教育在共和国巩固和建设中所起的作用，只是在《宪法》的限制条件下采取了特殊的方式和手段。下面我们将从五个方面来论述早期美国联邦政府对教育所发挥的作用。

一、开国元勋的教育理念和实践活动对教育的引导作用

美利坚合众国本质上是资产阶级国家，在当时是标榜"民主"的崭新国家，在教育方向上必须围绕"民主"这个政治主题来创建和发展美国教育。对开国元勋们而言，宣告《独立宣言》、天赋权利是一回事，进行战争则是另一回事，战后设法保护那些获得的自由与权利更是另一回事。建国后，开国元勋认为共和国的基础是健全的公民，而培养健全公民的关键是教育。华盛顿（Washington）、杰弗逊（Jefferson）、拉什（Rush）、富兰克林（Franklin）等美国主要缔造者都对教育具有坚定的信念和热忱。首任总统华盛顿曾倡议建立国立大学，为国储才，并立遗嘱捐赠资产促其实现。华盛顿的理想是："在这所大学之中，使来自全国各地青年得受艺术、科学和文学的陶冶，在他们青年时代就建立起彼此间的感情，养成了他们的习惯，使他们团结一致，使全国各地青年结为一体，从

---

① 王蛹：《美国教育行政体制特征分析》，载《外国教育资料》1994年第1期，第68页。

而逐步地理解全国各地互相敌视和矛盾是没有理由的。"[①]他和随后的几任总统都有意在首都创立一所兼有学术和政治意义的学府。尽管因种种原因华盛顿的理想未得实现,但他于1790年在国会咨文中诚恳地告诫说:"没有任何比较发展科学和文学更值得你们重视的事情了。在任何国家,知识都是增进人民福利的最可靠的基础。"他在1796年卸任总统职务的告别演说中讲道:"请把传播知识的机关培植起来,并把这项任务当作极为重要的任务。因为政府既依靠群众意见来施政,群众就必须受到启发而免于愚昧。"[②]

美国的开国元勋中,没有人比《独立宣言》起草者、美国第三任总统托马斯·杰斐逊更清楚教育对新兴的共和国的重要意义。杰斐逊一直坚信,假如有大量的人口不知真正的政府、法律和社会秩序为何物,那么这个新兴的联邦将不会持续长久。[③]1779年,他建议弗吉尼亚州议会将威廉-玛丽学院改为州立大学,但未被通过。他在致友人的信中说:"比一切更为重要的,是我希望人民都受到教育。因为我相信最安全的保障人类自由的方法是使人民都有善良的思想。"[④]杰斐逊甚至提出了建立公立教育系统的设想,该设想建立在两个基础之上:一是他的经典民主思想,二是他对美利坚合众国的理想。他在写给友人的信中强调,"当然,最重要的是政府应当立法,给普通人提供接受教育的机会。普通人,才是我们自由的最明确的保障"。作为教育家,他对两座学府的诞生功不可没:位于西点(West Point)的美国军事学院(United States Military Academy)和弗吉尼亚大学(University of Virginia)。杰斐逊为创建弗吉尼亚大学贡献了特别心力,该校是第一所提供选修课程的大学。杰斐逊有关建立统一教育系统的计划,包含了民主的思想,认为所有的自由儿童、男性和女性都应当接受免费的初等学校教育。[⑤]遗憾的是,杰斐逊提出的主张在当时太过激进了,直到他去世也没有实现。

本杰明·拉什是宾夕法尼亚大学的一位化学兼医学教授,他也是《独立宣言》的签署者,他也非常重视教育发展。拉什于1787年给费城的公民写了一封

---

① Ellwood P. Cubberley. Public Education in the United States. Forgotten Books, February 9, 2017, p. 260.

② 滕大春:《美国教育史》,人民教育出版社2001年版,第134–135页。

③ 韦恩·厄本,周晟、谢爱磊译:《美国教育:一部历史档案》,中国人民大学出版社2009年版,第96页。

④ 赵玉闪:《论早期美国总统与美国教育》,载《中国电力教育》2012年第35期,第10页。

⑤ 韦恩·厄本,周晟、谢爱磊译:《美国教育:一部历史档案》,中国人民大学出版社2009年版,第99页。

信（该信发表在《独立的盖兹蒂尔》杂志上），强烈要求穷人孩子免费入学，他担心未受教育的公民会损害新建立的国家。他认为："无知、堕落的民族不会长久，也不会幸福。"[1]他坚信新的美国公民和文化一定会被创造出来。1786年，在美国《宪法》通过前夕，当一切都还处在未定之中的时候，拉什即呼吁应当在宾夕法尼亚州建立一整套教育体系。他宣称："我们国家的独立给教育事务带来了新的复杂情况，新政府负有新的义务与责任，新美国人的教育观念应当与其一致。"拉什主张应该通过赠地和公共税收的方式在每个镇和一定规模的地区建立免费的初等学校，并在每个县建立中等学校，还要建立4所学院和1所联邦大学。在拉什看来，这所联邦大学为有志于效力这个新国家的年轻人提供最高级别的教育。他预想，在这所联邦大学成立30年后，它就将能够为这个国家培养杰出的领导人。[2]

本杰明·富兰克林集科学家、发明家、政治家、外交家、教育家等于一身，他参与起草了《独立宣言》和美国《宪法》。在美国独立斗争中，富兰克林被誉为美国"三杰"之一，与杰斐逊、华盛顿齐名。富兰克林在建国之前的殖民地时期，就为提高民众的文化水平，培养适应资本主义工商业发展、具有民族意识和开拓精神的资本主义新公民而四处奔走。早在1743年和1749年，他分别发表了《关于推进英国北美殖民地实用教育的倡议》和《关于费城青年教育的倡议》2篇文章，力主在青年中推广实用教育。他在文中提出了一个为升学和就业做准备的完整的课程计划。他说："如果教给他们所有有用的和装饰的知识就好了。但是，学海无涯，生命短暂，因此，必须教给他们其中最有用的和最能装饰的内容，应该考虑到孩子们所向往的那几种职业。"[3]他强调青年教育的重要性，认为青年的优良教育是家庭和国家幸福的基础，各国政府无不视教育为国本，予以经费等多种支持。[4]因此，富兰克林于1751年在费城创立了文实学校，亲自任校长。文实学校是介于传统的拉丁文法学校、实科学校和公立中学之间的一种过渡性学校，是美国中等教育的一种类型。继富兰克林创办了费城文实学校之后，其他各州也纷纷效仿。除了对美国中等教育的贡献之外，他还创立了美国常青藤盟校之一——宾夕法尼亚大学。值得指出的是，与哈佛、

---

① Maurice R. Berube. American Presidents and Education. Greenwood Press, 1991, p. 14.

② 韦恩·厄本，周晟、谢爱磊译：《美国教育：一部历史档案》，中国人民大学出版社2009年版，第105页和第109页。

③ 刘小飞：《本杰明·富兰克林教育思想研究》，载《才智》2010年第8期，第145页。

④ 滕大春：《美国教育史》，人民教育出版社2001年版，第118-119页。

耶鲁等与教会有密切渊源的其他常青藤盟校不同，宾夕法尼亚大学是由政府创立的，它从创立开始即是世俗的，它注重科学教育，神学色彩淡薄。因此种种，富兰克林被公认为是美国在殖民地时期的伟大教育家。

综上所述，无论是殖民地时期，还是美国成立初期，美国开国元勋们均充分意识到教育对塑造和培养新兴共和国公民意识的关键作用，从而对教育予以格外重视，将教育作为推行民主的工具或手段，在理念和实践上引领了美国的教育方向和实践。事实上，后来的数任总统均继承这一传统，继续以各自的方式和特点发挥联邦政府在影响和引领美国教育发展中的作用。

二、美国《宪法》为各州加入联邦设置前提条件

1776年7月4日，北美13个殖民地宣布脱离英国独立，并据此建立了美利坚合众国（当时也称北美联邦成员国）。此时，美国领土只包括大西洋沿岸13个州，面积约80万平方公里。建国后，美国很快就走上了领土扩张的道路，在18世纪末期和整个19世纪，美国政府通过赎买、武装颠覆或发动战争等手段大力扩张领土。随着美国政府的向西扩张、征服以及购买，许多人移居西部，形成"西进运动"。"西进运动"使西部广大地区得到开发，促进了美国经济的发展。至20世纪初，美国已拥有除阿拉斯加州和夏威夷州之外的48个州和1个华盛顿哥伦比亚特区。领土已由大西洋沿岸扩展到太平洋沿岸。在1776年后的100多年内，美国领土几乎扩大了10倍，成为了东濒大西洋，西临太平洋，北靠加拿大，南接墨西哥，国土面积位居全球第四的国家。

美国建国时的13个州均是原英属殖民地，其3/4人口来自英国，民众处在相似的文化、制度、宗教、法律、传统、教育等背景下。尤其是经过了建国前的启蒙运动后，在建国时13个州均认同了《独立宣言》和《宪法》的民主理念与价值，从而建立了新兴的资产阶级共和国。但是，新扩张国土的原统治者来自法国、西班牙、俄罗斯等欧洲国家，这些地区尚未经受过资产阶级革命的洗礼。因此，美国在兼并各地的同时，也面临了在制度、法律等各方面整合和改造的艰巨任务，教育是一个最基本和关键的领域。

在扩张领土的同时，美国人口也迅速增长，尤其是19世纪40—50年代各国移民不断涌入。1830年以前，美国人口增长主要来自内部的增长，1830年以后，则是由于移民的蜂拥所致，1860年美国移民已高达400多万。这些移民来自不同的国家和地区，他们的宗教信仰、语言文化、民族传统、价值观念和教育程度等都不相同。如何把这些形形色色的移民纳入美国社会运行的轨道并融

为统一的美利坚民族，形成统一的国家，是摆在美国政府面前的一大挑战。明智人士认为解决这一问题的根本方法在于教育。

19世纪初，第二次独立战争结束（是美国与英国之间发生于1812年至1815年的战争），美国彻底摆脱了英国的控制，开始了产业革命。随着经济逐渐发展，政局日趋稳定，美国需要什么样教育的问题摆在人们面前。联邦政府认为国家的存在和繁荣依赖于知识的传播，国家需要的是公立免费学校而不是慈善学校和私立学校，更不是教会学校。社会政治也要求教育与之相适应，由此，普及的、免费的公立学校教育不可避免地成为国家的一部分。自19世纪30年代起，著名教育领袖贺拉斯·曼（Horace Mann）在马萨诸塞州开创的美国公立学校运动在东北部老州发展迅速。美国公立学校运动（the Common School Movement，也译为"公共学校运动"）是从19世纪初期开始以建立公立学校，为美国所有青少年儿童普及免费的国民教育为主旨的教育运动。

贺拉斯·曼不但从理论、政治、经济、宗教等各个方面论证了开办公立免费教育的必要性，更是通过自身的实践活动在制度、管理、立法、行政等方面提出了一系列专业的公立教育基本原则。例如，在公立学校的管理上，他主张由民选的立法机构和校外人士组成教育委员会共同负责，而不应由之前的专业教学人员来主持，这对学校行政管理向协同化方向发展有很大的影响。同时，他主张州公立学校应该有一套完整的视导制度，各区和镇必须有视导委员会，州要有教育董事会；主张公立学校主要依靠公共税收维持，由公共教育机关管理面向所有公众的免费的义务教育；主张各州应建立公共教育基金，而公共教育基金只能用于公共目的的教育，即只应拨给公立学校，而非教会学校和私立学校；还要求各州建立以培养公立学校师资为目的的州立师范学校和教师进修学院，为教师职业制定就业证书制度和资格标准等。贺拉斯·曼等进步教育家们为美国的普及教育和公立学校的发展贡献了丰功伟绩，除南部以外的各州建立了免费的、面向所有儿童的、无教派的、由公共税收维持并受公共行政机关监督的公立教育制度。

19世纪公立学校运动在美国的发展很不平衡，北部与南部、老州与新州、城市与乡村尽管都卷入了改革的洪流，但步伐很不一致。东北部，尤其是贺拉斯·曼所在的新英格兰地区有良好的基础、有经验丰富的教育家，公立学校运动蓬勃兴起，发展迅速。而南部由于残酷的奴隶制、落后的农业经济、不便的交通以及地方政府的不健全，当东北部的公立学校运动结出丰硕成果时，南方的公立学校运动才刚刚开始。而扩张后新开发的中西部各新建州更是没有任何基础和传统可循,尤其需要建立普及的、免费的公立学校教育。

显然,这是摆在美国联邦政府面前的一个重大问题,联邦政府必须采取行动统一的国家制度和法律。然而,鉴于前述1791年通过的宪法修正案中将包括教育在内的有关权力赋予了各州,确立了教育地方分权之原则,受制于《宪法》,美国联邦政府无法直接干预和管理教育。鉴此,美国联邦政府采取了迂回和变通的办法:援引《宪法》中有关条款作为各新建州加入联邦的前提条件。早在1787年5月,最初的13个州代表在费城(Philadelphia)制宪会议通过的《宪法》序言中即明确本宪法的目的是"促进公共福利,并使我们自己和后代得享自由的幸福"。《宪法》第4条第4款,即为著名的"保障条款"(the Guarantee Clause of the U.S. Constitution)。根据该条款,"合众国应保障联邦各州实行共和政体"(a republican form of government)①。

美国《宪法》是在13个州取得独立战争不久后制定的,因当时围绕建立什么样的国家制度各州意见并不统一。开国元勋们坚信,各州要在联邦中和平共处,必须拥有基于共同价值和统一原则的政治制度。加之独立初期国家尚未稳定,为各州免受外敌入侵以及避免政体蜕变,制定"保障条款"具有特殊的意义。第一,该条款是《宪法》中对各州实行的政体组织唯一具有约束限制的条款;第二,该条款赋予联邦政府明确的责任以预防各州倒退至非共和政体;第三,作为唯一由《宪法》授予联邦政府的责任,该条款明确赋予联邦政府监督各州的法律和政府结构的责任;第四,该条款须确保各州民众享受公共福利、自由和幸福。

美国《宪法》中的"保障条款"有两个关键点:一是预设了联邦政府有权干预的各州事务;二是明确各州必须实行共和政体。在整个19世纪,联邦政府在宪法层面规定了各新建州加入联邦的前提条件,凡是被接纳为联邦成员的新建州,必须在该州的宪法中明确本州实行共和政体。而共和政体的主要定义包含了确保各州民众享有的公共福利、自由和幸福等权利,实施公共教育是共和政府的基本特征之一。据此,美国联邦政府将各州是否设立公共教育与各州是否确立共和政体作为标准联系在一起,从而利用《宪法》所赋予的权力敦促和迫使因扩张而建立的各新建州建立公立教育制度。尽管在南北战争前,南部部分州就已经在州宪法中对实行公立教育作了规定,但是联邦国会还是

---

① Morton H. Halperin and Kristen Lomasney. Toward a Global "Guarantee Clause". Journal of Democracy, Vol. 4, Number 3, July 1993, p. 61.

要求所有州都必须在州宪法中加入关于公立教育的条款。虽然各州关于公立教育的表述各异，内容却基本相似，每个州都承诺向本州居民提供免费的公立教育。例如，当得克萨斯州在宪法中对公立教育的实行范围作出限制时，联邦国会立刻判定其无效并要求该州作出修正。另外，南方有10个州的免费公立学校系统差不多都是联邦政府在南北战争后的重建时代强加的。对南方的大部分州而言，较之于内战前的体制，这些都是彻底的变革——尽管在战前，这些州也都不同程度地存在一些免费的贫困儿童学校。[①] 虽然各州建立完整的公立教育制度的进度不一，但在19世纪中期以后，包括南部各州和中西部各州在内的全美各州制定的宪法中均列入了有关公立教育的条款，基本完善了公立教育制度。

表2-1提供了自1792年肯塔基州率先在本州宪法中列入公立教育的各项条款，直至1912年新墨西哥州将公立教育的条款也列入本州宪法，整个过程经历了120年才最终完成。美国公立学校制度的形成主要得益于两点：一是美国《宪法》的强制要求和敦促；二是先行者东北部老州的榜样作用。尤其是从19世纪50年代起，各州开始互相效仿，纷纷建立起完整的公立教育体系：包括实施免费和公共的教育，设立州教育局局长、州教育委员会、郡教育局局长，征收州教育税，明确世俗教育等。例如，自1835年密歇根州开始设立州教育局局长起，随后所有各州都依次跟上。而自19世纪60年代起，大部分新加入联邦的州设立了州教育委员会、开始征收州教育税以及设立郡教育局局长。而在南北战争后绝大部分州的宪法中均明确了公立学校的非教派性质。关于政府赠地和学校基金，我们将在稍后介绍。

表2-1　各州宪法中列入有关公立教育的各项条款

年份	州名	设立州教育局局长	设立州教育委员会	设立郡教育局局长	政府赠地	学校基金	州教育税	无教派性	教育目的
1792	肯塔基								
1796	田纳西								
1802	俄亥俄				√				√
1812	路易斯安娜								

① 韦恩·厄车，周晟、谢爱磊译：《美国教育：一部历史档案》，中国人民大学出版社2009年版，第226-227页。

续表

年份	州名	设立州教育局局长	设立州教育委员会	设立郡教育局局长	政府赠地	学校基金	州教育税	无教派性	教育目的
1816	印第安纳				√	√			√
1817	密西西比								√
1818	伊利诺伊								
1819	亚拉巴马				√	√			√
1819	缅因								√
1820	密苏里				√	√			√
1835	密歇根	√			√	√			√
1836	阿肯色				√				
1838	佛罗里达				√	√			√
1842	罗得岛					√			
1846	艾奥瓦	√			√	√			√
1848	威斯康星	√			√	√		√	
1849	加利福尼亚	√			√	√			√
1855	堪萨斯	√			√	√		√	
1857	明尼苏达				√	√	√		√
1857	俄勒冈	√			√	√			√
1863	西弗吉尼亚	√			√	√	√		√
1864	内华达	√			√	√		√	√
1866–1867	内布拉斯加					√		√	
1867	亚拉巴马	√	√		√	√			√
1867	马里兰					√	√		
1868	阿肯色	√			√	√	√	√	√
1868	佛罗里达	√			√	√	√		√
1868	佐治亚	√					√		
1868	路易斯安娜	√			√	√	√		
1868	密西西比	√	√	√	√	√	√		
1868	北卡罗来纳	√	√		√	√	√		√

续表

年份	州名	设立州教育局局长	设立州教育委员会	设立郡教育局局长	政府赠地	学校基金	州教育税	无教派性	教育目的
1868	南卡罗来纳	√	√	√	√	√	√	√	
1868	得克萨斯	√			√	√	√		
1870	弗吉尼亚	√	√	√	√	√	√		
1876	科罗拉多	√	√	√	√	√		√	
1889	爱达荷	√	√		√	√	√	√	√
1889	蒙大拿	√	√	√	√	√	√	√	
1889	北达科他	√	√		√	√	√		√
1889	南达科他	√	√		√	√	√		√
1889	华盛顿	√	√		√	√	√	√	√
1889	怀俄明	√	√			√			√
1895	犹他	√	√			√		√	
1907	俄克拉何马	√	√	√	√	√			√
1912	亚利桑那	√	√	√	√	√	√	√	
1912	新墨西哥	√	√	√	√	√		√	

资料来源：David Tyack，Thomas James and Aaron Benavot. Law and the Shaping of Public Education，1785–1954. University of Wisconsin Press，1987，p. 56。

　　表2-1提供了各州宪法中列入的有关公立教育的条款，相对来说是比较简略和笼统的，仅提供了一个宪法层面的框架。表2-2则提供各州宪法层面和法律条款中所包含的详细和广泛的公立教育内容，从而展现一个更为详尽的综合图景。从表2-2中数据可看到，在1885—1886学年，几乎所有州都规定了州教育局局长、地方学校董事、公立学校基金、地方或郡教育税、教师资格证书以及法定的儿童入学年龄。考虑到教师品质和提升教师技能的重要性，有34个州规定了教师的具体资格要求并建立了教师进修学院，占全美各州的89%。有28个州建立了专门培养教师的师范学校，34个州立法规定了学校开设的必修科目，另有31个州规定其有权选定教科书的主体部分。22个州为身心有问题者（即盲、聋、哑儿童以及有逃课和罪行的青少年等）开设了特殊学校，另有25个州依法对学龄儿童情况进行普查。

表2-2 制定公立教育宪法和法律条款的州的数量(1885—1886年)

各州制定的法律 条款内容和要求	州的 数量	在38个州 中的占比	各州制定的法律 条款内容和要求	州的 数量	在38个州 中的占比
州教育委员会(其中)	26	68%	教师的资格(具体资格要求)	34	89%
当然的委员	17		通过测试	33	
当然的和任命的委员	8		道德品质	18	
当然的和选举的委员	1		最低年龄(16—20岁)	4	
州教育局局长(其中)	38	100%	师范学校	28	74%
选举的	22				
任命的	12		教师进修学院	34	89%
由州议会选举的	3				
师范学校的校长	1		义务教育入学	15	39%
郡教育局局长(其中)	27	71%	必修科目	34	89%
选举的	16				
任命的	7		教科书审定(其中)	31	82%
其他	4		州级	14	
			郡级	5	
地方学校董事(其中)	34	89%	地方	9	
选举的	28		其他	3	
任命的	4				
其他	2		为身心有问题者开设学校	22	58%
公立学校基金	37	97%	学生隔离(其中):	23	60%
			强制性	15	
州教育税	26	68%	允许的	2	
			禁止的	6	
地方或郡教育税	37	97%			
			法定儿童上学年龄	37	97%
教师资格证书	38	100%			
只需州级	2		规定对学龄儿童普查	25	66%
州与郡均可	20				
州与学区均可	3				
师范学校文凭	11				
只需郡级	10				
只需学区级	2				

资料来源:David Tyack, Thomas James and Aaron Benavot. Law and the Shaping of Public Education, 1785-1954. University of Wisconsin Press, 1987, p.59。

值得注意的是,虽然各州在宪法和法律层面均制定了广泛的公立教育条款,但并不意味着各州的教育实践是同质性的。事实上,由于19世纪美国各州在地理环境、人口结构、经济发展、历史传统以及政治文化等各方面有很大的差异,在教育实践上也采取了不同的做法,各州的立法机构在选择公立学校的组织形式时,尽量适应本州的特点来体现其价值。例如,我们同样选定1885—1886学年这个节点,当时有15个州立法规定在公立学校实行种族隔离,另有6个州立法禁止。有7个州立法规定英语为公立学校的教学语言,而新墨西哥州于1912年在其州宪法中规定公立学校实行双语教学。由于历史传统与居民的构成不同,在南部和中西部许多人口稀少的州、郡对公立教育的管理和财政支出是很突出的问题,而在东北部城市化程度高的各州这方面则不是大问题。新加入联邦的各州较之东北部的老州更愿意通过选举产生学区的教育官员。[①]

三、联邦政府通过赠地的形式资助各州的教育

如果说前述的联邦政府通过《宪法》"保障条款"的杠杆作用,以《宪法》所赋予的权力敦促和间接地促使各州建立公立教育制度,而联邦政府向各州赠地就是直接资助各州的教育发展。赠地资助教育发展均通过了立法程序,最初美国联邦政府资助公立基础教育,19世纪中期后扩展至高等教育,下面我们将予以分别介绍。

(一)早期美国联邦政府赠地资助公立基础教育

北美殖民地的宗主国英国即有赠地支持办学的传统。1607年登上北美大陆的英国清教徒,同样以赠予土地的方式来支持北美殖民定居点的学校教育发展。美国历史上首次使用保留地建立学院的坎布里奇镇(即剑桥镇,建镇时叫Newtown,1638年改称Cambridge Town),支持的就是1636年建立的哈佛学院(Harvard College)。据《坎布里奇镇市政志》记载,1638年5月3日,坎布里奇镇将一块镇保留地赠予了哈佛学院、坎布里奇镇的学监和哈佛学院的实际管理者,也是美国历史上的第一位教授——纳撒尼尔·伊顿(Nathaniel Eaton)。1649年,坎布里奇镇又分别赠予哈佛学院及其院长100英亩(1英亩约合4046.86平方米)和400英亩的土地。此后坎布里奇镇继续以赠予公共土地的形式资助哈佛大学的办学。在哈佛学院之后,相继在新英格兰各殖民地建立的一些学院,也大

---

① David Tyack, Thomas James and Aaron Benavot. Law and the Shaping of Public Education, 1785-1954. University of Wisconsin Press, 1987, p. 60.

多是在殖民总督或者议会赠予保留地的支持下得以创建和发展起来的。[1]

基于这一传统,无论是殖民地时期,还是建国初期,虽然囿于《宪法》的规定,联邦政府无法直接管理教育,但还是采用变通的方式,通过赠地资助各州教育事务。

事实上,利用原有土地和划拨土地建立教育永久基金的做法在独立战争前后的各州均已实行。例如,东北部的老州康涅狄格州早在1750年即已这样做了。1795年,该州又把西部荒田380万亩出售,将售价120万美元归入办学基金之内。纽约州1800年也有类似的基金,并于1805年又出售50万亩荒田充实基金。田纳西州于1806年、弗吉尼亚州于1810年、南卡罗来纳州于1811年、马里兰州于1812年、新泽西州于1816年、佐治亚州于1817年,紧随着有缅因州、新罕布什尔州、阿肯色州和路易斯安娜州于1821年,佛蒙特州和北卡罗来纳州于1825年、罗得岛州于1828年、宾夕法尼亚州于1831年、马萨诸塞州于1834年,先后通过以各州划拨的土地出售等方式建立了教育永久基金。[2]

1. 1785年《土地条例》(Land Ordinance of 1785)

基于美国建国初期经济困难,加之各州尚未建立免费的公立教育体系,美国联邦政府通过立法以赠地资助各州教育。早期美国的教育发展与土地政策密切相关,土地是推动美国早期教育发展的最重要因素。

美国独立后,如何处理当时的西部,即阿巴拉契亚山以西的土地,成为热点问题,被提上邦联[3]政府的议事日程。1784年,处于过渡时期的邦联政府,委托杰斐逊起草了土地法。法令根据1780年大陆会议关于西部土地国有的宣言,规定西部土地为美国全体人民所有,肯定了土地出售前必须首先进行测量和所有赠送的土地都必须记录在案的做法。该土地法虽然未被国会接受,却成了1785年土地法令的基础,它确立的土地国有和建立新州的原则成为日后制定土地法令的依据。

1786年,《土地条例》正式出台。1785年5月20日,邦联政府通过了关于西部土地测量和出售的法令。在这一法令中,它将阿巴拉契亚山以西的土地划分成许多镇区,"每镇区为边长6英里(1英里约等于1.61千米)的正方形,即36平方英里,每镇区划分为36个1平方英里的地块,每块相当于640英亩(约等于

---

[1] 苟渊:《1862年赠地学院法案的缘起及其对美国社会的影响》,载《全球教育展望》2013年第6期,第119页。

[2] 滕大春:《美国教育史》,人民教育出版社2001年版,第265页。

[3] 美国《宪法》是1787年制定,1789年正式生效。在此之前称"邦联"。

2.59平方千米）。地块为最小出售单位。每英亩的拍卖底价为1美元"[1]。经办土地的出售和转让土地的出售必须按城镇逐个进行,也就是说,在一个城镇的土地未销售完毕之前,不得出售另一个城镇的土地。每个镇区保留4个地块归邦联政府使用,其中第16个地块为兴办公共学校之用,即这块土地可以出租或售卖,将租金或收益作为兴办学校的经费。

从历史上看,1785年通过的《土地条例》可看作是邦联政府第一个资助教育的法令,虽然该法令得到实施要到1802年俄亥俄州加入联邦之后(见表2-1)。随后,虽然1785年《土地条例》中的许多条款都被废止或作了重大修改,但为教育机构专留土地这项一直延续有效。该法令确认了国有土地必须先测量后出售的原则。同时,在西部交通方便的地方设立土地局,经办土地出售和转让。

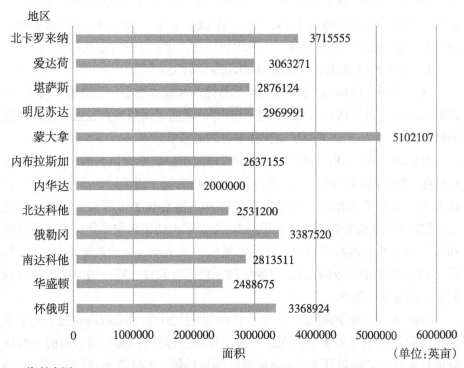

资料来源:Matthias Nordberg Orfield. Federal Land Grants to the States with Special Reference to Minnesota. University of Michigan Library, January 1, 1915, p 48。

图2-1 接受第16地块的州名和数量

---

① 兰伊春:《论美国联邦政府的土地政策及其影响》,载《青海师范大学学报》(哲学社会科学版)2006年第4期,第55页。

19世纪初，新加入联邦的州，都沿用了1785年的《土地条例》中关于"每个镇区的第16地块为法定的学校用地，用作创办公共教育"的规定，图2-1统计了1802—1848年，美国加入联邦的14个州，除缅因州和得克萨斯州之外，其余12个州都为学校保留了第16地块。

2. 1787年《西北条例》(*Northwest Ordinance of 1787*)

1787年土地法，主要涉及俄亥俄河以北的当时所谓西北地区土地的处理，所以又称《西北条例》(*Northwest Ordinance*)。该法令进一步确定了土地国有的原则，并规定在该地区建州的条件：其一，将该地区划为1个独立的特区，先由邦联议会指派1名总督和3个行政官员管理，随着该地区人口的增多可再增划出3—5个准州；其二，任何准州人口增加到6万时，就可申请加入邦联，并享有与已有的州平等的权利；其三，在这一地区废除蓄奴制度，并保障当地居民的信仰自由和财产权。[①]

显然，该法令规定的镇区不仅是一种土地分配和出售的基本单位，而且在边疆地区形成了社区的基层组织。这种制度在1787年土地法中与州县行政区划相连接，为美国在大规模开发西部之前准备了一种与土地制度互为适应的政治制度。此后，西部的道路、税区、选区和学校教育规划都以镇区为单位进行，从而使西部开发在总体上适应美国资本主义的根本利益和秩序。这种政策和土地法展开了各州建设的宏图，相应地，赠地兴学也为美国教育快速发展提供了客观条件。

19世纪40年代，美国财政部部长和联邦土地署署长联合建议，除了第16地块，新建各州应额外获得一块地用作办学。因此，1848年，俄勒冈建州时，联邦国会率先批准赠予两块地，即第16块地和第36块地，用作办学。自1850年以后，从加利福尼亚建州开始，联邦政府也增加1平方英里（约等于2.59平方千米）的土地即第36块地区，赠予市镇作为办学的资源。等到犹他州、亚利桑那州和新墨西哥州这些沙漠地区建州时，由于土地价廉，便由联邦政府给各市镇赠拨4块地。同时，联邦政府另外也把一些盐碱地、低洼地以及留作日后开发之用的土地拨给各州。1841年，联邦政府通过了一项法律，赠予8个州各50万英亩土地，不久又惠及另外19个州，绝大多数州将这些土地出租或出售的资

---

① 王旭：《美国西部开发与联邦政府的土地政策》，载《史学集刊》2003年第1期，第65页。

金，部分或全部用于本州的兴学。[①]

自1787年的《西北条例》颁布后，各州尤其是西部各州的土地较为充分，所以增加第36地块保留给学校使用。[②]1848年，俄勒冈州最先接受了第16和第36地块的捐赠，随后华盛顿州、南达科他州、北达科他州、内华达州、内布拉斯加州、蒙大拿州、明尼苏达州、堪萨斯州、爱达荷州、卡罗来纳州、加利福尼亚州等州纷纷效仿。图2-2统计了1848年后西部各州接受第16和第36两个地块的数据。

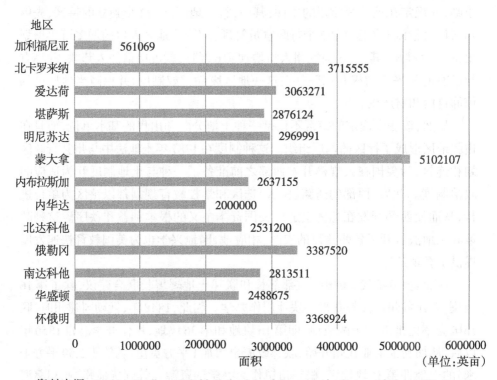

资料来源：Matthias Nordberg Orfield. Federal Land Grants to the States with Special Reference to Minnesota. University of Michigan Library，January 1，1915，p. 48。

图2-2　接受第16和第36地块的州名和数量

由于联邦政府的上述赠地是针对新建州实施的，东北地区的老州并未得

---

① David Tyack，Thomas James and Aaron Benavot. Law and the Shaping of Public Education，1785-1954. University of Wisconsin Press，1987，p. 34.

② 黄仁伟：《美国西部土地关系的演进——兼论"美国式道路的意义"》，上海社会科学院出版社1993年版，第130页。

到赠地,它们极感不平。1821年,马里兰州致书国会和各老州,详细阐述属于共和国的各州是彼此平等的,各州应当同样享有赠地办学的权利,要求国会改定方案,以求公正合理的对待。随后,缅因州、佛蒙特州、新罕布什尔州、康涅狄格州、罗得岛州、新泽西州、特拉华州、阿肯色州等州议会相继作出了同样的声明。国会参议院专门派员调查处理,最后答复将大片西部土地拨给各原有老州是无助于兴学之用的;但可在各州出售赠地得款时抽取一定比例,补助未得赠地之州,用以补偿和平衡。遗憾的是,这个折中方案最终未被采纳。然而,在后来19世纪60年代实施的《莫利尔法》却采用了这一折中方案,我们将在下面予以专门介绍。

3. 联邦政府赠地资助对促进美国早期公立教育发展的作用

第一,奠基作用。据统计,美国联邦政府给予上述新建各州的赠地共约14500万英亩,如按时价每英亩土地1.25美元计算,价值为18125万美元。由于西部各新建州多善为利用,兼因以后地价上涨,估计这些赠地票面价值约高达50亿美元之巨,这一巨大资助奠定了西部各州教育资源的永恒基础,有助于各新建州教育事业的成功。从这个意义上来说,称美国联邦政府是各州尤其是后来加入联邦的西部各州公立学校系统的缔造者也不为过。[1] 同样据一份1911年发表的报告,联邦政府对各州赠地补助高达7700多万英亩土地,价值1300多万美元,这一巨大的资助对建立各州的教育基金起了决定性的作用。[2] 应该说,19世纪中期之前的美国公立教育系统,尤其是中西部和南部各新建州的公立教育,很大程度上是在联邦政府的赠地资助下建立和发展起来的。没有联邦政府慷慨的支持,各新建州很难筹集教育基金兴办学校。表2-1中资料可证实我们的论断,在19世纪中期各新建州开始征收教育税之前,其公立教育主要依靠出租或出售联邦政府的赠地所获而建立的教育基金来运行。就算19世纪中期和各州开始征收教育税之后,联邦政府的赠地所获仍然在支撑着各州的公立教育。

第二,美国入学人数和生均经费投入国际领先。与当时其他工业国家比较,19世纪下半期美国就学儿童的比例超过了欧洲国家。同样的,美国学生的生均经费也超过了英国、法国和德国等其他工业国家。

---

① 滕大春:《美国教育史》,人民教育出版社2001年版,第152页;Clarence B. Lindquist. NDEA Fellowships for College Teaching 1958–1968. Office of Education (DHEW), Washington, D.C. 1971, p. 5。

② David Tyack, Thomas James and Aaron Benavot. Law and the Shaping of Public Education, 1785–1954. University of Wisconsin Press, 1987, p. 37.

　　第三，美国联邦政府试图设立联邦教育部。实际上，在美国建国之初，是否要设立一个全国性的机构管理教育就有过讨论。随着19世纪国土扩张、人口增长，教育也日益发达。由于各州各自为政，教育制度既不统一，水平也大有出入；又由于各地贫富不齐，全国教育质量相差极大。这时，联邦政府是否应该领导和管理全国教育事务的问题又产生了。1866年，美国各州和各城市教育厅厅长或教育局局长协会举行会议时，俄亥俄州教育厅厅长怀特（E. E. White）曾提议建立联邦教育部。同时，该州国会议员加菲尔德（James A. Garfield）在国会提出在联邦设教育署，任务是负责收集各州和各地区教育发展的统计资料，交流全国教育组织管理、学制和教学方面的信息。1867年3月2日，该议案仅以微弱的多数票通过。最初成立的联邦教育局是以内阁级别的教育部形式出现的，但是，这种情况没有维持多久。由于政治家、教育界以及公民都还没有为联邦政府干预教育的日常事务做好准备。这个新的局很快就丧失了它的部级地位，并被重组成了"教育署"。① 署长由总统任命，但署长仅系总统佐理人员，不属内阁成员，每年由署长向国会提交教育报告。由于反对派顾虑教育走向集权，教育署成立的次年既大砍署中任职人数，又大削其经费开支。至1870年，独立设置的联邦教育署改隶属于联邦内政部，称为教育局。1939年，联邦政府调整机构，教育局又脱离内政部，改隶属联邦安全部。

　　教育署和教育局的职责从整体来看是逐步扩充，从1867年初成立时的5位工作人员，到第二次世界大战前已增至500余人，经管的教育项目日趋繁多，逐渐成为拥有多种职权的联邦教育机构。直至第二次世界大战之前，无论是教育署，还是教育局，该联邦教育机构主要承担了四方面职责：一是负责全国教育调查、统计和传播信息，撰写全国教育发展的报告；二是负责对各州的赠地以补助各州建校兴学；三是管理众多特殊地区和少数族裔的教育事业；四是承担某些应急性或临时性的公民教育和培训任务。

　　（二）19世纪中期后美国联邦政府赠地资助扩展至高等教育

　　如上所述，最初美国联邦政府通过赠地的方式资助公立基础教育，19世纪中期后将赠地资助范围扩展至高等教育。而这种赠地行动主要通过2个《莫利尔法》实施。

---

　　① 韦恩·厄本，周晟、谢爱磊译：《美国教育：一部历史档案》，中国人民大学出版社，2009年2月1日，第237页。

1. 1862年《莫利尔法》（*Morrill Act of 1862*）

19世纪中叶，随着美国经济的迅速发展，1850—1860年，美国的工厂数由12万家增加到14万家，投资额由5亿美元增加到10亿美元，工业生产总值由10亿美元增加到20亿美元。[1] 与此同时，虽然美国的农业人口占总人口的80%，美国经济以农业为依托，但是生产技术和教育的落后，各种技术和科技成果得不到交流和传播，农业发展较为缓慢。当时的美国农业生产技术远远落后于西欧各国。加之西进运动后耕地面积不断扩大，农业劳动力严重缺乏，迫切需要有新的农业机械、实用农业技术和高素质的技术人员来提高美国农业的效益，推动美国经济的发展。因此，通过专业教育培养有知识的新型农民，使他们掌握科学文化知识就显得非常迫切。

独立战争的胜利，使美国摆脱了英国在政治、经济方面的束缚，殖民地时期建立的英国学院模式也在建国后受到了严峻的挑战。建国前建立的9所学院，密集分布在东北部少数城市，随着西部和南部各州的建立，立即显示出原有学院分布的不均衡，不便青年就学，规模很小，容量不足。另外，这9所院校培养的人才难以适应独立后的新国家的需要。因此，在建国后，美国曾兴起了一股兴办州立大学的热潮。但在当时作为一种新生事物出现的州立大学，与当时流行的激进分子的教育意识和教派学院的利益相冲突，其发展遭到了许多阻挠与破坏。另外，许多大学存在政府经费短缺、师资匮乏、生源不足、存活率不高的问题。在1860年前美国设立的66所州立院校中，约有半数仅维持了20年。表2-3显示，内战前美国的34个州中，仅有17个州设有州立或市立院校，即一半的州还没有州立高等教育机构，由此我们可以看出，内战前美国公立高等教育资源的分布是十分不均衡的。

表2-3　美国内战前各州公立大学院校数量分布

州名	公立院校数	州名	公立院校数	州名	公立院校数
亚拉巴马	1	阿肯色	0	佛罗里达	0
康涅狄格	0	特拉华	0	印第安纳	1
佐治亚	1	伊利诺伊	0	阿肯色	0
艾奥瓦	1	堪萨斯	0	马里兰	1
路易斯安娜	1.5*	缅因	0	明尼苏达	1

---

[1] 忻福良：《各国高等教育立法》，上海交通大学出版社1992年版，第164页。

续表

州名	公立院校数	州名	公立院校数	州名	公立院校数
马萨诸塞	0	密歇根	1	新罕布什尔	0
密西西比	1	密苏里	1	北卡罗来纳	1
新泽西	0	纽约	1	宾夕法尼亚	0
俄亥俄	2	俄勒冈	0	田纳西	0
罗得岛	0	南卡罗来纳	2	弗吉尼亚	1
得克萨斯	0	佛蒙特	1		
威斯康星	1	加利福尼亚	0		

*指该州当时拥有一所州立院校及一所半州立院校。

资料来源：邹涵：《美国赠地学院对其高等教育资源布局的影响》，载《临沧师范高等专科学校学报》2011年4月第1期，第82页。

在上述历史背景下，美国联邦国会于1862年颁布了《莫利尔法》。该法也可称作《赠地学院法》（*Land Grant College Act*），是指联邦国会、联邦职能部门和各州政府中以建立、发展和完善赠地学院为目的的法律、规章及其他有约束力的法律条文。具体说，即是由联邦政府把土地赠予各州创办农工学院，凡是各州利用该法令创办或资助的院校，都被称为"赠地学院"。

该法之所以称为《莫利尔法》，是因为最初的提议者是一位名叫莫利尔（Justin Morrill）的国会参议员。他最早在1859年提出赠地学院的提案，要求联邦政府根据各州在国会的议员名额，每人拨予2万英亩的土地，由各州设置传授农工业科目的学院。莫利尔特别强调，这是为农民兴办教育。然而，国会在讨论时，议员争议的焦点并非议案的内容对于教育事业的效益，而是联邦政府能否侵犯州的权益问题。很多议员认为联邦不应过多干预州的事务，甚至认为联邦赠予各州土地建立学院的做法有违宪的嫌疑。提案在众议院和参议院以微弱优势获得了通过，却被时任总统的民主党人布坎南否决了。紧接着由于美国南北战争的爆发，此事就此拖延了。

基于美国社会和民众的大力支持，1861年，莫利尔又将该提案提交给国会，将原先要求联邦政府按各州在国会的议员名额所拨土地由2万英亩增为3万英亩。该法最终规定："联邦向各州提供土地，由出售该土地或土地证券而获得的款项，建立永久性基金，资助和维持至少一所学院，该学院中不得排除其他科学和经典的学习……讲授与农业和机械工艺有关的知识……向各州拨赠的土地面积，依据1860年各州拥有的国会议员人数而定，每名议员赠予土地

3万英亩……资金的目的是资助和维持学院的开办……5年内必须至少设立1所新的赠地学院或维持1所已成立的学院……否则州政府必须把联邦的赠地或捐款退还给联邦政府。"该法同时允许学生自由选修科目。1862年,林肯总统签署了该法,使之成为法律。这就是对美国的高等教育产生深远影响的《莫利尔法》。

该法通过后,由于东北部老州没有土地可赠,就由联邦政府从西部拨付,东北部老州持土地凭证到西部指定地点认领地权。这样,联邦政府在西部直接拨赠376万英亩土地,在东北部,则发放了总数为783万英亩的土地凭证。[①]《莫利尔法》的通过顺应时代发展,尽管当时处于内战时期,但这并未阻止各州创建农工学院。据统计,按规定单独设置农工学院的有28个州;宾夕法尼亚州、密歇根州和马里兰州等把土地拨给州内原已设置的农业学校;伊利诺伊州成立工业学院,而且不久即改为州立大学;还有15个州是在州立大学内添设了农工学院。可溯源至《莫利尔法》的美国主要大学有艾奥瓦大学、堪萨斯大学、密歇根大学、罗格斯大学、宾夕法尼亚大学、佛蒙特大学、明尼苏达大学、密苏里大学、马萨诸塞大学、威斯康星大学和肯塔基大学。同时,至少有2所私立大学同样受益:在马萨诸塞州,《莫利尔法》所带来的赠地补助也给了麻省理工学院;在纽约州,康奈尔大学用出售联邦土地的收入建立纽约州立农学院(New York State College of Agriculture)和纽约州立兽医学院(New York State Veterinary College),由此康奈尔大学发展成为农业方面著名的学府。

赠地学院的发展促使美国高等教育的规模不断扩大。就赠地学院本身的发展来看,1882年,赠地学院在校学生总数不过2243人,到1895年已增加到近25000人。到1916年,此类院校学生人数增加到135000人,占全国高等院校学生总数的1/3。10年后,此类院校在校学生近40万名。由此可以看出,赠地学院的规模一直在扩大。就美国高等院校的数量来看,1870年,高等院校不过563所,到1910年已接近1000所;至第二次世界大战前夕的1935年,美国高等院校增至1500所左右,学生超过100万名。[②]

2. 1890年《莫利尔法》(Morrill Act of 1890)

第一部《莫利尔法》对美国社会、经济和高等教育发展起了重要推动作用,

① 王旭:《美国西部开发与联邦政府的土地政策》,载《史学集刊》2003年第1期,第68页。
② 邹涵:《美国赠地学院对其高等教育资源布局的影响》,载《临沧师范高等专科学校学报》2011年第1期,第84页。

但是它在实施过程中也出现了一些问题。首先，当时南方各州的黑人在教育上普遍受歧视，黑人是不允许进入赠地学院学习的。其次，各州贫富不均，联邦政府按各州国会议员名额拨付土地，但各州议员人数相差悬殊，如有的州国会议员有33人，拨地99万英亩，而堪萨斯州国会议员仅有3人，得拨地9万英亩，两者相差11倍之多。最后，赠地学院标榜为农民和工人的大学，应是免费或廉价的。事实上，学生纳费与日俱增，加之学院开支日多，就使学院和广大贫苦青年越离越远了。

为了帮助这些已经建立起来的赠地学院摆脱困境，联邦国会曾于1872年、1873年、1875年和1879年多次讨论，准备继续支持农工学院，增强其作用。其间历经挫折，直至1890年，第二部《莫利尔法》才获得国会两院通过，并于8月30日经哈里森总统签署成为法律。[1]第二部《莫利尔法》第1条即指出，本法是"为了更加全面地资助按国会1862年7月2日和1890年8月23日法案批准的已建立或者即将建立的农业学院，以促进农业和机械工艺发展"。该法主要有以下两点内容。[2]

（1）每年从国库中拨给各州1.5万美元，以资助并维持据1862年《赠地学院法》成立的赠地学院，在此基础上，此后10年内，每年再增加1000美元，直到年度拨款总额达到2.5万美元（1907年3月，美国国会又通过《纳尔逊修正案》，在1862年和1890年的两个《莫利尔法》的基础上，进一步为赠地学院追加资金，规定每年额外追加5000美元）。该项拨款只用于农业、机械工艺、英语、数学、物理、自然和经济科目的教学。

（2）如果某州的学院在州政府支持下录取学生时存在种族歧视，那么该学院不得享受此种待遇。如果某州分别建立或维持白人学院和黑人学院，则不受此限制。如果某州的政府担负着给有色人种学生讲授农业和机械工艺知识的学院的经费，那么该州议会可向内政部长要求和有色人种学院之间公平地分配本州根据《莫利尔法》得到的资金。

在第二部《莫利尔法》的推动下，在南北和西南部各州陆续又建立了17所黑人学院。此外，根据1881年亚拉巴马州有关法律建立起来的塔斯基吉大学（Tuskegee University），并不是一所赠地学院，但由于它赞同并支持赠地学院体

---

① 事实上，自1862年林肯总统签署第一部《莫利尔法》起，至1890年，美国总计有总统6人，不管是民主党还是共和党，先后都曾签署类似的法案，不再有否决或考虑否决类似法案的史实。这说明了赠地农工学院已在美国根基深固、深入人心。

② 夏之莲：《外国教育史料选粹》（上册），北京师范大学出版社1995年版，第492-493页。

系,1899年,美国国会拨给它2.5万英亩土地。因此,人们习惯上也称其为赠地学院,加上上述17所黑人学院,根据第二个《莫利尔法》共建立了18所赠地学院,它们被称为"1890年学院"(1890 Institutions)。[1]

第二部《莫利尔法》事实上是第一个《莫利尔法》的补充和发展。它一方面增加了对原有赠地学院的财政资助,同时又把这种优惠扩大到南方,为有色人种享受农业高等教育提供了机会。该法还规定南部17个州必须革除歧视黑人的积习,不然联邦政府将停止资助。因此,该法比1862年的第一个《莫利尔法》更具体、更完善,也具有更重要的意义,具体表现在以下几个方面。

首先,第二部《莫利尔法》规定联邦政府对农工学院捐赠的是现金,而不再是土地,使用起来更方便。其次,该法使联邦政府对赠地学院的年度拨款制度化,保证了学院的固定收入。它加强了对各州政府的责任监督,设立法律条文来对各州政府利用拨款资助农工学院的行为进行规范,防止了资金的他用,保证了农工学院充足的经济基础。再次,它推动了教育平等的思想,扩大了黑人接受高等教育的机会。该法规定拨给州的任何款项,均不得用于资助对招生采取种族和肤色歧视的学院,规定有色人种学生有权享受该法所授予的权益。

鉴此,第二部《莫利尔法》成为美国反对种族歧视的联邦立法之一。由于该法的推动,黑人赠地学院陆续建立,黑人青年接受高等教育的人数不断增加。据报道,黑人赠地学院的注册人数于1910—1911学年为8138人,1915—1916学年达10613人,1920—1921学年达11527人,到了1953年已高达21975人。[2]

3.《莫利尔法》与赠地学院对美国高等教育发展的贡献

(1)美国联邦政府慷慨的土地政策。美国联邦政府除了通过19世纪两部《莫利尔法》资助各州兴办赠地学院之外,后期也陆续有过一些赠地行为,而且不限于教育领域,还包括了赠地给铁路公司、州政府和居民等。据美国官方统计(见表2-4),1781—1974年,美国联邦政府共处理了114.4千万英亩国有土地,其中赠予或出售给居民的土地占25.1%,赠送给各州政府的土地占28.7%,其他各种土地出售(不包括按"宅地法"的出售)占总额的26.5%,这三项合计共占处理的国有土地4/5以上。此外,联邦政府赠予给铁路公司的土地占8.2%,

---

① 杨光富:《美国赠地学院发展研究》,2004年华东师范大学硕士学位论文,第26页。
② 杨光富:《美国赠地学院发展研究》,2004年华东师范大学硕士学位论文,第27页。

这是除上述三个项目外占比最高的项目。上述统计包括20世纪的情况，而宅地法的实施和赠予土地给铁路公司主要发生在19世纪。尽管如此，我们仍可看到，有7.5%左右，共7.76千万英亩土地拨给了各种教育服务机构（包括给各州的大学、农学和机械技术学院以及其他一些医疗卫生机构等）。上述数据表明，美国联邦政府在19世纪极为重视农业、交通运输业和教育事业的发展，通过土地的再分配支持了包括教育在内的这些部门，从而促进了美国高等教育的发展，推动了技术的进步和技术人才数量的增长，同时促进了美国各州和各地区土地资源的开发和经济增长。

表2-4　美国联邦政府国有土地处理情况（1781—1974年）

土地处理方式	数量/百万英亩	占比/%
出售或通过土地凭证方式处理的土地	303.5	26.5
宅地及相关的土地赠予	287.5	25.1
赠予各州用以支持交通及内部改善	213.6	18.72
直接赠予铁路公司	94.3	8.2
赠予各州用以支持教育	77.6	6.8
军人土地津贴	61.0	5.3
通过各州赠予铁路公司	37.1	3.2
根据育林法、荒地法、木材和砾石法等出售的土地	35.5	3.09
私人保留土地	34.0	3.0
全部国有土地面积	1144.1	99.91

资料来源：Allan G .Bogue. Land Policies and Sales.in Glenn Porter, ed., Encyclopedia of American Economic History. New York: Charles Scribner's Sons, 1980, pp. 588–600。

（2）赠地学院对美国高等教育发展的贡献。赠地兴办学院的初衷是发展经济，振兴农业高等教育，培养农工建设人才，但其结果却对美国乃至世界的高等教育也产生了深远的影响。

第一，促使美国高等教育课程内容和教学方式的改变。

独立战争以前，英国殖民地时期的哈佛、耶鲁、新泽西、达特茅斯学院等九所"常青藤盟校"（Ivy League），因系基督教各教派创立，偏重宗教、法律、医学等古典教育，大都承袭欧洲大学的传统，以神学、古典科目为主，其课程主要内容是文法、逻辑、修辞、几何、天文、算术、音乐等学科，称为博雅教育（Liberal Arts），主要目标是培养服务于教会和国家的基督教教徒，教学严重脱离实际。建国后的美国高等教育，虽然也增加了一些实用的科目和专业，但基本上仍沿袭殖民地时期学院的古典课程模式,具有浓厚的古典和宗教色彩,重视古典学术课程和宗教课程,实用技术的课程却很少。而赠地学院主要是为工业、农业建设培养人才。因此,赠地学院建立后,与传统院校截然不同,它们针对农业和工业的迫切需要,造就高水平的专业人才。它们在课程方面创立农业、工艺等新的专业学科,从而使一向被人鄙视的农工生产科目在高等院校中占据一席之地。

另外,教学方式也发生了一定的变化,赠地学院不仅重视书本知识的教学,还特别重视理论和实践相结合,组织学生到农场参加生产,把所学知识应用于实际。各个赠地学院普遍设有示范农场、示范车间,后来又建立农业和工程实验站,师生亲自动手实验,走出学校去观察自然,去考察工业、社会公共机构及制度,自己动手设计并操作机器,从根本上改变了过去死记硬背的传统教学方法。随着农工生产的发展、农工专业的逐渐成熟而受到普遍认可,其作用得到更充分的发挥,从而扭转了高等教育重理论而轻生产实践的传统,确立了应用科学、与生产密切相关的农业和工艺学科在高等教育中的地位。因此,赠地学院适应当时美国兴业富国的大政方针,对美国经济的腾飞发挥了应有的作用,同时也使美国高等教育的目标发生了重大的转折。

第二,最终确立并强化了大学服务社会的职能。

教学、科研和服务是现代大学的三大职能。一般认为,服务职能肇始于依据1862年《莫利尔法》而诞生的赠地学院,在赠地学院基础上发展起来的威斯康星大学,更是鲜明地高举"大学必须为地方经济服务"的旗帜,产生了"威斯康星思想"。1904年,该校校长范海斯强调:"州立大学的生命力在于它和州的紧密关系中。州需要大学来服务,大学对于州负有特殊的责任。教育全州男女公民是州立大学的任务,州立大学还应促成对本州发展有密切关系的知识的迅速传播。州立大学教师应用其学识专长为州做出贡献,并把知识普及于全州人民。"[1]

其他赠地学院纷纷效仿威斯康星大学的做法,坚持把"为所在州的经济发展和社会进步服务"作为办学宗旨,利用学校教师的技术专长和学校先进的技术设备帮助解决阻碍社区发展的问题,它们在实践中创造了多种方式为所在州的经济建设和社会发展提供及时有效的服务。总之,赠地学院的创办是高等教育走出象牙塔的成功范例。通过赠地学院的不断实践,特别是通过威斯

---

① 陈学飞:《当代美国高等教育思想研究》,辽宁师范大学出版社1996年版,第31页。

康星大学的办学理念的引领，使大学走出了古典的围墙，为大学增加了新的职能——服务，使大学获得了新的生命，并成为其他大学效仿的榜样，其深远影响是不言而喻的。

第三，促进了美国高等院校数量的增加和教育结构的多样化。

与传统的贵族化教育不同，当时曾被人讥讽为"牛仔学院"（Cowboy College）的赠地学院提供了一种耗资少、收费较低廉的高等教育，使得高等教育开始向家庭收入较低的劳动阶级子女开放，改变了美国传统高等教育只注重向上层青年传授经典学术科目和宗教课程的做法，使美国高等教育与欧洲"精英型"传统高等教育分道扬镳，最终走上了"民主化""大众化"的道路。

另外，赠地学院由于主要向学生传授实用的农业和机械制造工艺方面的知识，强调理论结合实际，充分满足当地劳动者的利益和要求，且收费低廉，因而自南北战争后，美国此类高等院校的数目成倍增长。1862年《莫利尔法》通过之初，全美仅建立了几所赠地学院，到1871年就发展到29所，到1896年为69所。根据美国全国大学与赠地学院联合会（NASULGC）1999年的年度报告，全美赠地学院的总数为105所，遍布各州，其中包括威斯康星大学系统、宾夕法尼亚州立大学、加州大学系统和北卡罗来纳大学教堂山分校等著名院校。赠地学院的发展，促使美国高等教育的规模不断扩大。

赠地学院的出现还促进了高等院校之间的竞争和内部结构的变化。因为其他传统大学和学院为了和这些新兴学院竞争，为了获得联邦政府的资助，不得不改变偏重理论的教学倾向，使之更实用化和平民化，更具有吸引力。随着经济、社会的发展，100多年前以农学院为主的"赠地学院"现在都已发展成为文、理、工结合的多学科综合性大学，如加利福尼亚大学、伊利诺伊大学、明尼苏达大学、密歇根大学等州立大学，还有在国际上享有盛名的麻省理工学院。到19世纪末，美国除个别地区外基本上形成了由综合性大学、专门技术学院和以传授实用职业技术知识为主的州立大学组成的高等教育网，接受高等教育的人数迅速增加。在《莫利尔法》影响下，美国的高等教育在19世纪下半叶获得了长足的发展，成为世界高等教育最发达的国家之一。[1]

总结美国18世纪《土地条例》和19世纪《莫利尔法》历史意义，就其起源看，美国教育体系从最低级到最高级的所有分支都是"赠地"性质的。美国卡内基高等教育委员会主席克拉克·科尔指出，形成美国现代大学体系的两个最

---

[1] 杨光富：《美国赠地学院发展研究》，2004年华东师范大学硕士学位论文，第48—49页。

主要的因素或说两次巨大冲击都来自联邦政府。第一次是1862年由《莫利尔法》推动的土地赠予运动，使美国现代公立大学体系开始形成，赠地运动适应了美国工农业迅速发展和工业增长对高等教育的新需求，第二次始于二战期间联邦政府大力资助大学从事科学研究运动，我们将在后面予以介绍。

不过，从林肯总统签署旨在支持农业的《莫利尔法》（Morrill Act，1862年）直到20世纪早期，伍德罗·威尔逊总统（Woodrow Wilson，任期1913—1921年）才开始意识到在一个工业化国家里教育对经济发展的重要作用。

四、1917年《史密斯—休斯法》（Smith-Hughes Act，《职业教育法》）

前述的1862年颁布的《莫利尔法》主要涉及高等教育的农工学院，增加了高等教育中与农业和工业相关的生产与机械工艺，其含义并不等同于职业教育。美国真正最早的职业教育法应是1917年的《史密斯—休斯法》，这也是世界上最早的职业教育立法。

（一）《史密斯—休斯法》制定的背景

追溯美国历史不难发现，早在殖民地时期就存在培养实业人才的艺徒制和多种私立职业学校。美国建国后，文实学校和私立职业学校很发达。但是，南北战争后兴起的现代化大工业生产，以及同时发展起来的现代化农业和商业，导致传统的生产方式已经不能满足现代化发展的需求。虽然早期有大量来自欧洲和其他国家的熟练技工，但是已经不能满足当时的需求，美国社会急需大量掌握科学知识和技术的劳动者，客观形势迫使教育必须采取多种方式承担这项任务。但是，在当时完成这项任务对于美国学校来说有一定的难度。南北战争之后，大多数美国学校都没有充足的经费，不能够承担职业教育所需的高昂费用；另外，因为大部分教师不具备职业教育的能力，导致合格师资严重缺乏；再者，由于之前职业教育没有受到重视，学校大都缺乏适当的教材，教师没有掌握职业教育的适当教法。最重要的是，官能心理学和博雅教育学思想根深蒂固，他们一致认为只要青年一代接受良好的文化教育，就能够满足从事工业、农业和商业工作的需求，学校没有必要传授实用的技能，因为这些东西在日常生活和工作中就可以逐渐积累掌握。学校需要做的就是像英国、法国等国家一样教给学生学术知识，并使他们具备绅士气质和领袖能力。另外，美国产业界的企业家一致认为，学校传授给学生职业技术知识和技能没有任何作用，只是纸上谈兵，他们所具备的从事职业的技术知识和技能是从实际生活中累积而来的。因此，在1870年之前，人们普遍认为在学校中不必开设职业教育或职业培训，以免影响基础知识的传授。

19世纪末，美国不仅完成了由农业社会向工业社会的过渡，而且，也完成了自由资本主义向垄断资本主义的发展，形成了工业化发展的强大态势。与此同时，大量来自贫穷国家和未受教育人口的移民增加，与工业化的发展需要很不适应，一些雇主和教育改革家批评学校教育的"古典气十足"，呼吁联邦政府负起责任，在中学对那些要选择就业的学生进行职业训练。由于产业革命后分工日渐精细，各个行业对从业者的专业知识、技能要求不断提高，无论是手工学校，还是普通学校都不能够使学生掌握足够的职业技能和相关知识，这就使得美国经济建设中初级技术人才短缺的问题变得越来越严重。因此，20世纪初期教育界开始探讨如何通过改革传统教育制度来建立培养高素质技工的中等职业教育。

事实上，包括工业教育在内的职业教育立法进程首先是从美国各州开始的。继1906年马萨诸塞州率先开始职业教育立法之后，部分州先后制定了相关法律，以推进工业教育和职业教育的开展。全国工业教育促进学会（National Society for the Promotion of Industrial Education，以下简称"工促会"）与美国劳工立法协会（American Association for Labor Legislation）于1910年合作开展的调查表明，截至1910年11月，当时全美48个州中，尚未就实践培训（practical training）进行立法的州为19个，已有相关立法的州为29个。在这29个州中，不同的州对不同的项目提供了资助（见表2-5）。

表2-5　截至1910年11月美国各州对职业教育不同项目的资助统计

单位：所

资助者	资助的项目和数量					
	技术中学	手工训练	家政训练	农业训练	工业和职业训练	所有实践活动
各州政府	10	18	11	19	11	3

资料来源：张斌贤、高玲：《艰难历程：〈史密斯—休斯法〉的创制》，载《华中师范大学学报》（人文社会科学版）2015年第2期，第160页。

在已经立法的29个州中，半数以上的州已经开展了各种形式的"实践活动"，少数州已提供对技术中学的资助，各州对手工训练、家政训练、农业培训、工业和行业培训以及各种实践活动均有程度不同的资助。在为"实践活动"（practical activities）立法的29个州中，均不同程度地为技术中学、手工训练、家政训练、农业培训、工业和职业培训以及各种实践活动提供资助。值得注意的是,上述进行相关立法工作的29个州中,有25个州从1900年就开始相关工作,有11个州是从1902年开始相关立法工作的。正如"工促会"第12期公报中所指出的那样:"没有哪个需要大量经费和涉及课程与方法全面变化的教育运动会像实践训练和职业培训的要求那样,获得如此迅速的立法认可。"①

各州的立法不仅直接推动了职业教育在各地的发展,而且为职业教育运动在全国开展,进而推动联邦的职业教育立法创造了极为重要的条件。当时,在马萨诸塞州的带动下,职业教育成为当时最热门的问题。早在1895年成立的"全国制造商协会",从德国经济起飞中看到职业教育的重要性,从劳动分工和大工业生产中感到学徒制的局限性以及培养良好的职业道德和态度之重要,其最早开始支持发展职业教育。全国教育协会成立了研究职业教育问题的专门委员会,1906年诞生了全国职业教育促进会。1912年,全国职业教育促进会同意在普通中学之外另设职业学校。在此期间,纽约州、康涅狄格州、新泽西州先后制定了职业教育法。从1907年开始,在"工促会"等相关利益团体的影响下,部分国会议员开始向国会提交职业教育议案,国会于1907年通过《戴维斯法案》,在1912年通过《佩奇法案》,要求在普通中学之外成立职业学校,由此开启了美国联邦职业教育立法的历史进程。

在各界关注职业教育问题的同时,内布拉斯加州立大学校长艾弗里和科罗拉多州立大学校长贝克等人反对上述法案的颁布与实施。他们认为,教育需要面对现实,但是没有必要另外设立职业学校。再有,美国是尊重劳动和文化的社会,所有的劳动者都应该既受到良好的文化教育,又具备劳动生产的能力,在普通学校之外成立职业学校,就等于把两者分离开来,产生文化教育和职业教育之间的鸿沟。

这种争论迫使美国国会于1913年成立专题委员会进行研究。1年之后,委员会通过调研提交报告指出,应由联邦政府支付经费,建立全国职业教育体系,不能贻误时机。基于此,1914年,美国联邦政府成立了国家职业教育资助委员会,委员会的职责就是调研国家对各州职业教育的资助问题。经过近1年时间的调研,1914年底,该委员会向美国政府提交了名为《美国职业教育大宪章》的调研报告。报告中论述了社会各界对中等职业教育的迫切需求,特别强

---

① 张斌贤、高玲:《艰难历程:〈史密斯—休斯法〉的创制》,载《华中师范大学学报》(人文社会科学版)2015年第2期,第160页。

调职业教育对社会发展和经济发展有着重大的现实意义。但是,由于各州的情况差异很大,只依靠各州自行解决职业教育的问题难度很大,因此,必须通过立法手段由联邦资助各州发展职业教育。美国政府"要特别计划为更普通的职业培养工人,使更多的人能在这些职业中找到合适的工作,职业教育的主要目的就是培养14岁以上中等水平的人才,使他们在手工艺、工业、农业、商业以及家政方面,工作效率更高"。

美国政府很重视《美国职业教育大宪章》这份报告,1916年,威尔逊总统在国会的报告中阐述了美国与德国在中等职业教育领域的差距,要求国会重视中等职业教育的发展并尽快采取行动。他说:"职业和工业教育对整个国家来说都是至关重要的,因为面对我们国家发展的关键的几年,在很大程度上依靠这种教育,国家在等待着国会富有想象地通过立法,我们急切地等待着一个十分伟大的令人震惊的事件发生。"①《美国职业教育大宪章》得到了美国社会各界的重视与关注,"许多有威望的组织支持这个方案,商会、农业实验站和农业大学协会,劳方、资方的团体,政治、军事集团都采取了有利于这个方案的立场"。1917年2月,美国国会通过了联邦政府投入资金资助各州发展中等职业教育的法令,由于史密斯(H. Smith)和休斯(D. M. Hughes)参与了该法案的起草与颁布工作,把该法案简称为《史密斯—休斯法案》。

1917年的《史密斯—休斯法》作为美国国会第一部通过的职业教育法,不仅开创了美国联邦政府资助开展职业教育的先例,而且奠定了美国现代职业教育制度的基础。该法不仅在当时的世界上是一项创举,也大胆地冲破了传统的美国联邦政府的职能禁区。《史密斯—休斯法》强调联邦政府和各州在职业教育发展中的责任,规定联邦政府与各州政府合作改进职业教育。联邦政府采取专项资助方式,地方政府提供"对应款项",首次直接资助教育项目,把财政拨款作为国家干预的重要形式。

(二)《史密斯—休斯法》的内容

《史密斯—休斯法》是一项资助职业教育的法律,其目的是通过联邦与州的合作,推动农业、职业和工业领域中职业教育的开展,其主要内容有以下六个方面。②

---

① 蒋春洋、柳海民:《"史密斯—休斯法案"与美国职业教育制度的确立及启示》,载《黑龙江高教研究》2012年第5期,第38页。

② 蒋春洋、柳海民:《"史密斯—休斯法案"与美国职业教育制度的确立及启示》,载《黑龙江高教研究》2012年第5期,第38页。

第一，美国国会授权联邦政府为各州提供年度资金援助，该资金用于发展各州的中等职业技术教育，满足那些年龄超过14岁，已经或者准备投身于商业或者技工工作的学习者。

第二，联邦政府为各州提供拨款发展职业教育，帮助各州培训职业教育教师并向各州的培训机构提供补助，根据各州农业人口占该州总人口的比例确定拨款金额，各州必须提供与联邦政府拨款等额的资金才能得到并使用政府拨款。

第三，联邦政府为各州提供的资金必须用于为各州培训职业教育的教师和管理人员以及开展职业教育活动，不得利用联邦政府所拨任何资金来直接或间接地购买、建造、维护或修理房屋、建筑物，或者购买或租赁土地资助他人兴办学校。

第四，凡经查明联邦政府分配给任何一个州的拨款未按本法案规定的目的和条件使用时，联邦职业教育委员会有权扣发。

第五，美国国会授权联邦政府成立联邦职业技术教育委员会，负责监督管理各州运用联邦资助金发展本州中等职业技术教育的情况，并应在每年的12月1日或12月1日前向国会作执行本法令的详细报告。

第六，各州应成立管理州中等职业教育的委员会，并有义务在每年9月1日或9月1日前向联邦职业教育委员会汇报本州运用联邦拨发资金发展中等职业技术教育的情况。

从上述六个方面可以看出，《史密斯—休斯法》要求对14岁以上的学习者实施职业教育，凡是准备在中学毕业后就业的青少年和曾经在工商业工作的青少年都是职业教育的主要对象，其教学难度不高于专科学校难度，虽然在方案当中没有明确指出实行综合中学的体制，但是实际上已经认同了中等教育中的分科，也就是说，职业教育至此成为现行公立学校体制的组成部分。在《史密斯—休斯法》颁布的同时，主张在公立学校体系之外单独设置职业技术学校的《戴维斯法案》废止。另外，《史密斯—休斯法》对下列3种学校着重给予补助：第一种是全日制的职业学校或成人补习学校，修业年限一般为2年，主要培训木工、砖瓦工、机械工、面包师、印刷工、电工、纺织工或制鞋工等各类专业技术人员；第二种是业余职业学校，为在职的工农商人员提供非全日制课程，即补习教育；第三种是夜校，主要培养工农商和家政等教育的教师。

（三）《史密斯—休斯法》与美国职业教育形成的特点与意义

1.《史密斯—休斯法》形成的曲折过程

虽然《史密斯—休斯法》开创了美国联邦政府拨款资助包括农业、商业、工业和家政在内的职业教育的先例，建立了美国现代职业教育制度，而且为20世纪20年代后美国制定一系列职业教育法奠定了基础，称得上是美国职业教育的母法。然而，这样一部具有深远意义的重要法律从最初"创意"到最终通过，经历了3任美国总统（西奥多·罗斯福、威廉·霍华德·塔夫脱和伍德罗·威尔逊），前后达10年之久，历经艰难。在该法的形成过程中，除了有党派之争、各利益团体的阻挠和博弈之外，学术界与其他各界对职业教育的理念和制度出现分歧和争执也是一个重要原因。

在如何实施职业教育、如何建立一个有效的职业教育制度等问题上，来自不同领域的人士的认识存在着分歧。有人要求建立"中等工业学校"或"初等工业中学"作为主要的职业教育机构，有人主张加强"夜校"等补习教育机构，有人则希望在小学的高年级（7—8年级）开设职业课程或选修课程，等等。这些分歧实际上涉及一个更关键的问题，即究竟是建立单轨的教育制度，还是实行双轨的教育制度。

鉴于德国职业教育制度所取得的巨大成功，包括工商业界和时任马萨诸塞州职业教育委员会专员的斯内登（David Snedden）、原"工促会"秘书的普罗泽（Charles Prosser）在内的职业教育家都主张仿效德国的模式，建立与公立学校平行的、独立的职业教育体系。普罗泽认为，为了给有效的工业教育留下空间，工业教育最好独立于公立学校，在独立的职业学校进行，而不是作为公立学校的一部分；在管理上，职业学校和课程不应由现存的普通教育委员会管理，而是由新建立的、独立的职业教育委员会管理。而包括全国劳工联盟在内的组织以及以杜威（Dewey）为代表的教育界人士则出于不同的原因，反对建立双轨的教育制度。1913—1917年，杜威陆续发表了《当前工业教育运动中的危险》（1913年）、《密歇根州应当拥有"单一"还是"双重"的职业教育控制？》（1913年）、《职业教育政策》（1914年）、《一种错误的工业教育》（1914年）、《学校制度的分裂》（1915年）、《教育与行业培训——对大卫·斯内登的答复》（1915年）、《工业民主中工业教育的要求》（1916年）、《职业教育》（1916年）和《学会谋生——职业教育在综合公共教育中的地位》（1917年）等一系列论文，对斯内登等人的主张进行批评。他认为，从普通教育分离出来的、独立的职业教育的目的是让学生为工作和就业做准备，这样造成的结果是职业学校将延续现存的社会阶层结构和社会秩序，加深社会的分化，这是因为职业学校的学生通常都来自社会下层，他们必须养活自己，去从事某种他们未必喜欢的职业,而学术性科目则迎合了那些拥有巨额财富和可以随心所欲满足各方面爱好的人的需要。因此,他主张"应在传统学术性学校和行业预备学校两者间,找到关于学生的学校管理、学习方式和个人组织这些方面的平衡点",即对现有学校制度进行调整。但从长远的角度看,杜威认为,最好的方式就是拓展现行的学校制度。这不仅意味着将青少年置于更长时间的教育影响下,更意味着要提高工业智慧的效率,而非技术行业的效率。[1]

1917年,杜威在公共教育协会(Public Education Association)发表演说,批评将学术从职业教育中分离出来的倾向。他承认多数学校应该在课程计划中加入一些种类的职业教育,但他警告,如果教育者将职业成分全部转移到独立的职业学校,那么将会导致五种不良的趋势。第一,为了区别普通教育和职业教育,管理者将在职业学校中设置一个狭隘的职业技能范围来标明他们正在让学生为特定的职业做准备。第二,这一倾向将使人们认为教育应该为特定的任务做准备,而不是发展人的全面能力。第三,职业教育将忽视历史和公民方面的主题,而这些将帮助工人成为理智的公民。第四,为了保证学生精通所需技能,职业学校中的教学方法将是操练和重复。第五,这一计划将把指导视为一种工作安排,而不是培养学生创造为自己和社会服务的机会的能力。

2. 美国职业教育制度管理架构

为了确保《史密斯—休斯法》的实施落实,该法第6条规定成立联邦职业教育委员会(Federal Board for Vocational Education, FBVE),成员由美国总统提名,参议院批准。其成员包括:农业部部长休斯敦(Houston)、商务部部长雷德菲尔德(Redfield)、劳工部部长威尔逊(Wilson)、教育局局长布莱克斯顿(Blaxton)、制造业和商界代表孟禄(Monroe)、农业界代表格雷特豪斯(Gretelhouse)、劳工代表霍尔德(Holder)。根据《史密斯—休斯法》的规定,后3名成员任期分别为1、2和3年。之后,3名成员的第2个任期均为3年。主席从委员中选举产生,每年进行选举。除上述7名委员之外,联邦职业教育委员会的行政人员包括主管普罗泽、负责农业教育事务的副主管霍金斯(Hawkins)、负责工业教育事务的副主管凯利斯(Kelis)、负责家政教育事务的副主管伯里(Bury)、负责研究事务的副主管温斯洛(Winslow)以及负责商业教育事务的特别专员赫里克(Herrick)。联邦职业教育委员会成员是实施《史密斯—休斯法》的前提,因此为

---

[1] 张斌贤、高玲:《艰难历程:〈史密斯—休斯法〉的创制》,载《华中师范大学学报》(人文社会科学版)2015年第2期,第166–167页。

遴选恰当的人选前后花费了近1个月的时间。由于部分成员分别是农业部、商务部、劳工部等联邦机构的主要负责人，因此联邦职业教育委员会实际上是一个部际协调机构，具有广泛的权限，实际上发挥了引导和监管全国职业教育发展的功能。

该法第6条规定，委员会可以在为农业教育目的而开展的研究、调查等方面与农业部进行合作；在为工业和职业教育目的而开展的研究、调查等方面与劳工部进行合作；在为商业教育目的而开展的调查、研究等方面与商务部进行合作；在关于职业教育、课程的管理以及职业教学的研究、调查等方面与教育局开展合作。该法还规定，只要联邦教育局认可，任何时候都可以对委员会提出关于实施该法的建议。为了更好地落实该法并便于监督管理，联邦职业教育委员会将全国划分为5个区域并分别设立总部：北大西洋区（总部纽约市）、南部区（总部亚特兰大市）、中北部区（总部印第安纳波利斯市）、中西部区（总部堪萨斯市）、太平洋区（总部旧金山市）。每个区域派驻1名专员，作为联邦职业教育委员会的代表。

该法第5条规定，任何接受联邦职业教育资助的州都应建立一个州委员会，与联邦职业教育委员会合作管理《史密斯—休斯法》的拨款。州委员会应不少于3名成员，州教育委员会、州公共教育委员会或管理任何职业教育的州委员会，一旦由州议会确定，都可视作据该法规定所成立的州委员会。联邦职业教育委员会及其派驻各地的专员和各州教育委员会一起，共同构成了完整而严密的管理和监督网络，从而为法令的有效实施提供了有力的组织保障。

在某种意义上，该法之所以能有效实施，不仅由于它适逢其时，很好地满足了现代工农业和商业发展的迫切需要，同样也得益于其有效的组织体制。截至1917年12月31日，全美48个州先后以州议会立法或州长批准的方式接受《史密斯—休斯法》，并提交了具体的实施方案。其中，39个州以立法的形式接受，余下的9个州则以州长批准的方式接受（州长批准的有效期持续至下一个立法期开始后的60天）。联邦委员会核定批准了这些方案，并向财政部长确认向这些州划拨1917—1918财年的资金。在随后的4个月内，48个州都启动实施了该计划。美国各州的积极响应可以在5个区域的总部所在州得到很好的印证。

3. 开创了不同于欧洲的职业教育模式

《史密斯—休斯法》规定，联邦政府提供的资金用于发展中等职业技术教育。各州为了获得联邦政府的这笔资金拨款，将为升学做准备的文法中学和公立中学改成综合中学,教学内容涵盖普通文化知识和职业技术知识,这样一来,美国中等教育结构发生了变化,综合中学成为美国中等教育的基本模式,兼具升学和就业双重职能。正是这些学校的建立,完善了美国的职业技术教育体系,形成了具有特色的中等职业教育机构,使得美国中等职业教育机构的发展方向更加适应个人和社会的发展需求。美国职业学校仍属于公立学校体制的一部分,并非独立存在的学校体制,没有复制欧洲国家推行的"双轨制"教育制度,这是美国职业教育的最大特点。

4. 明确了联邦政府、各州政府和地方政府在职业教育中的责任

《史密斯—休斯法》颁布实施之后,各州政府在联邦政府的资助下,投入大量资金到中等职业教育发展当中:仅1917—1918年的1年时间,联邦政府资金资助总数为170万美元,分别投入在工业、农业、商业、家政和师资训练以及职业教育的研究上;1921—1922年度,拨款总数增至420万美元;1932—1933年度,拨款总数增加到980万美元。[①]与此同时,各州和地方政府也根据规定划拨配额资金。各州和地方政府每年的拨款支出数额均超过联邦的拨款支出数额,呈现出积极的势头,这在东北部诸州,如马萨诸塞州、罗得岛州、纽约州等尤为突出(见表2-6)。

表2-6　联邦—州—地方政府资助职业教育的拨款支出总额统计(单位:美元)

财政年	职业教育拨款支出总额	联邦支出	州支出	地方支出
1917—1918	303061.15	832426.82	1024930.48	1181703.85
1918—1919	4951776.75	1560008.61	1566627.05	1825141.09
1919—1920	8535163.84	2476502.83	2670284.76	3388376.25
1920—1921	12618262.55	3357494.23	4074500.73	5186267.59
1921—1922	14812988.70	3850118.78	4523939.39	6438930.53

资料来源:Eleventh Annual Report of the Federal Board for Vocational Education. Washington Government Printing Office,1927,p. 40。

充足的办学经费使得办学条件得到很大的改善与提高,尤其是在师资培训方面,接受过专门训练的教师人数大幅度增加,职业技术教育的教育质量得到提升。因此,各州的职业技术学校和公立高中的数量大幅度增加,接受职业

①蒋春洋、柳海民:《"史密斯—休斯法案"与美国职业教育制度的确立及启示》,载《黑龙江高教研究》2012年第5期,第39页。

技术教育的学生人数也成倍增加。据统计,截至1925年,全国工业学校教师人数由1918年的3276人增加到9037人,学生人数由1918年的117934人增加到382275人;工业教育的培训机构,从1918年的45所,到1925年时的84所。到1932年,受法令资助的各种类型的职业学校约有1500所,这些学校共有教师28372人,学生1176162人。可见,《史密斯—休斯法》的颁布与实施,推动了美国中等职业技术教育的快速发展,使美国经济建设中的中等技术人才和熟练工人长期不足的矛盾得以有效缓解。[①]

5.《史密斯—休斯法》对美国职业教育的意义

1917年颁布的《史密斯—休斯法》作为美国国会第一部通过的职业教育法,不仅开创了美国联邦政府资助职业教育的先例,而且奠定了美国现代职业教育制度的基础。该法不仅在当时的世界上是一项创举,也大胆地冲破了传统的美国联邦政府的职能禁区。

《史密斯—休斯法》强调联邦政府和各州在职业教育发展中的责任,规定联邦政府与各州政府合作改进职业教育。联邦政府采取专项资助方式,地方政府提供"对应款项",首次直接资助教育项目,把财政拨款作为国家干预的重要形式。

当然,仅凭《史密斯—休斯法》是不可能解决所有社会问题或教育问题的,但它在确立美国公共资助职业教育的发展路径上却意义非凡。该法使得职业教育的开办不再是自发的私人行为,联邦与各州、地方的合作成为保障职业教育发展的重要因素。

[①] 蒋春洋、柳海民:《"史密斯—休斯法案"与美国职业教育制度的确立及启示》,载《黑龙江高教研究》2012年第5期,第39页。

第三章 美国联邦政府20世纪40—50年代的教育政策与国防、冷战相联系

本章将专注于美国联邦政府在20世纪40—50年代的教育政策,诚如标题所示,在此期间联邦政府的教育政策是与国防和战争(即40年代的热战和50年代的冷战)相联系的,很大程度受外部因素的影响。在这整个20年间,联邦政府主要颁布了3部与教育有关的法:1940年颁布的《兰哈姆法》(*Lanham Act*)、1944年颁布的《退役军人权利法》(GI BILL)、1958年颁布的《国防教育法》(*National Defense Education Act*)。前2部法与第二次世界大战有关,后1部法与冷战有关。

第一节 1940年《兰哈姆法》(*Lanham Act*)

1917年联邦政府颁布有关职业教育的《史密斯—休斯法》之后的20余年间,为应对20世纪30年代的美国经济大萧条,在罗斯福总统实施的"新政"(New Deal)中曾经资助并设立"联邦救济署""民间资源保护队""工程兴办署""全国青年管理局"等临时机构,为数百万穷困潦倒的失业者提供了"以工代赈"的务工机会和各类范围广泛的教育和培训(课程包括公民课程、植物学、英语、森林学、急救知识、卫生学、测量学、动物学、几何、天文、地质学、历史、地理、音乐、绘画等)[1],除此之外,美国联邦政府没有通过任何教育法。

一、《兰哈姆法》出台的背景

我们在第二章曾介绍了美国《宪法》"保障条款"的杠杆作用,利用《宪法》

---

[1] Steve Gunderson. Investing in America's Future: The Case for Higher Education. the Solutions for Our Future Project, 2008, p. 64.

所赋予的权力向各州赠地资助各州的教育，但是学校建立后的运营则要依靠学区的税收作为支持，其中很大一部分来自包括房产税在内的学区不动产土地的税收。在和平年代，虽不同学区之间由于贫富不均，税收多寡不等，尚能不同程度地支撑和维持各自的学校运营。然而，在美国参加第二次世界大战之后，这种情况有所变化。

二战期间，联邦政府在全国许多地区建立了大量的军事基地、设施和工厂，这就必然要占用许多学区的土地，影响各学区的税收，进而减少了学校的教育经费；因为地方政府无法向建有军事基地、设施和工厂的土地和不动产征收土地税和房产税。鉴于此，联邦政府于1940年10月14日通过了旨在资助受战争严重影响学区的学校的《兰哈姆法》。

二、《兰哈姆法》的变迁

1940年通过的《兰哈姆法》对那些因战争严重影响其税收学区的学校、受雇于联邦政府机构（主要是指军事基地）人员的子女就读的学校，以及居住在印第安人保护区的学生就读的学校给予相应的基本经费补偿。[①] 国会于次年对该法进行了修订，将对学校的资助范围扩至学校的校舍维修与建设。[②]

1950年朝鲜战争爆发后，美国军事设施和军工建设的压力加大，国会于1950年9月23日将《兰哈姆法》修改和扩充，易名为《影响援助法》（Impact Aid Act）。如果说《兰哈姆法》的初衷是应对战争的需要，有临时的性质，《影响援助法》却具有了永久性质，扩展了资助的范围和增加了许多内容。联邦政府在该法中规定资助的内容均在其后于1965年通过的《初等与中等教育法》中永久保留下来。[③]

三、《兰哈姆法》及《影响援助法》的主要内容与资助标准

下面我们简单归纳《兰哈姆法》及《影响援助法》的主要内容与资助

---

① 除了联邦政府的军事基地和设施不需缴纳地区的税，美国所有的印第安人保护区也不纳税。

② New York State Education Department. Federal Education Policy and the States, 1945–2009: A Brief Synopsis. New York State Archives, Albany, January 2006, revised November 2009, p. 6.

③ 1965年的《初等与中等教育法》、1994年的《改进美国学校法》、2002年的《不让一个儿童掉队法》和2015年的《使每一个学生成功法》后面授权延期的几个法律版本中均同样将这些内容予以保留。

标准。[①]

（1）资助受联邦政府军事基地和设施严重影响税收的学区。有资格获得资助的学区必须证明：自1938年以来，联邦政府至少占用了该学区10%的不动产。

（2）资助与联邦政府有关的学区。例如有现役军人的孩子就读的学区、印第安人保护区的学区、联邦政府设施或联邦政府补助的廉价房屋的学区、受雇于联邦政府机构人员的子女所在学区等。有资格获得资助的学区每年须将在本学区就读的上述各类别的学生人数上报，每个类别学生资助的权重是不同的。例如，居住在联邦政府设施和父母受雇于联邦政府机构的学生类别所给予的权重是1，而居住在联邦政府补助的廉价房屋的学生类别所给予的权重为0.10，父母在军事机构工作但未居住在军事基地内的学生类别所给予的权重为0.20。最为关键的一条是：有资格获得资助的学区必须有至少400名上述类别的全日制学生在读，或者在全学区的学生中有至少3%的上述类别的全日制学生在读。

（3）残障儿童补助。联邦政府将对招收因受联邦政府影响的残障儿童的学区提供额外补助。除了为这些儿童提供基本服务之外，学区还可以从其他途径获得额外资助。获得这些补助的学区必须加大对残障儿童的教育投入。

（4）学校基本建设。《影响援助法》还规定向需要资助的学区补助学校基本建设所需的经费，因为这些学区招收了大量居住在联邦土地上的儿童，而学区无法向联邦财产征税。这些补助经费可以按特定公式分配，也可经竞争后由学区自由支配。如果学区有一半的学生居住在印第安人保护区，或有学生家长在军队中服役，该学区即有资格获得"公式补助"。可自由支配的补助经费通常优先给予那些无能力筹资改善校舍的学校和校舍处于急需维修和重建的危险状态的学校。

（5）开创了联邦政府资助日间托儿所的先例。第二次世界大战期间，由于绝大多数男性成人应征服役，大量的妇女走出家庭，加入劳动力大军，有相当一部分是在与军事工业有关的产业就业。这就产生了一个问题：美国母亲通常是在家里带孩子的，一旦她们出去工作，需要更多的日托机构提供服务。于是，根据《兰哈姆法》的规定，联邦政府拨款开设大量的日间托儿所应急。在二

战的最高峰时，联邦政府在除新墨西哥州的每个州的635个社区都开设了日间托儿所。1943—1946年，联邦政府共拨款10亿多美元补助各地日间托儿所的校舍建设和维修、培训和支付教师的工资以及提供孩子餐食和设施等。最初只有0—12岁的儿童有资格进日间托儿所，后放宽至16岁。虽然联邦政府投入很大，但家长需每天为每位儿童支付0.75美元的费用。[1]

　　总而言之，从最初为应对战争情势而颁布的《兰哈姆法》，到不久后修改和充实的《影响援助法》，再到后来的《初等与中等教育法》与其一系列授权延期的几个法律版本中均同样将这些由联邦政府资助的对象和内容予以保留，且有所扩展，受资助的学区拥有很大的经费支配权。这些经费除了资助受战争影响和该法规定的因联邦政策影响学区的基本建设和维护，还包括资助教师和教学辅助人员的工资，采购教科书、电脑和其他教学仪器设备，课外活动项目和补偿教学辅导、大学先行课程（AP）以及其他特别教学项目，尤其是加大了对残障儿童的额外资助。[2]

第二节　《退役军人权利法》(GI BILL)（1944年）

　　同1940年通过的《兰哈姆法》一样，1944年颁布的《退役军人权利法》(GI BILL)也是与国防和战争——第二次世界大战相联系的。《退役军人权利法》不但极大地影响和改变了美国的高等教育，更对美国的社会、国防、经济、政治等各个方面影响巨大，而正是《退役军人权利法》的实施培育了美国现代中产阶层，为从工业化时代顺利过渡到其后的知识经济时代储备了充足的中高层次人才。《退役军人权利法》被誉为对20世纪美国迅速崛起、持续发展与高度创新起关键作用的国计民生重大投资项目之一，具有重大的历史意义。有关美国《退役军人权利法》的详细介绍和系统分析，可参阅笔者于2019年6月出版的专著《反思与超越：构建新时代中国特色教育保障体系》。本节将就《退役军人权利法》的推出背景、该法对美国高等教育的影响以及其历史意义进行重点论述。

---

[1] Chris M. Herbst. Universal Child Care, Maternal Employment, and Children's Long-Run Outcomes: Evidence from the U.S. Lanham Act of 1940. Institute for the Study of Labor, Arizona State University, IZA DP No. 7846, December 2013, pp. 2 and 10.

[2] U.S. Department of Education. About Impact Aid. March 21, 2017, https://www2.ed.gov/about/offices/list/oese/impactaid/whatisia.html，2018年3月14日访问。

一、1944年《退役军人权利法》产生的背景

（一）早期安置退役军人的三种主要模式

古今中外,军队在外御强权欺侮、内护社会稳定方面扮演着极其重要的角色。与此同时,战后退役军人的安置问题,即如何帮助他们顺利回归到正常的生活,更是各个国家需要正视的重大问题。历史上有众多的事例表明,退役军人安置问题的解决,不但直接影响他们与家人的生活,也会影响到军队的士气,更会影响到社会的稳定,乃至国家政权的稳固。对于为了"保家卫国"而作出个人牺牲的军人,在他们退役后给予一定的补偿是古今中外各国政府的惯例。然而,以何种方式给予退役军人补偿,则因国因时而异。具体到我们研究的美国,在包括其殖民地时期在内的300多年历史进程中,军功授予土地、文官录用优待、货币补偿是美国政府早期安置退役军人的3种主要模式。

然而,至第二次世界大战前夕,传统的安置退役军人的模式均面临困难。如军功授地制度早在1862年的《宅地法》颁布后即已实际失效。此外,到了20世纪初期,联邦政府和各州政府用作对退役军人补偿的土地资源已不足,军功授地制度正式结束其历史使命。虽然文官录用方面仍对退役军人实行优待,然而这种做法是以违背文官录用制度的"功绩制"和效率为代价的。而且,相对于几十万至上百万的退役军人来说,被录用到文官队伍中的退役军人数量很有限,不可能成为退役军人就业的主要途径。对退役军人的经济补偿的标准往往与社会发展水平不匹配,也无法从根本上解决其生存问题和提升其职业竞争力。而长期的经济补偿,又使政府背负着沉重的财政负担。1918—1941年,美国对第一次世界大战退役军人的经济补偿超过了140亿元。其中,在30年代此项预算占国家年度预算的近20%。1936年,美国国会通过的用以补助第一次世界大战退役军人的39亿美元拨款,几乎占到了当年预算的50%。[1] 显然,如此巨额的财政负担,政府是难以长久承担的。

（二）朝野各方在《退役军人权利法》形成过程中的推动作用

自1941年12月8日日本偷袭珍珠港直到1945年8月第二次世界大战结束,美国在参战的4年中,总共有约2000万青年响应国家的召唤,披上战袍,应征参加了第二次世界大战,他们在全世界各地浴血奋战,为最终战胜德、日、意

---

① John P. Resch. Americans at War: Culture, Society, and the Homefront (1500-1815). Thomson Gate, 2005, p. 192.

法西斯，维护世界和平与人类进步贡献了自己的青春。然而战争一旦结束，美国政府面临了约1600万退役军人的安置问题，美国政府和社会面临了空前的压力。

1932年美国曾发生第一次世界大战退役军人大规模的"补偿金远征军"悲剧事件，政府镇压抗议产生了不良政治后果和教训。尤其令人恐惧的是，第一次世界大战后除了英国和美国两国之外，其余所有参战国的政府均被推翻，而没有得到良好安置的退役军人是推翻这些政府的重要力量。这些事件对美国政府和民众起了很大的警示作用。妥善安置好退役军人，使这些"战争时期的英雄"不成为"和平时期的麻烦制造者"，不仅仅是军方和政府的思考问题，而且成为整个美国社会和民众的共识。[1]

1944年《退役军人权利法》的产生并不能归功于某一个人或某一个组织，正如美国总统克林顿在1995年罗斯福总统逝世50周年纪念会上所指明："《退役军人权利法》的通过由罗斯福总统所倡导，但该法的最终形成却是各方努力的结果。"[2] 该法的制定和出台，是在特定的历史条件下，众多智囊组织、利益团体、政府机构等协商和博弈的结果。而且，其最终能获通过，过程也不是一帆风顺的。[3]

事实上，在珍珠港事件发生的6个月后，1942年7月，罗斯福总统的叔叔德拉诺就向罗斯福建议在"国家资源计划委员会"（National Resources Planning Board）内部成立一个"小型的计划委员会"，考虑包括退役军人安置在内的战后重建问题。与此同时，另一个"战后市民和军事人力重新安置协调小组"（Conference on Postwar Readjustment of Civilian and Military Personnel），通常简称为"战后人力协调会"（Postwar Manpower Conference, PMC）也开始行动，并很快于当年的7月17日举行了第一次会议，成为关于退役军人安置问题的各种想法

---

① Edward Humes. Over Here: How the G.I. Bill Transformed the American Dream. Harcourt, 2006, p. 289.

② Glenn C. Altschuler and Stuart M. Blumin. The GI Bill: A New Deal for Veterans. Oxford University Press, 2009, p. 2.

③ 该部分内容主要援引自 Keith W. Olson. The G. I. Bill, the Veterans, and the College. "Chapter 1 Origins and Motives", Lexington, the University Press of Kentucky, 1974, pp. 1–24. 王书峰：《美国退役军人教育资助政策形成与变迁研究》，广东高等教育出版社2009年版，第41–65页。陈艳飞：《论美国"1944年退役军人权利法案"的出台》，2011年复旦大学硕士学位论文。

和信息的交流机构。① 1942年7月—1943年4月,由弗洛伊·里维斯(Floy W. Reeves)博士(芝加哥大学教授、美国教育理事会成员)主持,这个组织举办了共27次会议,每次半天。在PMC的12位成员中,除了有退役军人管理部门负责人弗兰克·海因斯(Frank T. Hines)陆军准将之外,还有来自劳工部人力统计委员会、美国教育理事会、美国陆军与海军福利与娱乐联合委员会、哈佛大学教育学院、陆军部特殊服役部门教育处等各官方和民间代表。

参与安置第一次世界大战老兵的小组成员还参照了1919年《复员法》的一些有益做法,包括向接受职业培训的伤残退役军人提供学费、奖学金、书本,以及每月90—145美元补贴等。尽管受益者限于退役军人中少部分人,但这一计划建立了对退役军人提供酬劳机会的基本原则。

1942年10月,参与安置第一次世界大战老兵的小组发布了一份共6页的《加拿大退役军人复员和康复准备》小册子。该文件对加拿大退役军人所享受的服装津贴、失业保险、居住地安置、教育福利、商业帮助等均有介绍。在此安置计划中,为那些因战争而中断学习的退役军人提供学费和每月生活费用补贴(标准是:单身军人每月60美元,有妻子、孩子的退役军人最高为每月138美元),资助时间的长短取决于他们的服役时间。为了更好地了解加拿大的做法,1943年3月,该小组几名成员专程前往加拿大的蒙特利尔,会见了加拿大和美国联席经济委员会有关官员,讨论战后计划。1个月后,他们将加拿大退役和康复委员会主席麦克唐纳德(H.F. McDonald)陆军准将请到华盛顿,参加会议并向PMC作报告。

由此,研究小组从两个方面勾勒了对退役军人进行教育培训的计划轮廓。第一,总的计划是给全体退役军人提供任何水平的1年学校学习机会,目的是让他们为寻找新的工作更新知识。第二,增补计划是挑选那些学业被战争打断或者是"有明显进步、表现出特殊能力和智慧"的退役军人再进行3年学习。这个增补计划将由一个竞争性的奖学金体系来管理,以便"鼓励那些在人力缺乏的技术和专业领域培养合适的人",而对那些"已经饱和,或者对就业没有需求和作用的领域"则不提供任何奖学金。随着非就业退役军人数量的增加,奖学金也将同比例增加,以使其满足申请需要。

在上述各方努力的基础上,到了1943年秋天,罗斯福总统急于推动退役军

---

① Steve Gunderson. Investing in America's Future: The Case for Higher Education. the Solutions for Our Future Project, 2008, pp. 5-6.

人安置立法，强烈要求国会通过《退役军人权利法》。法案送至众议院后，众议院就提供退役军人教育与培训的管理机构、适用对象的范围、学费资助标准、生活津贴标准、教育年限等问题引发了争论。其中最为关键的争论是由哪个部门来主管退役军人的教育与培训工作。曾担任过政治学教授的国会议员埃尔伯特·托马斯（Elbert Thomas）提交了一份议案，建议由当时的联邦教育署（U. S. Office of Education）直接管理，该提议得到了教育界的一致支持。而退役军人协会却极力提议由退役军人事务管理局来管理该计划。经争论之后，众议院以全票一致通过该法案。参众两院协调委员会对两院议案的不同之处进行了协调，在6月12日提出一个折中版本，并于次日在两院获得通过。1944年6月22日，罗斯福总统签署《退役军人权利法》，使其成为法律。

二、1944年《退役军人权利法》的主要内容与特点

1944年6月22日，罗斯福总统签署的法案，英语名称为 *Servicemen's Readjustment Act of 1944*。从字面来看，可直译为1944年《军人再调整法》。然而，美国学者和民众更喜欢称其为 *G. I. Bill of 1944* 或 *1944 G. I. Bill of Rights*，即1944年《军人法》或1944年《军人权利法》。[①] 为方便起见，国内学者一般简称《退役军人权利法》。

（一）主要内容

1944年《退役军人权利法》规定的退役军人保障政策的内容非常丰富和全面，包括生活津贴、失业保险、抚恤金、医疗卫生、住房贷款、商业贷款、农业贷款、教育培训等保障项目。本书主要专注于教育培训方面，故仅介绍该法有关教育培训方面的内容。[②]

《退役军人权利法》共6章15条，有关教育培训的内容主要在第二章。该章第1条第1款明确规定：(a)在第73届国会通过的公法第2号第1条第1款(f)经1943年3月24日法令（第78届国会通过的公法第16号）补充后，现修订如

---

① "G.I."有两种解释：一是"general issue"的缩写，指军队中所有标准的装备、军服和武器（来源于：Michael Bennett. When Dreams Came True: The GI Bill and the Making of Modern America. Brassey's, 1996, p. 22）；二是"Government Issue"的缩写，是形容二战美军的俚语，最初代表"政府颁发"二字，用指军队的规章制度或设备。转引自王书峰：《美国退役军人教育资助政策形成与变迁研究》，广东高等教育出版社2009年版，第20页。

② 有关该法的内容引自王书峰：《美国退役军人教育资助政策形成与变迁研究》，广东高等教育出版社2009年版，第86-88页；王英杰：《美国高等教育的发展与改革》，人民教育出版社2002年版，第249-252页。

下：(f)在1940年9月16日以后，当前战争结束之前，在陆海空军中服役的任何人，都有权根据本法第一条(a)中修订后的第七节的规定和条件接受职业培训，以及重新获得就业资格，或者根据第八节的规定和条件接受教育或培训。

第八节的规定：

（1）凡符合以下情况的任何人都有资格并有权接受教育和培训：在1940年9月16日以后，当前战争结束之前的现役军人；已退役（被开除者除外）；由于服现役其教育或培训被妨碍、推迟、中断或干扰；有志于上复习班或再培训班；服役90天以上；因服役致伤或致残而退役。这种教育或培训应在退役或当前战争结束之后2年之内开始。在入现役时年龄不超过25岁的任何人都可视其教育或培训被妨碍、推迟、中断或干扰过。

（2）任何合格的申请人都有权在一所得到批准的教育或培训机构接受教育或培训，复习或再培训，时间为1年（或相当于1年的不间断时间学习）。或者以所选学科要求的最低限度时间按照该机构的标准令人满意地完成教育或培训课程（不包括复习或再培训的课程），之后，其还有权再接受一段教育或培训，但时间不得超过1940年9月16日至战争结束前所服现役的时间。接受教育或培训的时间累积总计不应超过4年。他在整个接受教育或培训期间，应取得令人满意的成绩，符合所在机构的标准，额外接受的教育或培训结束时，如果学期已过半，则应延长到学期结束。

（3）申请人有资格并有权利选择接受教育或培训的学科，选择自己所居住州内外得到批准的教育机构，只要该机构录取他为学生或受训者。如果他能向退役军人事务管理局局长提出令人满意的理由，就可以改变所学专业。如果局长发现，该学生或受训者的表现和进步情况不能令人满意，不符合所在机构的标准，可以中断他的教育或培训过程。

（4）局长每过一段时间应向各州的有关机构索要一份在其辖下的、合格的、充分做好提供教育与培训（包括学徒培训、复习培训或再培训）准备的教育或培训机构（含工业企业）的名单，在局长予以认可和批准后，这些机构可以被当作是合格的、被批准的机构，可以向根据本节规定入学的人提供教育或培训。凡是由州法律赋予职责的州学徒培训机构，局长都要尽可能利用这样现有的设施和服务开展在职培训，这种培训应为1年或1年以上。

（5）每有1个人注册接受全日制或部分时间制的教育或培训，局长就应向此人所在的教育或培训机构支付学费，以及实验室、图书馆、卫生、医疗和其他日常费用，并且可以支付书籍、文具、设备和其他必要的开支，类似在这一机构中其他学生成功完成学业所必需开支，但不包括食宿和其他生活费用及旅行费用。在任何情况下，每人每学年的费用不得超过500美元。不应向开展在职学徒培训的学校或企业等机构支付费用。如果一所机构没有确定的学费，或者局长发现一所机构所确定的学费是不适当的，局长有权只支付合理的部分，但一学年支出的个人费用均不得超过500美元。

（6）申请人在根据本节规定注册学习时，在向局长申请后，应得到每月50美元的生活费，如果他有要赡养的人，则每月应得到75美元。[①] 在假期和请假期间（每年不超过30天）可以照领生活费。如果一个人只能半脱产学习，其余时间做学徒或参加在职培训而获得生产劳动报酬，其生活费和被赡养者生活费会相应削减，金额由局长确定。符合本节条件的人即使没有生活津贴，也可以自己选择全天或部分时间学习。

（7）符合得到本节或第七节所提供利益条件的人，可以自己选择从哪一年获益。如果作出这样的选择，生活津贴不应超过第七节提供培训的额外补助金。

（8）任何一个联邦的部、机关或官员在执行本节规定时，不得监督或控制任何一个州教育机关、州学徒机构或任何一个教育或培训机构。

（9）特授权退役军人事务局局长实施本条。只要局长认为可行，就应在双方一致同意的基础上，利用联邦及州的部和机关的现有设施和服务。局长为实现本条的目的，在必要时可颁布符合本条的条例和规定。

（10）局长可以作出安排向根据本节规定符合接受教育和培训条件的人员提供教育和职业指导。每隔一段时间，局长应提供有关普通教育需求和各行各业对受过培训人员的需求信息。在局长认为可行的情况下，应利用从事这种信息收集的其他联邦机构。

（11）在本节中所使用的"教育或培训机构"一词应包括所有公立、私立中小学和提供成人教育的其他学校，商业学校和学院，科学和技术机构、学院，职业学校，初级学院，师范学院、师范学校，专业学院，大学和其他教育机构；也应包括由以下机构监督的其他机构，即得到批准的学院或大学、州教育部、州学徒培训机关、州职业教育委员会、州学徒培训服务或根据其他法令有权监督这

---

① 在20世纪40年代中期，50美元是一大笔钱——用15美分或者更少的钱就可买汽油、香烟、啤酒、奶昔，或是看一场电影。引自：米尔顿·格林伯格：《美国退伍军人权利法——改变美国的社会和经济风貌》，https://wenku.baidu.com/view/6c0099305a8102d276a22f6c.html，2011年7月19日访问。

种培训的联邦政府其他机关。

第78届国会批准的公法第16号增加以下条款：

> 应向受训者或学生提供本法第1条(a)的第七节或第八节规定的书籍、文具或设备。如果由于受训者或学生自己的过失而不能完成培训或教育，局长可以决定要求其偿还尚未使用的书籍、文具或设备，或者赔偿合理的金额。

由于《退役军人权利法》在制定和通过时仍处于战争状态，该法的有些条款仍有不周全之处。故《退役军人权利法》在签署后不久，退役军人协会就呼吁对部分内容进行修正。1945年4月刚上任的杜鲁门(Truman)总统就是第一次世界大战的退役军人，更加重视对退役军人的教育保障。上任伊始，他就指出，"做好对退役军人的保障是国会立法和政府行政的首要目标……为因战争耽误了学习的退役军人提供再教育的机会，这项工作虽已取得了一定成绩……但需要进一步深入"。在他第一个总统任期内修正了有关教育与生活补助的内容。

1945年9月19日，美国参议院正式建议对该法进行修正。修正的主要内容是去除接受教育和培训的退役军人不得超过25岁的年龄限制，要求为参加第二次世界大战的所有退役军人提供为期4年的教育经费，并允许函授教育。同时要求将退役军人的生活补贴提高15美元(单身从每月50美元提高到65美元，有需要赡养者的由每月75美元提高到90美元)。1945年12月28日，杜鲁门总统签署该修正案。

1946年8月8日，杜鲁门总统签署了增加补偿和抚恤金的综合议案，其增加的幅度比原计划多20%。

1947年1月2日，众议院退役军人事务委员会成立。

1948年2月14日，杜鲁门总统签署了《教育津贴法》(*Education Allowances Act*)，退役军人每月的生活补助再次被提高，单身者每月为75美元，另有1个赡养者的为105美元，另有2个赡养者的为120美元。为此，政府年拨款2.17亿美元。

(二) 主要特点

1. 合力作用、理念创新

虽然1944年《退役军人权利法》的酝酿过程并不是一帆风顺，但在朝野上下的合力作用下,最终获得了极大的成功。该法对退役军人提供包括生活补贴、医疗保障、住房和商业贷款等优越的经济与社会福利待遇可视为对艰苦作战的退役军人的报答,也是为避免第一次世界大战退役军人因福利待遇问题而导致的抗议游行,及1932年爆发的"补偿金远征军"悲剧性事件。尤其值得赞赏的是,美国政府和民众没有局限于社会稳定和经济领域的考量,"不仅要使他们在战时成为体力上合格的军人,在和平时期更要将他们培养成智力上合格的建设者"。因此,在朝野各方制定的战后退役军人安置计划中,不约而同地列入了有关教育与培训的内容。这是古今中外军事史上前所未有的创举。表3-1列出了4个主要组织和机构的安置计划中有关退役军人教育内容,尽管4个计划中有关教育的水平与形式有所差异,但目标高度一致:国家必须为退役军人提供教育与培训的机会。体现这一理念创新的《退役军人权利法》基本上是采取了4个版本中最有利于退役军人的建议,不但使广大退役军人普遍受益,也为美国战后经济的复兴和发展,更为其后的持续发展培养和储备了充分的人力资源。

表3-1　不同机构关于退役军人教育计划的主要观点

组织与机构	关于退役军人战后教育计划的主要观点
PMC	①向全体退役军人提供任何水平的1年学习。 ②通过考试挑选那些学业被战争打断,或者是"学业有明显进步、表现出特殊能力和智慧"的退役军人再进行3年的学习。
Osborn委员会	①向所有服役超过6个月的退役军人提供1年的教育或训练。 ②向那些学业优秀者——差不多10万人提供超过1年以上的教育,并由一种教育贷款来支持退役军人完成1年以上的教育
ACE	认为教育计划不是对退役军人服役的一种简单补偿,而主要是为了应对失业大潮,同时也是对教育机构的实际帮助
American Legion	①向那些因参军而中断学业的人提供最长4年的教育资助。 ②所有服役时间超过90天的人员均有资格接受资助

资料来源:王书峰:《美国退役军人教育资助政策形成与变迁研究》,广东高等教育出版社2009年版,第103页。

2. 一视同仁的受教育权利

美国《退役军人权利法》无论在精神上,还是具体条款上都遵循公平与平等的原则。退役军人教育资助政策仅依据服役时间来确定资格(仅要求服役90天),而不考虑军人在战争中的表现和功绩(纵然是曾被俘过也无妨,只要是正常退役,而非逃兵或受处分者),无所谓军衔高低,是否担任军官。所有军人退役之后都能得到同样的教育福利,这些规定对所有人一视同仁,在受教育权利方面没有待遇差别,无须用经济能力验证,也不必计算复杂的税收抵免,从而将官僚主义繁文缛节降至最低限度。相对于有些国家依据军人的军衔、功绩与资历来制定和实施退役军人的安置标准,美国《退役军人权利法》所体现的一视同仁的教育权原则确实开创了一个享受公平、平等机会与权利的先例。

3. 多种福利、打包供给

考虑到如果没有生活、医疗、住房、赡养家庭等基础性保障,退役军人是难以全身心上学的。因此,为消除他们的后顾之忧,美国政府在退役军人安置上,并不是单纯地给予教育资助,同时还配以一个"福利包"(benefits package),包括了退役津贴、医疗卫生服务、住房贷款、赡养资助、职业咨询等,教育资助只是众多福利中的一项。显然,无论从哪个标准来看,美国政府为资助二战退役军人接受教育和培训都提供了慷慨的福利待遇。另外,《退役军人权利法》规定支付给每位退役军人每学年的学费最高达500美元。这一金额在当时也算是很高的了,足够支付任何大学的学费。1945年二战结束时,哈佛等顶尖大学一年的学杂费是400美元。[1]据了解,1948—1949学年,美国四年制私立大学的平均一年学杂费是418美元,四年制公立大学的平均一年学杂费仅是234美元,而两年制的社区学院和职业学校的学杂费就更低得多了。而且政策还规定,如果真有哪一所学校规定的一年学杂费超过500美元,退役军人还可以领取超出的相应比例的学杂费补贴。[2]

4. 解除受教育年龄等方面的限制

《退役军人权利法》在实施过程中不断调整和修正,尽量向鼓励和方便退役军人接受教育或培训的方向改进。这种灵活性措施有:该法最初版本规定享有受教育或培训权利的退役军人在入现役时年龄不得超过25岁,在修正法案中予以取消,规定任何年龄的退役军人均有接受教育或培训的权利,由此解除了年龄歧视;该法原先规定退役军人必须在退役或当前战争结束之后2年之内即开始接受教育或培训,在修正法案中将其延长至10年;退役军人可以自行决定在规定的10年内的任何一年开始接受教育或培训,可以连续学习,也可以

---

① Michael Bennett. When Dreams Came True: The GI Bill and the Making of Modern America. Brassey's, 1996, p. 18.

② Suzanne Mettler. Soldiers to Citizens: The G.I. Bill and the Making of the Greatest Generation. Oxford University Press, 2005, p. 195.

间断学习,只要总年限不超过4年;可以采取全日制学习方式,也可以采取部分时间制学习方式;可以在学校注册接受面授教育,也可以注册为函授学生;可以在正规教育机构学习,也可以参加企业的学徒计划接受产学培训。

5. 各级各类学校全面开放

第二次世界大战前的大萧条是美国历史上一次空前严重的经济危机,然而"大萧条时期受害最惨的人就在教室里"。[①] 大萧条中,教育领域处境艰难,中小学教育受到巨大的冲击,在一些地方几乎不能开办。至1932年,因教育经费不足,全美有30万名儿童失学。单单阿肯色州的300多所学校就停课10个月以上。[②] 美国史学家戴维·香农曾愤愤地指出:"永远没有人能计算出,由于大萧条期间美国儿童所受教育太差,美国文明付出了多少代价。"[③] 由于这场大萧条,美国的中小学义务教育受到了冲击,许多儿童不得不中途辍学,或者无法完成学业,提前走上谋生的道路。据统计,1940年的美国公共教育中,完成中等教育的只有713万人,完成初等教育的只有2046.6万人。[④]

这种冲击也同样波及第二次世界大战的退役军人。二战前,高中毕业是稀罕的成就。参加二战的数百万军人甚至没从小学毕业,许多美国年轻人都没有读到十年级。1940年,只有23%的军人拥有高中学历,拥有大学学历的军人大约只有3%。[⑤] 美国全国教育协会于1943年统计,只有25%的二战退役军人完成了高中教育。[⑥] 另有29%退役军人仅受过小学教育。[⑦] 在黑人退役军人中,情况更糟。二战中应征入伍的黑人有近100万,其中只有17%完成了高中教育,相对而言,在应征入伍的白人中,有41%完成了高中教育。[⑧] 基于退役军人整体的教育状况,《退役军人权利法》的教育计划并未仅专注于接受高等教

① 威廉·曼彻斯特:《光荣与梦想》,海南出版社2006年版,第30页。

② 威廉·曼彻斯特:《光荣与梦想》,海南出版社2006年版,第30页。

③ 刘绪贻、李存训:《美国通史》(第5卷),人民出版社2002年版,第19页。

④ 阿瑟·林克、威廉·卡顿:《1900年以来的美国史(中)》,中国社会科学出版社1983年版,第368页。

⑤ 米尔顿·格林伯格:《美国退伍军人权利法——改变美国的社会和经济风貌》,https://wen-ku.baidu.com/view/6c0099305a8102d276a22f6c.html,2011年7月19日访问。

⑥ Glenn C. Altschuler and Stuart M. Blumin. The GI Bill: A New Deal for Veterans. Oxford University Press, 2009, p. 66.

⑦ Kathleen J. Frydl. The GI Bill. Cambridge University Press, 2009, p. 305.

⑧ Michael Bennett. When Dreams Came True: The GI Bill and the Making of Modern America. Brassey's, 1996, p. 265. 二战期间,75%的黑人军人来自美国南部和边疆各州,由于教育经费极其匮乏,那儿的黑人儿童只有80%能上到小学四年级。

育的"精英"部分,而是面向所有不同层次的退役军人,使每个人都能根据自己的教育水平和职业兴趣选择合适的学校和专业。事实上,在1944年《退役军人权利法》实施的12年期间(1945—1956年),在接受各级各类教育和培训的780万名退役军人中,有223万名退役军人接受了高等教育,而更多的人——560万名退役军人接受了其他各级各类教育或培训,前者比例为29%,后者比例为71%(见表3-2)。

表3-2　美国政府资助的二战退役军人参加教育与训练计划(项目)的分布

教育与培训项目	参与人数/万人	占各计划总数的比例/%
接受农业培训	70	9%
接受大学以下各级各类教育	350	44%
接受在职培训	140	18%
接受大学教育	223	29%
接受各级各类教育和培训总数与比例	780	100%
二战退役军人总数	1540	

资料来源:Keith W. Olson. The G. I. Bill, the Veterans, and the College. "Chapter 1 Origins and Motives", Lexington, the University Press of Kentucky, 1974, p. 76。

三、颠覆性的创意——"宁静的革命"

(一)创新的尝试

在此之前,历史上联邦政府通过的对教育资助的有限几个法令,资助对象均是学区或学校,如1862年的《莫利尔法》和1917年的《史密斯—休斯法》。前者是以赠送土地的形式资助赠地学院,后者是以拨款的形式资助学校建立职业教育。而这次颁布的《退役军人权利法》却颠覆了传统的做法,将资助对象确定为退役军人个人。与此相应的是,拥有资助经费支配权的退役军人也同时被赋予了选择学校的决定权,他们可以根据自己的意愿和兴趣,选择全国任何一所公立或私立学校,甚至可以依法选择国外的大学入学。[①] 表面上看,这只是资助对象的转变,实际上,这是一种所有权的变更。正是这一根本性的转变使退役军人在教育和学校的选择上有了自主权,而学校不得不进行改变和改进以满足不同退役军人的需求,否则学校将难以吸引足够的退役军人来上

---

① 《退役军人权利法》的教育福利还可以在国外享用。退役军人管理局在1950年报告说,有5800名退役军人根据该法在45个国家学习。

学。在刚经历了严重的经济危机、财政状况尚未完全恢复的美国各级各类学校，在吸引生源这一问题上，不得不进行改革以适应退役军人这一特殊学生群体的需求。

这一颠覆性创意在当初并未引起人们的关注，然而，这一"宁静的革命"却为半个世纪后的20世纪90年代，直至目前的教育政策和教育改革起到了示范作用，导致了教育券理论和实践的产生，我们将在后面有关章节中予以论述。

（二）设立有利于退役军人的教育管理机制

如前所述，《退役军人权利法》的内容包括了退役津贴、医疗卫生服务、住房贷款、商业贷款、赡养资助、职业咨询、教育与培训等福利计划。如果说，前面所有计划均由当时的退役军人部门来管理几无争议，对由哪个部门来管理退役军人的教育与培训计划却存在很大的争议。争议集中在两个部门：退役军人管理局和联邦教育办公室。前者是1930年由国会批准建立的管理退役军人事务的机构（Veterans Administration，简称VA）[①]，负责一切有关退役军人的事务；后者当时是联邦安全总署（Federal Security Agency）管辖下的一个教育办公室（office of education）[②]，由于美国《宪法》只将管理教育的权力授予州政府，故联邦教育办公室的职责仅限于在全国范围内收集和整理有关学校机构、管理、体制和教学方面的信息，然后将所得信息和成果提供给政府机构和公众，以便进一步推动国家教育事业的发展。

由上可见，从当时联邦教育办公室的职责、权限、工作范围等方面看，联邦教育办公室是既没有能力和能量，也没有资格和权力来管理几百万退役军人的教育与培训计划的。另外，当时许多私立学校和专业学校也反对由联邦政府和州政府的教育部门管理退役军人的教育与培训计划。如果由联邦教育办公室负责管理，限于其有限的资源，它必然会通过各个州的教育部门去落实，而美国各州的教育主管部门的管辖权只限于公立学校。基于利益冲突，各州的教育主管部门在经费的分配和资源的配置方面必然会倾向于其下辖的公立学校。最后一个反对的理由来自退役军人协会，出于对退役军人成员利益的维护，他们坚持强调退役军人这一群体的特殊性。他们罗列了如年龄、婚姻状况、经历、心理与生理特点、教育程度、教育需求、经济状况等与普通学生所不

---

① 1989年升格为内阁级的退役军人事务部（Department of Veterans Affairs），其是雇员总数仅次于国防部的第二大部。

② 1953—1980年它又由美国联邦卫生教育福利部（U.S. Department of Health, Education and Welfare）管辖，直至1980年才设立单独的内阁级教育部（Department of Education）。

同的种种特殊性,从而指出:由一个仅有管理普通学生经验的教育部门来管理退役军人的教育和培训计划是不合适的。因此,他们极力主张由退役军人管理局来负责退役军人的教育和培训计划。

最后通过的《退役军人权利法》采纳了退役军人协会的意见,规定由退役军人管理局来全权负责退役军人的教育和培训计划,国防部、劳工部、联邦教育办公室等其他机构部门全力配合。从后来的实践看,这一安排确实有其合理性,毕竟退役军人是不同于普通学生的特殊学生,他们的教育和培训计划范围广泛,牵涉的部门和领域众多,这些问题只有最了解、熟悉退役军人需求的退役军人主管部门能妥善解决,也只有拥有跨部门协调功能和权限的退役军人主管部门更容易解决。一旦退役军人学生在求学过程中与教育机构产生矛盾,有一个独立的退役军人管理局从中协调,对双方也是一个制约。表3-2的数据可以表明:在1944年《退役军人权利法》实施的12年期间,退役军人管理局成功地资助了780多万名退役军人接受各级各类的教育,这是一个巨大的成就。[①]

四、1944年《退役军人权利法》的历史意义

(一) 退役军人入学的激增导致了美国高等教育的大众化

1944年《退役军人权利法》实施之初,仅有8200名退役军人进入院校学习,这与该法实施初期未引起人们注意有关。当然,广大退役军人一旦了解该法的内容,即对教育和培训资助计划表达了强烈的兴趣和意向,并立即对限制与歧视条款提出了抗议,迫使美国政府很快于1945年4月取消了限制与歧视条款,由此为所有第二次世界大战退役军人扫除了接受教育和培训的障碍,出现了教育史上前所未有的大规模退役军人涌入校园的壮观景象。

以高等教育为例,20世纪初,美国适龄人口中大学生的比例只有5%,高校在校人数大约25万人,1939年增至15.59%。第二次世界大战期间,由于大批适龄青年投笔从戎,高校入学率开始下降,1943年降为17.55%。二战结束后掀起了退役军人进大学的高潮,高校入学率得到了急剧的提高,1945年又回升至17.55%,1946年达到28.2%。[②]从表3-3中的数据更可看出,得益于《退役军人权利法》的资助,战后退役军人学生人数和比例在大学骤增。在二战结束的

---

① 张雅琼:《美国退役军人教育援助研究》,2011年河南大学硕士学位论文,第33页。
② 王书峰:《美国退役军人教育资助政策形成与变迁研究》,广东高等教育出版社2009年版,第92页。

1945年，退役军人学生在校人数为88000人，仅占学生总数的5.2%。而1946年的比例急剧升至48.7%，1947年更达至顶峰，占据约半壁江山（49.2%），而男性退役军人的比例一度高达71.5%。得益于1944年的《退役军人权利法》的资助，在短短11年中，竟然有近800万退役军人进入各级各类学校学习，其中更有223.2多万人进入大学学习，从而加速了美国高等教育进入大众化发展阶段，这是1944年《退役军人权利法》的制定者绝对想不到的一项成就。

表3-3　1939—1960年美国高校在校人数（秋季学期）

年份	高校学生		退役军人学生		
	总人数/人	男生数/人	总数/人	占高校学生数比例/%	占高校男生数比例/%
1939	1364815	815886			
1945	1676851	927662	88000	5.2	9.5
1946	2078000	1417595	1013000	48.7	71.5
1947	2338000	1659249	1150000	49.2	69.3
1948	2403000	1709367	975000	40.5	56.9
1949	244000	1721572	844000	34.4	48.8
1950	2281000	1560392	581000	25.2	37.0
1951	2101000	1390740	396000	18.7	28.3
1952	2134000	1380357	232000	10.8	16.7
1953	2231000	1422598	138000	6.1	9.6
1954	2446000	1563382	78000	3.1	5.0
1955	2653000	1733184	42000	1.6	2.4
1956	2918000	1911458	1169		
1960	3582726	2256877			

资料来源：Keith W. Olson. The G. I. Bill, the Veterans, and the College. "Chapter 1 Origins and Motives", Lexington, the University Press of Kentucky, 1974, p. 44。

在退役军人入学大潮的带动下，美国高等教育几乎在各个方面都得到了发展。第二次世界大战后，美国高校的数量由战前的1700多所迅速扩大了一倍，增加到3000多所。[1]二战前，学生数超过万人的大学在美国还寥寥无几，但到了1948年，已经有8所院校的在校生数超过2万，到了1967年，有55所院校的在校生数超过2万。这一期间，有60多所院校的学生数首次超过万人。

---

[1] 张瑞玲：《二战军人权利法案对美国高等教育的影响及对我国的启示》，2011年河北师范大学硕士学位论文，第18页。

几乎所有其他院校在此期间的在校生人数都翻了倍。[①]二战前纽约州没有公立大学,纽约州和纽约市更是借此机会分别建立和扩张了全美最大规模和第三大规模的公立大学系统。前者将原来分布在州内的师范学院、两年制的技术和农业学院、海事学院,以及附属于各私立大学的合约制独立学院都纳入一个含有64所分校的统一管理的州立大学系统,纽约市公立学校系统含有20所分校,有效地应对了二战后的高等教育扩展。[②]

从根本意义上看,第二次世界大战后美国高等教育的迅猛发展离不开联邦政府的资助,根据1944年《退役军人权利法》,美国联邦政府不但通过资助退役军人学杂费的形式间接支持高等教育,同时对大学的教学和生活设施建设也给予了巨大的资助。二战后,美国联邦政府资助退役军人接受教育与培训的金额超过了同时期美国资助欧洲复兴的"马歇尔计划",故历史学家将1944年《退役军人权利法》誉为"本土马歇尔计划"。[③]这一巨大投资不但促进了美国高等教育的加速发展,更为受益于该法的退役军人开辟了一条改变命运的新途径。

(二) 退役军人对求学的热忱和学习质量令世人刮目相看

1944年《退役军人权利法》在执行过程中,高等教育界与学术界对该法的福利可能给美国高等教育带来的消极影响以及对退役军人的负面评价一直持续不断。尤其在1946年之前,高等教育界并不看好退役军人生源,对他们就读高校忧虑重重。社会舆论对退役军人学生的批评主要是指责他们藐视学校权威,心思不集中、不能潜心学习等等。[④]当时美国高等教育界的重要人物以及学者更关注退役军人重回校园对美国高校、高等教育的深层影响。哈佛大学校长詹姆斯·科南特(James Conant)对1944年《退役军人权利法》中的教育福利

---

① Keith W. Olson. The G. I. Bill, the Veterans, and the College. "Chapter 1 Origins and Motives", Lexington, the University Press of Kentucky, 1974, p. 43 and 103.

② Michael Bennett. When Dreams Came True: The GI Bill and the Making of Modern America. Brassey's, 1996, pp. 247-248.

③ 马歇尔计划(The Marshall Plan),官方名称为欧洲复兴计划(European Recovery Program),是第二次世界大战结束后美国对被战争破坏的西欧各国进行经济援助、协助重建的计划,对欧洲国家的发展和世界政治格局产生了深远的影响。该计划于1947年7月正式启动,并整整持续了4个财政年度之久。在这段时期内,西欧16个国家通过参加经济合作发展组织(OECD)总共接受了美国包括金融、技术、设备等各种形式的援助合计130亿美元,而美国1944年《退役军人权利法》中对教育和培训计划的资助则高达145亿美元。

④ Keith W. Olson. The G. I. Bill, and Higher Education: Success and Surprise. the Johns Hopkins University Press, 1973, p. 602.

提出了自己的看法。一方面，科南特校长对该法的教育福利过于广泛的受益群体持有异议。他认为该法的规定无法甄别哪些人才是真正值得享受教育福利的人，他指出，该法应该资助那些能够真正从高等教育中受益的退役军人，而且有资格享受教育的退役军人必须经过层层筛选。另一方面，科南特校长也对高等院校在接纳数量众多退役军人学生之后是否仍然有能力维持高学术水平与高教学质量表示担忧。他主张退役军人应远离大学，去上职业学校。

然而，随后的事实证明科南特等教育界人士的担忧并不必要，退役军人在高校内交出了令人满意的答卷。据反映，老练成熟的退役军人学生表现不俗，在校园里获得了不少荣誉，他们的良好表现也促进了学生整体水平的提高。早在1945年，《纽约时报》即有报道，称纽约大学的退役军人学生（平均年龄22岁）的质量超过应届高中毕业生，既反映在学业成绩上，也体现在无形的智力活动上——即课堂上的专心致志和热衷与教授进行学术探讨。[1]据文献记载，退役军人学生受高等教育的期限比普通学生多了半年。同时，相比普通学生，退役军人学生的毕业率高出大约10个百分点。[2]雪城大学（Syracuse University）校长威廉·托利（William Tolly）对退役军人学生给予很高的评价，并表示能给退役军人学生上课是高校教师们的莫大荣幸。相较于普通学生，他们更为成熟、更为主动，他们拥有更明确的学习目的、更强的社会意识以及更丰富的社会阅历。威斯康星大学（Univesity of Wisconsin）校长弗雷德（Fred）赞许退役军人学生的成熟，表扬他们具有更强的责任心，在学业上表现优秀，同时他认为退役军人学生具有相当大的潜力。1949年毕业的退役军人学生被称为史上最好的一届毕业班。[3]

然而，战后对退役军人学生研究最为详尽、最为透彻的是诺曼·弗雷德里克森（Norman Frederiksen）与威廉·什拉德尔（William Schrader）。他们的研究由卡内基教学促进基金会（Carnegie Foundation for the Advancement of Teaching）资助，选定了1946—1947年春季学期16所学校的1万名退役军人学生为调研对象。调查表明，退役军人学生的学业成绩优于普通学生；此外，退役军人学

---

① Edward Humes. Over Here: How the G.I. Bill Transformed the American Dream. Harcourt, 2006, p. 124.

② 陈艳飞：《论美国"1944年退役军人权利法案"的出台》，2011年复旦大学硕士学位论文，第28页。

③ Keith W. Olson. The G. I. Bill, and Higher Education: Success and Surprise. the Johns Hopkins University Press, 1973, pp. 479, 596 and 604.

生与普通学生在学习时间分配、学习态度等方面并无显著差异。另据《新闻周刊》（*Newsweek*）报道，截至1946年4月，在一项针对哥伦比亚大学（Columbia University）7826名退役军人学生的调查显示，这些退役军人学生无一遇到严重的学业困难。明尼苏达大学（University of Minnesota）学生的一项调查显示，仅有0.5%的退役军人学生受到开除学籍的处分，而普通学生受到开除学籍处分的比例超过10%。退役军人在斯坦福大学（Stanford University）也取得了比普通学生更好的学习成绩，斯坦福大学的普通学生还将退役军人学生幽默地称为"D.A.R.'s"，这是"该死的平均分拉动者"（damn average raisers）的缩写。西北大学（Northwestrn University）校长富兰克林·斯奈德（Franklyn Snyder）将1944年《退役军人权利法》赞赏为美国民主教育史一次最伟大的试验。[①]

（三）退役军人的入学改变了传统的高等教育生态环境

1. 高等教育的大门开始向全民开放

现代大学起源于中世纪的欧洲，19世纪的德国洪堡改革，又赋予大学新的使命，使其得以新生。当时在欧洲大陆，皇亲贵族、达官显宦和富商权贵的子弟垄断了大学的教育，平民老百姓难以享受大学的教育机会。美国在建国前即创建了一批私立大学，建国后又吸收德国经验，完成了大学的现代化进程。然而，欧洲大学的象牙塔模式也被一并移植至新大陆，维持了精英教育的传统。这种传统在美国东北部地区的常青藤盟校中尤为坚固。第二次世界大战前，高等教育主要被信奉新教徒的盎格鲁—撒克逊裔白人（WASP）所垄断，而对其他民族、种族、肤色、阶层、收入、宗教等群体则设置种种限制性政策和条件。虽然在美国犹太裔的强烈抗争和持续坚持下，20世纪20年代东北部的常青藤盟校对犹太裔略微打开了一点门，允许一小部分犹太裔子女入学。但对其他民族、种族、肤色、阶层、收入、宗教等群体仍然持排斥政策。由此迫使这些群体的子弟只能接受职业教育或上公立学院。第二次世界大战前的美国高等教育是一个封闭和排斥性的系统，这种不平等和不公平的制度也影响了美国高等教育的发展。20世纪之初，美国适龄人口中大学生的比例仅5%，1939年为15.59%，1945年才达到17.55%。

1944年《退役军人权利法》的重要贡献是打开了仅对富裕阶层子弟开放的高等教育象牙塔，由政府出资支持退役军人上大学，从而打破了传统的高等教

---

① Keith W. Olson. The G. I. Bill, and Higher Education: Success and Surprise. the Johns Hopkins University Press, 1973, pp. 605-606.

育生态环境。233万退役军人涌入包括常青藤盟校在内的美国各大学，促使美国的高等教育从一个封闭和排斥性的系统，转变为开放和包容性的系统，变精英阶层的领地为涵盖弱势、贫穷等各阶层群体的多元化社会。由于有《退役军人权利法》的资助，来自社会低阶层和低收入的退役军人纷纷舍弃质量和声誉相对差的院校，转而申请包括常青藤盟校在内的精英大学、州立大学以及声誉良好的人文、技术学院。而初级学院、教师培训学院以及不知名、规模较小的人文学院成了退役军人退而求其次的选择。《时代》杂志当时有个标题很好地反映了退役军人的状况："既然政府送你去耶鲁，你为什么去波敦克学院（Podunk College）① 呢？"据统计，受1944年《退役军人权利法》资助的退役军人中有52%进入了私立大学。② 1946年春季，在全美最好的750所四年制大学中，有41%退役军人进入了其中的38所，而另外59%的退役军人进入了其余的712所。③

　　1949年，美国有关机构对部分大学中接受《退役军人权利法》（GI BILL）资助的退役军人及其经历作了调查（见表3-4）。受访者中接受1944年《退役军人权利法》教育资助的总比例高达81%，比例最高的佐治亚大学（University of Georgia）高达94%。而认为《退役军人权利法》是他们人生转折点的总比例也高达76%，同样是佐治亚大学的比例最高，达89%。同意或非常同意如果没有1944年《退役军人权利法》他们将不可能上大学的比例有50%，比例最高的是范德比尔特大学（Vanderbilt University），高达58%。另一项调查显示，在接受大学教育的223.2万多退役军人中，有44.6万余人承认，如果没有1944年《退役军人权利法》的资助，他们是不可能有接受高等教育的机会的。④ 由此可见，美国退役军人所享受的教育福利给美国高等教育的发展带来了积极的影响，促使高等教育平民化和民主化，打破了大学为特殊阶层服务的传统惯例，使曾经高不可攀的大学开始向平民大众全面开放，由此既造福于全体公民，也改变了传统的高等教育生态环境。

---

　　① 这儿指偏僻小城镇中的学校。

　　② Glenn C. Altschuler and Stuart M. Blumin. The GI Bill: A New Deal for Veterans. Oxford University Press, 2009, p. 108.

　　③ Michael Bennett. When Dreams Came True: The GI Bill and the Making of Modern America. Brassey's, 1996, p. 244.

　　④ Michael Bennett. When Dreams Came True: The GI Bill and the Making of Modern America. Brassey's, 1996, pp. 242-243.

表3-4　1949年调查部分大学中接受《退役军人权利法》(GI BILL)资助的
退役军人及其经历

(单位:%)

学院/大学	受访者中接受GI BILL教育资助的比例	认为GI BILL是他们人生转折点的比例	同意或非常同意如果没有GI BILL他们将不可能上大学的比例
布鲁克林学院 (Brooklyn College)	73	70	51
波士顿学院 (Boston College)	76	66	39
雪城大学 (Syracuse University)	83	86	54
佐治亚大学 (University of Georgia)	94	89	50
得克萨斯大学奥斯汀分校 (University of Texas at Austin)	91	84	53
范德比尔特大学 (Vanderbilt University)	84	77	58
莫尔豪斯学院 (Morehouse College)	59	80	52
韦恩州立大学 (Wayne State University)	81	72	46
西北大学 (Northwestern University)	84	74	46
华盛顿州立大学 (Washington State University)	84	74	51
波莫纳学院 (Pomona College)	83	66	47
总数	81	76	50

资料来源:Suzanne Mettler. Soldiers to Citizens:The G.I. Bill and the Making of the Greatest Generation. Oxford University Press,2005, p. 68。

2. 1944年《退役军人权利法》打响了废除种族隔离的前哨战

在美国的历史中,黑人是深受迫害和欺凌的一个种族。虽然黑人也属于美国弱势群体和贫穷阶层中的一员,由于该群体的特殊性,我们还是将其从上述广义的弱势群体和贫穷阶层中单独列出来进行研究,据以突出1944年《退役军人权利法》对废除美国高等教育以及社会种族隔离政策所扮演的先驱作用。

从欧洲殖民者登上北美大地之初,即开始对印第安人迫害和歧视,在兴起万恶的贩卖奴隶生意后,更是对黑人进行了长达几个世纪的迫害和歧视,直到

20世纪中期,才开始从法律上逐步废除对黑人的种族隔离政策。虽然黑人长期受到白人的歧视,但是许多黑人参加了包括早年美国的独立战争(4000名黑人参战)、捍卫美国统一的南北战争(25万名黑人参战)、维护美国利益的第一次世界大战(50万名黑人参战)等所有重要的战争。遗憾的是,第二次世界大战时,美国社会仍然实行着种族隔离和种族歧视政策,黑人与白人不能同校、不能同车、不能同工、不能同医、不能同住、不能同餐等等规定充斥社会的所有领域。在这种社会背景下,军队也不是真空环境,同样实行种族隔离政策。大约有115万名黑人军人参加了二战,虽然为了美国和世界和平浴血奋战,他们仍然没有摆脱在军队中受到种族隔离和歧视的命运。这种现象直到1948年杜鲁门总统发布行政命令,要求在军队中废除种族隔离政策,才在实践上有所改观。①

正是军队的特殊情况而导致的相对缓和的种族隔离状况,才有可能产生出美国历史上第一部无种族偏见的法律:1944年《退役军人权利法》。②该法在所有有关退役军人的退役津贴、医疗卫生服务、住房贷款、商业贷款、赡养资助、职业咨询、教育与训练等福利条款上没有对黑人退役军人作出特别限制,而是对包括白人退役军人在内的所有种族一视同仁。这在当时整个社会的种族隔离根深蒂固的大背景下,是难能可贵的,也是一种巨大的进步。这比前述杜鲁门总统颁布的在军队中废除种族隔离的行政命令提前了4年,更比美国联邦最高法院于1955年判决布朗诉教育委员会的案例中宣布"隔离但平等"违宪早了11年。

《退役军人权利法》规定由退役军人管理局来全权负责管理退役军人的教育和培训计划,而非联邦教育办公室,也与教育界是种族隔离重灾区有关。与法律上已废除了种族隔离做法的军队系统相比,当时美国教育领域的种族隔离问题要严重和复杂得多。在这种情况下,立法绝对不可能让仍然热衷于种族隔离的教育系统来全权负责退役军人的教育和培训计划。由于美国大学传统上拒绝接受黑人入学,黑人只能就读于黑人院校。1938年的统计显示,黑人在读大学生中97%就读于黑人院校。主要集中在华盛顿特区的霍华德大学(Howard University)、亚特兰大大学(Atlanta University)等黑人高等院校。1940

---

① Edward Humes. Over Here: How the G.I. Bill Transformed the American Dream. Harcourt, 2006, p. 225.

② Edward Humes. Over Here: How the G.I. Bill Transformed the American Dream. Harcourt, 2006, p. 217.

年黑人大学仅录取了全美1.08%的大学生,得益于1944年《退役军人权利法》的资助,至1950年,该比例增加2倍多,达到3.6%。尤其是在一些黑人赠地学院,总的入学率比战前增长50%。[1]

1944年《退役军人权利法》颁布后,黑人退役军人尤其激奋,欢呼雀跃,他们高举两个V的手势,表明了双重胜利:既战胜了国外的轴心国强权,也战胜了国内的种族主义。[2] 黑人退役军人的入学高潮胜过白人退役军人,这是政府给他们提供的一个他们祖祖辈辈从未有过的机会,这个机会将改变他们的命运。1941年,黑人大学生是37302人,到1947年迅速上升到73174人。美国《第二次世界大战百科全书》(Encyclopedia of the Second World War)记载,共有25万名黑人退役军人首次进入大学。另据美国教育委员会资深学者雷金纳德·威尔逊(Reginald Wilson)估计,在所有进入大学的退役军人中,有20%如果没有1944年《退役军人权利法》的资助是不可能上大学,其中黑人退役军人的比例高得多。他以位于底特律自己的母校韦恩州立大学为例,1946—1950年,该校的学生中有近1/3是黑人学生。[3]

总体上,黑人退役军人从1944年《退役军人权利法》中获取的各方面的福利较多,这是因为黑人军人原先的生活状态与社会地位更加糟糕。另外,就教育机会来说,与白人退役军人相对较高层次和较宽泛的受教育机会相比,黑人军人的受教育机会相当有限,他们的选择面较为狭窄,教育层次也较低。虽然黑人退役军人接受教育和培训的比例比白人退役军人要高,例如,至1950年,白人退役军人接受教育和培训的比例为43%,而黑人退役军人的比例则为49%[4],但是大部分黑人退役军人所接受的教育是职业教育或技能培训,而非正规的高等教育或学位教育。然而,有89%接受大学以下的各类教育和培训的黑人退役军人认可1944年《退役军人权利法》是他们的人生转折点,有53%认同如果没有1944年《退役军人权利法》的资助,他们不可能支付这些教育和培

---

① Michael Bennett. When Dreams Came True: The GI Bill and the Making of Modern America. Brassey's, 1996, p. 260.

② Kathleen J. Frydl. The GI Bill. Cambridge University Press, 2009, p. 228.

③ Michael Bennett. When Dreams Came True: The GI Bill and the Making of Modern America. Brassey's, 1996, p. 260.

④ Edward Humes. Over Here: How the G.I. Bill Transformed the American Dream. Harcourt; 1 edition, October 2, 2006, p. 220.

训的费用。①然而，黑人退役军人进大学产生的一个长远影响是推动了教育领域和全社会的种族隔离制度的废除，从这个意义上来说，1944年《退役军人权利法》最先打响了废除种族隔离制度的前哨战。

3. 退役军人入学促进了高等教育课程体系与教学形式的变革

第二次世界大战后，美国很快完成了由战时经济向和平时期的转变，经济实力的骤然增长使其在资本主义世界经济中占有全面的优势。新一轮的科学技术发展刺激了美国的经济繁荣，由此导致了美国战后向消费导向的社会发展。在此大背景下，大批退役军人涌进大学，必然引起高等教育课程体系与教学形式等一系列相应的变革。从1946年起，社会舆论即呼应上述时代变化，开始正视退役军人学生对教育的各种诉求。媒体的报道反映了退役军人学生对大学课程类型与内容的要求，舆论的关注为退役军人与高等教育之间架起了沟通与理解的桥梁。

面对变化中的社会和非传统学生（退役军人学生）的双重要求，美国大学的教授和行政人员开始重新评估课程内容与教学形式，以便适应上述需求。早在1944年，美国教育委员会的法兰西斯·布朗（Francis Brown）即预见，绝大多数退役军人学生将会修习职业、技术和专业课程。在《退役军人权利法》实施后2年，阿尔戈斯·特里锡德（Argus Tresidder）在《高等教育杂志》上撰文，他同意法兰西斯·布朗的预见，发现大部分退役军人学生攻读工程、医学和商业专业。成熟有主见的退役军人学生不会将自己局限在研读英国古代诗人贝奥武甫（Beowulf）的史诗和欧洲浪漫主义诗人雪莱（Shelley）的诗句，也不会对隐晦难懂的拉丁文感兴趣。他们很清楚，这些课程是无助于他们跻身高收入阶层的。当时除了芝加哥大学的赫钦斯（Hutchins）校长仍坚持职业性的教学应摈除在大学的课程之外，其他绝大多数大学的校长都准备将大学传统的普通课程向应用性课程转变。堪萨斯大学的校长迪恩·瓦尔多·马洛特（Deane Waldo Malott）向全校教师提出了这样的问题："为什么只将英语写作作为学生唯一的必修课？而数学不也像说与写一样是一种基本的沟通工具吗？"康奈尔大学的校长埃德蒙·埃兹拉·戴（Edmund Ezra Day）期待高等教育来一场革命，他相信"无论是从个人利益角度，还是从国家的安全考虑，都需要大量学生修读科学、

---

① Suzanne Mettler. Soldiers to Citizens: the G.I. Bill and the Making of the Greatest Generation. Oxford University Press, 2005, p. 80.

商业和工业,而非文学"。①

在上述理念的指导下,大量退役军人学生选修了专业性和预科专业性的学科。据统计,有1/4退役军人学生攻读工程学、建筑学、物理学等有关专业的学位。另有数量日益增加的退役军人学生选择教育、法律、医学和商业作为自己的专业。在1952年,大约有1/4退役军人学生选择商业管理或普通行政管理专业。②美国退役军人协会在20世纪50年代曾有过一个调查,发现商业与行政管理这两门课选修的人数很多,第二次世界大战退役军人学生中有70万人选修,朝鲜战争退役军人学生中有27.5万人选修。另外,发现工程学、师范教育、商业、科学、法律、医学都是退役军人学生修读比例很高的学科。由于有太多的退役军人选读师范教育学,以至于学校管理,尤其是在郡和州的层级,从原先的女性主导的领域转变为男性主导的领域。③然而,与此同时,许多退役军人先前有在国外服役的经历,这种特殊经历引起了他们对学习异域他乡文化和习俗的兴趣,也由于当时冷战的需要,他们选修了有关外语与国际区域研究专业,便于国际关系与国际合作等事务(中国人民的老朋友基辛格就是一个典型的例子)。

退役军人入学除了促进了高等教育课程体系的变革之外,同样也促进了教学形式的变革。为了适应史上从未有过的大规模成熟和具社会阅历的成年退役军人的入学,美国各高等院校在既有的传统教学形式的基础上,纷纷增加了新的教学形式。例如,在传统的全日制正规大学教育之外,又发展出在职学习、高校—企业联合培养、函授教育、为大学做准备的恢复性教育等新的教学形式(随着网络技术的快速发展,近年来网络远程教育也成为新的教学形式)。尤其值得一提的是,20世纪初出现的初级学院,因为大批退役军人的涌入,真正成为社区学院——除了继续提供转学教育之外,越来越重视社会所急需的职业教育、补习教育和成人教育。也是在这一时期,社区学院在数量上剧增,极大满足了社会需求。不仅如此,为便利退役军人学习,在许多高校之间实行了互认学分的协议,此举极大地提高了退役军人学习的自由度和灵活性。更值得称道的两点是:一是考虑到许多退役军人在第二次世界大战服役

① Glenn C. Altschuler and Stuart M. Blumin. The GI Bill: A New Deal for Veterans. Oxford University Press, 2009, p. 92.

② Glenn C. Altschuler and Stuart M. Blumin. The GI Bill: A New Deal for Veterans. Oxford University Press, 2009, pp. 92–93.

③ Kathleen J. Frydl. The GI Bill. Cambridge University Press, 2009, pp. 331–332.

时已经受过各种不同的技术和技能训练，由此美国退役军人协会与各大学商洽，使大学承认该经历作为部分学分。纽约大学即规定所有退役军人学生的战时经历等同于8个学分。[①]二是退役军人学生可在1944年《退役军人权利法》的资助下，申请国外的大学攻读各级学位。这就扩大了退役军人的选择余地，尤其是给那些希望选读国际关系和国际事务的学生，更是提供了极佳的机会。

显然，以退役军人进大学为契机，为呼应国家社会经济的发展和退役军人的需求，美国大学将课程与国家经济发展、现实生活相联系，开设实用性、专业性的课程。与此同时，在既有传统教学形式的基础上，纷纷增加了新的教学形式，从而促进了高等教育课程体系与教学形式的变革。退役军人对实用教育的追求也给美国高等教育的氛围带来新鲜的商业气息，从而构建了区别于传统高校绅士文化的新面貌。经过1944年《退役军人权利法》的洗礼，高校展现出专业化、实用性教育的趋向以及商业文化的气息，将学以致用与学术造诣兼容并蓄，使大学更为独具一格。这也是1944年《退役军人权利法》的实施导致传统高等教育生态环境变革的意外效应。

（四）1944年《退役军人权利法》创造了巨大的人才红利

得益于1944年《退役军人权利法》的资助，总共有780多万名退役军人接受了各级各类的教育和训练，其中又有223万余人接受了高等教育，这必然释放出空前的人才红利，从而为美国加速从工业经济向知识经济转化及时地储备和提供了数量巨大的各类高端人力资源。1940年的美国公共教育中，完成高等教育的只有13.9万人，完成中等教育的713万人，完成初等教育的有2046.6万人。到1950年分别对应为228.1万人、645.3万人、2103.3万人。[②]据统计，受1944年《退役军人权利法》教育计划资助的退役军人中，有45万人成为工程师、18万人成为医生、36万人成为教师、15万人成为科学家、24.3万人成为会计师、10.7万人成为律师、1.7万人成为新闻工作者、23.8万人成为牧师，以及其他100多万名律师、护士、企业家、艺术家、演员、作家、飞行员等各行各业的专业人士。[③]另据报道，在所有接受高等教育的退役军人中，共有86.7万人

---

① Kathleen J. Frydl. The GI Bill. Cambridge University Press, 2009, pp. 326–327.

② 阿瑟·林克，威廉·卡顿，刘诸始等译：《1900年以来的美国史（中）》，中国社会科学出版社1983年版，第368页。

③ Glenn C. Altschuler and Stuart M. Blumin. The GI Bill: A New Deal for Veterans. Oxford University Press, 2009, p. 86; and Edward Humes. Over Here: How the G.I. Bill Transformed the American Dream. Harcourt; 1 edition, October 2, 2006, p. 6.

（近40%）成为各行各业有资质的精英。[1]而随着时间的推移，1944年《退役军人权利法》的影响愈加显示出其光彩。进入21世纪之初，受该法教育资助的退役军人中，已涌现出14名诺贝尔奖获得者、24名普利策奖获得者（Pulitzer Prize）[2]、3名联邦最高法院大法官、3名美国总统、12名参议院议员等等。[3]当时98%的大学生一毕业就能找到工作，正是得益于巨大的人才红利的释放，第二次世界大战后美国经济得到空前的增长，1947—1960年，美国的国民生产总值增长了56%，傲视全球。[4]退役军人这一"伟大的一代的形成"[5]不仅为迅速恢复和振兴第二次世界大战后美国经济注入了强有力的新鲜血液，也为20世纪60年代的美国社会改革，以及70年代后美国从工业经济过渡到知识经济储备了充足的高层次人才。由此，将资助退役军人接受教育与培训作为美国政府的一项永久性政策。

坦率地说，即使没有1944年《退役军人权利法》的问世，退役军人中的许多人也会上大学。但是，在已接受高等教育的退役军人中就会有25%的人没上大学，美国将会减少11万名工程师、6万名会计师、5.9万名教师、2.27万名科学家、16750名医生。从这个意义上讲，不同于拓展疆土或挖掘矿物资源，1944年《退役军人权利法》造就了美国最为宝贵的人力资源。如果说直至第二次世界大战以前，美国的希望在中等教育，而二战后，则转向了高等教育。撰写《后资本主义社会》的著名作家德鲁克（Drucker）在其书中感叹："1944年《退役军人权利法》是美国20世纪最重要的历史事件，它是美国转向知识社会的起点，如果没有1944年《退役军人权利法》的诞生，美国的这一转向可能要延迟至2010年或2020年才能完成。"[6]而另一位作者杰姆斯·A.米切纳（James A. Michener）于1993年1月写道："1944年《退役军人权利法》是迄今国会通过的2—3项最明智

---

① Kathleen J. Frydl. The GI Bill. Cambridge University Press, 2009, p. 308.

② 普利策奖（Pulitzer Prize）也称为普利策新闻奖。1917年根据美国报业巨头约瑟夫·普利策（Joseph Pulitzer）的遗愿设立，20世纪七八十年代已经发展成为美国新闻界的一项最高荣誉奖。现在，不断完善的评选制度已使普利策奖成为全球性的奖项。

③ Glenn C. Altschuler and Stuart M. Blumin. The GI Bill: A New Deal for Veterans. Oxford University Press, 2009, p. 106; and Edward Humes. Over Here: How the G.I. Bill Transformed the American Dream. Harcourt, 2006, p. 6.

④ Kathleen J. Frydl. The GI Bill. Cambridge University Press, 2009, p. 350.

⑤ Suzanne Mettler. Soldiers to Citizens: the G.I. Bill and the Making of the Greatest Generation. Oxford University Press, 2005, p. 144.

⑥ Michael Bennett. When Dreams Came True: The GI Bill and the Making of Modern America. Brassey's, 1996, p. 236.

的法律之一。如果没有这些法律，今天的美国将是一个穷得多的国家。"①

显然，1944年《退役军人权利法》远远超出了法令制定者的最初期望，并随着时间的推移，经久不衰。中外学者给予该法以很高的评价，我国著名的美国史研究专家张友伦先生对该法的历史作用给予了高度的评价，指出："《美国军人权利法案》的颁布和实施极大地减轻了就业的压力，而且为美国日后的和平建设培养了各个层次的人才。其意义十分重大，远远超出了法案制定者的最初期望。"美国研究1944年《退役军人权利法》的著名学者迈克尔·贝内特(Michael Bennett)在他1996年出版的《当梦想成真——军人权利法与现代美国的形成》专著中指出："军人权利法的支持措施是如此广泛和彻底，显然，只有美国20世纪60年代的'伟大社会'运动与美国1964年的'人权法案'可与其媲美。""未来的历史学家会将其视为20世纪最为重要的事件。"②

第三节　《国防教育法》
（*National Defense Education Act*）（1958年）

囿于美国《宪法》的限制，教育一向是由各州和地方政府管理的事务，联邦政府一般不过问。但是随着社会经济的发展和教育本身的进步，联邦政府是否应该资助和介入教育的争论也一直存在。但在20世纪中期之前，联邦政府在此问题上始终是持保守和谨慎的态度，往往采取变通和间接的方式资助教育。例如早期通过向各州和地方赠地办学的1785年《土地条例》和1787年《西北条例》，资助高等农工学院的1862年和1890年的两部《莫利尔法》，以特定专业领域为资助对象的1917年《史密斯—休斯法》，以特定群体为资助对象的1940年的《兰哈姆法》和1944年的《退役军人权利法》等少数几个与教育有关的联邦政府法令之外，联邦政府从未对各州的教育事务进行所谓"普遍的"(general)资助。③ 而1958年通过的《国防教育法》首次打破这一传统，由于受到冷

---

① GI Bill Turns 62 Today. June 22, 2006, pp. 7-8, http://www.military.com/NewsContent/0,13319,102383,00.html，2019年7月8日访问。

② Michael Bennett. When Dreams Came True: The GI Bill and the Making of Modern America. Brassey's, 1996, p. 134 and 198.

③ 这里所谓的"普遍的资助"指的是学校中任何有必要改善的地方，尤其是包括教师的工资，都能够获得经费的资助。

战中的一个突发国际事件的冲击(即苏联于1957年率先成功发射了人造卫星),联邦政府开启了对各州和地方教育"普遍的"资助,开始对各州教育进行干预和直接的介入。

一、1958年《国防教育法》出台的背景与朝野的反响

由于1958年的《国防教育法》通常被学术界视作美国第二次世界大战后的首次教育改革,故多年来国内外学者对此有众多的研究。鉴于此,笔者在此基础上,再做些梳理,力求较全面的还原该法出台前美国教育的状况、联邦政府的努力、动因、过程、博弈、内容、影响以及联邦政府所起的作用等方面内容。

一、《国防教育法》出台前美国教育的状况

通常来说,《国防教育法》的出台是受冷战时期美苏争霸的影响,尤其是1957年苏联成功发射了人类第一颗人造卫星冲击下的产物。这些观点没有错,但这是表面原因,其背后更为深层的原因是第二次世界大战后美国教育多年积累的种种弊端借此事件的一次爆发。

(一)20世纪50年代美国中小学发展的状况

第二次世界大战结束后,美国人口出生率猛增,经历了一场大规模的战后"婴儿潮"。据统计,在1930年,美国有261.8万名婴儿出生,1950年和1954年这两年出生的婴儿总数分别为363.2万人和407.6万人。在1930年,小学学龄儿童有2226.7万人,中学学龄儿童有936.9万人,至1954年,小学学龄儿童和中学学龄儿童分别为2694.3万人和901.7万人。人口统计预测:至1965年,达到小学学龄儿童人数将有3500多万人,有1400万青少年将达到高中学龄。为了满足学龄儿童的增加,至1960年将需要增加30多万名教师。而按照当时的培训速度,美国在1960年底前教师缺口达78万人。[①] 20世纪50年代起,美国中小学陆续迎来了学生入学的增长期,由此促进了公立学校的扩张。据美国教育部教育统计中心的数据,在20世纪50年代的10年中,美国入学的学生每年增加100万人,从2500多万增加到3600多万人,足足增加了1100多万人,入学率增加了44%。[②] 在战后最高潮的1945—1955年,每年增加400万适龄儿童进

① J. Paul Leonard. The White House Conference on Education. International Review of Education, Vol. 2, No. 3, 1956, p. 360.

② Christopher T. Cross. Political Education: National Policy Comes of Age. Teachers College Press, Columbia University, 2004, p. 5.

入小学就读。[①]就美国高中生毕业情况来说，在美国参战前的1940年，美国高中生毕业率曾首次超过50%。二战期间，受战争影响，高中生毕业率一度下降。二战之后，美国高中生毕业率一直呈上升趋势，高中生毕业率很快于1947—1948学年超过了战前，达到52.6%，至1959—1960学年达到70%。[②]

然而，迅速增长的中小学规模也给教育界带来了压力，需要增加师资、教室、校舍、教学设备和实验室，更新教材等。由于第二次世界大战前的20世纪30年代美国经受了空前的经济大萧条，其间生育率大幅度下降，紧接着在二战期间国家大量的资源偏向战争，无暇顾及教育，因此在战时中小学教育也受到巨大的冲击，战后百废待兴，各州教育经费严重不足，很多地方的学校仍没有完全恢复过来，有些地方学生甚至无法上课，教育领域处境艰难。例如，艾森豪威尔在1952年的总统竞选中曾指出："今年共有170万名美国男女儿童没有任何学校可上。"然而，直到1954年情况仍未有大的改观，在当年的国会参议院的听证会上，两位议员证实，全国缺少34万间教室，由此造成很多班级的学生超过40人的现象。并预计至1960年美国缺少40万间教室，需要至少100亿美元的基建投入。[③]

（二）20世纪50年代美国高等教育发展的状况

1. 高等教育入学状况。除了受二战后人口迅猛增长的影响之外，20世纪50年代的美国高等教育发展还受到了前述的二战退役军人涌入大学的影响。然而，教育发展也并不一帆风顺。从表3-5中数据可见，虽然从二战后至1957年，美国高等教育的入学人数呈增长趋势，但是，中间也有反复。例如，在1949年，美国高等教育的入学人数曾达到历史最高点的244.5万人，占18—24岁年龄组的15.2%。然而，其后2年的入学人数却一直下滑，在1951年的入学人数仅为210万人，占比13.4%。随后开始稳步上升，直到6年之后的1957年，美国高等教育的入学人数才超过300万人，在18—24岁年龄组的占比达20%以上（占22%）。同样的情况也发生在高等教育机构的发展中，无论是公立高等教育机构，还是私立高等教育机构，在二战后的1949年发展到历史最

---

① Christopher T. Cross. Political Education: National Policy Comes of Age. Teachers College Press, Columbia University, 2004, p. 8.

② 李鹏程：《美国"1958年国防教育法"制定过程的历史透析》，2012年华东师范大学硕士学位论文，第13—14页。

③ Christopher T. Cross. Political Education: National Policy Comes of Age. Teachers College Press, Columbia University, 2004, pp. 7, 9 and 11.

大规模之后,在随后的几年中一直下滑,直到1954—1956年才超过了1949年的规模。

表3-5　1946—1957年美国高等教育机构注册人数

单位:万人

年份	注册总数(18-24岁)	占18-24岁群体比例/%	4年制	2年制	公立高等教育机构			私立高等教育机构		
					总计	4年制	2年制	总计	4年制	2年制
1946	207.8	12.5	141.8	66.0	—	—	—	—	—	—
1947	233.8	14.2	211.6	22.2	115.2	98.9	16.3	118.6	112.7	5.9
1948	240.3	14.7	219.2	21.1	118.6	103.2	15.4	121.8	116.1	5.7
1949	244.5	15.2	221.6	22.9	120.7	103.6	17.1	123.8	117.9	5.8
1950	228.1	14.3	206.4	21.7	114.0	97.2	16.8	114.2	109.2	5.0
1951	210.2	13.4	190.2	20.0	103.8	88.2	15.6	106.4	102.0	4.4
1952	213.4	13.8	189.6	23.8	110.1	91.0	19.2	103.3	98.6	4.7
1953	223.1	14.7	197.3	25.8	118.6	97.6	21.0	104.5	99.7	4.8
1954	244.7	16.2	216.4	28.2	135.4	111.2	24.1	109.3	105.2	4.1
1955	265.3	17.7	234.5	30.8	147.6	121.1	26.5	117.7	113.4	4.3
1956	291.8	19.5	257.1	34.7	165.6	135.9	29.8	126.2	121.2	5.0
1957	332.3	22.0	—	—	197.3	—	—	135.1	—	—

资料来源:李鹏程:《美国"1958年国防教育法"制定过程的历史透析》,2012年华东师范大学硕士学位论文,第17页。

2. 高等教育学生毕业状况。虽然表3-5显示,第二次世界大战后美国高等教育的入学率和总数一直在增长,但按时完成四年本科学业的人数比例却一直不是很高。相应地,大学毕业生继续深造并获得硕士学位的人数比例也不是很高。据统计,从二战后到20世纪60年代,美国学生获得学士学位和硕士学位的数量增加,但两者的比例都没超过50%,也就是说,在此期间美国大学生中有约一半没有完成大学学业。而中途退学或无法顺利完成学业的学生中,有相当一部分是因为个人或家庭经济困难而终止学业。1957年,犹他州的众议员迪克逊(Dixon)曾引用犹他州立大学的一项关于联邦政府援助必要性的研究结果表明:在该州的25所高中的毕业生中,排名前25%的高中毕业生有80%最终进入大学。而在这排名前25%的学生中,有33.94%的学生在求学期间有经济困难,迫使他们中途离校。而在这排名前25%的学生中,有22%因经济困难而放弃进入大学学习,如果有足够的资金支持,他们也愿意继续上大学。最后的结论是：如果有一个合适的学生资助体系，犹他州前1/4的优秀学生中有93.33%都有可能进入大学并完成学业。[①]

3. 博士学位授予状况。作为高级人才的博士的培养状况也不尽如人意。表3-6数据显示，在1952—1953学年至1957—1958学年的6年期间，全美每年所授博士学位的数量很平稳，6年只增长了区区600多个学位。例如，1953—1954学年是所授博士学位数量最高的学年，有8996人，其后就没有超过该数量。其间也有反复，如1954—1955学年和1956—1957学年所授的博士学位数量又都比各自的前一学年有所减少。

而且有能力培养博士学位的大学分布也不平衡，基本上集中在东部、西部和五大湖地区的一些大学。例如，1957—1958学年所授的博士学位中有50%以上集中在6个州：纽约州1397位、加利福尼亚州882位、伊利诺伊州747位、马萨诸塞州674位、宾夕法尼亚州514位、密歇根州439位。[②]

表3-6 全美所授博士学位人数(1952—1953学年至1957—1958学年)

单位：人

学年	所授博士学位人数	学年	所授博士学位人数
1952—1953	8309	1955—1956	8903
1953—1954	8996	1956—1957	8756
1954—1955	8840	1957—1958	8942

资料来源：Clarence B. Lindquist. NDEA Fellowships for College Teaching 1958~68. Office of Education (DHEW), Washington, D.C. 1971, p. 2.

4. 所授博士学位学科领域分布。1911—1958年的近半个世纪中，美国各个学科领域中所授博士学位的比例有很大的变化。然而，表3-7中数据显示，传统上作为最主要的大学师资来源的人文与社会科学、生物与物理学这两大类的学科领域所授的博士学位比例却一直在下跌，很大程度上影响了美国高等教育的师资供求和质量。而相对照的是，像工程学、教育学、法学等其他一些学科领域所授的专业博士学位比例却得到很大增长，从9%增至34%，其中教

---

① 李鹏程：《美国"1958年国防教育法"制定过程的历史透析》，2012年华东师范大学硕士学位论文，第18、33页。

② Clarence B. Lindquist. NDEA Fellowships for College Teaching 1958-68. Office of Education (DHEW), 1971, p. 2.

育学即从6%增至17%。[1]

表3-7　所授博士学位学科领域比例对比（1911—1920年和1951—1958年）

学科领域	所授博士学位比例/%	
	1911—1920年	195—1958年
人文与社会科学	47	30
生物与物理学	44	36

资料来源：Clarence B. Lindquist. NDEA Fellowships for College Teaching 1958-68. Office of Education（DHEW），Washington，D.C. 1971，p. 2。

5. 延期获得博士学位现象普遍。攻读博士学位的研究生延期获得学位的现象也日益引起人们的关注。当时的一系列调研报告所示，这种推迟或延期的问题是多重原因所致：学生无法找到合适的论文题目或可指导论文的导师、受外语能力的限制、个人或家庭问题的因素、专业领域或课程的变动、指导导师的去世或工作变动等原因。调研报告发现，许多学生将经济问题列为推迟或延期完成博士学位的最主要原因，尤其是攻读人文与社会科学的博士生往往需要短期辍学或承担助教和助研研究项目，或在校外从事其他工作。这样虽然能部分缓解自身的经济压力，也必然导致其延期完成博士学位。

哈佛大学和哥伦比亚大学分别对此问题进行了调查：1956年，哈佛大学文理研究生院院长埃尔费（Elfer）向1950—1954年期间曾经在哈佛大学攻读博士学位的1482位男性研究生和在拉德克利夫学院（Radcliffe College）[2]攻读博士学位的135位女性研究生发放了问卷调查，针对"是哪些因素导致他们延长博士学业"的问题，有7%自然科学的研究生、16%社会科学的研究生和19%人文学科的研究生回答是由于经济问题被迫中断学业；有33%自然科学的研究生、25%社会科学的研究生和38%人文学科的研究生答复是由于承担了学校的助教或助研工作而延期；有11%自然科学的研究生、17%社会科学的研究生和14%人文学科的研究生声称，由于他们在攻读学位的同时还在校外工作，所以

---

[1] Clarence B. Lindquist. NDEA Fellowships for College Teaching 1958-68. Office of Education（DHEW），1971，p. 2.

[2] 拉德克利夫学院曾是位于美国马萨诸塞州剑桥的一个女子文理学院，创建于1879年，为美国七姐妹学院之一。1963年始授予其毕业生哈佛-拉德克利夫联合文凭，1977年与哈佛签署正式合并协议，1999年全面整合到哈佛大学。

延长了他们获得博士学位的年限。①

哥伦比亚大学的汉斯·罗森豪普特（Hans Rosenhaupt）教授于1958年也作了类似的调研。他对1940—1956年期间在哥伦比亚大学的13个院系中攻读博士学位并在1956年以前获得博士学位的平均年限进行了统计，结果发现：花费时间最少的化学系的学生平均用了5.3年，花费时间最长的社会学和英语系的学生平均用了10.1年。他的结论是：如果能缩短获得博士学位的时间，不需要增加图书馆和实验室的设施，也不需要明显的增加师资力量，每年即可多培养10%或20%，甚至50%的博士。由于自费攻读博士学位的学生通常在学业上花费的时间不多，他认为增加奖学金的资助将至少会缩短他们获得博士学位的期限。因此，他特别举了退役军人上大学的例子，得到联邦政府资助的退役军人学生完成大学学业的时间要比普通学生短得多。②

6. 美国大学专职教师的学历状况。20世纪50年代美国大学的师资状况也不容乐观。50年代中期，全国教育协会的科研部助理主任雷·穆沃（Ray Maul）曾对美国大学的师资情况做过一系列研究。他的研究结果曾得到高等教育学界相当大的关注，也被广泛用于证明大学教师的质量严重退化。全国教育协会于1953—1954学年所进行的第一个研究包括了637所各种类型的大学，结果显示：在所有专职教师中，只有40.5%的人拥有博士学位，20.9%在拥有硕士学位的同时，又进修了至少一年的高级课程，28.2%拥有硕士学位，10.4%拥有低于硕士的学位。③而在随后几年中，雷·穆沃转而对新进的大学专职教师的学历进行调查，其结果见表3-8。从表中数据可见：从1953—1954学年至1956—1957学年的4年期间，大学专职教师中拥有博士学位的比例在逐年下跌，从1953—1954学年的31.4%下跌至1956—1957学年的23.5%；相反的是，在此期间大学专职教师中低于硕士学历的比例却逐年上升，从1953—1954学年的18.2%上升至1956—1957学年的23.1%。这种在大学师资学历上不正常的退化现象使得雷·穆沃得出悲观的结论："近年来新进大学的专职教师一直在降低整个高等教育师资的总体水平。"

---

① Clarence B. Lindquist. NDEA Fellowships for College Teaching 1958-68. Office of Education (DHEW), 1971, p. 2.

② Clarence B. Lindquist. NDEA Fellowships for College Teaching 1958-68. Office of Education (DHEW), 1971, p. 3.

③ Clarence B. Lindquist. NDEA Fellowships for College Teaching 1958-68. Office of Education (DHEW), 1971, p. 3.

表3-8　美国大学专职教师的学历状况（1953—1954学年至1956—1957学年）

	1953—1954学年	1954—1955学年	1955—1956学年	1956—1957学年
大学专职教师中拥有博士学位的比例/%	31.4	28.4	26.7	23.5
大学专职教师中拥有低于硕士学位的比例/%	18.2	19.3	20.1	23.1

资料来源：Clarence B. Lindquist. NDEA Fellowships for College Teaching 1958-68. Office of Education（DHEW），Washington，D.C. 1971，p. 3。

从以上对第二次世界大战后直至20世纪50年代美国整体教育发展状况的分析可以看出，一方面战后生育率的激增，导致各级学校的入学人数不断增加，民众平均接受教育的程度提高；另一方面美国教育系统都面临着各级政府对教育投入的严重不足，必要的教学设施和经费等资源未满足快速发展的教育需求，造成了战后相当一段时期教育的混乱，不但严重影响了美国各级教育的质量和发展，更是影响了美国的国家竞争力。

二、联邦政府未竟的前期努力

（一）第二次世界大战结束后国会的初步尝试

事实上，对于上述二战后暴露的深层次教育问题，美国政府和民众也是一直清楚的，尤其是联邦政府从20世纪40年代末开始就一直希望予以解决。之所以一直没有解决，问题不是联邦政府没有钱，而是囿于美国特殊的政府权力结构、意识形态、政治生态、种族隔离、世俗与教会、联邦控制与各州州权以及各方利益团体的博弈等因素的制约和限制。

再讲得明确一点，即各方始终围绕着3个"R"在博弈：种族（race）、宗教（religion）和对联邦政府控制的担忧（reds）。[1]有时是1个"R"的因素在起作用，有时是2个"R"在起作用，有时甚至是3个"R"的因素交织在一起。事实上，二战后20年的联邦政府教育政策（甚至直到今天的联邦政府教育政策）一直交错或交织地受这3个因素的影响和制约。

第二次世界大战结束后，迫于教育系统严峻的财政困境，各州和地方政府

---

① Reds在英语里是指对联邦政府控制的担忧。见 Gareth Davies：See Government Grow：Education Politics from Johnson to Reagan，University Press of Kansa，2007，pp. 9-10。

已放松其一直持有的对"联邦政府控制"的担忧，表示愿意接受联邦政府资助。面对各州和地方政府呼吁联邦政府出手施援的要求，1948年，来自北卡罗来纳州的民主党众议员格雷厄姆·巴登（Graham Barden）就提出了一份向全国公立学校提供"普遍的资助"的提案，由于反对者恐惧联邦政府介入各州学校系统而造成所谓的"共产式"后果和害怕联邦政府的资助将流入教会学校，该提案搁浅。而就"联邦政府是否应资助教会学校的问题"在纽约也引起了一场公众高度关注的公开辩论，辩论的一方是原来的第一夫人——罗斯福夫人埃莉诺（Eleanor）女士，另一方是纽约天主教大主教弗朗西斯·斯佩尔曼（Francis Spellman）。虽然两者都所属民主党，但前者持否定的立场，而后者很自然持肯定的态度。这场全国性的辩论使巴登的提案束之高阁。值得注意的是：在辩论最高潮时，二战时的欧洲盟军最高统帅，当时担任哥伦比亚大学校长的艾森豪威尔（Eisenhower）将军的态度是反对联邦政府干预公立学校。他似乎用一种典型的冷战口气评论道："除非我们很小心，甚至有必要将我国的重大教育过程变为家长主义信徒们的——假如不是彻底的社会主义——另一个工具，否则将为中央政府获得额外的力量。"[1] 艾森豪威尔将军当时的态度为他3年后担任总统时所主张的教育政策预示了某些先兆。

（二）艾森豪威尔总统第一个任期内的努力

我们知道，美国联邦政府的任何教育政策形成后，最终必须以法律的形式来确立。这样教育政策就上升到国家制度的层面，具有了至高无上的合法性和全民执行的强制性。然而，联邦政府教育政策形成的过程却绝对不是一帆风顺的，教育政策的法律化不但受美国特殊的政治、社会和意识形态大环境的影响，也受限于每一届国会议员的党派背景与个人意识形态的倾向以及他们各自所代表的选区利益和对教育的诉求，更日益受到社会利益团体和利益攸关者的影响，例如游说团体、地方权利组织、社区活动者、慈善基金会、专业和研究机构、工会组织等。尤其在第二次世界大战之后，随着美国政党政治和市民社会的日益成熟，这种就国家教育发展大计朝野各方广泛参与辩论和博弈、官民之间沟通和互动的参政议政和献计献策模式已形成了美国政治生活的常态。从本节起，笔者将在提供各届联邦政府（行政和立法）的权力概貌的基础

---

① Philip A. Grant, Jr. Catholic Congressmen, Cardinal Spellman, Eleanor Roosevelt and the 1949–1950 Federal Aid to Education Controversy. American Catholic Historical Society of Philadelphia 90, 1979, pp. 1–4.

上,尽可能将当时的教育政策和法律的形成过程与各任总统和各届国会党派之争,以及社会利益团体和利益攸关者在其间分别所起的作用进行介绍和分析,以便给读者揭示一个动态的图景。

表3-9描绘了1953—1956年艾森豪威尔总统第一任期内联邦政府行政与立法权力的概貌,我们将依托这一政治背景来论述和分析美国当时教育政策形成过程中各种势力的争执与博弈。

表3-9　艾森豪威尔总统第一任期联邦政府行政与立法权力概貌(1953—1956年)

美国第34任总统			
总统(党派)	艾森豪威尔(R)	第一任期	1953—1956年
副总统(党派)	尼克松(R)	第一任期	1953—1956年
任内主要教育建树	1953年建立了卫生教育福利部		
美国第83届国会			
国会议员总数	531人	任期	1953—1955年
参议院人数与党派	48(R)	47(D)	1(其他党派)
劳工与公共福利委员会主席、党派和所属州	亚历山大·史密斯 (Alexander Smith)	R	新泽西州
众议院人数与党派	221(R)	213(D)	1(其他党派)
教育与劳工委员会主席、党派和所属州	塞缪尔·麦康奈尔 (Samuel McConnell)	R	宾夕法尼亚州
美国第84届国会			
国会议员总数	531人	任期	1955—1957年
参议院人数与党派	48(R)	47(D)	1(其他党派)
劳工与公共福利委员会主席、党派和所属州	李斯特·希尔 (Lister Hill)	D	亚拉巴马州
众议院人数与党派	232(D)	203(R)	
教育与劳工委员会主席、党派和所属州	格雷厄姆·巴登 (Graham Barden)	D	北卡罗来纳州

注:表中R是共和党Republic的缩写,D是民主党Democratic的缩写。

资料来源:根据New York State Education Department. Federal Education Policy and the States, 1945-2009: A Brief Synopsis. New York State Archives, Albany, January 2006, revised November 2009, p. 8中数据计算整理。

1953年1月,共和党的艾森豪威尔当选为美国第34任总统。在他的第一个总统任期的4年间,联邦政府在教育上的表现更为主动。其显著的标志是艾森豪威尔总统上台不到3个月,即于1953年4月11日建立了联邦卫生教育福利部,并将其提升为内阁级的部委。① 该部内设联邦教育办公室,赋予其制定联邦教育政策的中心地位。诚如表3-9中所示,建立新的内阁级的联邦卫生教育福利部可说是艾森豪威尔总统在其第一个总统任期中取得的唯一教育建树。

然而,艾森豪威尔总统面对的严重和迫在眉睫的问题是战后全国教育系统严峻的财政困境与各州、地方政府要求联邦政府资助的呼吁。作为共和党的艾森豪威尔总统对动用联邦政府资源资助本属于各州和地方政府所辖事务是犹豫和消极的。

据分析,在20世纪50年代初期,妨碍艾森豪威尔总统增加对教育的资助主要有三个因素,即我们上面归纳的3个"R"。顾虑到《宪法》的限制,认为一旦联邦政府开始对教育提供直接资助后,很可能会导致联邦政府对学校的控制。如同他一再所强调的:"当一项事业主要是地方性质的,联邦的介入应该克制以避免联邦化。"又担心联邦政府资助教育的经费可能会流入教会学校而违宪。美国开国先驱的建国理念以及《宪法》原则是政府必须与教会切割,政教分离是美国《宪法》的原则和立国传统,政府的财政只能资助包括公立学校在内的公共部门,不能资助包括教会学校在内的任何与宗教有关的组织、机构和活动。

然而在建国后相当长的时期内,各利益团体一直对此有争议,有些州和地方政府也有动用公共财政资助教会学校的情况。例如,在1947年美国联邦最高法院审理了一个名为"艾弗森诉教育局"(Everson v. Board of Education)的案子。案子是这样的:新泽西州政府允许教育局用纳税人的钱补贴孩子们上学的交通费,这个补贴对公立学校和私立学校的孩子同样适用。有一个不安分的纳税人阿齐·艾弗森(Arch Everson)状告教育局,说这种做法既违反新泽西宪法,也违反宪法第一修正案。接受补贴的私立学校学生有96%属于天主教学校,这等于是政府用纳税人的钱间接资助教会。在新泽西州地方法院和州最高法院败诉之后,艾弗森把官司打到联邦最高法院。联邦最高法院的9位大法官以5比4投票裁定艾弗森败诉,裁定教育局的做法"不违宪"。理由是,第一修正案禁止政府"建立"宗教,且教育局并没参与建立宗教,补贴的发放没有体现任何宗教歧视,而且补贴是发给家长,不是给教会。但是,此案的结果并不

---

① 联邦卫生教育福利部的前身是1939年设立的联邦安全局(Federal Security Agency),该局将统管联邦政府所有有关卫生、教育和社会安全的项目。

重要，真正对后世产生深远影响的是代理首席大法官雨果·布莱克（Hugo Black）的判词（opinion）。布莱克在判词中详细解释了第一修正案对政府的约束，他引用《独立宣言》作者杰斐逊的话说"政府与教会之间应该有一道隔离墙"。这份判词使"政教分离"成为明示的原则，影响了后来一大批涉及第一修正案的官司。从此，美国的公立学校禁止任何宗教宣传。[①] 前述1948年围绕民主党众议员巴登提出的向全国公立学校提供"普遍的资助"的提案中有关"联邦政府是否应资助教会学校的问题"而引发的罗斯福夫人埃莉诺女士与纽约天主教大主教弗朗西斯·斯佩尔曼的一场民众瞩目的辩论而导致巴登的提案彻底束之高阁则是另一个案例。

但是，在20世纪50年代阻止艾森豪威尔总统以联邦财政资助学校的最为重要的原因是当时南方各州的社会各领域（包括学校）仍盛行的种族隔离。这个问题不但困扰着艾森豪威尔总统的行政部门，也导致来自各州的国会议员的意见分裂。北方各州的议员反对联邦政府的资助流向任何实行种族隔离的学校，而南方各州的议员则坚决维护本州的种族隔离政策，强烈要求联邦政府的补助不能以附加废除种族隔离为前提条件。面对全国各地中小学校严峻的财务状况和地方政府的强烈呼吁，为打破僵局，艾森豪威尔总统决定排除干扰，采取行动。1954年1月，艾森豪威尔总统在国情咨文中要求各地学校将他们所需要的学校基建和教师工资等需求上报联邦政府，艾森豪威尔总统据此将于次年（1955年）召开一次白宫教育会议（White House Conference on Education），广邀各界人士共商教育问题。

然而，在艾森豪威尔总统宣布将筹备召开白宫教育会议不久，"布朗诉托皮卡市教育委员会案"（Brown v. Board of Education of Topeka）宣判了。这是美国历史上非常重要、具有里程碑意义的诉讼案，它不但影响了美国社会的公平和民权，也直接影响了艾森豪威尔总统与联邦教育行政部门正在酝酿中的教育政策。

布朗诉托皮卡市教育委员会案。本案是美国教育史上的一个里程碑的事件，如果回避此案，我们将无法理解和解释美国联邦政府当年是如何出台和制定其一系列教育政策的。事实上，美国联邦最高法院对此案的审理和判决本

---

① 蓝草莓的博客：《美国的故事（61）——"权利法案"》，2014年8月4日，https://easyhistoryus.com/2019/01/09/%E7%BE%8E%E5%9B%BD%E7%9A%84%E6%95%85%E4%BA%8B%EF%BC%8876%EF%BC%89-%E5%A4%96%E5%9B%BD%E4%BA%BA%E4%B8%8E%E7%85%BD%E5%8A%A8%E5%8F%9B%E4%B9%B1%E6%B3%95，2019年9月4日访问。

身就是联邦政府教育政策的一部分，不但直接影响了当时的教育政策，也一直影响了其后历届联邦政府教育政策的制定。[①]因此，我们有必要将该案例的来龙去脉作一简单的介绍。

美国从殖民地时期即开始实施罪恶的奴隶制。1865年南北战争结束后不久，美国国会通过宪法修正案，正式宣布废除奴隶制。但是实际上，很多州尤其是南方各州并没有真正落实废奴制，黑人的政治和社会地位在后来很长一段时期都很低。甚至于在1896年，联邦最高法院作出了一个美国历史上最不光彩的判决：只要为白人和黑人提供的隔离设施在待遇上是平等的，那么就符合《宪法》的要求。这项裁决等于是在法律上给实施种族隔离开了绿灯，由此造成公立学校中普遍的所谓"隔离但平等"的作法。

直至20世纪50年代，全美公立学校仍普遍实行种族隔离制。布朗案发生在南部的堪萨斯州。一名8岁的黑人女孩琳达·布朗每天要步行1.5公里，还要穿过铁路，才能到达她所在的托皮卡市黑人小学，而离她家只有几条街的地方就有一所公立学校，白人孩子都到这所学校念书。琳达的父亲布朗也想让自己的女儿进这所学校，但是被校长拒绝，因为琳达是黑人。于是，在美国"全国有色人种协进会"（National Association for the Advancement of Colored People，NAACP）组织的支持和帮助下，1951年布朗先生将托皮卡市教育委员会告上了堪萨斯州地方法院，要求法庭颁布禁令，禁止托皮卡市公立学校实行种族隔离制。

堪萨斯州地方法院当时面临进退维谷的局面。一方面，法官们同意专家的看法，那就是，公立学校中白人和有色人种隔离会对有色人种学生造成不良的后果，因为低人一等的感觉会影响教育的效果。另一方面，法官们也认识到，联邦最高法院在这之前1896年的普莱西一案中曾允许"隔离但平等"的制度存在，而且也一直坚持这一原则。因此，法官们觉得，他们不得不作出有利于托皮卡市教育委员会的判决。

1951年10月，布朗在"全国有色人种协进会"的帮助下，继续上诉至联邦最高法院，和此案同时受理的还有南卡罗来纳州、弗吉尼亚州、特拉华州和首都哥伦比亚特区的其他几起案子。当年，黑人律师瑟古德·马歇尔（Thurgood Mar-

---

　　[①] 本书在第一章开始时，即介绍了美国联邦政府的权力结构的特点是立法、行政、司法"三权分立"。本书主要论述立法和行政两个系统在美国联邦教育政策制定中的作用，较少涉及司法系统。事实上，历史上美国各级司法系统在形成教育制度的过程中所起的作用更大。如将来有机会和条件，笔者有意专门就此领域做些开拓性研究。

shall)代表布朗和其他上诉人在美国联邦最高法院进行口头陈述。联邦最高法院于1952年和1953年两次就布朗起诉教育委员会一案举行听审,最后在1954年5月17日作出判决。

厄尔·沃伦(Earl Warren)首席大法官宣读了法庭的判决。判决首先强调了教育的重要性。它指出,在当今社会,如果一个孩子被剥夺了受教育的机会,那么他取得成功的希望就可能非常渺茫。因此,各州应该在平等的基础上向所有人提供受教育的机会。联邦最高法院在这个案子中要解决的问题是:虽然公立学校的设施以及其他有形的因素可能是平等的,但是,仅仅因为种族的原因就隔离公立学校的孩子,是否剥夺了少数族裔儿童接受平等教育机会的权利?法庭的结论是,在公共教育领域,"隔离但平等"的原则没有它的位置,因为隔离教育设施在本质上就是不平等的。因此,起诉人和其他受到类似行为影响的人,被剥夺了宪法第十四修正案给予的平等保护的权利。

联邦最高法院于1954年作出有利于布朗和其他上诉人的判决,宣布公立学校的种族歧视违反宪法,各州不能在法律上对黑人实行种族隔离和歧视,从而对公立学校的隔离制度敲响了丧钟。然而,布朗一案后,南部各州很长一段时间都不愿意服从联邦最高法院的判决。

布朗案之二(Brown Ⅱ)。1954年的布朗案虽然裁决公立学校的种族歧视违反宪法,各州不能在法律上对黑人实行种族隔离和歧视,但还有其谨慎保守的一面:由于沃伦和其他大法官担心对种族隔离地区的用力过猛会引起社会动荡,因此他们没有决定立即取消学校种族隔离。在进行了1年的审议后,法院于1955年作出第二项裁决,即"布朗案之二"。这项裁决避免对何种程度的种族平衡为合法作出具体规定。"布朗案之二"没有提出采取落实行动的具体期限,而只是声明,应"以全力稳重的速度"予以落实。这一含糊的用语使南方白人当局感到可以拖延时间,而对南方联邦法院应如何处理日益增多的纷争则作用甚微。

显然,1954年的"布朗案"中,虽然联邦最高法院将公立学校教育的种族隔离宣告为违宪,但是并没有详细地谈到如何执行的问题。"布朗案"的判决受到民众欢迎,却遭遇种族主义者的强烈抵制。此案宣判1年后,南方8个州还没有1所公立学校真正取消种族隔离。与此同时,国会议员中19位来自南方的参议员和63位来自南方的众议员联合发布《南方宣言》,宣布"布朗案"是一起"滥用司法权力"的错误判决,是"联邦司法机构篡夺立法权限"的又一起恶例,号召人们以"完全合法的方式"抵制最高法院及"布朗案"判决。[①]

鉴于美国社会的复杂性，各州之间可能都有不同的社会情况，联邦最高法院因此在对"布朗案"作出判决的次年（1955年），邀请各州的司法主管以及联邦的司法部长讨论如何执行的问题。联邦最高法院经过多方讨论之后作出判决，决定将所有类似的公立学校种族隔离的争议案件重新发还各级地方法院，并且指定各级法院必须依照布朗案建立的原则进行审查，并且依照各地区不同的社会情况作出裁决。联邦最高法院指出，在各州转型至非种族隔离教育系统的过程中，各级法院可以终结任何可能遇到的障碍。很显然，尽管联邦最高法院很清楚地阐明了法律原则，但是它也考虑到自身无法保证这一判决的执行，因此，判决能否执行首先将有赖于白人是否愿意服从，其次还要看进一步的司法裁决和民意舆论能够给他们施加多大的压力。

白宫教育会议。 显然，两次"布朗案"的判决，尤其是1954年美国联邦最高法院九大法官就堪萨斯州的"布朗诉托皮卡市教育委员会案"作出的判决结果，更是杜绝了联邦政府对仍然实行种族隔离的学校提供资助的可能性，如果联邦政府出台包含这些内容的教育资助项目，将被视为支持和强化南方种族隔离的行为。

与此同时，艾森豪威尔总统也在履行其诺言，积极筹备首次白宫教育会议，希望通过召开这样一次会议，广邀各州和社会各方来共同商讨联邦资助的方式。首先，艾森豪威尔总统提请国会拨款90万美元资助各州先召开州一级的教育会议，邀请教育者和公民代表一起共商本州的教育问题和需求。艾森豪威尔总统于1954年9月12日专门致信各州州长，要求各州的教育会议"对美国人民迄今的各种教育问题进行彻底、广泛和综合的研究"。1954年12月2日，总统专门会见了他任命的负责筹备白宫教育会议的委员会，提出三大任务：一是帮助各州召开州级教育会议；二是筹备白宫教育会议；三是起草向总统提交的美国中小学面临的"重大和紧迫的问题"报告。[②]

艾森豪威尔总统和联邦教育行政部门的这些举措调动了各州的积极性，也赢得了各州的响应和支持。在1955年共有51个州和领地召开了教育会议，

① New York State Education Department. Federal Education Policy and the States, 1945-2009: A Brief Synopsis. New York State Archives, Albany, January 2006, revised November 2009, p. 10.

② Erwin V. Johanningmeier. Equality of Educational Opportunity and Knowledgeable Human Capital: From the Cold War and Sputnik to The Global Economy and No Child Left Behind. Information Age Publishing, October 1, 2009.

各州提交的报告都充分收集了地方和社区民众对当地公立学校教育的需求和建议等。各州教育会议结束后,州长负责按照白宫教育会议筹备组规定的出席会议的名额和标准推选本州参会的代表。大会代表的构成颇有新意,除了要求各州代表团必须由代表一定领域的领导人员组成之外,也规定了代表的构成比例:每选拔1位教育界人士,必须要选拔另2位非教育界的"外行"或非专业人士予以匹配。[①]

一切就绪后,美国首次白宫教育会议于1955年11月28日—12月1日在首都华盛顿召开。在此期间,来自全国51个州和领地的1200位"外行"和600位教育界人士汇聚一起,共商美国面临的教育问题。会议就中小学教育设置了六大议题,供代表们讨论:[②]

(1)我们的学校教育应该完成什么目标?

(2)我们怎样才能更有效地组织学校系统?

(3)我们的学校需要什么建筑?

(4)我们怎样才能得到足够好的老师并留住他们?

(5)我们怎样才能资助我们的学校——建设和运营它们?

(6)我们怎样才能获得公众对教育的持续兴趣?

除了各州参会的1800名代表之外,还有近500位报纸、广播和电视的媒体代表与会,他们将会议的讨论和结果作了广泛报道,引起全国民众的热烈关注。由于艾森豪威尔总统当时生病尚未痊愈,在会议开幕式上,他采用了电影屏幕形式播放他的致辞。总统在致辞中对各州代表团的参会表示欢迎的同时,充分指出了他们正在从事的工作的重要意义,并向代表们保证总统本人对教育的重视以及联邦政府将会对这些问题进行审议。

会议分166个小组对设置的六大议题进行了认真和热烈的讨论,在各小组报告的基础上,最后形成了一份总报告提交总统。总报告涵盖了三方面内容:一是对各州之前提交的报告内容进行的概括;二是白宫教育会议期间各小组对六大教育议题讨论形成的分报告;三是会议筹备委员会对会议成果和提出建议的总结。

---

① 这些代表几乎来自每个职业和专业领域,他们中有工人、经理、专业人员、农场主、教育工作者、家庭主妇等。

② J. Paul Leonard. The White House Conference on Education. International Review of Education, Vol. 2, No. 3, 1956, p. 361.

无论是形式，还是内容，首次白宫教育会议的影响均是前所未有的。来自全国各地区、各阶层、各行业的1800名代表集聚首都，在民主和平等的气氛中坐在一起，面对面自由和充分地交流商讨美国下一代的教育，为联邦政府的政策献计献策，体现了广泛的民意基础。会议的成果也令人鼓舞：例如，没有任何与会代表提出美国人民应放弃为每一位儿童提供免费的12年义务教育，尤其重要的是，对国会和社会上多年争论不休的联邦政府是否应资助各州教育的问题，代表们倾向于支持联邦政府发挥作用；75%的代表支持联邦政府拨款资助学校的基建；50%的代表希望联邦政府对学校提供"普遍的资助"。但是，在充分认同和支持联邦政府上述作用的同时，代表们一致认为联邦政府的资助不能成为对各州和地方的控制，而且联邦政府的资助只能面向公立学校。①

但是，由于白宫教育会议是在"布朗案之二"判决数月之后召开的，"布朗案之二"的判决结果对参会的代表也有很大的影响。在会议上，有相当一部分与会代表认为，"废除种族隔离的追求可能会造成重大社会动荡，因此，应在当地社区中缓慢地推行"。正如一份会议简报所说："在最高法院最近作出的旨在废除公立学校种族隔离的决定中隐含巨大的社会、心理和组织变革，在每个社区都不可能以同样的速度实现。这是每个社区必须以自己的方式推行的问题。"在白宫教育会议结束时，艾森豪威尔当局默认了联邦最高法院在"布朗案之二"的判决中所持的"渐进主义"（或"调和主义"）。②

国会议员的阻挠。艾森豪威尔当局的犹豫和对"渐进主义"的让步遭到了北方各州国会议员的反对，他们希望加大力度迫使南方废除种族隔离。在白宫教育会议之前，总统已经向国会申请了一笔近16亿美元的联邦经费用以资助学校的基建，然而北方的国会议员施加压力，要求用这笔钱来提高南方学校的质量，同时要求以此作为废除种族隔离的筹码。此后，总统每提出一个联邦教育援助提案均被来自纽约州的民主党众议员亚当·克雷顿·鲍威尔（Adam Clayton Powell）修改，他在总统提交的每一个资助学校基建的提案中附加"废除种族隔离"条款。同时，总统的每次提案还遭到维护种族隔离但控制了国会的南方民主党议员的强烈反对。这股势力分别以参议院的劳工与公共福利委员

———————————

① J. Paul Leonard. The White House Conference on Education. International Review of Education, Vol. 2, No. 3, 1956, p. 364.

② New York State Education Department. Federal Education Policy and the States, 1945−2009: A Brief Synopsis. New York State Archives, Albany, 2009, p. 9.

会主席利斯特·希尔(Lister Hill)和众议院的教育与劳工委员会主席格雷厄姆·巴登(Graham Barden)为首，代表了南方种族隔离支持者的利益。在双方持续的反对下，最终导致总统的提案功亏一篑。而纽约州的民主党议员鲍威尔知道他这样做会扼杀学校援助提案，但他就是死磕到底，拒绝联邦资金流向违宪的南方种族隔离学校。[①]

事实上，艾森豪威尔总统的教育资助提案除了受到种族隔离争执双方的阻挠之外，另一个障碍是如何向各州分配联邦资助经费的问题。当时国会共提出三个方案：平赠款、均等补助和按比例补助。来自人口众多州的议员希望平赠款(即根据每个州的人口数量)，而来自税收收入低州的议员要求采取均等化补助式分配(即根据全国学生人均支出水平)。由格雷厄姆·巴登任主席的众议院教育和劳工委员会即推出这一方案，按学生的比例分配拨款，从而给过度拥挤的南方学校带来了好处，但不利于资金充足、人口稀少的北方学校。按比例补助似乎体现了公平的妥协，但按比例补助的公式往往过于复杂，无法赢得广泛的政治支持。因此，尽管国会每年都有新的联邦援助法案出台，但由于议员们在拨款分配方案上意见不一致，往往在委员会中就过不了关。由于分配方式的争议，国会对拨款一直无法达成共识。

三、艾森豪威尔总统第二个任期促成了《国防教育法》的通过

经过1956年的总统竞选，艾森豪威尔总统又赢得了大选，1957—1960年是他第二个总统任期。然而对于共和党总统的第二个任期不利的是，民主党在这4年期间始终牢牢掌控着国会参众两院，他们占据了国会参众两院的多数席位，更麻烦的是，参议院的劳工与公共福利委员会主席和众议院的教育与劳工委员会主席仍然是来自维护种族隔离的南方亚拉巴马州的议员利斯特·希尔和北卡罗来纳州的议员格雷厄姆·巴登(见表3-10)。显然，这种权力结构对艾森豪威尔总统并不是一个好消息。

---

① 从表3-9和表3-10中可看出，1955—1960年，民主党基本控制了国会参众两院的大多数席位。更重要的是，在此期间，参议院的劳工与公共福利委员会主席和众议院的教育与劳工委员会主席均是由来自维护种族隔离的南方保守州的强势民主党议员担任，他们直接掌控了这两个影响教育立法的关键的委员会。

表3-10　美国艾森豪威尔总统第二任期联邦政府行政与立法权力概貌（1957—1960年）

美国第34任总统			
总统（党派）	艾森豪威尔（R）	第二任期	1957—1960年
副总统（党派）	尼克松（R）	第二任期	1957—1960年
任内的主要教育建树	1958年颁布了《国防教育法》（*National Defense Education Act*）		
美国第85届国会			
国会议员总数	531人	任期	1957-58年
参议院人数与党派	49（D）	47（R）	
劳工与公共福利委员会主席、党派和所属州	利斯特·希尔	D	亚拉巴马州
众议院人数与党派	234（D）	201（R）	
教育与劳工委员会主席、党派和所属州	格雷厄姆·巴登	D	北卡罗来纳州
美国第86届国会			
国会议员总数	537人	任期	1959—1960年
参议院人数与党派	65（D）	35（R）	
劳工与公共福利委员会主席、党派和所属州	利斯特·希尔	D	亚拉巴马州
众议院人数与党派	283（D）	153（R）	1（其他党派）
教育与劳工委员会主席、党派和所属州	格雷厄姆·巴登	D	北卡罗来纳州

　　资料来源：根据 New York State Education Department. Federal Education Policy and the States，1945—2009：A Brief Synopsis. New York State Archives，Albany，January 2006，revised November 2009，p.9中数据计算整理。

（一）小石城危机（也称小岩城危机，Little Rock Crisis）

　　为了尽快解决全国公立学校多年未能解决的财政问题，进入第二个任期的总统想放手一搏。1957年，在第二个任期开始不久，艾森豪威尔总统设想了一个新的方案：试图将资助学校基建的问题与废除学校种族隔离的问题分开来解决，以便绕过各种障碍。就在总统开始与各方沟通准备实施时，美国历史上又一个重大事件（也可称一个戏剧性事件）的发生打断了该计划的进程。

　　小石城危机。小石城是阿肯色州首府，位于美国的中南部，是美国中部重要的政治、经济、文化和交通中心（是总统克林顿的家乡，他20世纪80—90年代曾在此担任州长12年）。20世纪50年代的阿肯色州是贫困白人聚集的种族主义基地。因此,历史性地废除种族隔离的"布朗案"3年之后,1957年,美国阿肯色州首府小石城的中央高级中学(Little Rock Central High School)依然全是白人学生。该年夏天,当地的教育委员会决定接受联邦地区法院执行"布朗案"的判决,希望尝试让小石城的公立学校打破种族桎梏,实施黑白同校。由"全国有色人种促进会"选出9位成绩优异的黑人学生(6女3男)在小石城中央高中注册,准备和其他白人学生一同入学,打破这所学校全是白人的现状。

与此同时,就在开学前夜,阿肯色州州长奥瓦尔·福布斯(Orval Faubus)突然发表电视讲话,严重质疑最高法院判决的合法性,并宣布将派遣国民警卫队赶往中央高中,阻止黑人学生入校。事实上,这是福布斯州长的政治图谋,他希望通过阻止小石城中央高中录取的9名黑人孩子入学,投白人所好,以便获得更多白人的选票,达到他竞选连任的目的。[①]

与此同时,有关黑人学生转学到小石城中央高中的消息一经传出,立刻引起白人种族主义分子的强烈敌对情绪。几个主张种族隔离的民间团体举行了抗议活动:他们在中央高中周围安营扎寨,不停地嘲弄、辱骂黑人;有的人把19世纪南方邦联旗帜挂在身上,表示坚决支持种族隔离;有的人从很远的地方坐车赶来,阻止黑人学生进入校园就读。阿肯色州州长奥瓦尔·福布斯顺应抗议人群的"民意",以"防暴""保卫和平"作为理由,于9月2日在中央高中的校园门口部署了一条由国民警卫队组成的"黑人封锁线",阻止任何黑人进入学校。9月4日,9名黑人学生试图进入中央高中,但被国民警卫队逐出。枪支和刺刀阻挡了黑人学生上学的道路,在开学那天,这几个黑人学生连校门都没能靠近。接下来的几天,黑人学生们都无法进入学校。

就在种族主义者以为要大获全胜之际,新闻记者将小石城黑人学生的遭遇通过电视"曝光",一时舆论哗然。艾森豪威尔总统对此事十分重视,敦促福布斯州长迅速解决小石城危机。福布斯只好撤走国民警卫队士兵,改由小石城警察局接管。9月23日,9名黑人学生在警察的护送下悄悄进入学校。校外的1000多名白人得知黑人学生已经进入校园,当即围攻校园,甚至动手殴打在场的黑人记者。他们与警察进行谈判,强烈要求交出黑人学生。警察局担心

---

① 事后盖洛普民意调查表明,美国南部只有1/3老百姓支持艾森豪威尔总统向小石城派驻军队,更多的人支持福布斯州长。1958年,阿肯色州的人民第三次选举福布斯担任州长,在之后的多次选举中,他都以多数票获胜,1967年才从州长的位置上退休。福布斯州长代表的其他南方政治家们的行为告诉人们一个事实:他们可以将反对法庭下达的废除学校种族隔离的判令转化为直接的政治利益,而不管其他的后果。

局势无法控制，只得又把黑人学生们从侧门送了出去。这几个黑人学生，仅仅在学校待了3个多小时。至此，小石城中央高中种族隔离事件已经完全失控。

最后，支持种族融合的小石城市长只能向总统求助。总统几经斟酌，担心一旦调派联邦军队进入州境，将发生肢体冲突，甚至闹出人命，种族融合计划又将如何收场？如果南方其他城市也发生小石城这样的事件，又该怎么办？是不是要像南北战争之后的"重建时期"那样，直接实施军管？此外，公共教育是地方事务，各州政府应担负主要责任。总统必须考虑，联邦军队一旦出现，会不会授人以柄，犯了"联邦不得干预州权"的忌讳。

显然，总统个人并不很不赞同联邦过多卷入州事务，但他表示会维护宪法权威。因此，他最终还是决定出兵。首先，与州法相比，联邦宪法与法律才是最高法律。亚伯拉罕·林肯已经用一场内战解决了的问题，没必要再令今天的总统犹豫纠结。其次，近些年的历史已经表明，法院的指令若得不到执行，只会沦为废纸。最后，作为前盟军统帅，艾森豪威尔曾目睹第二次世界大战中许多黑人士兵浴血奋战，实践已经证明，种族隔离是一种不公正做法。

1957年9月23日，艾森豪威尔总统决定动用"必要的武力，清除执法障碍，落实联邦法院的判决"。他在全国电视讲话中宣布："根据《宪法》赋予美国总统的权力，我命令所有妨碍执法者马上停止或结束抵抗，立刻解散。"为避免激起过多对抗，艾森豪威尔总统刻意派出在美国人民心目中富有威望的第101空降师。[1] 9月24日，52架飞机载着1000名伞兵，"占领"了小石城，并迅速部署在中央高中周围，维持秩序，暂时控制了1万名州国民警卫队士兵。第二天早晨，骚乱人群再次聚集时，发现校园已被军队封锁。一些人公开辱骂士兵，向他们投掷石块。为避免造成伤亡，伞兵们尽量将刺刀放低，但还是弄伤了少数人。当天，一名男子被刺刀捅伤，还有一人头部被枪托砸伤。上午9点25分，黑人学生们被军用吉普车送进中央高中。伞兵们排着整齐的队列，刺刀朝外，一路护送着9名学生，沿台阶步入校园，每一位黑人学生都被分配一位护卫。由著名的空降部队保护黑人学生入学，这在美国历史上是第一次。现场照片经报纸刊载，迅速传遍世界，也令世人见识了美国联邦政府维护司法权威，废止种族隔离的决心。"小石城九人"中的明尼吉恩·布朗后来在日记中写道："我活了这么大，头一次感觉到自己是一位美国公民。"

---

① 第101空降师创建于1942年，是美军的老牌空降部队，在第二次世界大战中功勋卓著，参与了诺曼底登陆，经历了"巴登战役"，付出了巨大牺牲，是一支打出来的威武之师。

第二天上午，街头再无人群聚集。黑人学生们正常入学，也没有什么严重意外发生。民意调查显示，全国民众有68.4%支持总统的调兵决定。尽管种族主义者叫嚣："就算动用军队，总统也不会取胜，因为军人不会一直驻扎在小石城。"联邦政府为了让这9个孩子上学，花费了405万美元。当联邦军队在几个星期之后秩序明显恢复的时候撤离，一切又交由国民警卫队负责，形势再次恶化。中央高中反对废除种族隔离的白人学生开始了对黑人学生长达1年的骚扰。他们还威胁那些对黑人友好，或者至少不公开地抱有敌意的白人，扬言如果他们对黑人有同情的行为的话，就将会遭到报复。这股敌意最终使得最初9名黑人学生中的1名退出了中央高中。剩下的8名学生继续忍耐着，直到这一学年结束。但是，联邦政府执行法院判决的坚定决心，还是起到了效果。到1959年，许多南方学校开始逐步实行黑白学生同校。[①]

1997年9月底，当年的"小石城九勇士"重新汇聚在"中央高中"。曾在20世纪80年代末担任阿肯色州州长的美国总统克林顿参加了这次聚会，他高度评价了九勇士当年冲破种族樊篱的无畏精神。

（二）苏联卫星上天与美国朝野的震动与反响

苏联卫星上天。谁也未料到，在艾森豪威尔总统派兵平息小石城危机仅仅10天之后，1957年10月4日，苏联成功发射了世界上第一颗人造地球卫星"斯普特尼克一号"（Sputnik-1），此消息一经传出，美国朝野上下一片惊慌。在美国尚未在惊恐中回过神来时，苏联于不到1个月后的1957年11月3日又成功发射了第二颗人造地球卫星，称为"斯普特尼克二号"，它比第一颗卫星几乎重7倍，轨道距离几乎远一倍，而且还载着一只狗。美国政府为了挽回面子，仓促定于1957年12月6日发射一颗"先驱者卫星"，还邀请媒体现场观看。然而，美国卫星未上天却栽了地，遭到全世界的嘲弄。这对美国民众而言更是雪上加霜。

美国朝野的震动与反响。在短短2个月的一连串事件的冲击下，美国朝野受到了极大的刺激，开始反思。回顾第二次世界大战后，全球处于冷战状态，美苏两大国在军事、经济、科技等方面展开了对抗与竞争。作为世界上经济和军事实力最强的国家，为了确保其霸主地位，扩大在全球的利益，美国倚仗雄厚的经济、军事实力，在全球范围内实行扩张主义政策，而苏联则成为当时唯一能与之抗衡的国家。为保证国家科学与技术领域的领先地位以及国家利益

---

① 韦恩·厄本，周晟、谢爱磊译：《美国教育：一部历史档》，中国人民大学出版社2009年版，第412—413页。

的安全,美国国防部一直从事火箭技术和高层大气科学研究,美国民众在冷战时期的安全感很大程度上是建立在苏联国防科技落后于美国的认识上。然而,"斯普特尼克"粉碎了这一幻想,苏联先于美国成功发射了第一颗人造地球卫星,美国民众完全没有思想准备,震惊且惊慌失措,认为在太空领域竞赛中苏联已领先于美国,美国的国家安全将受到重大威胁。

美国各界对"斯普特尼克"事件的恐惧和对政府的不满充斥于各大媒体。一位《纽约时报》的读者来信询问这颗卫星是否能运载核弹头投射在美国人的头上。《时代周刊》报道了参议员亨利·杰克逊的抱怨:"这周(1957年10月4日那一周)是美国历史上耻辱和危险的一周。"时任参议员的林登·约翰逊称这是"第二次珍珠港事件"。《时代周刊》则更为深刻:"美国一向为自己科学技术上的能力和进步感到自豪。为自己能走在别人之前,首先取得成就感到自豪。可是现在不管作出多少合理的解释,由于一颗红色的月亮使美国人黯然失色。终于突然在全国出现了强烈的沮丧情绪。"许多媒体甚至把这一事件与原子弹爆炸、哥伦布发现美洲相提并论。[①]

科学界也发出了呼吁。时任麻省理工学院院长,即刚刚担任艾森豪威尔总统科学顾问委员会主席詹姆斯·基利安(James Killian)指出:"伴随着它在空中嘟嘟地响着,'斯普特尼克一号'使美国人产生了信任危机,这个危机像森林大火一样横扫美国。突然之间,人们普遍担心我国将要靠着苏联军队的怜悯才能生存,政府和军队已经丧失了捍卫美国的能力。"《纽约时报》的科学记者奥尔特·沙利文(Ault Sullivan)认为"斯普特尼克"的影响是深远的,它让世界上大部分国家颤抖。[②]

虽然媒体为了吸引民众的眼球,表述可能有些夸张,甚至过分渲染,但苏联卫星发射带来的震惊、美国民众的恐慌和对美国国防实力的怀疑和担忧却是事实。

(三)社会各界与学术界的反思与批判

在这惨痛教训的刺激下,美国民众痛定思痛,他们认为美国在军事和太空竞赛上落后的众多原因中,最根本的原因有两点:一是科学研究和基础教育出了问题;二是苏联教育标准较高,对学生要求更加严格,学生课程难度更大,每

---

① 李鹏程:《美国"1958年国防教育法"制定过程的历史透析》,2012年华东师范大学硕士学位论文,第20页。

② 李鹏程:《美国"1958年国防教育法"制定过程的历史透析》,2012年华东师范大学硕士学位论文,第20页。

年有更多的工程和技术学科的大学生毕业。所以，美国朝野开始审视教育体制的弊端，思索如何才能推动科学发展和提高国防实力，于是将焦点转向了培养人才的教育体制，开始认识到科技进步和巩固国防要依赖高科技人才。

　　1958年5月，美国教育委员会专门组织了一个10人代表团访问苏联，主要考察苏联的教育状况，近距离地了解苏联教育的方方面面，其严谨、科学的学校课程和对教育的高度重视，给代表团留下深刻的印象。当时有众多著作都从不同的角度论述苏联教育质量优于美国，认为苏联正领导着这场"大脑竞赛"。有一位名叫亚瑟·特雷斯（Arthur Tress）的作者写了一本书，其书名即形象地反映了这一论调——《伊万知道约翰尼不知道的》。书中说，中西部一所大学的英语教授声称，和苏联的同龄人相比，美国青少年在阅读、写作和数学技巧方面存在惊人的教育差距。[①] 这些观点正好呼应了同时代早些时候亚瑟·贝斯特（Arthur Best）和教育界其他批评者的看法。但是，这次批评者们把这一关注和冷战联系在了一起，加上苏联在技术上的成功在许多美国民众的脑海中造成的影响，从而产生了惊人的效果。[②]

　　与此同时，美国学术界也为美国教育质量不如苏联找了一个替罪羊，即19世纪末和20世纪初在美国兴起的进步主义运动。19世纪末20世纪初，美国教育界兴起了各种进步主义教育思潮，主张"教育即生活""教育即生长"，强调以学生兴趣和活动为中心。他们认为进步主义教育运动在改革传统教学方法、激发学生活力的同时，也造成了忽视基本理论教学、否定教师主导作用、弱化学生学术能力等诸多负面影响，导致高等教育质量严重下降。这引起了众多教育家、思想家对进步主义教育运动的尖锐批评。其中，以史密斯（Smith）、利科弗（Likov）、贝斯特等为代表的要素主义者对进步主义教育运动进行了猛烈批判，他们认为必须把学校从进步主义教育者的手中"拯救出来"，加强基础知识的教学，重视学术能力的提高。当要素主义者贝斯特和史密斯对进步主义教育进行激烈抨击时，美国著名的教育家、科学家科南特（Conant）和里科弗都从关心国家的科学、国防的建设角度出发来看待美国教育体制的缺陷，因而他们对教育的批评与主张也就比其他人具有更大的影响。

　　苏联卫星的上天，使美国的教育问题大曝光，使美国要求教育改革的思潮

---

　　① Arthur S. Trace. What Iwan Knows that Johnny Doesn't. Random House, New York, 1961.

　　② 韦恩·厄本，周晟、谢爱磊译：《美国教育：一部历史档案》，中国人民大学出版社2009年版，第404页。

发展为一场全国性的运动。人们完全相信了里科弗的警告，认为在冷战和科技竞争时代，美国的人力资源质量远远落后于时代的要求，而进步主义教育的观点主张应对此负责。学术界对进步主义教育的批判也为接下来的《国防教育法》的形成扫除了理论障碍。

（四）总统与国会的对策和博弈

自苏联第一颗卫星上天之后的短短2个月时间，美国民众、社会各界和学术界的大量文章、评论、批判、呼吁、民调等，通过文字、电波铺天盖地地对美国的科技和教育体制进行批评，而这种不满和抱怨最后又转化为对联邦政府多年来在教育资助上不作为的问责。民间的恐慌和不满导致联邦政府承受了巨大压力，迫使联邦政府尽快拿出对策和行动。

1. 艾森豪威尔总统的态度与应对

作为总统，艾森豪威尔首当其冲受到了压力，当时媒体调查显示，总统的支持率一下子跌了22%。但是，总统在事件发生时十分冷静，并不像普通民众那样担忧和恐慌。在"斯普特尼克"上天后第五天（10月9日）举行的一次集会上，他轻描淡写地说道："关于这次卫星事件，我看没有什么值得大惊小怪的，只要我们注意加强国防安全就可以了。"随后在1957年11月7日，他在美国科学和国家安全电视演讲中再次强调："整个自由世界的军事力量明显超过共产主义国家的军事力量。"①

艾森豪威尔总统之所以能冷静地安抚全国民众的惊慌情绪，乃因有充分的情报掌握"斯普特尼克"发射的真相以及对美国国防的确切影响。根据各方情报分析，总统知道，尽管"斯普特尼克"发射成功，但苏联的洲际导弹计划（ICBM）尚在起步阶段，离成功发射还早。所以总统认为苏联卫星的发射对于美国的安全不会造成大的问题，也坚信苏联卫星上天并没有打破美苏军力平衡。②事实上，情报表明，苏联除了成功发射地球卫星之外，在军备、其他科学成就、生活水准等方面都已大大地落后于美国。只是美国民众对此不知情而已。③

---

① Howard E. McCurdy. Space and the American Imagination. John Hopkins University Press, 2011, p. 70.

② 李鹏程：《美国"1958年国防教育法"制定过程的历史透析》，2012年华东师范大学硕士学位论文，第21页。

③ Arthur S. Trace. What Iwan Knows that Johnny Doesn't. Random House, New York, 1961. 韦恩·厄本，周晟、谢爱磊译：《美国教育：一部历史档案》，中国人民大学出版社2009年版，第394页。

当然，艾森豪威尔总统及时抓住"斯普特尼克"事件机会，变危机为转机，将所谓的"国防危机"变成"教育危机"，从而将民众的关注点引向对教育制度的改革和讨论，据此助力，总统一直推动的教育法令能在国会通过。1957年11月13日，在俄克拉何马州奥克兰市政厅举行的庆祝建州50周年的庆典上，总统发表了题为"我们未来之安全"的演讲。在演讲中，总统指出，要从根本上解决美国科技落后的问题，就要解决两个问题：科学教育和基础研究。他要求全美教育工作者、家长、各界人士等深刻反思美国的课程设置，呼吁建立全国性的高中生测试制度，提倡建立激励高中生追求学业成功的体系，鼓励各学校提高教学质量，主张拨款设立更多的图书馆和实验室，设立奖学金鼓励更多的优秀学生进入大学学习，建议采取相关措施提高各级教师水平等。事实上，总统此次演讲中提出的有关美国教育改革的各项建议，已包含了他随后提交给国会的教育法案的主要内容。

艾森豪威尔总统把国防安全危机与教育危机联系起来的策略，很大程度上获得了民众对联邦政府教育政策的认同。他成功将民众的关注点转移到教育领域，使各界对教育的批评之声连绵不绝，呼吁联邦政府采取措施加强美国的教育。总统这一成功的策略，不但转移了民众的关注点，其改革教育的措施也得到了民众的认同，更减少了随后在国会通过《国防教育法》的阻力。

2. 国会的应对与博弈

鉴于美国的特殊国情，包括教育政策在内的任何国家政策的最终形态必须上升至法律层面。国会的使命就是根据民众和社会各界的愿望与诉求，制定和修正法律。苏联卫星上天使美国国家安全受到"威胁"的情况下，国会议员也感受到巨大的压力，他们必须在法律层面及时提出对策。鉴于民族矛盾已超越了国内矛盾，国会两党议员开始正视现实，顺应变化，将矛头一致对外，力求化解危机。

然而，仅仅在2个多月前，因"小石城危机"导致的国会议员在教育议题上的分歧尚未平息，这次是否再次重复多年来国会对教育议题的议而不决的循环呢？人们的担忧并非多余，因为国会内依然阵线分明，民主党占据了国会参众两院的绝大多数席位，参议院的劳工与公共福利委员会主席和众议院的教育与劳工委员会主席仍是来自维护种族隔离的南方亚拉巴马州的民主党议员利斯特·希尔和北卡罗来纳州的民主党议员格雷厄姆·巴登。在两党议员固有的利益冲突和理念对立依然存在的情况下，他们能否暂时搁置分歧，为了国家安全，以国家利益为重，携手合作，制定一部应对和摆脱危机的国家教育法律呢？这是对两党议员的一个严峻考验。

我们前面曾提及，第二次世界大战后联邦政府之所以一直未能消除美国教育的乱象，完全是囿于美国特殊的权力结构、意识形态、政治生态、种族隔离、世俗与教会、联邦控制与各州州权，以及各方利益团体的博弈等因素的制约和限制。如前所述，各方始终围绕着前述的三个"R"在博弈。从杜鲁门到艾森豪威尔的十多年来在教育政策制定上未有明显建树，根源就是各方始终纠缠于这三个"R"。这次如果不摆脱这三个"R"——尤其是种族（race）和宗教（religion）这两个障碍，将又是一场没有结果的消耗战。幸运的是，这次两党议员迫于压力，总算顾全大局，以国家利益为重，避开和绕过种族和宗教这两个障碍，决定在新的基础上制定一个全新的教育法。

（1）总统与国会的互动

1958年1月29日，艾森豪威尔总统致函美国国会，表达自己和行政部门对制定新的教育法的支持，同时向国会提交了《1958年教育发展法案》（*Education Development Act of 1958*），其构想主要包括了他于1957年11月13日在庆祝俄克拉何马州建州50周年的庆典上演讲的内容，强调国家安全与未来几年美国教育体系的质量息息相关，联邦政府也必须适时扮演一定的角色。[①]

总统法案的主要内容有：第一，加强师资建设，开展多种形式的教师培训活动，提高美国各阶段数学、科学、工程类学科教师的教学水平；第二，增加奖学金数量，扩大数学、科学、工程、外语类学科的奖学金数量，鼓励更多的学生选择这些学科学习，吸引更多的学生进入这些领域；第三，完善各州的测试、指导和咨询计划，提高这些项目工作人员的质量；第四，加强外语教学，提高外语教学水平；第五，提高全国教育办公室的服务水平，使其能够更好地做好教育统计工作等。[②]

事实上，国会议员这次的积极性也空前高涨，在总统提交法案之前，国会参众两院已有议员提出类似的建议，要求联邦政府加大教育投入，尤其是在数学、科学和工程等领域，设立奖学金鼓励资优学生攻读大学，加强天才儿童培养等。截至总统提交法案之前，已有14位国会议员提议联邦政府加大教育资助。

---

① Christopher T. Cross. Political Education: National Policy Comes of Age. Teachers College Press, Columbia University, 2004, p. 12.

② 李鹏程：《美国"1958年国防教育法"制定过程的历史透析》，2012年华东师范大学硕士学位论文，第26页。

在总统提交法案的第二天,参议院的劳工与公共福利委员会主席利斯特·希尔和众议院的教育与劳工委员会主席格雷厄姆·巴登即于1958年1月30日分别向国会提交了由众多议员联署的《国防教育法》议案。他们的议案在内容上除了与总统提交的法案有许多相似之处以外,还增加了诸如设立大学生贷款、研究生奖学金,增设实验室、教学设施、教学广播和电视多媒体设备等建议。

这里有一点值得注意,之前国会对有关资助各州学校基建或"普遍资助"的教育法案表现消极,为阻止联邦政府干预本州学校种族隔离制度而多次反对这些法案的两位来自南方的重量级议员利斯特·希尔和格雷厄姆·巴登,这次却一反常态,表现积极,在各自的议案中极力主张大规模增加联邦政府对各州的教育拨款。他们的意图很明显:一是这次国会议员都默契地回避了种族问题,法案不以废除学校种族隔离为资助的先决条件;二是南方的黑人学校大多数是校舍条件、师资质量和财务状况很糟糕的学校,如果加大联邦政府的资助,对南方各州有利;三是以国防危机和国家利益为招牌而要求联邦政府加大资助,其他国会议员难以反对。他们的算计真可谓精明。[1]

(2)国会议员的博弈与妥协

各种提案通过参议院的劳工与公共福利委员会和众议院的教育与劳工委员会,分别提交到国会由参众两院的议员们进行讨论。根据现有资料,他们的分歧主要集中在下面几点。

第一,联邦政府是否应资助各州教育。这个问题的实质是联邦政府是否能通过资助各州教育而控制各州的事务,也即我们前面所说的三个"R"中的第三个"R"——各州对联邦政府控制的担忧(reds)。这是自美国建国以来,联邦政府与地方一直存有的争议,各州一直保持戒备,防止联邦政府利用各种方式侵犯州权。尽管联邦政府曾向各州和地方赠地建立公立学校和资助高等农工学院,资助职业教育和因受战争影响的退役军人接受教育和培训等,联邦政府在此问题上始终保持保守和谨慎的态度,采取变通和间接的方式资助教育,联邦政府主要扮演资助者和协助者角色。而拟通过的《国防教育法》将首次打破这一传统,联邦政府利用冷战中的一个突发国际事件的冲击,借此开启了对各州和地方教育的"普遍的"资助。无论是国会议员(主要是共和党议员),还是

---

① Christopher T. Cross. Political Education: National Policy Comes of Age. Teachers College Press, Columbia University, 2004, p. 12.

各州地方政府，均担忧联邦政府据此对各州事务进行干预和直接介入，从而削弱地方政府对教育的控制权。有的议员举例说，根据历史经验，凡是联邦的拨款都意味着联邦的控制会尾随而至。宾夕法尼亚州众议员加尔（Garr）更是认为，美国教育确实存在不少问题，但它们能够在地方层面得到解决，不需要联邦政府的插足。

当然，支持联邦政府资助的各州教育者也有他们的理由。他们主要基于两点：一是美国教育落后的现状非常严重，虽然主要由各州和地方政府承担责任，但教育事业攸关国家安危和整个社会的发展，联邦政府提供经费资助是合适的；二是在当前冷战的特殊时期，苏联向美国发出强有力的挑战，为应对这一挑战，需要联邦政府介入美国的教育事务。与此同时，为了获得更多的支持，参议院的劳工与公共福利委员会和众议院的教育与劳工委员会分别就此问题召开听证会，广泛邀请科学界、教育界、基金会、企业界等社会各界代表发表意见。包括美国全国教育协会、全国科学委员会、福特基金会、洛克菲勒基金会等社会组织和利益团体均派出代表出席会议。这些组织和机构各自提供了他们的调研报告，纷纷表达了赞同联邦政府资助教育的意见。最后，为打消反对议员的顾虑，他们强烈要求在《国防教育法》中明确注明严格限制联邦政府以任何形式、在任何时间对各州与地方教育进行干预和控制。

第二，联邦政府加大对教育的资助，是否将造成联邦政府的财政赤字。这个问题是与上一个问题相联系的，如果联邦政府要资助原属各州和地方政府的教育事务，必然要增加联邦层面的财政支出，而联邦政府的收入来自全国的纳税人，这就要增加美国人的税收压力。有些议员为维护本地区选民的利益，就采取了反对的态度。佐治亚州的众议员弗林特（Flint）说："该法案的标题具有一定的误导性，不过是借着国防的名义而制定的一部教育法，如果美国就此而增加财政赤字，只会扰乱美国的经济状况，造成金融混乱。"[①] 部分反对派议员还借用一些地区民众的反对来支持他们的观点。但是，持这一观点的议员相对人数较少。支持该法的议员认为，虽然联邦政府这样做可能会导致财政赤字，但是地方政府也存在赤字，而且各州和地方政府近年来已不堪承受不断上涨的教育成本，该是联邦政府出手相助的时候了。同样是为了国防安全，赞成派认为与每年动辄几百亿美元的国防预算相比，投入10多亿美元加强教育

---

① 李鹏程：《美国"1958年国防教育法"制定过程的历史透析》，2012年华东师范大学教育科学学院硕士学位论文，第30页。

进而间接地达到巩固国防的做法也是值得的。由于反对派的意见说服力不够，加上赞成的议员占多数，这个分歧很快得到统一。

第三，联邦政府是否为大学生提供国防奖学金，以什么形式提供。虽然有部分议员对由联邦政府提供奖学金有不同意见，但在国防安全和国家利益这面大旗下，大部分议员还是支持的。他们认为，为了能够开设更科学的课程、形成更合理的教学过程，也为引导学生们选择数学、科学、工程学科这些更困难的课程、为服务国家和国防事业做出更好的准备，国家不仅应该提供奖学金，还应该为学生、家长和学校等提供足够的荣誉、激励。

开始时，有的议员希望对符合条件和有需要的本科生和研究生都提供奖学金。但有一部分议员持不同意见，他们认为，为了鼓励更多大学生申请奖学金，也为了鼓励学生珍惜获得的机会，建议为本科生提供贷款，为研究生提供奖学金。其区别是：前者需要归还，后者不需归还。为了鼓励大学生毕业后去中小学任教，最高可以免还50%的贷款。

第四，是否加强教育测试、咨询服务。议案中规定为各州的教育机构提供联邦资助，帮助其制定和实行教育测试、咨询和指导计划，据此提高教学水平。由于该建议更是介入到学校教育的内部事务，故引起了许多议员的忧虑。事实上，这部分内容是艾森豪威尔总统提议的，他考虑到美国缺少大量的数学、工程、科学和外语等关乎国防事业的人才，且每年有大量的高中生辍学，还有许多优秀的高中毕业生因为缺乏指导，天赋未能得到充分发挥，没有进入大学，造成大量人才浪费。为改变这一现象，总统希望国会授权联邦政府：一是为各州提供资助，以帮助初等教育阶段开展天赋测试的项目，有助于确定学生的潜力；二是为各州提供适量的资助，加强其教育指导和咨询服务工作，鼓励更多学生读完高中，进入大学学习；三是资助高等院校建立培训和研究机构，以提高教育咨询和指导服务人员的质量。[①]这些内容也体现了《国防教育法》所强调的重点：从之前关注大多数学生转向关注资优的学生。最后，在大多数议员的认同下，该建议予以保留。

第五，各方是否争相"搭便车"。在《国防教育法》之前，各州公立学校经费匮乏，他们的要求主要集中于修缮和扩建校舍以及支付教师的工资，以满足日益增加的学龄儿童的入学需求，没有什么学校奢望采购新型的现代教学器

---

① 李鹏程：《美国"1958年国防教育法"制定过程的历史透析》，2012年华东师范大学硕士学位论文，第53页。

材。但是，由于这次有联邦政府的"免费蛋糕"，各州议员争相为本州的学校争取更多的经费。在为了增强国防力量和为国防培养更多人才的大旗下，他们纷纷提出要为学校的科学实验室购买新的显微镜、望远镜和其他装置，并在教室里装上了收音机、电视机和其他视听设备。

民主党议员们出于维护其社会基础——教师工会的诉求，极力主张在法案中加入资助学校教师工资的条款。但这一主张得到共和党议员以及社会其他利益团体的坚决反对，故未果。在产业界和国防系统的强烈呼吁下，两党议员增加了资助职业技术教育的内容，目的是培养更多的初中级技术人才。

由于拟通过的《国防教育法》搁置了种族隔离问题，实行种族隔离的学校也能得到联邦资助，另一个"R"——教会控制的教区学校又提出它们的诉求了。为了平衡各方，也为了避免联邦政府对教区学校的直接资助，法案允许教区学校和私立学校就教学设备和教科书等方面向公立学校贷款。[①]

最后，经过约8个月的博弈与妥协，美国国会认可了联邦政府资助各州公立学校的意见，并以非常时期的非常速度，通过了具有重大战略意义的《国防教育法》。参议院于1958年8月22日以66票比15票通过了该法案，紧接着在次日（1958年8月23日）众议院以212票比85票通过了该法案，艾森豪威尔总统于1958年9月2日签署了《国防教育法》并使其生效。总统在签署这一法令时指出，这是一项"紧急措施"，我们"要通过这项法令大大加强美国的教育制度，使之能满足国家基本安全所提出的要求"。

（五）《国防教育法》的主要内容与特点

《国防教育法》共10条52款，基本上都与国家安全相关。该法第1条第1款详细阐明："本法的目的是加强国防，鼓励和支持教育计划的扩展与改进，以满足国防的重大需要。"其核心内容可以概括为以下六点。

一是联邦政府以空前的规模对各级教育实施财政拨款。法令对联邦政府为教育发展提供财政支持有明确的规定，惠及美国各级学校和学生。包括授权在1958年后7年内拨款总数约为10亿美元的贷款和赠款以实施大学生贷款计划；拨款2.8亿美元用以资助州立大学改善教学设施和提高外语教学水平；拨款2800万美元资助高中外语教学；为实施学校指导、咨询和测试，发现和鼓励有才能的学生，授权到1963年6月30日为止的财政年度拨款1500万美元；

---

① New York State Education Department. Federal Education Policy and the States, 1945-2009: A Brief Synopsis. New York State Archives, Albany, 2009, p. 12.

为加强自然科学、数学、现代外语和其他重要学科的教学,授权到1959年6月30日为止的财政年度和其后5个财政年度的每一年各拨款7000万美元。此外,该法还为在小学开设外语课程的计划提供了经费,并投入巨款为各年级自然科学教学准备新的教材。这是联邦政府以空前的规模对高等教育、初中等教育和职业教育给予巨大的资助。[①]

二是强调"新三艺"以及其他重要科目的教学与国防安全的密切联系。即将自然科学、数学和现代外语以及其他重要科目的教学,与国防密切联系在一起。《国防教育法》指出:"美国国防取决于对复杂科学原理和现代技术的掌握;国防还取决于新原理、新技术和新知识的发现与发展。我们必须努力识别和教育我国更多的天才……这就要求我们尽快改变教育计划中不平衡的状况,这种不平衡使得我们人口中接受自然科学、数学、现代外语和技术教育的人比例过低。"也就是说,《国防教育法》不仅强调应用研究,也强调基础研究。为了加强国防,该法把现代外语、数学、自然科学和技术教育并列为核心教学内容。

三是强调"天才教育"。《国防教育法》规定:"学习背景表明在科学、数学、工程或一门现代外语方面具有较高能力或良好准备的学生优先获得资金。"法令要求通过测验、咨询等手段发现和鉴定具有卓越才能的天才儿童,在接受中等教育后升入学院或大学,并获得专项奖学金和奖研金。为鼓励研究生选择国家安全所需的学科,该法设立专门的奖学金,并为建立和扩大研究生院拨款。《国防教育法》通过之后的第一个学年(1959—1960学年)联邦就拨款530万美元,为1000名研究生提供奖学金,以后逐年增加,至60年代中期高达每学年为6000名研究生提供奖学金。1959—1960学年至1968—1969学年的9年期间,《国防教育法》共为26828名研究生提供奖学金,至1965年,43%的研究生都获得一定数量的奖助学金。[②]

四是强化师范教育,提高教师水平。高等教育规模的迅速扩大,使得师资问题日显突出,《国防教育法》把提供更多有能力的教师列为内容之一,规定为培养未来的高等院校教师设立5500个名额的大学毕业生特别补助金,用于加强试验和辅导工作的赠款和用于培训公立学校辅导员的赠款,并规定获得贷

---

① 秦珊:《1958年美国国防教育法述评》,载《广西师院学报》(哲学社会科学版)1994年第4期,第99页。

② Clarence B. Lindquist. NDEA Fellowships for College Teaching 1958-68. Office of Education (DHEW), 1971, p. 161.

款的大学生毕业后到中小学任教超过5年,贷款的50%可免于偿还。

五是提出用现代教育技术和新的科研方法进行教学。法令规定由联邦和各州按同比例共同出资,为各州公立中小学教学提供实验室、实验仪器设备等等。总的来说,就是"在理工科方面重视实验室的实验,在实验室充实先进设备,采取先进技术。规定拨专款用于教学手段的革新和开展教育技术的革新,在教学中广泛地利用广播、电影、电视、幻灯装置、磁带录音装置、录像机等电化直观教具"①。

六是在职业教育方面,为适应国防的需要而对科学技术发展有影响的职业进行专门培训。借鉴美国第二次世界大战期间进行职业和技术教育的经验,要求各地区为不能胜任其工作的当地居民开办公开的职业培训机构,设立地区职业教育分部作为联邦教育总署职业教育部的下设机构,设立初级学院以满足"主要为提供工程、数学、物理或生物学方面两年制修业计划而组织和管理的机构"的要求,在推行州职业教育计划过程中,具体规定职业教育中对技术人员能力的要求,通过对基础性技术能力和技术员工作内容的分析研究,制订出标准要求,对编制技术员培养计划具有重要意义,使之成为美国人力资源开发的一个重要环节。

值得注意的是,《国防教育法》最大的特点,在于它明确了国防和教育的关系。美国联邦政府和广大民众清楚地认识到教育（尤其是高等教育）与国防事业的深刻关系,把高等教育的发展视作关系国家安危乃至生死存亡的一个关键性因素。很多人以为《国防教育法》是属于国防法系列,其实不然,它在美国国会众议院法律修订咨议局1988年编撰的《美国法典》中归属于第20篇《教育法卷》,属于教育法。虽然其通篇围绕加强国防、满足国家的需求,但落脚点却是促进教育改革,提升教育质量,培养高质量的人才,尤其是国防尖端科技人才。因为国防安全依赖于发达的教育,国防的需求引导着教育的发展,只有依靠教育才能培养出高质量的人才,高质量的人才才能从根本上促进国防的强大。法令明确指出:"国家的利益要求联邦政府支持对于国防至关重要的教育计划……因此本法之目的是以各种形式对个人、州和州以下机构提供充分的援助,以确保培养出大量的高质量人才来满足美国国防的需要。"

---

①秦珊:《1958年美国国防教育法述评》,载《广西师院学报》(哲学社会科学版)1994年第4期,第99页。

(六)《国防教育法》的重要意义与影响

20世纪四五十年代,对美国教育而言,确实是一个艰难的时期,教育界努力奋斗,以恢复他们在战后经济和社会中的地位和发展。由于受二战的影响,各州和地方学校财务状况和校舍条件严峻,无法支撑战后大规模学龄儿童增长的需求。然而,在各州和地方政府期望得到联邦政府提供资助的情况下,囿于美国特殊的权力结构及各方利益团体的博弈等因素的制约和限制,联邦政府始终无法出手相助。而各党派和利益团体之间围绕着种族、宗教和对联邦政府控制的担忧所进行的博弈贯穿了整个二战后的40—50年代,这是深层的原因。

苏联卫星升天这一突发事件为美国联邦政府提供了一个摆脱困境的绝佳机会。《国防教育法》确实是受苏联卫星升天的冲击而由联邦政府推出的"应急措施",也可以说是苏联卫星升天成为催生美国《国防教育法》的导火索。然而,其深层原因却是二战后美国教育多年积累的种种弊端借此事件的一次爆发。美国朝野纷纷指责美国学校教育水平落后,指责学校教育是美国整个防御战略中最薄弱的环节,应提高教育质量,以应对苏联的挑战。

所以《国防教育法》把教育改革与国防联系在一起。正因为有了国家利益和国防危机的招牌,在民众的压力下,各党派和利益团体暂时搁置纠缠多年的种族和宗教问题,克服联邦政府干预和控制各州和地方教育的担忧,为学校基础课程的改革和联邦教育活动的开展提供了契机。最终在"民族矛盾超越国内矛盾的情况下",各方达成妥协,实现美国历史上联邦政府首次对全国教育的全面财政资助。从这个意义上来说,苏联人造地球卫星升天最为重大的教育后果是它推动了美国联邦政府财政对公立学校的拨款。这一影响从长远来看甚至比人们对学术科目的关注更为重大。

虽然联邦政府通过《国防教育法》介入全国教育事业,但是,联邦资助的力度还是相对小的。例如,1960年联邦拨款还不到10亿美元,约占全国教育经费的2%,分布于零散的专项教育项目,缺乏联邦政府的直接监管。[①]另外,整个20世纪50年代除了通过和延期与国防有关的《国防教育法》《影响援助法》(Impact Aid Act)之外,未有任何其他教育法案通过,这与共和党总统艾森豪威尔对教育的保守观念有关。他任内通过的《国防教育法》对教育制度本身并未涉

[①] Patrick J. McGuinn. No Child Left Behind and the Transformation of Federal Education Policy, 1965-2005. University Press of Kansas, 2006, p. 28.

及,只是以专项拨款的形式资助各州和地方公立学校。而妥协后通过的《国防教育法》并未解决原有的学校种族隔离和教会学校等矛盾,在不触动种族隔离的情况下,联邦政府的经费还是流入了实行种族隔离的南方学校。这些问题直到7年后的约翰逊总统时代才基本得到解决。最后,在20世纪50年代末,以"全国教育协会"（National Educatin Association, NEA）和"美国教师联合会"（American Federation of Teachers, AFT）为代表的教师工会利益团体开始形成。自此以后的50多年里,这些利益团体在左右美国政治权力的更迭和教育政策的方向上均发挥越来越重要的作用和影响,我们在后面各章中将会分别论及。

第四章 美国联邦政府20世纪60年代的教育政策与"向贫穷开战"密切相关

第一节 历史与社会背景

20世纪60年代是美国历史上一个非常特殊的历史时期。既是"一个大骚动和政治激进的时代,也是一个极具变革意义的时期"[①]。经过二战后十多年的发展,美国成为战后资本主义世界的头号强国,60年代更是美国经济高速发展的"黄金时代",经济呈现一派繁荣之势。30年代,美国平均失业率高达18.2%;到50年代,只有4.5%。1946年,仅仅8000个家庭拥有电视机;到1960年,90%的家庭都看上了电视。美国朝野上下沉浸在物质丰富、经济繁荣的"丰裕社会"的幸福中。

一、"隐形"社会的贫困

在社会普遍的虚幻气氛下,一些学者又扮演了论证美国"繁荣社会"的角色。其中最著名的是美国自由派经济学家约翰·肯尼思·加尔布雷斯(John Kenneth Galbraith),他于1958年出版的《丰裕社会》(*The Affluent Society*)书中写道:"没有人认为用来解释匮乏世界的理念同样适用于当代美国。贫穷是历史上普遍存在的事实,它显然不是我们当今的情形。"[②]他认为今日的美国已进入一个"丰裕社会"的时代,美国已经富裕到了"死于食物的人比饿死的还要多"。他又强调美国的贫困已转变为少数人的贫困,变为"个别贫困"和"丰裕社会"中的"贫困岛屿";而"个别贫困"多半是由于本人或其家庭的特质——

---

① 韦恩·厄本,周晟、谢爱磊译:《美国教育:一部历史档案》,中国人民大学出版社2009年版,第225页。

② 约翰·肯尼思·加尔布雷斯,赵勇等译:《富裕社会》,江苏人民出版社2009年版,第2页。

心理缺陷、身体不好、生育过多、酗酒、缺乏教育等等，而"贫困岛屿"则归咎于不良的地理环境等原因，而并不是资本主义制度本身的结果。[①]

与此同时，在美国物质丰裕、经济繁荣的表象下潜伏着深刻危机，主要表现为经济发展缺乏持续的动力，种族隔离与歧视导致种族对抗加剧，教育和就业机会不平等，贫富差距扩大和公共服务"缺失"等。人们难以想象，在20世纪60年代的美国社会，一方面千百万人过着世界上最高水平的生活；另一方面也存在一个贫困群体，他们虽然不像亚洲农民或非洲部落那样过着极度穷困的生活，然而困境是相同的，历史与他们无关，进步没有他们的份，他们过着停滞、瘫痪、痛苦的生活而无力自拔。

1962年，美国作者迈克尔·哈灵顿（Michael Harrington）出版了一部影响至今的专著《另一个美国》（*The Other America*）。哈灵顿以尖锐和审视的目光，用饱蘸批判的笔墨，充分地揭示了美国社会"盛世"之下的困苦、仇恨和不公。他在这本书中以大量第一手资料详细描述当时美国社会存在的贫困问题，并分析了大规模的贫困能在普遍繁荣中持续存在的原因。他根据另一位学者罗伯特·兰普曼（Robert Lampman）的调查，1958年美国的贫困人口为3200万，占美国总人口的19%。另据劳联—产联的估计，1958年有4150万贫困人口，占美国总人口的24%。哈灵顿根据自己的调查，估计美国贫困人口约5000万，约占美国总人口的1/4。由此他得出了一个惊人的结论："美国出现了两个国度，一个是世人眼中的美国，欣欣向荣、物质富足；一个是被世人遗忘的美国，贫困凋敝、忍饥挨饿。"更为严重的是，"另一个美国——贫困的美国——被今天的人们以一种前所未有的方式藏起来了。千千万万的美国穷人在我们面前隐身了。难怪会有如此多的人误解加尔布雷斯那本书的书名，想当然地以为'丰裕社会'意味着每个人已过上了体面的生活……我们为什么会对它熟视无睹"[②]？

二、贫困的群体结构

从贫困群体的结构来看，城市贫困人口是20世纪60年代初美国贫困人口的主体，技术进步和受教育程度较低是导致他们贫困的主要原因。当一个社会越来越讲究技术规程和技术操作的时候，受益的往往是受到过良好教育的

---

① 加耳布雷思，徐世平译：《丰裕社会》，上海人民出版社1965年版，第2页。

② 迈克尔·哈灵顿，郑飞北译：《另一个美国》，中国青年出版社2011年版，第1，12-13，141-143页。

人。20世纪50年代末和60年代初期,城市贫困人口基本上都是从传统工业岗位上淘汰下来的,美国政府在1960年宣布,在50年代,1/5的失业者是长期性萧条地区和长期性萧条工业的工人。

农民是第二大贫困群体。20世纪30年代以来,机械化改造了美国农村,但是,投资增加和技术进步的最大受益者不是农民,而是农产品公司和农场主。50年代中期,美国2位农村社会学家查尔斯·卢密斯(Charles Loomis)和艾伦·比格尔(Allen Beegle)曾经在农业萧条地区做了一次调查,他们发现,这里的人在50年代末期的情况同他们在30年代所处的情况完全一样,罗斯福新政和战后的繁荣,他们几乎一点也没有沾光。

黑人的贫困情况最为深重,最为集中。以纽约市为例,50年代中期,该市有近100万黑人,其中50%家庭年收入在4000美元以下(白人家庭中,年收入低于4000美元的只占20%);黑人的失业率比白人高一倍,而黑人的工资仅及白人的一半;在美国任何一个城市,黑人贫窟往往是贫困、体力劳动和疾病的中心,是美国不发达地区所具有的各种典型问题的中心。

二战后美国经济获得了前所未有的大发展,美国人民普遍受益。虽然黑人的经济状况也在逐年提高(见表4-1),但和白人相比,黑人家庭平均收入远低于白人,只有白人家庭的一半,也远低于全国的平均水平。显然,黑人是经济竞争中的弱者。

表4-1　美国不同种族家庭年平均收入

(单位:美元)

家庭	1947年	1948年	1949年	1950年	1951年	1952年	1953年	1954年
所有家庭	3031	3187	3107	3319	3709	3809	4233	4173
白人家庭	3157	3310	3232	3445	3859	4114	4392	4339
黑人和其他种族家庭	1614	1768	1650	1869	2032	2338	2461	2410

资料来源:王波:《肯尼迪总统的黑人民权政策研究》,上海人民出版社2002年版,第27页。

老年人是第四个贫困群体。1958年,美国有800万65岁以上的老年人,他们中有1/4年收入不到580美元。这个数字刚达到美国农业部规定的最低限度廉价食品标准。[1]

---

① 王庆安:《美国20世纪60年代反贫困运动及其影响》,载《历史学问题》2010年第6期,第55页。

显然，美国大部分富人白人生活在"第一个"世界，而大部分黑人等少数族裔生活在"另一个"世界。这些贫困人口的存在和"丰裕社会"极不协调，阻碍了美国社会经济的进一步发展。政府如果不对贫困的恶性循环采取措施，它将成为美国社会的病灶，集聚和爆发大量矛盾和冲突，成为暴力和社会分裂的潜在动因。

三、暴力冲突此起彼伏

20世纪50—60年代美国社会日益增长的贫困化，加之多年来不公正的司法导致的种族歧视根深蒂固，以及深陷泥潭的越南战争引起年轻群体的反叛情绪等等，使美国社会问题更加错综复杂。1958年，南方21个主要城市组织集会，争取黑人公民权利。1961年5月初，种族平等大会又开展"自由乘客运动"。不久，在学生非暴力协调委员会参与下，得到许多白人支持，逐渐发展为全国性运动，迫使南部诸州取消州际公共汽车上的种族隔离。1963年8月28日又有25万人（其中25%为白人）向华盛顿进军，要求就业机会，要求"立即自由"。另外，有些城市黑人兴起以暴制暴的斗争。

种族暴力冲突作为社会问题最激烈的表现形式，在20世纪美国各大城市频频发生，但就其频繁性、规模和破坏性而言，没有哪个历史时期像20世纪60年代那样猛烈地震撼着美国社会。黑人发起的暴力浪潮席卷了美国城市的大街小巷，其数量之多，波及面之广，在美国历史上属前所未有。在1961—1969年期间，各地共发生大大小小的种族冲突达2500多起，伤亡人数达9500多人。大型冲突主要集中在1964—1968年。在这4年间，除一些与学生反对越战、反主流文化和妇女运动相关的暴力冲突外，有239次大型种族暴力冲突，参与人数多达20多万人，造成约200多人死亡，8000多人严重受伤。[①]

随着黑人民主意识的空前高涨，黑人牧师小马丁·路德·金（Martin Luther King Jr.）领导的民权运动，以前所未有的规模在全国迅速展开，猛烈地动摇美国社会的根基。例如，第一次大规模冲突于1965年发生在洛杉矶瓦茨区。黑人马凯特·佛赖伊（Markate Frey）由于超速驾驶，随意变换车道，被白人警察在瓦茨区抓获。警察遭到围攻后，冲突骤然加剧，政府动用了1.6万军人和警察才将其平息。在冲突中有34人死亡，1032人受伤，4000多人被捕，600多栋房

[①] 梁茂信、聂万举：《60年代以来美国城市种族暴力冲突的特征及其根源》，载《哈尔滨工业大学学报》（社会科学版）2000年卷第4期，第60页。

屋被毁,财产损失达2亿多美元。在整个1965年,全美有24个城市发生了暴力冲突,有43人死亡,1200多人受伤,10000多人被捕。[1]之后,克里夫兰、纽约、费城和芝加哥等城市的种族暴力冲突有增无减,此起彼伏,使美国社会处于史无前例的动荡中。

1967年,各城市的种族暴力冲突达150多次,达到60年代的高潮。其中1967年7月23日至30日发生在底特律的冲突规模最大,有43人死亡,2000多人受伤,3800多人被捕,5000多人无家可归。[2]

面对日益恶化的经济状况,民权意识觉醒的黑人失望情绪与日俱增,加上其民族主义的极端化,暴力就成为黑人发泄对社会不满的首选形式。这种以极端的暴力形式展示"黑人力量"的主张日渐成为黑人运动的主导思想,期望黑人的经济和社会地位能实现革命性的变化,并在政治、经济和文化教育等方面完全支配自己的命运。

第二节　肯尼迪总统任内的教育政策

一、1960年总统大选:肯尼迪 vs.尼克松

1960年,正值美苏冷战时期,苏联发射人造卫星在太空竞赛中取得了领先地位。美国国内,公民权利和种族平等斗争等问题使美国自身的民主状况深陷危机。总统竞选就是在民众反对种族隔离,争取社会"平等""公平",民权运动日益高涨,大规模暴力冲突即将来临的社会背景下开始的。

当时代表共和党竞选总统的候选人是当时担任艾森豪威尔总统的副手,经验丰富的副总统尼克松。而代表民主党竞选总统的候选人是肯尼迪,他仅在美国参议院担任过一届参议员。时年43岁的肯尼迪虽然年轻而充满活力,但与担任多年国会议员,并在副总统任上已有8年经验的尼克松相比,他不仅经验不足,还因其天主教教徒的身份而处于不利态势。虽然美国建国之初即确立了政教分离原则,但其绝大多数人口是信奉新教的基督教,他们认为天主

---

[1] John A. Andrew III. Lyndon Johnson and the Great Society. Ivan R Dee, Inc. 1999, pp 46 and 48.

[2] 梁茂信、聂万举:《60年代以来美国城市种族暴力冲突的特征及其根源》,载《哈尔滨工业大学学报》(社会科学版)2000年第4期,第60页。

教教徒不可能独立于罗马教皇和梵蒂冈教廷而领导整个国家。

因此，在整个竞选期间，肯尼迪的天主教教徒身份一直遭到质疑。1960年9月12日，就这一问题，肯尼迪在得克萨斯州的休斯敦（美国的太空城）对一群新教牧师做公开演说中作出了明确答复："我不是天主教的总统候选人，我是民主党的候选人，只是恰好还是个天主教教徒。在公共事务上我不代表我的教派——教派也不代表我。"在这次演说中，他还强调，相比于宗教信仰，1960年的大选中还有很多更加关键的问题。因为战争、饥饿、愚昧和绝望是没有宗教界限的，并且恳求用宗教的宽容心服务于国家。这次演说暂时平息了围绕宗教问题的喧嚣声。

在此之前的1960年7月，肯尼迪在接受民主党提名的演说中，曾就其施政方案宣称，"我们今天正站在新边疆的边缘"。他试图将二战前罗斯福总统推行新政以来的社会改革推向新的高潮。肯尼迪号召美国人民，要勇敢地面对"未知的科学与空间领域、未解决的和平与战争问题、未征服的无知与偏见、尚无答案的贫困与生产过剩问题等等"。从此，"新边疆"就成为肯尼迪竞选和执政的纲领性口号。在同共和党总统候选人尼克松展开的竞选活动中，他强调美国面临新的挑战，许诺进行新的社会经济改革。

在1960年11月8日举行的大选中，肯尼迪以极其微弱的优势战胜了尼克松，在总计6883.7万张有效选票中，肯尼迪的票数只比尼克松多出11.8574万张，这是美国历史上总统竞选中得票数最接近的一次大选。肯尼迪由此当选为美国第35任总统，成为当时美国历史上最年轻的首位信仰天主教的总统。

二、教师工会对肯尼迪胜选的关键作用

肯尼迪胜选的因素有许多，教师工会的鼎力相助是一个关键因素。作为民主党的肯尼迪，长期以来一直支持联邦政府对学校的援助。当他首次在1946年竞选国会众议员时，就支持联邦政府资助的学校午餐计划。在他担任国会众议员的14年生涯中，他曾提出一系列资助学校基建、提供教学材料，以及为残障学生提供医务室和医疗用品等辅助服务的提案。当他在1960年竞选总统时，他比他的对手，时任副总统尼克松在提倡对学校的"普遍的资助"上要出名得多。①

---

① New York State Education Department. Federal Education Policy and the States, 1945-2009: A Brief Synopsis. New York State Archives, Albany, 2009, p. 13.

由于民主党候选人肯尼迪以维护底层民众和少数族裔利益自居,提出加大联邦政府资助教育的主张。当时有一部自20世纪50年代初即开始在国会提出和讨论的有关联邦政府资助学校基建的提案,民主党一直要求在该提案中加上资助教师工资的条款,而共和党只同意资助基建,不同意资助教师工资,认为那是地方政府事务。该法案在艾森豪威尔第一个总统任内被提出,历时8年,两党一直争论不息。直到1960年大选前夕(该年3月),该法案总算在众议院以208比189票通过民主党的方案,而在随后的参议院的投票结果为平局44比44。当时身为副总统的尼克松投下了决定性的一票,否决了该法案,使其胎死腹中。这下子惹恼了以"全国教育协会"(National Education Association, NEA)和"美国教师联合会"(American Federation of Teachers, AFT)为代表的教师工会团体。从而在随后的下半年总统大选中,教师工会支持民主党候选人肯尼迪,最终在投票结果极其接近的情况下,教师团体的强大支持使肯尼迪险胜尼克松。肯尼迪在大选中借机发挥,攻击尼克松,反对联邦政府资助教师工资就是反对联邦政府支持教育,从而将尼克松和共和党贴上了"反对教育"的标签。而这个标签一贴就是40年,直到2000年总统大选时,共和党的小布什才以实际行动撕下了这一标签。[1] 而在此期间的整个40年中,历任民主党总统如约翰逊、卡特、克林顿在大选中只要打这手牌就占尽便宜,我们在后面会陆续论及。

三、肯尼迪总统任内的教育与民权举措

肯尼迪总统在任时间很短,且他试图推行的教育举措频频受到美国社会根深蒂固的种族隔离、贫困、不平等等外部因素的阻挠,两者的问题已高度纠缠在一起而无法分割。而最终肯尼迪总统也意识到只有解决后者的问题,前者的问题才能取得突破,故我们分别予以简述。

(一) 教育举措

在1960年大选的关键时刻,肯尼迪为获得教师团体的支持,曾允诺一旦当选后将会尽快通过资助学校基建和教师工资法案。事实上他也这样努力了,肯尼迪宣誓就任总统不久,即任命了13个高层次的工作小组,就国内政策如改善城市住房条件、发展教育事业、改革税收制度、修改农业计划、保护和发展天

---

① Christopher T. Cross. Political Education: National Policy Comes of Age. Teachers College Press, Columbia University, 2004, pp. 13–15.

然资源、为老年人提供良好的医疗保健、反对种族歧视、给黑人以公平权利等国家重大问题进行研究并提出改革方案。由时任普度大学（Purdu University）校长弗雷德里克·赫伍德（Frederick Hovde）领衔的六人教育工作小组很快提出了改革方案，除了要求联邦政府资助学校基建和教师工资外，该方案要求对贫穷孩子集中的学区和学校予以资助，为达到这些目标，要求联邦政府在5年内提供95亿美元的资助。

1961年2月27日，肯尼迪总统将资助中小学的法案送交国会。然而，自二战后一直困扰美国社会的3个"R"的老大难问题仍然存在。在1958年通过《国防教育法》是因为国家利益高过国内矛盾，各方一致对外，暂时将这3个"R"的矛盾压下去了。这时，针对肯尼迪总统提出的教育法案，各方对法案的资助对象是否包括教会学校和私立学校，以及要求学校消除种族隔离又发生广泛争论。这时3个"R"的因素又起作用了，首先，掌控国会规则委员会和参议院劳工与公共福利委员会的南方民主党人再次反对，他们怀疑联邦政府资助学校可能迫使其废除种族隔离，故仍然进行阻挠。由于法案中规定联邦政府的资助仅限于公立学校，必然又引起教会学校和私立学校的强烈反对。

来自威斯康星州的民主党众议员克莱门特·扎布洛茨基（Clement Zablocki）曾批评前几届联邦政府未能在其资助提案中包括私立学校和教会学校。扎布洛茨基指责这样做是对宪法第一修正案条款的混淆。他指出："为什么联邦政府对私立高等院校学生给予资助是合乎宪法的，但是联邦政府对私立中小学校学生的资助却违宪？"扎布洛茨基的观点赢得了支持联邦政府资助教会学校和私立学校的组织和个人的认同。他们认为，如果联邦政府将资助经费直接给予家长，即可避免政教纷争。家长可利用这些"教育券"送他们的孩子到自己选择的公立、私立、教会或独立学校。然而，在20世纪60年代初期，扎布洛茨基的提议并未被采纳，但其想法却为下一届约翰逊政府通过的《初等与中等教育法》所采纳，我们下面会专门论述。①

肯尼迪总统的教育政策遭到了来自各方的重重阻挠，尤其是国会。在与总统竞选同年的国会选举中，民主党在国会中虽然仍然占有多数席位，但与上届相比，席位有所减少（见表3-10和表4-2中的数据对比），使得共和党和民主党保守派议员左右了国会，致使总统在大选中对教育工会的允诺迟迟无法兑

---

① New York State Education Department. Federal Education Policy and the States, 1945–2009: A Brief Synopsis. New York State Archives, Albany, 2009, pp. 13–14.

现。虽然肯尼迪总统作出了巨大的努力,促使参议院于1961年5月下旬以49比34的投票结果通过了肯尼迪总统提出的资助学校基建和教师工资法案。然而,由共和党和民主党保守派议员占据优势的众议院就是不予合作,直到1963年下半年肯尼迪遇刺身亡,该法案仍未在国会通过。

表4-2　肯尼迪总统任期联邦政府行政与立法权力概貌(1961—1964年)

美国第35任总统			
总统(党派)	肯尼迪(D)	第一任期	1961—1963年
副总统(党派)	约翰逊(D)	第一任期	1963—1964年
任内主要教育建树	1962年颁布了《教育电视法》(*Educational Television Act, ETA*) 1963年颁布了《高等教育设施法》(*Higher Education Facilities Act, HEFA*) 1963年颁布了《民权法第六条》(*Title VI of the Civil Rights Act*)		
美国第87届国会			
国会议员总数	537人	任期	1961—1962年
参议院人数与党派	64(D)	36(R)	
劳工与公共福利委员会主席、党派和所属州	利斯特·希尔	D	亚拉巴马州
众议院人数与党派	263(D)	174(R)	
教育与劳工委员会主席、党派和所属州	亚当·鲍威尔	D	纽约州
美国第88届国会			
国会议员总数	535人	任期	1963-1966年
参议院人数与党派	66(D)	34(R)	
劳工与公共福利委员会主席、党派和所属州	利斯特·希尔	D	亚拉巴马州
众议院人数与党派	259(D)	176(R)	
教育与劳工委员会主席、党派和所属州	亚当·鲍威尔	D	纽约州

资料来源:根据New York State Education Department. Federal Education Policy and the States, 1945-2009: A Brief Synopsis. New York State Archives, Albany, January 2006, revised November 2009, p. 13中数据计算整理。

(二)民权举措

肯尼迪总统的教育法案屡屡受到国会中共和党和南方民主党保守派议员

的反对并不是孤立的现象，它们有深厚的社会基础，代表了固守种族隔离和种族歧视的"白人至上主义"，尤其是在南方，这种势力更是根深蒂固。虽然美国联邦最高法院已经于1954年"布朗诉托皮卡教育委员会"中判定，在公立学校实行种族隔离制度是违反《宪法》的。然而，种族隔离仍是较普遍的社会现象，黑人没有平等就业和受教育机会，投票权没有受到保护，公民权依然残缺不全。尤其在很多学校，特别是在美国南部的学校，并没有执行最高法院的相关规定。种族隔离在公交车、餐厅、电影院、厕所和其他一些公共场所都在继续着。鉴此，肯尼迪总统意识到，必须从法律上消除种族隔离和种族歧视的土壤和社会基础，给予黑人和其他少数族裔平等权益，才能切实施行他的教育政策。

从常理上讲，肯尼迪总统并不应该成为黑人民权事业的强有力支持者。他出生在富裕之家，对穷人生活少有感受。然而，20世纪60年代初，肯尼迪在西弗吉尼亚州考察时看到的社会困苦，使他深受震动。他问时任经济咨询委员会主席的奥尔特·哈勒（Alter Halle），有没有什么可以帮助他了解贫困问题。哈勒告诉他，有，即把哈灵顿的书《另一个美国》给了肯尼迪。不久以后，肯尼迪总统决定，将消除贫困作为国内政策的一大目标。[1]因此，他在竞选总统时，已怀有强烈推动民权的想法。1960年7月10日，肯尼迪参议员参加了美国有色人种协进会在加利福尼亚州洛杉矶市的集会，并发表了演讲。他明确表示不会向一些基本原则妥协，包括不容忍任何美国公民在国内任何地方沦为二等公民。他认为，要把美国建设成这样一个社会，即没有基于种族的歧视，让每个美国人在公共生活中都享有平等机会，包括投票、教育、工作、住房和享用公共设施等权利。肯尼迪总统进而指出，他们的追求其实"非常简单"，不过是"一种承认"，即这是"一个国家"，人们"同属一个伟大的民族"，虽然"来源可能不同"（指美国是个多种族移民国家），但"命运一样"。[2]

自20世纪60年代起，由于不堪长期被歧视和不公正的对待，美国黑人奋起反抗，民权运动已深入到美国社会生活的各个层面，此起彼伏的黑人民权运动构成了肯尼迪时期最重要的时代特征，并在肯尼迪总统任期内达到高潮。在1961年到1965年期间，媒体曾对全国进行11次公众舆论调查，其中6份报告把

---

[1] 约翰·肯尼思·加尔布雷斯，赵勇等译：《富裕社会》，江苏人民出版社2009年版，第6页。

[2] Kennedy's Speech on NAACP Rally, Los Angeles, California, July 10, 1960. Let the Word Go Forth: the Speeches, Statements, and Writings of J. F. Kenneedy 1947-1963. Selected and with Introduction by Theodore C. Sorensen, New York, N.Y.: Delacorte Press, 1988, p. 183.

民权看作是这个国家面临的最重要问题。民权已成为民主党和共和党共同面临的国内五大重要问题之一,肯尼迪总统也将为此面临严峻的考验。①

在任职的前2年,肯尼迪总统并不热衷于就民权事务立法,他主要寄希望通过行政方式在民权领域开创前所未有的新时期,从而打破种族隔离,保障黑人平等,据此显示强有力的总统形象。与此同时,国会保守势力非常强大也是一个重要因素。总统名义上是民主党的领袖,但他并不能控制国会民主党保守派。比如,早在1935年就已进入众议院规则委员会,并于1955年担任该委员会主席的弗吉尼亚州民主党议员霍华德·史密斯(Howard Smith)是个极端保守派。从1935年起,他就是"国会中反对任何进步立法的极具影响的人物"。而史密斯控制的众议院规则委员会权力非常大,它可以决定议案议程。经过众议员各专门小组委员会讨论的议案一般都需再经过规则委员会决定是否提交国会进行辩论,确定辩论和修正条件。从20世纪30年代末以来,规则委员会一直是以史密斯为首的南方民主党保守派"搁置、修改、扼杀"自由派措施的主要武器。难怪肯尼迪的支持者说:"这不是肯尼迪的国会,是史密斯法官的国会。"②

20世纪中叶的种族平等大战首先从教育领域开始,因此教育领域的隔离和反隔离斗争也最激烈。肯尼迪总统在任内经历的3次民权大危机有2起和教育领域的隔离有着直接联系,足见打破教育领域隔离的任务之艰巨。③当密西西比州和亚拉巴马州的黑人学生要求入学的合理合法诉求遭到白人种族主义分子拒绝时,肯尼迪总统毫不犹豫地支持黑人学生,并动用联邦军队保护黑人学生注册入学。肯尼迪总统和艾森豪威尔总统的行动使他们之后的历任总统都不得不承担起为所有美国人提供平等的教育机会的责任。

---

① Donald W. Jackson & Riddlesperger, Jr. James W. JOHN f. Kennedy and the Politics of Civil Rights. Presidential Leadership and Civil Rights Policy, edited by James W. Riddlesperger, Jr.and Donald W. Jackson, Wesport, Connecticut, Greenwood Press, 1995, p. 107.

② Bruce J. Dierenfield. Keeper of the Rules: Congressman Howard W. Smith of Virginia. University Press of Virginia, 1987, p. 172.

③ 与教育领域直接有关的两起危机分别是:(1)1962年,一个名叫詹姆斯·莫瑞德斯(James Meredith)的黑人学生试图去完全是白人学生的密西西比州大学(University of Mississippi)上课,不但受到该州州长罗斯·巴尼特(Ross Barnett)为首的白人种族主义分子的强烈反对,而且也受到白人学生的百般阻挠。肯尼迪总统派了400名法警以及3000名士兵以确保莫瑞德斯顺利地正式注册入学。(2)在1963年6月11日,亚拉巴马州州长乔治·华莱士(George Wallace)堵住了亚拉巴马大学教室的门以阻止2个黑人学生薇薇安·马龙·琼斯(Vivian Malone Jones)和詹姆斯·霍德(James Hood)去上课,肯尼迪总统对此进行了干预,发布第11111号总统令,命令国防部部长采取所有合适行动强制执行法律,包括把亚拉巴马州国民警卫队置于联邦指挥之下。迫使乔治·华莱士在法警、副总检察长和亚拉巴马州国民警卫队到来之后站到了一旁。

一系列民权危机事件的发生，让肯尼迪总统意识到仅靠行政行动是不够的，必须进行立法。而1963年6月11日亚拉巴马州的危机事件给肯尼迪总统提供了提出立法议案的最佳时机，他认为联邦政府再也不能一个城市接一个城市地解决民权这个"全国性的爆炸性问题"。当晚肯尼迪总统即通过电台、电视台向美国人民发表了一份关于民权问题的即席演说。肯尼迪总统指出，民权问题不是一个地区性问题，不是一个党派问题，也不单纯是一个法律或立法问题，它"主要是一个道德问题，它和圣经一样古老，和《宪法》一样清晰"。民权问题的核心在于"是否所有美国人都被赋予平等权利和享有平等机会，是否我们对待自己的同胞就像我们希望别人对我们那样"。为此，他呼吁黑人应得到平等的待遇和机会，呼吁每个公民都承担起自己的责任和义务，呼吁不同党派的人摒弃党派偏见，呼吁国会通过立法，"让种族问题在美国的生活和法律中没有容身之地"，通过和平的、有建设性的方式促成这场大变革。①

这篇演说非常精彩且意义重大，标志着肯尼迪总统的民权政策经历了从行政战略到立法战略的转变。其重大意义在于，"这是美国历史上总统第一次把种族问题作为一个道德问题来进行谈论"。1963年6月11日这一天，标志着"州政府对于取消大学种族隔离问题采取公开抵抗做法的结束，也标志着联邦政府全面承担起反对一切种族歧视的义务的开端"。为此，肯尼迪总统的讲演被黑人认为是第二次《解放宣言》。

一周后，1963年6月19日，肯尼迪总统即向国会提出了全面立法提案，其中包括打破教育领域隔离的立法措施。他提议国会依据宪法第十四修正案赋予的权力，在民权提案中加入如下条款。

授予司法部长在如下情况下通过地区法院对地方公立学校校董会或公立高校采取行动或对案件进行干预的权力：第一，当司法部部长收到学生或学生家长书面控告，陈述该学生平等权利被实行种族隔离的公立学校或大学否定时；第二，司法部部长肯定该学生或其家长缺乏经济能力，或没有法律代理人，或因担心受到经济及其他伤害而不能付诸法律时；第三，司法部部长认为他的措施可进一步在本质上打破公立学校的种族隔离。

技术和资金援助只提供给那些自愿或经诉讼后自愿打破种族隔离的学校。虽然这些条款只适用于公立学校，肯尼迪总统希望私立学校也承担起自

---

① 王波：《肯尼迪总统的黑人民权政策研究》，上海人民出版社2002年4月版，第104页。

己的责任,致力于维护真理和人类进步。① 总统向国会递交的这份民权提案命名为《给国会的关于民权和工作机会的特别咨文》,包括平等使用公共设施、打破学校内的种族隔离、公平和完整就业、建立社区关系服务机构、联邦项目等,是"内容最全面、影响最深远的"的民权提案。

法案提交国会之后,肯尼迪总统及其行政部门一直深深地投入到为通过立法而努力的工作中。遗憾的是,1963年11月22日,肯尼迪在得克萨斯州的达拉斯市遇刺,未能看到他的立法战略获得成功,但他提出的民权法案显示了联邦政府希望彻底承担起帮助黑人等少数族裔解决民权问题、争取平等权利的责任。他的一系列举措为他的继任者约翰逊总统于1964年通过《公民权益法案》(简称"1964年《民权法》")(Civil Rights Act of 1964)奠定了基础。他的一系列举措成为1964年《民权法》得以最后通过的基础。

肯尼迪担任总统的2年多时间中,尽管他为改变黑人和少数族裔的教育和社会公平状况做出了巨大的努力,但由于国会保守势力和社会种族主义分子的阻挠,最终难有建树(1960年选出的第87届国会据说是自83届国会以来最保守的一届,以致肯尼迪总统的"新边疆"和教育政策在立法上举步维艰)。然而,肯尼迪还是利用总统的行政权限和力量为弱势群体提供了资助。例如,1961年,肯尼迪总统为美国大城市内城处于"文化弱势"的学生提供"补偿教育",从而将20世纪50年代末因《国防教育法》重点关注资优学生的联邦教育政策扩展到重视低成就学生的需要。1962年,肯尼迪总统促使国会通过了《人力资源开发和培训法》(Manpower Development and Training Act),为处于学业困境中的高中学生开设职业教育项目;《青少年犯罪和青少年犯罪控制法》(Juvenile Delinquency and Youth Offenses Control Act),资助高中生以降低辍学率;为城市公立学校的低收入学生提供补充阅读技巧和"生活适应"的辅助服务。1963年,肯尼迪总统促使国会通过两个重要法律:《妇幼保健和精神发育迟滞的规划法》(The Maternal and Child Health and Mental Retardation Planning Act),5年之内由联邦政府拨款2.65亿美元资助智力障碍人士;另一个是《精神发育迟滞的设施和社区心理健康建设的行为法》(The Mental Retardation Facilities and Community Mental Health Construction Act),由联邦政府拨款3.3亿美元为残障人士建造新的居所。

---

① Special Message to the Congress on Civil Rights and Job Opportunity. June 19, 1963, Public Papers of the Presidents of the U. S.: John F. Kennedy, 1963, pp. 487–488.

第三节　约翰逊"伟大社会"计划

一、继任总统后在过渡时期的举措

1963年11月22日，在肯尼迪总统遇刺身亡后的第二天，陪同其一起抵达得克萨斯州达拉斯市访问的约翰逊副总统，在停靠在达拉斯机场的空军一号总统座机上，由地方法院女法官休斯（Hughes）女士主持，宣誓就任第三十六任总统。约翰逊总统决定继续推行肯尼迪总统的各项内外政策，并开展了大规模的自由主义社会经济改革。对于接任的约翰逊总统来说，完成肯尼迪总统的计划，既是一种使命，又是对自己政治主张的演绎。

不同于肯尼迪出身于波士顿的富豪世家，约翰逊总统出生于得克萨斯州西南部小城思通威尔（Stonewall）附近的一个贫穷小山村。他的童年时代一直过着清贫的生活，高中时期开始打零工赚零花钱，大学期间靠贷款和兼职完成学业，他还因经济困难中途退学了9个月之久。1930年毕业后，他在休斯敦皮尔索尔中学工作了9个月，他教的学生大部分都是贫穷的墨西哥裔和黑人。显然，约翰逊早年的经历、求学之路的艰辛和基层任教的经历，使他深刻认识到教育公平的重要性，致使他对教育特别关注，这也与他在日后全力推动旨在帮助贫困学生的一系列教育立法有着直接的联系。

事实上，约翰逊在成为副总统之前，已有了23年的国会议员的经历（12年众议员和11年参议员），而且从1951年起就担任了参议院民主党的副领袖，1953年又升任领袖，成为一个很有影响的政治人物。他在国会的资深经历，不但使他掌握了老道的政治技巧，也深谙国会的运作程序，更使他在国会各个层面积累了广泛的人脉资源，这为他继任总统之后在国会推动立法奠定了基础。约翰逊本人也是一位有着极大雄心和抱负的政治家，希望在任内比其他民主党前辈做出更大的成就。但面临着种族隔离、社会不公、贫困问题等种种社会矛盾，约翰逊清醒地意识到，不能重蹈包括肯尼迪在内的前任总统的教训，如要实施任何社会和教育项目和计划，首先必须通过制定法律来扫除障碍。鉴此，在继任总统后的过渡时期，约翰逊总统主要完成了两大举措。

二、主导通过1964年《民权法》(*Civil Rights Act of 1964*)

约翰逊是因肯尼迪总统遇刺身亡的偶发事件而继任总统,不是经过全民选举而当选的,其总统地位的法理性和权威性较为脆弱。故约翰逊在接任总统之初,行事非常低调和谨慎。为表明他会继续肯尼迪总统的政策,约翰逊总统留用了肯尼迪政府的主要成员。同时,他决定完成肯尼迪未竟的事业,将促成民权法案的通过,作为他开始施政的第一要务。约翰逊在肯尼迪去世的第二天早上即告诉他的助手杰克·瓦伦蒂(Jack Valenti)和比尔·莫耶斯(Bill Moyers),"首要任务是通过民权法案"。[1] 1963年11月27日,肯尼迪总统被刺后的第五天,约翰逊总统在国会的一次特别会议上宣布:"没有任何悼词或赞语比尽早通过肯尼迪为之长期奋斗的民权法案能更有意义地寄托我们对他的哀思。我们谈了上百年的平等权利,现在是书写下一个篇章——并将其刻印在法律文本上的时候了。"[2]

事实也确实如此,自林肯总统于1862年宣布《解放黑人奴隶宣言》(*The Emancipation Proclamation*)以来,已过了整整100余年了,其间美国联邦最高法院和各州地方法院均有大量取消和废除种族隔离和种族歧视的判令,但在美国社会中种族隔离——尤其在学校里仍然顽固不化、普遍存在。至1963—1964学年,在南方各州仅有1.2%的黑人学生与白人学生同校,在南方主要11个州,学校种族隔离状况没有任何改善。[3] 表4-3数据显示,直到1965—1966学年,黑人学生占90%以上的小学和黑人学生占绝大多数的小学均占据了南部10个城市中80%—90%的学校,而北部的种族隔离状况也好不到哪儿去,表中所列的北部10个城市的黑人学生占70%—90%以上的小学也占了绝大多数比例。

表4-3　美国南部10所小学与北部10所小学种族隔离的程度比较(1965—1966学年)

(单位:所)

南部城市	黑人学生占90%—100%的学校	黑人学生占绝大多数比例的学校	北部城市	黑人学生占90%—100%的学校	黑人学生占绝大多数比例的学校
里士满(Richmond)	99	99	加里(Gary)	90	95

---

① 张立平:《林登·约翰逊与民权法案》,载《美国研究》1996年第2期,第119页。

② John A. Andrew III. Lyndon Johnson and the Great Society. Ivan R Dee, Inc. 1999, p. 23.

③ John A. Andrew III. Lyndon Johnson and the Great Society. Ivan R Dee, Inc. 1999, p. 24.

续表

南部城市	黑人学生占90%—100%的学校	黑人学生占绝大多数比例的学校	北部城市	黑人学生占90%—100%的学校	黑人学生占绝大多数比例的学校
亚特兰大（Atlanta）	97	99	芝加哥（Chicago）	89	97
小石城（Little Rock）	96	96	克里夫兰（Cleveland）	82	95
孟菲斯（Memphis）	95	99	切斯特（Chester）	78	89
玛丽埃塔（Marietta）	94	94	布法罗（Buffalo）	77	89
休斯敦（Houston）	93	98	底特律（Detroit）	72	92
迈阿密（Miami）	91	94	密尔沃基（Milwaukee）	72	87
温斯顿-塞勒姆（Winston-Salem）	89	95	印第安纳波利斯（Indianapolis）	71	84
达拉斯（Dallas）	83	90	弗林特（Flint）	68	86
纳什维尔（Nashville）	82	86	纽瓦克（Newark）	51	90

资料来源：A Report of the United States Commission on Civil Rights. Racial Isolation in the Public Schools. U.S. Government Printing Office, Washington, D.C. 20402, 1967, p. 7。

很快，约翰逊总统向国会递交了经其修改的民权法案，添加了联邦政府在财政和法律上对维护种族隔离、种族歧视的学校和其他机构的制约性措施。显然，约翰逊总统此时提请国会考虑民权法案也恰逢其时，一方面黑人争取平等权利的斗争仍然风起云涌，国内舆论开始普遍同情黑人；另一方面借助了人们对肯尼迪总统遇刺身亡产生的普遍同情心理。在社会舆论和民意的压力下，国会内一些保守派议员一反常态，也倾向于通过民权法案。当然，凭借现任总统的有利条件，约翰逊总统起了关键作用，他被视为1964年《民权法》的关键。但是，约翰逊总统在民权立法中的作用不是公开的，而是居于幕后，他本人和助理们在幕后做了大量工作，分别与犹豫不决的国会议员私下沟通，说服和争取关键人物的支持，使这些人最后都投了赞成票，国会文件说他的作用是"哑巴的作用"（muted role）。[①] 约翰逊总统不公开介入民权立法有其策略上的考虑：他不想惹恼以理查德·拉赛尔（Richard Russell）为首的南方议员，他今后面临的更多社会、经济、教育和军事等方面的工作还需要南方集团的支持。另外，虽然这次民权立法过程中也有剧烈的斗争，但并未出现需要总统亲自出面

---

① 张立平：《林登·约翰逊与民权法案》，载《美国研究》1996年第2期，第119页。

解决的危机。

最终,参议院投票以73比27和众议院投票以289比126的结果通过《民权法》。1964年7月2日,在肯尼迪总统遇刺身亡半年多后,1964年《民权法》终于由约翰逊总统签署成为法律。该法内容广泛,包含11章,主要章有第一章、第二章、第六章和第七章。第一章规定了有利于黑人选举的新条款,规定凡是顺利地完成了第六级扫盲者,即拥有在联邦选举中的投票权。第二章是该法的核心,它保证在不考虑种族、肤色、宗教或国籍的情况下,任何人可以平等地进入公共设施——旅馆、饭店、运动场、剧院、公共图书馆等。这可能是自1868年第十四宪法修正案以来最重要的种族平等立法,并触及南方社会结构的核心。①第六章授权政府就取消学校种族隔离提出起诉,在接受联邦政府资助的任何项目中禁止种族歧视,如有不遵从即导致资金扣缴或停发联邦经费。这一规定在约翰逊总统随后推行的教育法案中成为制约南方各州抵制学校融合的有力武器。第七章规定设立就业机会平等委员会,建立社区关系协调处,帮助地方解决种族纠纷。禁止在雇佣、赔偿、就业条款、就业条件和就业特权等问题上存在基于种族、宗教、肤色、性别或国籍的歧视。还禁止报复那些指控歧视、参与调查、反抗非法行为的人。

毋庸讳言,1964年《民权法》在美国历史上具有重大的社会和政治意义,约翰逊总统在一个需要变革的时代,顺应历史潮流,及时把握时机,作出了正确的变革。鉴此,有人将他称之为"民权总统",或许当之无愧。对于约翰逊总统本人来说,1964年《民权法》对他的施政有三点直接的益处。一是据此向各界表明,他延续了肯尼迪未竟的政策,加强了他作为总统的法理性和权威性。二是"约翰逊,而不是他前面的总统,帮助黑人清除获取一等公民身份的法律障碍",正如肯尼迪总统的弟弟、民主党参议员爱德华·肯尼迪(Edward Kennedy)说:"作为总统,他领导1964年民权法案的辉煌艺术使他在民权史上与亚伯拉罕·林肯比肩。"②据此,他在黑人中的威望空前提升,极大地有利于他在紧接着的总统竞选中获得大部分黑人选票。三是在法律上结束了美国南部的种族隔

---

① 宪法第十四条修正案(Fourteenth Amendment to the United States Constitution)于1868年7月9日通过,是三条重建修正案之一。这一修正案涉及公民权利和平等法律保护,最初提出是为了解决南北战争后昔日奴隶的相关问题。特别是其第一款中"不得拒绝给予任何人以平等法律保护"的一项,是美国宪法涉及官司最多的部分之一,它对美国国内的任何联邦和地方政府官员行为都有法律效力,但对私人行为无效。

② William A. DeGregorio. The Complete Book of U. S. Preridents. Dembner Books, 1984, p. 578.

离制度,从而为推行其"伟大社会"计划的各项社会改革,尤其是为接下来联邦政府资助教育和制定教育法律扫除了种族问题这一最大的障碍。

三、启动"伟大社会"计划

(一)"伟大社会"的目标和内容

约翰逊总统在推动1964年《民权法》的同时,他也开始启动"伟大社会"的计划。继任总统后不久,约翰逊便冥思苦想地要寻找一个新奇的政治口号来团结人民。在他之前的几位民主党总统都提出过激励民心的施政口号,比如罗斯福总统提出"新政",杜鲁门总统提出"公平施政",肯尼迪总统留下"新边疆"。这时,约翰逊总统发现了英国政治思想家格雷厄姆·沃拉斯(Graham Wallas)于1914年写的一本书,题为《伟大的社会》。他觉得这个标题很有新意,便将其用作施政口号。1964年5月22日,约翰逊总统在密歇根大学首次发表了关于"伟大社会"的演讲,在18个月后的重要讲话和提交国会的立法建议中又对这个计划的内容加以充实和具体化。约翰逊总统明确地表达了"伟大社会"的改革目标:第一,全力以赴消灭贫困;第二,消除种族歧视,追求社会平等;第三,改善生活质量。约翰逊总统希望通过改革结束贫困和不公平,使所有人都有机会平等进入美国主流社会,有机会分享美国的富裕,使每一个美国人都能过上充实、富裕、安详的生活。

围绕着这些目标,约翰逊总统在民权、反贫困、医疗和教育、城市改造和建设、改善生活质量等领域发动了全面改革。"伟大社会"改革是以约翰逊总统提出的许多假设为基础:第一,经济持续快速增长产生改革所需要的"红利",在不牺牲中产阶层利益的前提下,使所有美国人都有机会共享社会经济繁荣的成果;第二,贫困和不平等的社会并不是人的劣根性造成的,而是受文化、社会制度等外部环境的影响;第三,人性都是向善的,帮助穷人和弱势群体是文明社会政府和所有公民的责任;第四,为了实现共同目标,善意的权力集中是所有人都能够理解和支持的……

(二)"向贫困开战"

向贫困开战是"伟大社会"的主要内容。20世纪美国发动了两次大规模的反贫困运动,第一次是在30年代作为罗斯福"新政"组成部分的济贫运动,第二次是60年代约翰逊"伟大社会"计划向贫困开战的运动。前者是面对经济危机时联邦政府推出的应急计划,后者是美国经济持续繁荣的背景下联邦政府为解决分配不公、两极分化问题而主动发起的运动。约翰逊总统出身贫苦家庭,所以他对弱势群体充满同情,他希望在总统任上致力于消除美国的贫穷和剥削。他坚信国家所有男女有权接受教育的时候到了;贫民窟从美国城市中消失的时候到了;美国绚丽多彩的时候到了;人民在上帝的支配下发挥自己最大潜能的时候到了;和平的时候到了,而且将永远延续下去。

约翰逊总统的"伟大社会"计划将教育视为战胜贫穷的钥匙,也是实现"伟大社会"的关键。这位曾当过小学教师的总统,认为缺少工作机会和金钱不是贫穷的原因,只是结果。贫穷是因为我们未能向公民提供发展他们本身能力的公平的机会。"如果教育是导致社会流动的关键,显然我们太多的学校缺少向这些来自不良背景的学生提供必要技能的资源。"[1]

与此同时,知识界和社会精英分子发表的一系列有关贫困与教育的理论研究和实践成果也对约翰逊总统的"向贫困开战"运动起到了推动和呼应的作用。从20世纪60年代初起,民主党的肯尼迪总统周围就聚集了一批自由派知识分子,他们是经济学家、律师、社会学家和思想家,他们大多是行动主义者,热衷于社会福利改革。他们分布在总统经济顾问委员会、劳工部、社保局、卫生教育福利部等部门,对政府决策起着重要作用;他们是莫伊尼汉(Moynihan)所称的"专业化改革"力量,即通过专业人员对政府机构施加"合理性"压力,使个人所关心的问题转变为公共问题。约翰逊总统基本沿用了肯尼迪总统的内阁班子人员,这些社会精英怀着高度的社会责任感和危机意识把公众的目光吸引到对弱势群体的关注上,他们用社会科学的方法对贫困和贫困文化进行了充分研究。知识分子首先考虑的是从贫困的原因中寻找解决贫困的途径,当时出现了几种理论解释"富裕中的贫困"现象。[2]

第一,机会理论和社区竞争理论。20世纪50年代后期,哥伦比亚大学的洛伊德·奥赫林(Lloyd Ohrin)教授和一批年轻人从研究少年犯罪中探究贫困的原因,他们总结出了机会理论和社区竞争理论。奥赫林认为许多青少年犯罪行为的发生是机会阻塞的一种理性回应,许多有志向的年轻人常常因为在人生的紧要关头被拒之门外而走上了犯罪道路。预防青少年犯罪的办法应该不仅仅针对个人,要对体制中那些促使青少年犯罪的因素进行全面攻击,建立一种能够提供"社会控制和社会进步途径"的机制。研究者建议国家为城市年轻人

---

① Patrick J. McGuinn. No Child Left Behind and the Transformation of Federal Education Policy, 1965–2005. University Press of Kansas, 2006, p. 19.

② 王庆安和易大东:《20世纪60年代美国向贫困宣战运动的动因及其影响》,载《历史学问题》2008年第3期,第42–43页。

尽可能提供教育、培训和就业机会，给他们合法取得财富的机会，同时在社区内部引入竞争，动员穷人参加到社区决策机构，取得话语权，改变地方政治事务中穷人完全处于弱势地位的现状。奥赫林在争取到福特基金会的赞助后，在纽约的社区开始进行示范研究。这些理论和示范项目为向贫困宣战的人们提供了直接的理论依据和工作模式。

第二，文化匮乏和贫困文化理论。1959年，美国人类学家奥斯卡·刘易斯（Oscar Lewis）在《五个家庭：墨西哥贫穷文化案例研究》一书中，率先提出贫困文化理论，企图从文化角度来探讨致贫因素。该理论认为产生贫困的最根本原因是缺乏文化和技术，穷人在激烈的社会竞争中缺少谋生的手段。刘易斯认为贫困是文化的，而非经济的。处于贫困文化中的穷人会有一种强烈的宿命感、无助感、自卑感，这种文化一旦产生，就会具有一种生生不息、难以消灭的态势，还具有代际传承的特性。前述的哈灵顿在《另一个美国》一书中也持这种观点，认为美国的贫困至少是不正常的，它的存在没有经济理由，如果仅仅是美元的问题，一个富裕的国家可以消除贫困。这个观点在经济扩张时期很有说服力，此时，劳动力市场并不十分紧张，所以人们相信贫困的存在必须从心理、精神和文化上解释。

第三，结构分析与家庭结构理论。美国自由派领袖哈瑞顿认为，种族歧视是贫困的最主要原因。他认为："美国黑人遭遇的社会经济崩溃，是白人精心策划、种族歧视及其病态心理状态的结果。"而且普遍存在一个"种族主义的经济结构"，"它并不是国家的主张，而是一个植根在劳动市场中的历史的和制度化的职业等级制度"。莫伊尼汉在著名的《黑人家庭：国家行动的缘由》报告中认为黑人家庭的破裂是"黑人社区弱化的根本原因"。他分析，是白人在奴隶制时代就打破了黑人的希望，破坏了黑人家庭，3个世纪以来的不公平极大地扭曲了黑人的家庭生活。他认为，无论是对黑人还是白人儿童来说，如果没有生活在一个稳定的双亲家庭，就等于是将他们推向贫困，美国社会家庭结构的"不正常"带来的是社会病态。

学术界的这些研究和实践无疑是"向贫困宣战计划"出台的催化剂和最直接源泉，这些理论在20世纪60年代初期的传播是在向民众传达以下信息：第一，美国社会存在大规模贫困，这些贫困有些是源于个人，有些是源于社会制度；第二，知识分子对消除贫困充满信心，他们已经从理论到实践进行了探索；第三，如果政府采取适当措施，贫困是能够消除的。

而约翰·霍普金斯大学著名的社会学家詹姆斯·科尔曼（James Coleman）的

研究成果又为约翰逊总统希望通过提供教育机会改变穷人贫困状况的计划提供了直接的依据和有力的支持。1964年《民权法》通过后不久,科尔曼被选中主持一项关于穷人教育机会不足的调查。科尔曼团队提交的报告揭示了社会阶层相关的因素与少数群体和多数群体的学业成绩的关系。科尔曼没有止步于揭示少数群体学生和多数群体学生在资源上的差异,而是试图将这些差异和各种群体的成就联系起来。通过考虑这些差异,科尔曼得出了两个惊人的结论。首先,他指出学校资源的差异与学业成就的差异之间只有很小的相关性。其次,他指出成就的差异和学生同辈群体的教育背景以及期望有密切的关系。当弱势学生被安排与那些有着优越背景、学业成就更高的学生同一个班级的时候,他们的表现有明显的改善。这一发现为那些寻求让贫困的黑人儿童以及其他贫困儿童从底层学校转移到主流教育环境中的人们提供了武器,更为打破种族隔离、推动学校融合的联邦政府教育政策提供了依据。[①]

另一位社会学学者彼得·罗西(Peter Rossi)于1961年发表了他有关学生成就的研究报告。他认为家庭社会地位和经济状况是学生获取学业成就的关键因素。好的家庭会提供有利的环境以激励、鼓励学生树立更高的目标,接受高等教育。然而,不良的家庭背景和社会环境是学生学业失败的主要因素。因此,他建议对穷人孩子集中的学校,联邦政府应施以援手,加大对这些学校的资助,据此改善教育环境和教学条件,以便弥补和降低这些家庭所造成的负面影响。[②]

在继任总统后一年左右的过渡期,为尽快扫除推动教育法案的障碍,约翰逊先从外围着手,首先推动争议较少的《民权法》在国会通过。由于《民权法》中明确禁止学校实施种族隔离,自然解决了教育法案中有关联邦政府资助取消种族隔离学校的争议。与此同时,他也启动了向贫困开战为主要内容的"伟大社会"计划,在理论和舆论层面为解决贫穷和保障弱势儿童平等受教育权铺平了道路。此外,因1964年是总统大选年,为避免引发更多不必要的争议和分裂,从策略上考虑,在整个1964年内他未继续推动其他教育法案,只是例行公事地延期了前述的《影响援助法》(Impact Aid Act)和《国防教育法》(National Defence Education Act)。

---

① 韦恩·厄本,周晟、谢爱磊译:《美国教育:一部历史档案》,中国人民大学出版社2009年2月1日版,第431-432页。

② Julie Roy Jeffrey. Education for Children of the Poor. Ohio State University Press, 1978, pp. 16-17.

第四节　约翰逊胜选总统和通过《初等与中等教育法》

1964年是美国总统大选年,对于约翰逊总统来说,大选的结果尤其重要,如果胜选,首先他可以正名,成为民选的总统,具有了法理上的权威。其次是可全力推行其包括教育在内的"伟大社会"的各项社会改革。

一、1964年总统大选:约翰逊 vs. 戈德华特

由于约翰逊在继任之后的一年过渡期内推动和通过了诸如《民权法》《经济机会法》等深得弱势民众之心的法案,1964年的总统大选对他极为有利。虽然当年拥有投票权的黑人民众人数还受到一定的限制,但绝大多数黑人支持约翰逊总统,在有些大城市多达99%的黑人选民投票支持约翰逊总统。①一改100年以来黑人支持共和党的传统,因为1862年颁布《解放黑人奴隶宣言》(*The Emancipation Proclamation*)的林肯总统是共和党的。自1964年民主党的约翰逊总统签署《民权法》之后,大多数美国黑人就在总统选举中将选票转投给民主党的候选人了。

经过几个月的辩论和动员,1964年总统大选毫无悬念,约翰逊以压倒性优势战胜了共和党的戈德华特(Gord Water)。他比戈德华特多得1590多万张选票,获得了全部选票的61.1%,是自从1824年实行直接选举以来得票率最高的总统。而他的竞争对手戈德华特只赢得了6个州的选票。同样重要的是,约翰逊在竞选中的高支持率,也带动了民主党在国会参众两院获得了更多的席位。民主党控制了第89届国会2/3的席位:参议院为68比32,众议院为295比140(见表4-4)。这样的结果在美国总统选举史上是非常罕见的,大选结果使约翰逊处于十分有利的地位。民主党在国会参众两院占有绝对的优势,这为约翰逊政府推行其施政计划奠定了牢固的基础。1965年1月,约翰逊宣誓就任总统,明尼苏达州参议员汉弗莱(Humphrey)就任副总统。

---

① John A. Andrew III. Lyndon Johnson and the Great Society. Ivan R Dee, Inc. February 9, 1999, p. 30.

表4-4　美国约翰逊总统第二任期联邦政府行政与立法权力概貌（1965—1968年）

美国第36任总统			
总统（党派）	约翰逊（D）	第二任期	1965—1968年
副总统（党派）	汉弗莱（D）	第一任期	1965—1968年
任内的主要教育建树	1965年颁布了《初等与中等教育法》（*Elementary & Secondary Education Act*, ESEA） 1965年颁布了《高等教育法》（*Higher Education Act*, HEA） 1965年颁布了《国家职业学生贷款保险法》（*National Vocational Student Loan Insurance Act*, NVSLIA）和《美国老年人法》（*Older Americans Act*, OAA） 1966年颁布了《中小学教育修正法案》（*Elementary & Secondary Education Amendments*, ESEA） 1966年颁布了《儿童营养法》（*Child Nutrition Act*, CNA） 1966年颁布了《高等教育修正法案》（*Higher Education Amendments of 1966*） 1966年颁布了《退役军人调整福利法》（*Veterans Readjustment Benefits Act*, VRBA） 1966年颁布了《示范城市与都市发展法案》（*Demonstration Cities and Metropolitan Development Act*, DCMD） 1967年颁布了《初等与中等教育修正案》（*Elementary & Secondary Education Amendments*, ESEA） 1967年颁布了《就业中的年龄歧视法》（*Age Discrimination in Employment Act*, ADEA） 1968年颁布了《建筑障碍法》（*Architectural Barriers Act*, ABA） 1968年颁布了《高等教育修正法案》（*Higher Education Amendments of 1968*） 1968年颁布了《双语教育法（重新授权ESEA）》[*Bilingual Education Act*, BEA (reauthorization of ESEA)]			
美国第89届国会			
国会议员总数	535人	任期	1965—1966年
参议院人数与党派	68（D）	32（R）	
劳工与公共福利委员会主席、党派和所属州	利斯特·希尔	D	亚拉巴马州
众议院人数与党派	295（D）	140（R）	
教育与劳工委员会主席、党派和所属州	亚当·鲍威尔	D	纽约州
美国第90届国会			
国会议员总数	534人	任期	1967—1968年
参议院人数与党派	64（D）	36（R）	
劳工与公共福利委员会主席、党派和所属州	利斯特·希尔	D	亚拉巴马州

续表

众议院人数与党派	248（D）		187（R）	
教育与劳工委员会主席、党派和所属州	卡尔·帕金斯 （Carl Perkins）	D		肯塔基州

资料来源：根据 New York State Education Department. Federal Education Policy and the States, 1945-2009：A Brief Synopsis. New York State Archives, Albany, January 2006, revised November 2009, p. 16 中数据计算整理。

二、推动和通过《初等与中等教育法》

无论是总统本人的强势地位，还是民主党同僚对国会的控制，都为约翰逊总统推动《初等与中等教育法》创造了有利的局面。1964年上半年，为实施他的"伟大社会"计划，约翰逊总统成立了14个由124位各领域的专家学者和各界代表组成的特别工作组（task forces），开始对美国社会几乎所有的主要问题，如农业、反萧条政策、人权、教育、经济效率、卫生、收入维持、政府内部财政合作、自然资源、环境污染、自然美景的保护、交通和城市问题等进行调研，而总统助理比尔·莫耶斯（Bill Moyers）和理查德·顾温（Richard N. Goodwin）则协助他们的工作。每个专门工作组平均有9名成员，可以进行独立工作，不受官僚机构的管辖，直接听令于白宫。[1]

在约翰逊总统的议程中，教育工作组最为重要，共有12人，由纽约卡内基公司（Carnegie Corporation of New York）总裁约翰·加德纳（John Gardner）领衔。成员包括9位学校官员和学者、圣路易斯市（St. Louis）的市长、时代杂志（Time Magazine）的编辑和宝丽来公司（Polaroid）的总裁。约翰逊总统于1964年7月21日第一次召见小组全体成员商讨教育问题，4个月后的11月初，该小组向约翰逊总统提交了第一份报告。为避免像前几任总统的公立学校"普遍资助"方案的屡屡受挫，报告建议联邦政府的资助主要针对贫困和处于不良境况的学生，强调为这些学生提供"学习的机会"（opportunity to learn）。约翰逊总统审阅之后，认为报告总体上可行，很快于11月底指示继续完善和定稿。

1965年1月12日，约翰逊总统将《初等与中等教育法》正式送达国会。而

---

[1] Christopher T. Cross. Political Education：National Policy Comes of Age. Teachers College Press, Columbia University, 2004, p. 22.

国会也以异乎寻常的速度予以响应,就在收到总统提交教育法案的当天,由民主党把持的参众两院的教育与劳工委员会即紧密配合,雷厉风行地将法案文本分别发送至各自的议员们审阅和讨论。当时的形势对总统非常有利,除了国会参众两院都由民主党掌控之外,由于之前通过1964年《民权法》,种族问题这一最大的法律障碍已经扫除,剩下的就是另外两个"R",宗教和对联邦政府控制的担忧这两个障碍。对于宗教问题,主要反映在以全国教育协会(National Education Association)和全国天主教福利协会(National Catholic Welfare Association)为代表的两大利益团体之间的矛盾。前者由全国公立学校的教师组成,反对联邦政府的经费流入包括教会学校在内的私立学校。后者反对联邦政府的资助仅限定公立学校,而不惠及私立学校。经过多次讨论和争执,最终在约翰逊总统及其助手们的竭力协调下,各方达成妥协:第一,联邦政府不采用"普遍资助"的方式,代之以专项资助方式,即资助贫困学生,包括所有在公立和私立学校就读的贫困学生(事实上,一般贫穷孩子不大可能上私立学校,故主要还是公立学校受益)。这是基于著名的"儿童受益理论"(child benefit theory)。第二,联邦政府的经费是否资助教师工资的问题,改为资助学生课外"辅助性服务",规定公立和私立学校的教师都可以参与服务。这就消除了教会方面的阻力。

至于地方权利主义者对联邦政府控制的担忧问题,主要是各州地方权利保护主义者和共和党议员比较担心,他们认为如果接受联邦政府的资助,会导致联邦政府对各州教育事务的干涉和控制,从而使各州失去自主权。由于约翰逊总统放弃了对公立学校的"普遍资助",而采用专项资助的形式,加之民主党议员占据了国会参众两院的绝大多数席位,这个问题也顺利解决了。

经过2个多月的努力,最终在各方的让步和妥协下,1965年3月底和4月初,争论多年的《初等与中等教育法》在国会众参两院相继获得通过,投票结果分别是众议院263比153,参议院83比18。4月11日,约翰逊总统专门飞往得克萨斯州他原来任教的小学,在11名老师和50名学生的见证下,签署了这一法案。约翰逊总统在签署该法时郑重宣布:

　　　　通过签署这个法案,我们为500多万被剥夺了教育权利的孩子们架设了一座通向希望之路的桥梁,我们把3000多万本新书交到了青年人手中,并为许多学校建立了第一座图书馆,我们极大地缩短了将新的教学技术引入课堂的时间,我们加强了各州和地方机构的职能,使其有效面对提供更好教育的挑战，我们重新点燃了革命——反对愚昧暴政的革命精神……作为美利坚合众国的总统，我深深地相信在我签署的所有法律中间，没有哪一部会比这部法律对美国的未来更加有益了。①

《初等与中等教育法》不但是约翰逊总统推行的"伟大社会"的主要内容，更是迄今以来美国历史上最重要的教育法。② 而如此重要的教育法能在不到3个月（87天）内出台，约翰逊总统个人的作用是关键性的。他有力地调动了全社会的支持力量，作为参议院前领导人，他充分利用了在国会的丰富人脉资源，与各位议员保持着密切的关系。如果有某一个条款未能达成一致意见，约翰逊总统会尽一切努力说服他人，当然，必要的话，他也会亲自向国会议员施压。

约翰逊总统任内通过的教育法案达40多项，"比本世纪内任何一个总统在任何一届国会所提出的都要多"，难怪他的共和党竞争对手戈德华特称："而这届国会[指第89届国会（1965—1966年）]，是'静电复印国会'——约翰逊要什么，就通过什么，许多法案都是只字未改。"难能可贵的是，每一项教育法案在国会讨论时，他均亲自找议员们谈话，做工作，并利用一切机会推销他的教育法案。并主张在罗斯福总统1941年1月6日提出的著名的"四大基本自由"之后，再加第五条基本自由"摆脱无知的自由"。③ 我们将美国历任总统对教育的关注程度以"任内所有演说中提及'教育'一词的次数"和"每年在演说中平均提及'教育'的次数"这两个指标来衡量，表4-5资料中收集了从华盛顿至老布什约200年间历任总统对教育的关注程度的数据，我们可看到约翰逊是历届总统中最关注教育问题的总统：他在"任内所有演说中提及'教育'一词的次数"

---

① Johnson, L. B. Transcript of Remarks by President Johnson on Signing the Education Bill. Lyndon Baines Johnson Library, 1965.

② 2012年，美国社会评选在20世纪100年中对促使美国迅速崛起、持续发展与高度创新起关键作用的十大有关国计民生的重大投资项目，1965年《初等与中等教育法》获选为其中之一[十大投资项目分别是爱丽丝岛（1900年）、《退役军人权利法》（1944年）、《初等与中等教育法》（1965年）、巴拿马运河（1904—1914年）、胡佛大坝（1931—1936年）、马歇尔计划（1948—1951年）、州际高速公路系统（1954—1991年）、国防部高级研究计划署（1958年）、阿波罗太空计划（1961—1969年）、人类基因组计划（1990—2000年）]。

③ 1941年1月6日，美国总统罗斯福在《致国会的年度咨文》中提出"四大自由"，即言论和表达自由、宗教信仰自由、免于匮乏的自由和免于恐惧的自由；Patrick J. McGuinn. No Child Left Behind and the Transformation of Federal Education Policy, 1965-2005. University Press of Kansas, 2006, p. 29。

和"每年在演说中平均提及'教育'的次数"分别为3104次和621次,只有后来的老布什可接近他的指标。从这个意义上来说,约翰逊总统自称为"教育总统"也是当之无愧。

表4-5　美国历届总统对教育的关注程度

年代	总统	任内所有演说中提及"教育"一词的次数	每年在演说中平均提及"教育"的次数
1789—1913	华盛顿-塔夫特	226	2
1929—1933	胡佛	148	37
1933—1945	罗斯福	382	29
1945—1953	杜鲁门	667	74
1953—1961	艾森豪威尔	771	96
1961—1963	肯尼迪	777	259
1963—1969	约翰逊	3104	621
1969—1974	尼克松	1428	238
1974—1977	福特	830	277
1977—1981	卡特	2055	514
1981—1988	里根	2497	312
1989—1992	老布什	2656	664

资料来源:Patrick J. McGuinn. No Child Left Behind and the Transformation of Federal Education Policy, 1965-2005. University Press of Kansas, 2006, p. 30。

三、《初等与中等教育法》的主要内容、特点、意义及不足

约翰逊总统期望通过《初等与中等教育法》,将教育作为"向贫困开战"的有力武器,据此缓解和消除贫困。最终目的是:第一,让符合要求的学生不会因为家庭经济困难而失去继续求学的机会,不让贫穷成为教育的"绊脚石";第二,让更多的国民接受力所能及的最高水平的教育,从而提高整个社会的文化水平。约翰逊总统主张教育应面向所有人,该理念贯彻到他其后推动并通过的一系列教育法中。

(一) 主要内容

该法共有六章,其中心部分是第一章,其标题即为"为教育低收入家庭儿童,联邦政府要向地方教育机构提供财政资助"。规定由联邦政府依法拨款10.6亿美元对中小学校和学区提供财政援助,特别关注被剥夺了教育权利的低收入家庭儿童(该法规定的贫困标准是家庭年收入低于2000美元。20世纪60年代末,该法又进行了数次修改,将残障儿童等纳入了资助范围),从而消除来

自低收入家庭的儿童与来自中产阶级的儿童在阅读、写作和数学方面的技能差距。联邦经费首先拨至各州教育机构，然后再分配到地方各学区，由学区将经费分配给符合条件的公立和私立学校。虽然该章规定资助大量低收入家庭儿童集中的学校和学区，然而在执行的过程中逐步放宽标准，使全国94%的学校都有资格得到资助，其用途范围也予以放宽，扩展至聘用教师、购置教学设备及改善课堂教学。《初等与中等教育法》出台的第一年，即有1.64万个学区和830万名儿童受益于该法的第一章规定的经费资助。①

第二章标题为"学校图书馆资源、教科书以及其他教育设备和材料"。规定5年内提供1亿美元用于援建图书馆、完善教学设施和教育资源以及购买教材。与第一章一样，第二章提供的经费资助也包括私立学校。但是，为避免联邦政府的介入和干涉，规定禁止联邦政府参与图书馆建设。

第三章标题为"援助教育中心和教育服务"。旨在为教育创新提供1亿美元的经费资助，为过于僵化的教育体制增加活力。规定各州必须对联邦资助提供匹配经费，提高学校在教育技术方面的创新，建立课外教育辅导中心和服务机构，使一些教育落后地区的问题学生也能接受到良好的教育，并以此为范本，协助发展本地区的示范学校。

第四章标题为"教育研究和培训"。规定联邦政府每年提供4500万美元，为高等院校开展新的教育研究提供资助，鼓励高等院校进行基础教育研究。高等院校必须向各州教育厅提出申请，提交拟进行的教育研究及如何促进教育发展的计划，各州教育厅通过评估确定予以资助的经费数额。

第五章标题为"为发展州教育部门提供资助"。由于当时各州的教育机构力量太薄弱或不专业，无法有效履行帮助贫困儿童的教育计划。鉴此，联邦政府提供1000万美元经费资助完善各州教育机构，保证各州的教育计划能顺利实施。容许各州增加2000名工作人员，解决各州教育部门人手短缺的问题。②

此外，该法还在第六章中专门规定要禁止联邦政府官员干预任何学校或教育机构的课程、管理或人事安排以及对教学材料的选择，从法律上限制了联邦政府的权限，保证了各州地方自主权。根据此法，联邦政府对公立中小学的财政资助总额由1945年的0.4亿美元猛增至1965年的20亿美元，联邦政府教

① 黄玫蕾：《美国林登·约翰逊总统执政时期教育政策研究》，2014年福建师范大学硕士学位论文，第51-53页。

② David Carleton. Landmark on Congressional Laws on Education. New York：Greenwood Press，2002，pp. 135-146.

育投入占中小学财政投入的比例由1.4%升至7.9%。

（二）特点

1965年《初等与中等教育法》最大的特点是：第一，联邦政府不对公立学校进行"普遍性"的整体资助，而是基于"儿童受益理论"，专对全国贫困家庭的儿童进行资助，全国受益的儿童有500多万。第二，由于该法启动的初衷是将其置于约翰逊总统的"伟大社会"计划的大框架中，作为"向贫困开战"的一部分，其目的主要是扶助弱势群体，更多的是从法律、政治和宪法原则考虑，而非教育的角度，故将联邦政府对教育的领导收缩了——限定为向贫困家庭学生和学校提供财政援助，忽视了对教育领域本身的改革。

（三）意义

1965年《初等与中等教育法》的通过标志了美国联邦政府对制定全国性教育政策作用的开始，这是二战以来第一部不与战争（热战和冷战）和国防挂钩的教育法。联邦政府借助1964年《民权法》第六章的规定，扫除了第一个"R"（种族）的障碍；凭借"儿童受益理论"解决了第二个"R"（宗教）的问题，从而暂时扫除了该法制定过程中的拦路虎（这只是暂时的扫除，很快又会以新的形式冒出来的）。自此联邦政府从传统的对教育信息收集和传播的角色转为对联邦资助的教育经费和项目的监管角色，开创联邦政府参与全国性教育决策的局面。依据该法和1958年《国防教育法》，联邦政府年度拨款13亿美元，从1958年到1968年的10年中，联邦政府对教育的拨款增加了10倍多，从3.75亿美元增至42亿美元，而联邦政府对教育的投入占全国政府经费的比例从3%上升到10%。[1]

（四）不足

1. 1965年《初等与中等教育法》在酝酿和设计时即有一个天真甚或错误的判断，即认为美国整个教育系统是好的，教育工作者也是好的，我们不该对教育工作者提出具体的指示，我们该做的就是向他们提供资源和经费，同时向贫困家庭的儿童提供资助，使他们也能获得公平的教育机会。事实上，这种以纯投入为导向、忽视产出结果的改革是不完整的。若干年后发觉教育质量并无改善，显然，单有良好的意愿是不够的。

2. 1965年《初等与中等教育法》在实施的过程中没有建立起相应的评价措

---

[1] Patrick J. McGuinn. No Child Left Behind and the Transformation of Federal Education Policy, 1965-2005. University Press of Kansas, 2006, p. 33.

施也是一个重大失误。事实上，在国会辩论时，肯尼迪的弟弟，代表纽约州的民主党参议员罗伯特·肯尼迪（Robert Kennedy）即严肃地指出该法缺乏有关评估的规定，当时负责法案文本协调的约翰逊总统助手凯佩尔（Keppel）也同意肯尼迪参议员的意见。但是，由于担心触犯教师团体的利益，如果当时就此问题进行讨论和博弈，可能10年也没有结果，故在该法中放弃了有关评估的条款。显然，光有联邦政府的财政投入，没有对产出结果的评价难以建立高质量的教育制度（罗伯特·肯尼迪的提议影响了他的小弟弟爱德华·肯尼迪，后者作为参议员，于2001年坚持在小布什的《不让一个儿童掉队法》中增加评估的条款）。果然，该法在实施中，一系列的经费使用和教育质量问题就冒出来了，我们后面会讨论。

3. 20世纪60年代中期，美国民众主要关注整个社会改革，相对而言，教育议题在民众的关注中比较靠后。从表4-6资料可看到，1964年约翰逊与戈德华特竞选时，民众最为关注的议题是民权，当时教育议题关注度忝陪末座。这就使一些利益团体在缺少民众关注和参与的一个较为封闭的决策过程中炮制出有利于他们的法律。1965年通过的《初等与中等教育法》就具有这种典型的特征。联邦政府每年源源不断的经费投入造就了众多庞大的利益团体，包括各州政客、教育机构和教育团体，它们形成了一个教育产业联合体，靠维护现有项目和力争更多项目而生存，最终成为尾大不掉的发展阻力。

表4-6 美国历届总统大选中民众最为关注的议题及教育议题的排名（1960—2004）

年份	总统候选人	最重要议题	教育议题重要性排名
1960	肯尼迪–尼克松	外交事务	14/20
1964	约翰逊–戈德华特	民权	24/24
1968	汉弗莱–尼克松	越南战争	17/17
1972	麦戈文–尼克松	越南战争	26/26
1976	卡特–福特	通货膨胀	未列入重要议题
1980	卡特–里根	通货膨胀	23/41
1984	蒙代尔–里根	经济衰退	17/51
1988	杜卡基斯–老布什	吸毒	8/26
1992	克林顿–老布什	经济	5/24
1996	克林顿–杜尔	经济	2/31
2000	戈尔–小布什	教育	1/11
2004	凯里–小布什	伊拉克战争	5/46

资料来源：Patrick J. McGuinn. No Child Left Behind and the Transformation of Federal Education Policy, 1965–2005. University Press of Kansas, 2006, pp. 41, 149.

4. 1965年通过的《初等与中等教育法》是在争议中由民主党利用对国会的主导通过的,很大程度上带有一党政策的印记。这种非两党一致的政策一旦政权更迭将会出现反复。加之在争议过程中尚未完全解决政教分离、公立和私立学校的关系、联邦与地方的关系等问题,这些问题很快在执行过程中又冒出来,并在其后40多年中始终影响着美国联邦政府历次重大教育政策的制定。就这些问题,我们后面会相继论述。

5. 尽管《初等与中等教育法》通过后至20世纪末,依该法联邦政府共向中小学投入1500多亿美元的拨款,但美国的教育并未因此有太大改善,民众的不满也因此加剧。从历史的回顾来看,美国中小学自那时以来近40年的发展教训,是否在一定程度上归咎于该法的最初设计呢?加上在其后执行过程中因放宽经费的使用,该法规定经费拨给学校用于资助贫穷学生,但却没有具体规定学校应提供哪些服务工作和措施改变贫穷学生的现状,致使经费被大量用于该法未规定之处,这就产生了经费的针对性使用的问题。

6. 如果说《初等与中等教育法》解决了多年来困扰美国联邦政府的是否(Whether)向全国中小学提供资助的问题,而约翰逊总统其后的3年多任期内在该法的执行过程中却面临着如何(how)提供资助的问题。

第五节 1965—1968年《初等与中等教育法》的实施与挑战

《初等与中等教育法》的最终顺利通过,在美国教育史上是一个重大事件,更是美国迄今最重要的一部教育法律。然而,通过法律与执行法律并不是一回事,该法通过后至约翰逊总统任期届满的整个时期,随着国会中党派力量此消彼长的变化,该法在执行过程中遇到了一系列反制与挑战。在该法酝酿与博弈过程中暂时平息下去,但尚未完全解决的问题很快又冒出来了,直接影响了《初等与中等教育法》的实施。这些问题主要反映在采用何种方式(how)资助教育和联邦政府的资助在促进教育平等上的成效如何这两个问题上。

一、党派和利益团体对如何资助所产生的争议和博弈

一部如此重要的教育法在1965年能以不到3个月(87天)的时间通过,应该说其过程是很顺利的。然而,更大的挑战是在该法的执行阶段,尤其是在

1966—1968年约翰逊总统任期的后3年，针对联邦政府采取何种方式资助中小学教育的问题，该法面临了几次重要的危机。

（一）教育经费受到越战预算的影响

1965年4月11日约翰逊总统签署《初等与中等教育法》时，对于总统和民主党来说，面临的形势很好。他和民主党同僚们非常乐观，认为美国强势的经济将为中小学教育提供充分的经费资助以达到该法消除教育领域不平等的目标。然而，仅过了半年，至1965年底，前景就趋向暗淡，显得不容乐观。

虽然《初等与中等教育法》是1965年上半年通过的，但是国会却拖了几个月才对该法的经费拨款进行投票，至9月23日才最终表决。由此导致许多地区直到1966年4月才收到联邦政府的拨款，其时中小学的学年已经快要结束，也距约翰逊总统签署《初等与中等教育法》已过了整整1年了。由于该法的开局即不及时，故1966年暑假期间仅有250万中小学生受益于该法第一章经费资助的项目。[1]

然而，对执行《初等与中等教育法》影响最大的是越南战争。20世纪60年代中期，美国扩大和升级了越南战争规模，深陷泥潭而不能自拔，在越南战争上投入的巨大财力直接影响了联邦政府的教育预算。早在1965年，美国派往越南战场的地面部队人数增加了8倍，增加了75000名军人，由此导致国防开支增至542亿美元，几乎达美国联邦政府总预算1150亿美元的一半。[2] 而在1966年1月，约翰逊总统向国会提出的1967年新财政年预算案中用于越南战争的预算又大为增加，比上一年增加了105亿美元，占据联邦政府该年总预算的9.1%。[3] 鉴此，约翰逊已难以继续其"既要大炮，又要黄油"（both guns and butter）的政策，无法像1965年允诺的那样在经费上满足包括教育在内的国内改革需求。越南战争的无底洞，加之出现了通货膨胀的迹象，自1966年起，约翰逊总统必须控制联邦开支，而他最初并不打算以提高税收和加大预算赤字的方式解决。但是，经与其幕僚商议之后，他转而略微提高税收，并期望通过微小的财政赤字，勉力维持"伟大社会"项目。

---

① Julie Roy Jeffrey. Education for Children of the Poor. Ohio State University Press, 1978, p. 98.

② Christopher T. Cross. Political Education：National Policy Comes of Age. Teachers College Press, Columbia University, 2004, p. 34 and Julie Roy Jeffrey. Education for Children of the Poor. Ohio State University Press, 1978, p. 103.

③ Gareth Davies. See Government Grow：Education Politics from Johnson to Reagan. University Press of Kansa, 2007, p. 47.

而在教育领域,约翰逊总统对其一手促成的《初等与中等教育法》情有独钟,不忍其中途夭折,故试图通过对历史上延续下来并仍然有效的1950年《影响援助法》、1958年《国防教育法》、1954年《学校牛奶项目》,以及1862年《莫利尔法》等一些旧有教育法律和教育项目资助经费的削减,使联邦政府有充分的经费确保《初等与中等教育法》的顺利实施。尽管约翰逊总统利用一切机会向国会议员推销他的上述方案,然而,他试图削减旧有教育法和教育项目经费而确保《初等与中等教育法》的想法并不现实。很多议员,包括一些保守的共和党议员也都不认同他的方案,他们认为这些历史上延续下来的教育法和教育项目一直行之有效,没必要削减其经费。更何况,这些法律和项目背后都有庞大的利益团体,很难触动。例如,受益于1950年《影响援助法》的学区共有4000多个,这些学区中有1/3是很富裕的地区,单单华盛顿特区附近属于弗吉尼亚州的亚历山大和阿灵顿这两个学区就获得所有经费的1/3之多。但是,当获悉约翰逊总统试图削减《影响援助法》经费的消息时,一名自称代表全国这4000多个受益学区教育局局长的来自俄克拉何马州的教育局局长奥斯卡·罗斯(Oscar Rose)即警告约翰逊总统取消该计划。[1] 在各方压力下,总统只好放弃了此方案。

由于1965年通过的《初等与中等教育法》规定有资格享受该法第一章经费资助的贫困家庭标准是收入低于2000美元,约翰逊总统希望在1967年将此标准提高至3000美元。同时又提出,凡是一个学区内有100名贫困家庭的学生,或者该学区学生总数中有3%的贫困家庭学生,该学区即有资格获得该法第一章经费的资助。按这一标准,全国就有95%的学区有资格获取经费资助。[2] 这样扩大接受资助的贫困家庭学生范围,必然要追加经费。由此约翰逊总统向国会提出,将联邦政府按《初等与中等教育法》第一章资助的经费从10亿美元提高至25亿美元。然而,国会参众两院经辩论和博弈,最后仅同意增加5亿美元,提高至15亿美元。[3] 很明显,在"书本与子弹"(books and bullets)之间,约翰逊总统不得不选择了后者,将越南战争置于优先地位。从表4-6美国历届总统大选中民众最为关注的议题及教育议题的排名中也能看出,在1968年和1972

① Gareth Davies. See Government Grow: Education Politics from Johnson to Reagan. University Press of Kansa, 2007, pp. 48-49.

② Julie Roy Jeffrey. Education for Children of the Poor. Ohio State University Press, 1978, p. 101.

③ Gareth Davies. See Government Grow: Education Politics from Johnson to Reagan. University Press of Kansa, 2007, p. 56.

年的总统大选中,民众最为关注的、最重要的议题均是越南战争,而教育议题的重要性排名在这两次总统大选中均忝陪末座(1964年总统大选中也排名殿后)。因此,受越南战争的影响,联邦政府在《初等与中等教育法》实施的初期即在经费上受到限制,难以施展其抱负。

（二）国会中期选举前后政治氛围转向财政限制

1. 国会中期选举前的形势

1966年秋季,也即美国国会中期选举前夕,国会的政治气氛总体上开始趋向保守,具体反映在财政预算领域。这种政治气氛的转向可体现在两个方面:第一,根据表4-4中约翰逊总统在第二个任期内联邦政府的行政与立法权力概貌中可看出,在1965—1966年的第89届国会的党派议员构成中,民主党在参众两院的席位均远超共和党,由此为约翰逊总统在此期间推行"伟大社会"计划和通过包括《初等与中等教育法》在内的一系列教育法律奠定了非常有力的基础。然而,至1966年夏天,虽然占多数的民主党议员仍然继续大力支持约翰逊总统的"伟大社会"计划,但共和党议员主张的节制财政开支的议案也逐渐赢得更多议员的认同。第二,在第89届国会众议院中,共有71位民主党议员是新晋议员,他们中有许多人代表的选区通常拥护共和党。他们之所以能在1964年11月的国会选举中胜选,很大程度上是搭了约翰逊总统的便车。然而,1966年11月的国会中期选举前夕,约翰逊的民众支持率已从1965年底的62%下降到1966年5月的46%,并在其后的大半年中没有反弹回来。这就使这些民主党的新晋议员感到他们连任的机会有被约翰逊总统连累的可能性。为继续保持他们在国会的席位,他们开始与约翰逊总统保持距离,在有些议题上有意识地与约翰逊总统切割。例如他们开始减少对民权和"向贫困开战"运动的支持,同时也转向限制财政开支的立场。①

国会政治气氛转向的信号之一反映在国会当年未能通过约翰逊总统提交的《公平住房法案》(*Fair Housing Bill*)。该法案是约翰逊总统推行的"伟大社会"计划的组成部分,对保障黑人购房自由、促进种族融合有着积极意义,是黑人民权运动中的一项重要成果。除了共和党议员反对之外,相当一部分民主党议员不配合也是一个重要因素。直到约翰逊总统任期最后一年的1968年该

---

① Gareth Davies. See Government Grow: Education Politics from Johnson to Reagan. University Press of Kansa, 2007, pp. 56, 308.

法才通过。[①]另一件事是发生在国会夏季休会之后,约翰逊总统提交的预算方案又在国会搁浅了,国会要考虑对其预算方案予以压缩。按正常的情况,这是不会发生的,因为民主党议员在国会参众两院都占有多数席位,但是,由于许多民主党议员开始与约翰逊总统离心离德,他的预算方案未能过关。而这一阻挠直接影响了1966年《初等与中等教育法》修正案的经费数目。最终通过的教育经费拨款低于约翰逊总统所要求的规模。《初等与中等教育法》修正案的经费拨款数目并不是单一案例,在1966年约翰逊总统向国会提出的总共15个经费拨款法案中,国会最后通过的13个法案所拨经费均低于约翰逊总统的要求。事实上,这种国会政治氛围的转向而导致国会与总统在财政支出和税收问题上的争斗,贯穿了约翰逊总统任期的最后2年。

2. 国会中期选举后的形势

1966年11月的国会中期选举结果突然大幅度地改变了国会参众两院中原有的党派力量对比。尤其是众议院的变化最大:在1964年胜选的民主党新晋议员有一半被淘汰了,只有一些南方温和派民主党议员获得连选,最终结果是共和党新增了47个众议院席位。[②]由此,民主党对共和党的优势从第89届国会众议院的295席比140席降到第90届国会的248席比187席。虽然民主党在参议院仍然保持多数席位,但是共和党也有斩获,新增了4席(见表4-4中数据)。好在胜选的共和党议员中大多数是著名的温和派,他们虽然批评约翰逊总统的"伟大社会"计划的过度自由主义,但是他们认同联邦政府在改善教育制度、减少贫困和消除种族歧视方面的作用,他们自我标榜为"现代的共和党人"。

共和党在国会中期选举中的表现使他们信心大增,2个月后,1967年1月,国会参众两院的共和党领袖分别发表国情咨文,公开表明共和党是一个追求正面、现代化和建设性的政党,共和党拒绝的不是政府本身,而是政府的官僚作风、繁文缛节、过度集中、福利主义以及浪费的行为。就教育而言,共和党并没有建议停止联邦政府的经费流向全国的学区,而是希望以更加尊重联邦制的方式,采取不同的方式分配经费。具体到即将面临的对《初等与中等教育法》的修正问题,他们认为最低限度需要对该法大幅度地简化,减少过多的繁

---

① 王春雨:《浅析"1968年公平住房法"出台背景》,载《现代交际》2017年第20期,第186-187页。

② Gareth Davies. See Government Grow: Education Politics from Johnson to Reagan. University Press of Kansa, 2007, p. 58.

文缛节，排除联邦政府对教育系统的干涉。因为共和党人相信地方学校董事会制定政策和确定轻重缓急的能力远远超过华盛顿官僚。要避免联邦政府对各州教育的干涉，最好的办法是税收分享和税收抵免。如果民主党人控制国会，拒绝考虑将分税制立法，共和党人将寻求整笔（批量）教育拨款（block education grants）的替代方式[①]，不需要联邦政府指定拨款用途或控制。

总而言之，共和党在1966年11月的国会中期选举中因斩获较多，士气大振，他们试图在国会的立法事项上争取更多的话语权。他们虽然认同1965年《初等与中学教育法》中确定的联邦政府有义务资助教育的原则，即解决了多年来困扰美国联邦政府的是否（whether）向全国中小学提供资助的问题。但是，他们不满意民主党主导的采用专项经费资助中小学项目的方式，故他们提出采用整笔（批量）拨款（block grants）资助教育的方式，即如何（how）向全国中小学提供资助的问题。而围绕这一问题，约翰逊总统遇到了任期内最大的一次挑战。

（三）国会中期选举后共和党对《初等与中等教育法》资助方式的挑战

两党围绕着如何（how）向全国中小学提供资助的争执，又使我们前面提及的困扰美国社会的三个"R"全部浮上了水面，在整个博弈过程中，三者的利益互相交织在一起，异常复杂。

这场挑战的发起者是明尼苏达州的国会众议院资深议员艾伯特·奎伊（Albert Quie），当时他担任众议院共和党少数党领袖。这位年轻时当过海军飞行员，后又当过州长的奎伊众议员一直对约翰逊总统的"伟大社会"的自由主义计划给予尖锐的批评，尤其是反对"向贫穷开战"。由于奎伊旗帜鲜明地批评约翰逊总统的"伟大社会"计划，因此共和党都很赞赏他，奉他为旗手。但是，与许多共和党议员的批评不同，奎伊并不是为批评而批评，他早在1967年以前就提出了带有现代共和党标签的提供经济机会的建设性主张。奎伊在20世纪50年代中期担任明尼苏达州议会议员时，在制定公共政策过程中即擅长政策的制定方法。这也体现在他的教育政策上，在1965年，尽管他认为在法理上联邦政府可在中小学教育中发挥一定的作用，但他还是投票反对了《初等与中等教育法》。然而，在次年（1966年）对《初等与中等教育法》授权延期时，他又倒

---

① 这里的批量教育拨款（block education grants）或整笔（批量）拨款，实际上是指将资助各州各个教育项目的经费打包一次性拨付给州政府，由各州政府包干并自主分配给各个学区和学校。这个问题的背后涉及联邦政府与地方权利之间的关系。在其后的几十年中，共和党和民主党一直就采用整笔（批量）经费拨款还是专项经费拨款的资助方式进行斗争。

戈了,投票赞成该法案。他曾在一封给选民的信中陈述了他的实用主义理论,他对联邦政府在教育中的新角色表示担忧:"我注意到,我对联邦政府资助教育的方式也有与您同样的内心冲突。"同时,他担心"如果采用专项资助的方法延续一定时间,我相信我们的教育系统将会不平衡,这样会倾向于削弱各州制定他们各自优先事项的能力,从而使他们过于依赖华盛顿"。[①] 为了避免这种危险,奎伊认为一旦专项资助计划实施了几年,就应该转化为普遍资助(general aid)。

基于上述立场,奎伊提出了对《初等与中等教育法》的修正案,主要修正联邦政府在教育中所扮演的角色。奎伊的修正案提议采用一笔单一的联邦政府拨款(a single grant)来取代《初等与中等教育法》中的四个专项拨款(除了该法第四章资助教育研究的联邦拨款之外)。按照一个分配公式,联邦政府的经费将会更多地流向贫穷的州。显然,奎伊提出的修正案并没有减少联邦政府对各州的资助总量,但是,约翰逊政府还是深感忧虑。这里有一个历史原因,我们在前文曾论述过,自第二次世界大战结束至1965年的20年期间,持自由主义立场的民主党一直支持这种"普遍资助"(例如,1961年肯尼迪总统即提出过这样的法案),而当时持保守主义立场的共和党却一直是反对的,他们担心如果联邦政府对各州教育进行普遍资助,将会引发联邦政府对地方教育各方面的控制。当时,共和党更倾向于为特定目的提供专项资助,理由是这样可将联邦政府的作用局限于那些利益攸关的特定教育领域(例如,在1950年通过的《影响援助法》、在1958年通过的《国防教育法》等)。

然而,自20世纪60年代初以来,保守派的共和党和自由主义的民主党在这个问题上已互换了立场。在1967年,民主党倾向于支持专项资助:一方面,他们认为联邦政府资助的经费比例很小,不会对各地学区的教育优先事项有影响;另一方面,得益于专项资助的特殊游说团体(例如图书馆馆员、教学设备制造商和研究性大学等)更希望采用专项资助方式。与此同时,共和党则越来越担心专项资助的后果:他们认为这是一种违反地方控制原则的指令性行为,它将国家的问题受制于一个新冒起的"教育产业综合体"的狭隘利益。

奎伊的修正案对约翰逊政府构成了潜在的挑战,虽然民主党在参议院的席位还维持绝对多数,但在众议院的局面已不容乐观。奎伊期望争取南方议

---

① Gareth Davies: See Government Grow: Education Politics from Johnson to Reagan, University Press of Kasa, 2007, p. 62.

员的支持,因为采取一笔性的(批量)拨款方式有利于南方贫穷州。另外,一旦削弱联邦政府的官僚干涉,也可减轻南方各州面临的废除其学校种族隔离的压力。与此同时,很多州教育机构和学区也更喜欢普遍性资助,这样他们可用于迫切需要的地方(例如用于学校建设,或增加教师的薪水等),而不是推动约翰逊政府更抽象的社会政策的落实。最后,普遍性资助也会减少很多烦冗的文书工作。奎伊在1969年的回忆中曾提及:"当时我觉得我们在教育方面正在急剧地加大联邦政府的管辖……学校系统不得不专门雇一个人来关注联邦政府的项目,由其负责四处搜寻各类项目并确认学校是否有资格接受这些项目的资助。如果我们将各类项目统合为一体,学校就可以大大简化所有烦琐的申请手续,给予各地学校更多的灵活性。"[1]

由此,奎伊的修正案在约翰逊政府内部引起了很大的担忧。虽然约翰逊总统并不认为奎伊的修正案最终能获胜,因为民主党掌控着参议院,纵然共和党能在众议院获胜,也是一场非常艰苦的搏斗。问题是,如果民主党在众议院失利,在心理上对民主党将是一次极其沉重的打击,将会进一步弱化约翰逊总统已经削弱的地位,增强已经相当活跃的共和党保守派的势力。当时的《华尔街日报》报道,这场争斗是对约翰逊总统"在第90届国会中是否有能力控制其国内政策的进程、反对共和党要求的'新方向'的首次明确检验"。基于"对学校资助是约翰逊总统'伟大社会'计划中最受欢迎的部分,一旦共和党成功,将会重塑并改变其他的立法。虽然从一个单一的法案投票结果得出这样的结论总是危险的,但这一结果可以重设整个国会会议的基调。如果共和党成功通过他们的整笔(批量)拨款方式,他们显然就成了众议院的主人,今后任何想要通过法案的人都将倾向于接受他们的条件"[2]。

面对这一严峻的局面,约翰逊政府开始了反击。为避免其政治地位进一步削弱,政府各部门对奎伊的修正案发起了猛烈和持续的攻击。根据对各种力量的分析,约翰逊总统和助理们认为,要扭转当时的不利局面,关键在于要把天主教和其他私立教育团体争取过来,使他们也加入反对奎伊修正案的阵营。从天主教徒的角度分析,虽然他们从1965年通过的《初等与中等教育法》中并没有得到预期的那样多,但是根据该法的前三章所拨出的经费都惠及了

① Christopher T. Cross. Political Education: National Policy Comes of Age. Teachers College Press, Columbia University, 2004, p. 37.

② Gareth Davies: See Government Grow: Education Politics from Johnson to Reagan, University Press of Kasa, 2007, p. 63.

天主教学校,而且,在1966年该法添加的资助残障学生的新一章的经费也同样惠及教会学校的学生。另外,在执行该法的过程中,各州教育委员会、地方教育委员会以及像全国教育协会(National Education Association, NEA)这样的压力团体已经与天主教学校建立了良好的合作关系。因此,当奎伊提出其修正案时,约翰逊总统的团队即不失时机地向美国天主教会议(U.S. Catholic Conference, USCC)教育部的官员警告说,奎伊的修正案很可能会导致天主教学校失去《初等与中等教育法》中规定的经费。

仔细分析,约翰逊政府的这一警告也并非空穴来风,因为当时有超过30个州禁止州政府的经费以任何形式资助私立学校。那么在这些州,如果联邦政府的经费以整笔(批量)拨款的方式交由各州分配,而不是由联邦政府直接拨给各个学区,对教会学校和私立学校学生的资助就会受到威胁。在约翰逊政府团队的挑动下,在奎伊向国会提交修正案的当天,一个有影响力的私立学校集团执行董事即向其下属的会员学校发了一封紧急信,在信的一开头就警告说:

> 除非立即采取严厉措施,否则,非公立学校的孩子们将被所有未来的联邦政府资助教育的计划排除。由此,联邦政府对教育的普遍资助将没有非公立学校孩子的份了。

信中要求所有收件人都给他们选区的国会议员打电话,发电报,并动员50个同事采取类似行动。这封信甚至以一种骇人听闻式的末世论话语结束:

> 请不要接受国会议员对任何不平等法案的妥协……这场博弈将可能于5月1日前结束! 如果我们不愿接受失败的结果。请现在就行动! [1]

这封信迅速将教区和私立学校调动起来了。显然,这场争斗已成为对约翰逊政府的整个国内施政计划可信力的测试。在另一边,奎伊也没有闲着,他也迅速采取行动,一方面,他分别找天主教和私立学校头面人物谈话做工作;另一方面,为安抚天主教徒,他修改其建议以避免人们将联邦政府的经费和各

---

① Gareth Davies: See Government Grow: Education Politics from Johnson to Reagan, University Press of Kasa, 2007, p. 65.

州的经费混在一起（这意味着尽管由各州政府分发经费，但这些经费仍将被称为"联邦经费"，绕过各州政府对教会学校资助的禁令）。当意识到未能完全打消天主教和私立学校的顾虑时，奎伊进一步提出，如果某一个州没有将联邦资助经费分配给私立学校学生，联邦政府将收回该州的经费。然而，这样做却背离了他提出将权力下放给各州的初衷。鉴此，约翰逊政府官员又抓住这点指责他，称他的做法毫无原则，完全是站在党派立场上伤害民主党人。

据观察人士分析，奎伊的普遍资助方案有一个弱点，即如果赋予各州政府自主分配经费的权限，学区和相关利益团体无法保证可获得按原来《初等与中等教育法》规定的与专项资助相同的经费。约翰逊政府团队在公开和私下拼命向那些主要的相关教育团体灌输这些信息，使他们逐渐远离了奎伊的方案。

在约翰逊总统及其团队的猛烈攻击下，奎伊曾在接受一家共和党媒体采访时承认："约翰逊使大城市的教育局局长认为若按照我的计划他们得到的钱会减少，使乡村学校认为他们会受骗，使私立学校和教会学校担心他们会受损，使民权支持者害怕降低反对种族隔离的力度，以及使种族隔离主义者害怕我的计划将导致对其更严格的制约。"他认为这都是约翰逊政府对他的不实攻击所致。然而，约翰逊政府的团队对奎伊的攻击丝毫不留情，指控他一贯反对联邦政府对教育的作用。他们翻他的历史旧账，列举出他历年来反对教育法案的记录，例如他曾经反对1960年和1961年的《学校建设法案》、反对1963年的《卫生职业教育援助法》（*Health Professional Educational Assistance Act*）、反对《职业教育法案》（*Vocational Education Act*）、反对1964年的两个关于图书馆建设费用的法案，以及反对1965年的《初等与中等教育法》和反对1965年的《高等教育法》（*Higher Education Act*）等。约翰逊政府团队把奎伊的这些记录整理成文后，在国会议员中广为散发。其结论是强调奎伊在教育议题上扮演了两面人的角色，指责他一贯反对联邦政府对教育的作用，认为他这次提出教育修正案完全是假象，据此打击他的声誉。

在关键时刻，约翰逊总统从德国访问归来，他立即亲自加入了战局。约翰逊总统一方面加大宣传《初等与中等教育法》立法2年以来所取得的成就，另一方面从正面阻击奎伊。约翰逊总统警告说："现在一些所谓的'教育之友'想倒退到我们2年前起步的地方。他们声称知道一种更好的花钱方式。他们建议放弃1965的《初等与中等教育法》，而用另一种立法代替。没有人能确切地知道他们将如何计划改变法律，每天他们都会推出新版本，但是他们这些版本激起了贫穷州对富裕州的疑虑、挑起了教会学校和公立学校领导人之间的争斗、引起了大都市的学校管理者的恐惧。他们设置了同样的路障——这些路障曾经阻止联邦政府对教育的资助长达20年之久。我希望国会议员们在走向这条死胡同之前,请停下来,看看,听听!现在是检验美国教育的时候了。迄今为止,我们所取得的成就还只是开始,我们必须维护它们。但是,我们绝不能使这种为了获取党派政治优势而不顾后果地改写法律的企图得逞。"

约翰逊总统充满战斗力的讲话发表后,促使民主党阵营的士气大振。随后局势也愈益明朗化:天主教学校和私立学校的团体表示将会反对奎伊的修正案,与此相应地,代表势力强大的天主教区的共和党国会议员也深感压力,他们也不得不持反对态度。虽然他们也喜欢一般的援助——但其他教育影响力大的团体会支持政府。一些重要的教育利益团体如全国教育协会(NEA)最初打算骑墙:他们内心是倾向于奎伊建议的普遍资助,但又不愿损害与联邦政府的关系。但是,仅仅10天以后,当有迹象表明奎伊的修正案是对"伟大社会"计划的大规模进攻时,他们立即予以反对,紧随其后的还有全国学校董事会协会(National School Boards Association,NSBA)、全国家长教师协会(National Parent-Teacher Association,PTA)和一些大城市的教育局局长。主要教育利益团体中只有各州学校首席教育官理事会(Council of Chief State School Officials)还继续支持奎伊的修正案。该组织认同奎伊整笔(批量)拨款方案的前提条件是:每个州在1969年通过整笔(批量)拨款获得的经费总额不少于1968年各州通过专项资助所获得的经费总额。

对于约翰逊总统来说,要取得胜利,最后还要争取南方议员的支持。约翰逊总统的助理分别向他们做工作,明确利害:如果众议院通过奎伊的修正案,天主教团体也会阻止它,那样会造成学区回到1965年以前的状况(即失去联邦政府对各州学区的直接专项经费资助)。然而,国会共和党议员也在努力打造南方民主党多数派联盟,争取其支持。约翰逊总统助理们已清楚地看到,由于已争取到天主教团体的支持,民主党在国会众议院中将得到190票的支持,但这还不足以"赢得这场战斗"或"进行全面的摊牌",也就是说,在接下来的2周中,约翰逊政府还要为大约30张的票数而四处搜寻。

现在一切都取决于南方民主党议员。约翰逊政府助理分析后向总统解释,在奎伊的方案下,美国南部各州将会损失部分联邦政府的经费,但是,相较于实施联邦政府制定的学校种族融合的指南,后者对南部各州的压力远远超过了前者。为了把南方民主党议员争取过来,约翰逊总统指令当时的联邦政府卫生教育福利部宣布:将该指南的实施推迟1年。这样做可安抚南方民主党议员并软化其立场,使他们中间的温和派更倾向赞成对《初等与中等教育法》的更新和延期。

在双方阵营进行了大量的准备后,最后的决战时刻终于来临。1967年5月24日,在国会众议院先对奎伊提出的《初等与中等教育法》修正案(Education - ESEA Quie Amendment)进行投票表决,结果奎伊以168票比197票的微弱劣势被击败。事后《国会季刊》(Congressional Quaterly)分析,共和党失败的关键是未能争取到足够的南方民主党议员的支持。如果他们能再争取到15张赞成票,奎伊的修正案将会在众议院获得通过,然后转入参议院开辟另一个新战场,其结果至少能导致《初等与中等教育法》的大幅度修改。[1]几小时之后,众议院又对约翰逊总统提交的《初等与中等教育法》延期议案进行投票表决,由于奎伊的修正案已经失利,原来还在犹豫的议员见大势已去,遂对该法投了赞成票,结果该法以压倒性的294票比122票获得通过。至此,保守派与自由派的对决终于以后者的胜利拉下了帷幕。

1966年11月美国国会中期选举后,共和党保守派与民主党自由派就联邦政府如何资助教育展开了斗争,牵涉的各方利益团体(教会、种族、联邦政府与地方政府、公立与私立学校等)和党派利益(共和党与民主党)的广度和深度均是前所未有,其争斗的过程也跌宕起伏。最后约翰逊政府将利益团体各个击破,终使《初等与中等教育法》修正案涉险过关。对于约翰逊总统度过这一重要危机后的意义和前景,在赢得胜利后的次日早晨(1967年5月25日),约翰逊总统的助理塞缪尔·海佩林(Samual Haiperin)在备忘录中作了很好的总结:

第一,联邦政府对教育的资助将继续维持。两党的主要分歧是在资助的规模上:约翰逊政府的33亿美元方案对共和党的30亿美元方案。然而,最终294票比122票投票表决的结果,明确表明了两党共同支持联邦政府对初等和中等教育的大规模资助。从此,最大的问题已不是联邦政府"是否"(whether)提供资助,而是转向"如何"(how)资助。

第二,私立学校的力量空前强势。天主教所施加的压力是击败奎伊的主要力量。共和党将再不会忽视私立学校的利益……我也无法预想本届政府将会提出任何一项无视私立学校的利益,而"仅惠及公立学校"的法

---

[1] Gareth Davies: See Government Grow: Education Politics from Johnson to Reagan, University Press of Kasa, 2007, pp. 70–71.

案(如同1961年肯尼迪政府所做的那样)。这场为期3天的辩论的一个显著特点是,各方都对天主教学校的儿童参与联邦政府的计划感到关切。[①]

第六节　小　结

最后,我们想对本章的内容和特点简要归结几句,也为下面的章节作一些铺垫。

一、《初等与中等教育法》的作用、意义与成效

1. 时代背景

本章之所以用了较大的篇幅,有几个原因:一是本章涉及的20世纪60年代是美国社会矛盾最为尖锐的时期,阶级矛盾和种族矛盾互为交缠,加之越南战争的影响,社会动荡剧烈,美国社会犹如一个"火药桶"。在此背景下,2任民主党总统肯尼迪和约翰逊均加大力度实施一系列社会改革,以缓和各种社会矛盾。尤其是约翰逊总统任内推行"伟大社会"计划,以"向贫困开战"运动为中心,力求从根本上铲除美国的贫困现象。

2. 约翰逊总统的作用

作为一个有作为的政治家,约翰逊总统在这场社会改革中扮演了关键的角色。他的社会平等理念、早期的教育经历、多年的从政阅历、雄心勃勃的志向、娴熟的政治运作与策略等个人特质,加之在他总统任内2届国会均由民主党议员掌控,约翰逊总统成功主导通过了美国历史上最重要的教育法《初等与中等教育法》,从而使约翰逊总统被誉为美国历史上第一位"教育总统"。

3.《初等与中等教育法》的意义

该法是美国历史上第一个不与某一特定项目或特定群体相联系的教育法[②],该法面向全体学生,重点资助贫困学生;该法也是第二次世界大战以后通

---

① Gareth Davies：See Government Grow：Education Politics from Johnson to Reagan，University Press of Kasa，2007，p .72.

② 例如早期通过向各州和地方赠地以建立公立学校的1785年《土地条例》和1787年《西北条例》、资助高等农工学院的1862年和1890年的2部《莫利尔法》、以特定专业领域为资助对象的1917年职业教育法《史密斯—休斯法》、以特定群体为资助对象的1940年的《兰哈姆法》和1944年的《退役军人权利法》、以国防安全为目的的1958年的《国防教育法》。

过的第一个不与国防和战争（热战和冷战）相联系的教育法；更获选为在整个20世纪100年中对美国迅速崛起、持续发展与高度创新起了关键作用的有关国计民生的重大投资项目之一。自此联邦政府从传统的对教育信息收集和传播的角色转为对联邦资助经费和项目监管的角色，开创联邦政府参与全国教育决策的开端。

4. 开局顺、收局挫

如同前文所述，鉴于约翰逊总统个人的作用、国会由民主党所掌控、底层民众的诉求以及社会各方利益团体的博弈和妥协，《初等与中等教育法》仅用了87天即通过了，可谓开局非常顺利。然而，良好的开端并不意味着有成功的结果。在该法制定过程中力求克服的困扰美国社会的三个"R"在该法实施的最初阶段不但没有消除，依然以新的形式存在，而且还产生了经费的使用和分配以及成效的新问题。正如杰弗里（Jeffrey）所描述："在大多数情况下，这些问题与保守主义者所设想的恰恰相反。天主教徒没有得到他们应得的经费，黑人学生没有融入白人学校，联邦教育办公室在经费使用上未能支配各州和地方当局。"[1]

5.《初等与中等教育法》成效有限

如果说该法没有效果，也非实事求是，但效果比较有限。该法在实施过程中所产生的问题显然更为明显，例如联邦政府的经费被滥用、联邦政府的资助未同样惠及教会与私立学校学生、联邦政府的资助未能使学校废除种族隔离、联邦政府的经费使用未能得到定期的审计与评估、联邦政府的资助未能提高贫困学生的学业成绩等。显然，该法的实施结果表明其得失并不明朗。值得注意的是，由于共和党和民主党在这些问题上分歧明显，往往难以在行政和立法层面予以解决，这就为司法的介入提供了机会，在下一任共和党总统任期内，是美国各级法院受理和判决的教育案件最为集中的时期。

6. 从是否资助转向如何资助

《初等与中等教育法》的通过与实施使联邦政府从是否资助中小学转向如何资助中小学。自第二次世界大战至1965年《初等与中等教育法》通过的20年期间，联邦政府围绕着是否资助各州中小学的问题进行了旷日持久的争论，由于受到前述的美国社会特有的三个"R"问题以及各利益团体的掣肘，始终无法解决这一问题。1965年之所以能通过《初等与中等教育法》，靠的是民主党

---

[1] Julie Roy Jeffrey. Education for Children of the Poor. Ohio State University Press, 1978, p. 136.

在国会拥有大多数席位,从而解决了联邦政府是否资助中小学的问题。然而,在该法的实施过程中,两党围绕着如何资助的问题,即采用何种方式能更有效地资助,又进行了激烈的争执,直到约翰逊总统卸任时,仍然没有平息的迹象。到1968年,越南战争的困境使"伟大社会"计划大部分化为泡影,《初等与中等教育法》实施过程的不顺使共和党与民主党以及民主党内部陷入严重的分裂之中,所有这一切使约翰逊总统筋疲力尽,迫使约翰逊宣布放弃总统连任竞选。这些问题因而延续到以后历届总统任内,我们将在下面几章中继续讨论。

总而言之,作为美国历史上最主要的教育法,《初等与中等教育法》对美国教育改革与发展的作用是不可否认的,尤其在消除学校中的种族隔离和促进各族裔学生的教育融合方面作用显著。例如,在1954年,南方和南方边境各州仅有0.001%的黑人学生与白人学生同校,至《初等与中等教育法》通过的前1年(1964年),整整10年期间才提高到2.3%。而在该法通过后的1965—1968年的短短3年期间,南方和南方边境各州的黑人学生与白人学生同校的比例即从6.1%上升到32%。然后在其后的2年(1968—1970年),又从32%大幅度上升到85.9%。[1]但是,《初等与中等教育法》在最初的实施过程中产生的问题,既有该法最初设计上不足,也有中小学自身的问题,更有美国社会根深蒂固的各种社会和政治问题的制约和掣肘。不管如何,《初等与中等教育法》将影响其后50年的美国教育政策的走向。

二、《初等与中等教育法》执行过程中产生的问题

我们详细论述了1966年美国国会中期选举前后,由于越南战争的影响、政治氛围的转向、国会党派力量对比发生的变化以及社会各方利益团体的诉求,各方利益相关者围绕着《初等与中等教育法》的预算、财政拨款以及资助方式等问题进行了激烈的争斗和博弈,最终以约翰逊总统的民主党在国会投票中险胜而使《初等与中等教育法》得以延续,那么我们接下来将对《初等与中等教育法》本身在实施过程中所产生的问题和效果进行考察。

我们将从五个方面进行分析:联邦政府的经费用途是否适当? 联邦政府的资助是否同样惠及教会与私立学校学生? 联邦政府的资助是否有助于学校

---

[1] Frederick M. Hess and Andrew P. Kelly. Carrots, Sticks, and the Bully Pulpit: Lessons from a Half-Century of Federal Efforts to Improve American Schools. Harvard Education Press, 2011, pp. 100-101.

废除种族隔离？联邦政府的经费使用是否得到定期的审计与评估？联邦政府的资助是否有助于提高贫困学生的学业成绩？

（一）《初等与中等教育法》的经费误用问题

自1965年通过《初等与中等教育法》后，联邦政府对教育拨款的开局并不很顺利。前述的国会对《初等与中等教育法》的拨款拖了近1年于1966年4月才到位，其时中小学的学年已经快要结束。由于该法的拨款一开始就不及时，故1966年暑假期间仅有250万中小学学生受益于该法第一章的经费资助项目，虽然1967年受益学生人数猛增至900万，但这些受益学生并不都是贫困家庭的儿童。至1969年，据卫生教育福利部对2万名接受该法第一章资助项目的学生的调查，估计大约仅有一半的学生是来自非常贫困的家庭。[1]

虽然在《初等与中等教育法》通过前夕，联邦政府设立了一个教育办公室（Office of Education），该机构的职责即专事于为实施《初等与中等教育法》制定各种规章制度和执行指南，然而该机构的运作并不顺畅，出现经费误用问题，导致相当一部分贫困学生未能受益。在约翰逊总统任职期间，联邦政府对教育拨款的管理和运作不善，问题频出，联邦政府和各州均怨声载道。

为此，国会曾于1966年、1967年和1969年分别就此问题召开过三次听证会。联邦政府总审计官、卫生教育福利部的审计部门以及教育办公室也都就《初等与中等教育法》第一章规定的经费在各州的执行情况发布过不计其数的报告。例如，1970年，在对4000所小学进行了一次规模很大的调研之后，教育办公室发布了一项对该法第一章规定的经费使用情况的评价报告。除了联邦政府各个部门的调研报告之外，还有一个由总统任命的12位相关学者和专家组成的"全国处境不利儿童教育顾问委员会"（National Advisory Council on the Education of Disadvantaged Children）负责对第一章规定的经费的管理和学业成绩进行评价，并每年向总统和国会提交一份报告。各地民间机构和非政府组织也主动参与调研与评价，如"全国有色人种协进会"（National Association for the Advancement of Colored People）、"华盛顿研究项目"（Washington Research Project）、"纽约城市教育中心"（Center for Urban Education in New York City）等都进行了独立的调研，提供了多维度的研究成果。[2]这些研究报告反映了一些共同的问题，最终集中于经费分配方案。

---

① Julie Roy Jeffrey. Education for Children of the Poor. Ohio State University Press, 1978, p. 98.

② Julie Roy Jeffrey. Education for Children of the Poor. Ohio State University Press, 1978, p. 99.

《初等与中等教育法》通过后,卫生教育福利部的专家们即设计了一个将该法第一章规定的经费资助各地贫困学生的分配方案(formula)。根据对各州学生情况的统计,该分配方案确定了几条标准。

第一,凡是家庭年收入低于2000美元或领取社会福利的家庭学生均有资格接受资助。而按照这一标准,一个校区中最少有100名贫困学生或者学区中有3%的贫困学生,该学区即有资格获得第一章的经费资助。然后将这些有资格接受资助的贫困学生人数乘以州政府为每位学生提供的教育经费的平均数,最后再除以2,即得出该学区得到的经费资助的总数。由于获得第一章的经费资助的门槛很低,全国有95%的郡有资格获得第一章的经费资助。如此广泛的资助覆盖面就产生了一些不公平问题:教育经费支出高的富裕的工业州所获得的第一章的经费资助要多于贫穷的农业州。在国会1966年的听证会上,一位知情者即针对这种经费分配方案的瑕疵明确指出:"如此多(90%~95%)的学区都受到贫穷的严重影响,这似乎是不可想象的。富裕的学区已经配备足够好的教师和设施以帮助本来人数就不多的贫穷学生,目前的经费分配方案欺骗了贫穷的学区,给贫穷的学区的经费少得多。"同样,1967年,卫生教育福利部的调研也支持了上述观点,报告中指出,贫困的学生事实上主要集中在一些地区,其中有80.6%的贫困学生集中在全国31.8%的学区,很显然,《初等与中等教育法》的经费并没有流向这些贫困学生集中的学区。卫生教育福利部的报告还列出了具体数字:"财政支出高的学区平均用于每位学生的教育经费为257美元,而财政支出低的学区仅为149美元,富裕的学区用于贫困学生的经费远高于贫穷学区用于贫困学生的经费。"[①]

第二,除了上述问题之外,在约翰逊总统任期的最后2年中,分配方案的另一个不合理问题也冒出来了。美国人口普查是10年进行一次,1965年《初等与中等教育法》通过后,当时卫生教育福利部是根据1960年人口普查所统计的全国各地区贫困儿童数据设计的第一章的经费分配方案,然而至1967年和1968年,这些数据已不再适用了。采用这些过时的统计数据必然产生很多问题,尤其是在移民人口流入较多的大城市,新流入的贫困移民儿童需要学校提供更多的特殊服务。然而,这些新流入的儿童并未被计入第一章的经费分配方案中,这些大城市面临着减少或剔除对日益增多的儿童服务项目的状况。与此

---

① Julie Roy Jeffrey. Education for Children of the Poor. Ohio State University Press, 1978, pp. 101-102.

相对的是，采用过时的统计数据却使那些贫穷人口减少的地区受益。例如，在富裕的长岛社区，1960年后，有一部分贫困人口已迁移出去，但该学区仍然有资格领取第一章的经费资助，该学区也一直在使用第一章的所有经费。

（二）教会学校和私立学校未获得充分的应有资助

为赢得天主教的支持，1965年的《初等与中等教育法》在酝酿过程中，国会曾兼顾了教会学校和私立学校的利益，遵循"学生受益理论"，将在教会学校和私立学校学习的贫困家庭学生也纳入到享受《初等与中等教育法》第一章的资助范围中。该法的制定者所设计的方案并不将第一章规定的经费直接拨给教会学校和私立学校，而是指令地方学区将在"教会学校和私立学校学习的贫困学生纳入到特殊教育服务和安排计划中（例如双重录取、教育电台和电视、移动教育服务和教育实施等）"。教会学校的学生当时占据全国学生的15%，该法的制定者希望教会学校能获得《初等与中等教育法》经费的10%至13%。但如何实施，则由地方公立学校与教会学校具体商讨安排。

在实施过程中，立法者的良好愿望却破灭了。根据"全国处境不利儿童教育顾问委员会"1966年的报告，参加第一章的资助教育服务计划的教会贫困学生没有达到应有的比例。在1969年的另一份报告中，该委员会对17个社区进行了调研，结论是仅有一部分社区向教会学校的学生提供了第一章资助的教育服务计划。同样在国会1969年的听证会上，来自纽约市西南部布鲁克林区罗马天主教学校的教育局局长提供的一个具体实例也证实了"全国处境不利儿童教育顾问委员会"的报告，"在整个纽约市的处境不利儿童中，有15%的儿童在教会学校学习，但是这些学生仅获得第一章资助的教育服务的4%"。"除了在教会学校学习的处境不利儿童的比例之外，纽约市在1967—1968学年的学校预算中，拨给教会学校学生参加的教育服务计划的经费仅为287.7万美元，而拨给公立学校学生参加的教育服务计划的经费高达4937.1万美元，教会学校学生的所得远低于他们所占的比例。"[1]

鉴于各方的不满和投诉，联邦教育办公室委托波士顿学院2位教授就此问题进行研究。2位教授选取了1966—1968年10个规模大的学区、10个规模中等的学区和10个规模小的学区分别进行了调研。虽然报告显示各个学区的情况参差不齐，但也指出了教会学校和其他私立学校的学生经常享受不到第一

---

① Julie Roy Jeffrey. Education for Children of the Poor. Ohio State University Press, 1978, pp. 105-106.

章资助的教育服务的原因。1965年在通过《初等与中等教育法》时,国会为了避免政教争议,决定在该法中规定:为教会和私立学校学生提供的教育服务活动放在公立学校内进行,更甚的是,由公立学校的官员管理经费并拥有这些教学设施。这样的安排就产生了两个问题:一方面,由第一章资助的教育活动安排的时间对于教会学校的学生通常很不方便,因此他们很难参加。例如,在新英格兰地区的一个城市,有45000名学生就读于教会学校,在1966—1967学年期间,仅有65名学生参加了第一章资助的课后教育。由于年幼的孩子无法参加下午较晚的课后活动,三年级以下的学生根本看不到。而对教育工作者来说,补偿性教育计划(compensatory education program)对年幼的学生是最为有效的。有些州的法律禁止使用校车接送私立学校的学生,更使教会学校的学生难以参加第一章资助的课后教育活动。另一方面,由于公立学校的主管部门在设计教育计划时往往不与教会学校进行商量,据此他们可以将第一章的经费用于减少公立学校的班级规模和提供教师培训。虽然根据《初等与中等教育法》的规定,这种开支是合法的,但对教会学校的学生却毫无意义。

波士顿学院的研究也指出,教会学校的学生参加的第一章资助的项目有限并不仅仅归咎于公立学校的控制,部分也是因为天主教学校系统内部多头管理。很多情况下,没有人可代表所有教会学校统一发声。因此,波士顿学院报告的结论是:这一因素是造成公立学校与教会学校主管当局之间沟通不畅的原因。例如,在中西部的一个校区,公立学校的主管当局甚至无法确认他们应该与教会学校中的谁打交道。[1]总而言之,由于《初等与中等教育法》给教会学校学生的资助是间接的,是通过公立学校主管当局转手的,后者往往很不尽心,导致前者受到不公正的对待。在国会1969年的听证会上,教会学校系统的教育局长们一致向议员们提出恳求,要求严格执行法律,确保教会学校的学生也能获得充分的权益。虽然国会议员对教会学校系统的教育局长表示同情,最终他们的诉求还是被忽视了,第一章规定的经费还是没有拨给许多贫困的教会学校学生。

(三)《初等与中等教育法》在实践中对消除种族隔离效果式微

1. 南方学校顽固的种族隔离制度难以消除

美国学校系统,尤其是美国南方的学校系统推行的种族隔离制度,我们在

---

[1] Julie Roy Jeffrey. Education for Children of the Poor. Ohio State University Press, 1978, pp. 106-107.

前面已作了介绍。事实上，自1945年第二次世界大战结束后的20年间，联邦政府之所以一直无法通过资助教育的法律，主要的障碍就是南方实行的种族隔离制度。约翰逊继任总统不久，利用民众对肯尼迪总统遇刺身亡的同情心理，好不容易于1964年通过了《民权法》。该法最重要的意义是为种族平等立法，并触及南方社会结构的核心，尤其是第六章授权政府就取消学校种族隔离提出起诉，在接受联邦资助的任何机构和项目中禁止种族歧视，如有不遵从即导致资金扣缴或停发联邦政府经费。手握如此尚方宝剑，约翰逊总统随后在起草1965年《初等与中等教育法》时有章可循地排除南方各州维持学校中的种族隔离的干扰。然而，这一问题事实上并未消失。囿于《民权法》的制约，虽然在国会讨论《初等与中等教育法》期间该问题没有摆上台面，但在最后的投票表决时，反对该法的57位民主党众议员中，有54位来自南方各州，同样，反对该法的17位共和党众议员中，有15位来自南方各州。而在参议院中，投反对票的都是来自南方的参议员。很显然，种族隔离制度在这些南方政客的心底里是根深蒂固的，他们深知，《初等与中等教育法》一旦通过，约翰逊总统即会利用该法的经费强行在南方消除种族隔离。

在《初等与中等教育法》通过后不久，联邦卫生教育福利部在着手制定该法第一章的经费管理框架时，为使南方那些事实上仍然实行种族隔离的学校也有资格获得《初等与中等教育法》的经费资助，费尽心机地设计了一份消除种族隔离的指南。指南中专门列出了南方学校如想获得联邦政府经费，必须符合以下三类情况中的一种：第一，如果一个学区没有设置公开的种族隔离标志，该学区只需向卫生教育福利部提交保证书即可；第二，如果学区收到过法院要求其废除种族隔离的命令的，必须向卫生教育福利部提交法院下达最后一份命令的复印件以及含有学校种族构成的信息和采取消除学区种族隔离方法的保证书；第三，对于那些仍然实行种族隔离但没有收到法院命令的学区，卫生教育福利部要求其提交一份保证书，或者一份初始的遵从报告，或者自愿废除种族隔离的计划。卫生教育福利部在一开始即坚定地表明了结束种族隔离的态度，在指南中规定3年之内在中小学所有12个年级都必须取消种族隔离。

联邦卫生教育福利部设计的上述三种选择计划，是否对南方各州有作用呢？首先，联邦政府承诺提供的经费是否足够诱导南方的学区开启其消除种族隔离的进程；其次，对那些在消除种族隔离问题上仅象征性地做些表面功夫或滥用经费的学区，是否必须对其施以断绝经费资助的处罚；最后，如果允许其在上述三类计划中进行选择,《初等与中等教育法》的经费是否能强行用于消除种族隔离。这是因为该法第一章规定的经费是强调服务于处境不利儿童集中的学校,由此,在自由选择的幌子下,南方的学区可能会鼓励贫穷的黑人学生留在自己的学校,使这些学校能获得更多的联邦经费。实行的过程,也证实了南方的学区确实很需要联邦政府的经费,《初等与中等教育法》通过后3个月,1965年7月初,仅有352个南方学区提交规定的保证书,然而,仅过了2周,有1800个南方学区提交了保证书,占到了南方学区总数的一半多。但是,很多学区敷衍了事,它们申请联邦经费的目的并不是真心想消除种族隔离,因此保证书不符合要求。很快其中有700个学区的保证书被联邦教育办公室退回修改。与此同时,教育办公室对未提交保证书的400个学区施加压力,要求他们尽快提交。然而,直到8月17日,仍有200个学区未提交。在此情况下,教育办公室施加了压力,通知南方各州教育局局长和国会议员,如果在本月底再不提交保证书,将断绝经费资助。同时,又采取特殊措施,对那些没有任何保证书的学区,仅要求其提供签字。在如此宽松的要求下,到8月底的截止时间,还是有一小部分学区予以抵制,未提交保证书。

很显然,书面保证消除种族隔离并不意味着实践中一定执行。能否成功利用第一章规定的经费作为杠杆鼓励南方学区消除种族隔离呢?虽然像肯塔基州这样的边疆州确实据此实现了消除种族隔离的目标,但是在其他许多州《初等与中等教育法》的经费甚至被用来维持种族隔离。1967年和1968年"全国处境不利儿童教育顾问委员会"曾就经费滥用问题分别作过2次调研。研究发现,有些学区将联邦经费用于在黑人学校开设补偿教育项目的方式回避种族隔离的问题。例如,南卡罗来纳州教育部报告,1966—1969年该州获得经费资助的学生中,有74%是黑人学生。由于黑人学生通常是贫穷的,因此,大部分经费都用于黑人学校,从而使黑人学校的条件也可媲美白人学校了。

如果黑人学生转入种族融合的学校,他们甚至会遇到意想不到的责罚:失去第一章规定的经费资助。虽然教育办公室在1966年的4月、7月和8月以及1967年的2月和3月分别发布备忘录,明确申明经费"将跟随学生走",但这些备忘录并没有得到充分的执行,从而剥夺了黑人学生参加有价值的学术项目的机会。当然,对于利用联邦政府的经费强化种族隔离的学区,联邦卫生教育福利部完全可依据1964年《民权法》的规定断绝其经费。但是,卫生教育福利部认为,如果终止其经费资助,则是给这些学区开了一剂烈性猛药,意味着千万贫穷黑人孩子无法得到他们需要的教育帮助,联邦卫生教育福利部的官员们不忍心下手。更何况，如果决定终止一个学区的经费，需要准备详尽的法律文本进行诉讼，而这些复杂的官僚程序将使"3500万名孩子卷入旷日持久的案子中"。这种可怕的结果促使卫生教育福利部倾向于尽量与南方不合作的学区进行协商，或者干脆就不作为。结果是，至1967年2月，虽然有157个南方学区列在必须断绝经费的名单上，最终卫生教育福利部仅断绝了其中34个学区的经费。而据民权委员会1969年的估计，仅有1/8的南方学区完全消除了种族隔离。①

显然，以威胁断绝联邦政府的经费来强行推动南方学校消除种族隔离的手段是失败的，卫生教育福利部部长和司法部部长于1969年7月3日公开发表了一个宣言，在承认上述政策失败的同时，他们宣布，由于通过行政程序和警告终止经费资助的措施已经失败，从此政府将鼓励消除种族隔离的问题通过法院来解决。②这就预示了在约翰逊总统的继任者、尼克松总统的任期内美国各级法院将承接和判决历史上最多的教育诉讼案，我们将在下面第五章中予以介绍。

2. 北方事实上的种族隔离现象难以纠正

讲到美国的种族隔离，历史上通常是指美国南方各州在法律上承认种族隔离的合法地位，英文中即为 *de jure segregation*。虽然美国北方各州从未制定种族隔离的法律，但在许多地区尤其是大城市中，贫民区中大部分是黑人等少数族裔的穷人，他们的孩子基本上集中在当地的黑人学校中，白人的孩子集中在白人区的学校，故造成事实上的种族隔离，英文中即为 *de factor segregation*。1965年通过的《初等与中等教育法》中的限制条款也主要是针对南方各州的，因此，在该法的执行过程中，联邦卫生教育福利部的官员们将关注点放在南方学区违法的事例上。

然而，出乎意料的是，联邦卫生教育福利部在全国各学区依法消除种族隔离的权威，遇到的首次考验却来自北方伊利诺伊州的大城市芝加哥。事实上，联邦教育办公室也没有制定针对事实上的种族隔离（*de factor segregation*）情况的政策，这就使联邦主管部门措手不及。

至1965年8月底，联邦卫生教育福利部接连收到多封举报信，投诉芝加哥有15个学区出现了歧视对待，于是联邦教育办公室要求对此调查，并暂时扣压

---

① Julie Roy Jeffrey. Education for Children of the Poor. Ohio State University Press, 1978, p. 111.
② Julie Roy Jeffrey. Education for Children of the Poor. Ohio State University Press, 1978, p. 112.

了给予这些学区的经费。在此之前，"社区组织协调理事会"（Coordinating Council of Community Organizations）在其1965年7月4日提交的举报信中，以大量的证据揭露芝加哥市学校委员会和教育局局长本杰明·威利斯（Benjamin Willis）有意维持种族隔离的事实。随后联邦教育办公室的调查发现，问题主要出在威利斯身上。

威利斯已担任芝加哥市教育局局长13年，他大权在握，应该对大多数种族隔离的决定承担责任。联邦教育办公室的调查报告列举了威利斯在制定《初等与中等教育法》经费的分配方案时，将联邦教育经费用于3个区域：其中两大块是白人区域，包括居民年收入中位数达8000美元的区域。威利斯还暗指，他将使用这些经费购置流动教室，作为规避学校种族融合的手段。面对这些证据，联邦卫生教育福利部官员非常气愤，他们于9月30日致信伊利诺伊州教育局局长，向其举报芝加哥市违法的情况，并指出，除非这些投诉的问题予以解决，否则将扣发其3200万美元联邦政府经费。

然而，联邦卫生教育福利部的决定"摸了老虎屁股"，一方面，伊利诺伊州教育局局长向卫生教育福利部索要更多的投诉信息，另一方面，芝加哥市长戴利（Daley）对联邦卫生教育福利部干涉其城市事务的做法感到暴怒。戴利利用10月3日在纽约与约翰逊总统见面的机会，当面向约翰逊总统告状。约翰逊总统本人确实希望为黑人儿童提供机会，但也不主张强力推行，以避免政治上的尴尬。因此，约翰逊总统一回到华盛顿后，即派联邦卫生教育福利部助理部长威尔伯·科恩（Wilbur Cohen）飞往芝加哥。最后在芝加哥市教育局在消除种族隔离问题上作了部分让步后，科恩放行了联邦政府的拨款。①

芝加哥事件对希望以断绝经费作为解决南方和北方的种族隔离问题的联邦卫生教育福利部是一个重大打击。这次公开的失利促使联邦教育办公室此后行事更为谨慎，倒反而点燃了那些试图规避消除种族隔离人士的希望。在此之后，国会就此问题举行了几次听证会，也没有达成一致。最后以联邦卫生教育福利部再次让步平息争议：对于违法的学区断绝经费时，必须提前6个月通知。事实上，联邦卫生教育福利部已无法利用第一章的规定依法强行消除种族隔离。联邦卫生教育福利部在1970年发表的数据也承认，"在接受第一章资助的小学生中，至少有83%的学生就读的班级中，90%以上的学生是属于同一个种族"。

---

① Julie Roy Jeffrey. Education for Children of the Poor. Ohio State University Press，1978，p. 114.

（四）缺乏对经费使用的定期审计和评估

1965年在对《初等与中等教育法》辩论时，对该法执行过程进行评估即是一个敏感话题。为了争取更多利益团体的支持，使该法能尽可能顺利获得通过，当时约翰逊总统与助理们采取尽量回避此议题的策略。在国会辩论时，肯尼迪总统的弟弟、代表纽约州的民主党参议员罗伯特·肯尼迪还严肃地反对在该法实施过程中缺乏评估的做法。果然，该法在通过后不久的实施过程中，一系列的经费使用问题即冒出来了。

1. 联邦政府层面

由于《初等与中等教育法》中没有明确规定对其经费使用进行评估，故联邦教育办公室总体上不强行要求各州对此进行评估。直到约翰逊总统离任后的1969年，联邦教育办公室从未对各州使用第一章经费的情况进行审计。虽然在此之后，在各方压力下各州需定期对经费项目进行评估，并将结果报告联邦卫生教育福利部，事实上也没人督促他们。例如，马萨诸塞州就从未履行这一法定义务。联邦教育办公室的不作为主要基于三点：一是生怕激起反对联邦政府控制的呼声。二是联邦教育办公室认为缺少经过训练的人员来从事评估工作。三是联邦教育办公室不愿意推动评估，他们担心评估的结果可能表明该法不起作用，从而给反对联邦政府资助的对手们提供政治弹药。

事实上，即使联邦教育办公室没有要求各州提供有关《初等与中等教育法》实施的详细信息，他们在大体上也清楚各州的实施情况。至1971年，联邦卫生教育福利部的审计署抽取了41个州进行审计，以确定他们对第一章经费的使用方式。如同"全国处境不利儿童教育顾问委员会"在同年发布的审计报告显示，这些审计结果清楚地显示出"天真、缺乏经验、混乱、绝望甚至明显违反法律的情况"。[①] 例如，对马萨诸塞州进行的第二次审计发现，该州甚至没有编写对本地社区进行审计的指南，只是对本区域进行过不定期的审计，或者干脆不审计。由于管理不善，马萨诸塞州每年未花完的第一章经费超过100万美元。于是，联邦卫生教育福利部的审计署将这些调查结果转交给联邦教育办公室，但直到1970年，联邦教育办公室从未起诉过任何一个州违反《初等与中等教育法》，联邦教育办公室也没有截留过任何一笔经费，它只是敦促各州采取纠正措施。当然，各州教育局长们也就毫不犹豫地忽视这种温和的压力。

---

① Julie Roy Jeffrey. Education for Children of the Poor. Ohio State University Press，1978，pp. 120–121.

在1971年的财政年度,联邦教育办公室最终决定从威斯康星州、伊利诺伊州、俄亥俄州、俄勒冈州和犹他州追回38.1497万美元的滥用经费。这一温和的举措成功地鼓舞了联邦教育办公室要求另外7个州偿还560万美元滥用经费。联邦卫生教育福利部承认,自《初等与中等教育法》通过以来,各州滥用了大约3000万美元的经费。而联邦卫生教育福利部的一份内部机密报告披露,这个数字超过了78亿美元。① 事实上,联邦教育办公室也通过定期发布经费使用指南试图影响各州对《初等与中等教育法》经费的规范管理,但是,在绝大多数情况下,这些指南受到了各州和地方学区的反对。面对这些顽强的抵制,联邦教育办公室只能放弃。事实上,即使联邦教育办公室试图积极地有所作为,其人员不足的现实也使其举步维艰。例如,1970年1月,联邦教育办公室只有不到30名专业人员,他们要负责第一章经费的所有管理工作。

2. 州政府层面

由于联邦政府机构人手有限,无法面面俱到地管理第一章经费,致使各州对经费的控制权增大。这就使各州发现它们比联邦教育办公室拥有更大的权限。1968年,各州学校首席教育官理事会(Council of Chief State School Officers)曾就联邦政府在管理教育拨款中的作用与各州之间的关系作过解释:"联邦政府应该为各州提供财政资助,但不应通过制定规章或其他足以影响各州或地方教育机构接受联邦经费的手段来寻求统一的资助形式。"而《初等与中等教育法》也基本上认可了这一观点。

理论上,各州在经费控制上应拥有与联邦卫生教育福利部同等的权限,因为《初等与中等教育法》赋予了各州重要的责任。首先,各州认为第一章的经费是在地方层面上执行的;其次,是由各州向联邦卫生教育福利部汇报项目的执行情况。由于各州拥有审批或否决地方项目以及确保经费用于处境不利儿童身上的权限,各州有责任评估项目的运行情况并确认地方政府使用第一章的经费是否有效。因此,各州似乎在强制地方政府执行《初等与中等教育法》和向联邦政府隐瞒信息的过程中处于一个至关重要的位置上。研究也显示,虽然每个州的情况不一样,几乎没有一个州达到法定的管理标准。1971年,联邦卫生教育福利部审计署对38个州进行审计,其中有25个州的管理不善。另外15个州的抽查样本中,有12个州的教育部门未对地方学区进行有效的审计。例如,俄亥俄州地方审计只包括核查其现金收入和地方支出的证明。此

---

① Julie Roy Jeffrey. Education for Children of the Poor. Ohio State University Press, 1978, p. 121.

外，关键的问题是各州没有认真审查项目申请工作。纽约城市教育研究中心透露，纽约市批准的项目或者没有设定目标，或者没有实施的手段。学区教育委员会从未试图了解学校是如何获选参与当地的项目，也从来没有就这些提议提出建设性的意见。

各州也未能有效监督项目的运作。1970年，联邦总审计长发表了一份报告描绘了俄亥俄州是如何不负责任地对待第一章经费的。1968年，克里夫兰市为1500名教育处境不利的孩子在夏季制定了一个特别艺术项目。克里夫兰市原计划向所有儿童开放，但州政府两次拒绝了该市的申请。最后，直到暑假前夕的5月31日，俄亥俄州才批准了该市的申请。然而，在那之后，俄亥俄州政府从来没有关心过这个项目是否按计划进行。事实上，只有593名学生参加这个项目，而这些学生中大约有71%并非教育处境不利的儿童，实质上是滥用第一章的经费。联邦政府审计部门曾多次将这些滥用经费的情况通知各州政府，但没有迹象证明他们做出了改变。因此，尽管各州在执行《初等与中等教育法》方面拥有比联邦政府更大的权力，但它们并没有有效地行使其权力。1971年，"全国处境不利儿童教育顾问委员会"指出，"只有在少数几个州，州教育机构和地方教育机构之间才有紧密的互动关系"。更多的情况下，州政府既不知道钱是怎么花的，也不知道项目是否成功运行。[1]

3. 地方学区层面

虽然各州认为在执行《初等与中等教育法》上应拥有比联邦政府更多的权限，然而在现实中，却是地方学区在使用该法第一章经费中扮演了最为关键的角色。地方学区通常为经费项目选择合适的对象，确认教育处境不利儿童的身份以及向州政府提交项目申请书。最为重要是，地方学区是项目的具体执行者。因此，地方学区官员的权限很大，只有不到10%的地方学区经过审计部门的审查。在联邦政府制定的分配方案的安排下，经费的分配或多或少是预先设定的，地方学区既不需要努力竞争经费，也不需要筹集与其匹配的经费，他们不需要做什么即可得到这些经费。更重要的是，在1966年的一份调查中发现，有70%的地方学区和州教育官员认为第一章的经费不应以贫困为基础分配。言下之意很清楚，地方当局想要联邦经费，但不应附加任何条件。前述的芝加哥市长戴利是这些地方学区的代表，他认为对学校经费支出的实际控制权应尽可能地赋予地方学区。

---

[1] Julie Roy Jeffrey. Education for Children of the Poor. Ohio State University Press, 1978, p. 125.

基于这种错误倾向，"全国处境不利儿童教育顾问委员会"早在1966年就担心第一章的经费将会用于所有儿童，而不仅仅是贫困儿童。该委员会在其1971年的报告中指出，将第一章的经费作为"普遍资助"是一再发生的违规行为，并表示地方学区存在着"明显缺乏遵纪守法的意愿"。由于怀疑卡姆登市（Camden）将第一章经费的很大一部分用作"普遍资助"，联邦总审计长办公室对新泽西州的一项调查中专门审查了该市的经费使用情况。这项研究果然发现了一些问题。首先，第一章经费中有24万美元未用在处境不利儿童集中的项目区；其次，卡姆登市官员承认，他们以为将15%的第一章经费用于项目区以外的学校是可以接受的。他们甚至声称，州教育部曾经通知他们，这种做法是可以接受的。该委员会又审阅了卡姆登市1966—1969年审批的所有项目申请，发现有些项目的经费肯定是惠及了所有儿童。

对其他地方的调研也佐证了卡姆登市的现象，即第一章经费惠及了那些根本不需要资助的儿童。1967—1968年，联邦卫生教育福利部对全国小学执行《初等与中等教育法》的情况进行了一次最大规模的调查，报告指出：第一章经费惠及经济殷实家庭的学业优良孩子的人数远多于处境不利儿童。例如，在超过50万人口的城市中，享受资助的学生有18%来自经济殷实的家庭。而在市郊地区，接受经费项目服务的学生中，更是有一半以上的学生不属于处境不利儿童。各种调查的反应集中在经费所惠及的对象问题上，由于《初等与中等教育法》制定的初衷是资助处境不利的贫困儿童，而地方学区在实际运作层面却屡屡违规。

（五）《初等与中等教育法》难以提高贫困学生的学业成绩

制定《初等与中等教育法》的目的是通过联邦政府加大对贫困学生集中的学区和中小学校的资助，以改善这些学区和学校的办学条件和教学设施，提高贫困学生的学业成绩和缩小黑人学生与白人学生在学业成绩上的差距。那么《初等与中等教育法》的这一目的是否已经达到了呢？事实上，不能否认《初等与中等教育法》资助的一些项目提高了贫困生的学业成绩。1969年，在《初等与中等教育法》实施了4年之后，位于华盛顿的"美国研究学会"（American Institute of Research）曾对第一章经费对学生学业的改善问题进行了一项详细的研究。在对1000个受助项目进行评估后，结论显示，仅有21个项目，即其中2%的项目是成功的。而这里的"成功"仅限定为：参加这些项目的学生在语言、算术能力的测试分数上高于对照组学生。但是，也有一些研究表明，如果加大经费投入，并且运作得好的话，补偿教育项目确实可以提高学生的学业水平。

在见仁见智的情况下，早在1965年下半年，联邦教育办公室即委托约翰·霍普金斯大学的社会学教授詹姆斯·科尔曼（James Coleman）就《初等与中等教育法》是否提高学生学业成绩的问题进行了调研。在一组有经验的行为科学家的帮助下，经1年多的资料收集和分析，科尔曼于1966年发布了名为《关于教育机会平等》（*Equality of Educational Opportunity*）的报告，这就是美国社会学史和教育史上著名的《科尔曼报告》。科尔曼课题组收集了全美各地4000所学校中1年级、3年级、6年级、9年级和12年级的多达57万多名学生的数据，加上向6万名教师、校长和地方教育行政人员发放的问卷调查，可谓是当时美国教育界所做的最大规模的调研。该调研采用了45个可测量的标准进行评价，包括学校设施、学生身体特征、学生家庭背景、学生态度、父母教育、家庭子女人数，以及语文、数学、常识、阅读理解和非语言能力等等。研究的主要目的是考察上述因素与学生学业成绩之间的关系。

事实上，有些调查结果也并不令人意外，如少数族裔（黑人、印第安人、亚裔、波多黎各人、墨西哥人）学生与白人学生在学业成绩上有差距，尤其是黑人学生的成绩最低。由于黑人是最大的少数族裔群体，因此，黑人学生的学业成绩对学校的评价结果尤为关键。《科尔曼报告》显示，少数族裔学生在一年级时的学业成绩就已经落后于白人学生的平均水平，随着年级的升高，成绩的差距愈益扩大了。至毕业时，公立学校85%的黑人学生的学业成绩低于白人学生的平均水平。[1] 起初，科尔曼和大多数人一样，都以为这种差距主要是学校的不平等的办学条件、教学设施和课程体系而造成的。但是，研究发现，黑人学校和白人学校在设施、服务和课程基本上没什么差异。当他们对各个学校进行比较时，也没发现这些变量对学生有什么影响。在学校内部学生之间学业成绩的差距倒反而远远超过学校与学校之间学生学业成绩的差距。

既然学业成绩差距并不是由不平等的办学条件、教学设施和课程体系所造成的，那么是什么因素造成的呢？经过科尔曼团队进一步分析，他们吃惊地发现造成黑人学生学习水平低的主要原因不是学校的条件，而是学生的家庭背景。学生的家庭背景（包括家长的受教育程度、家庭结构的完整性及其规模，以及父母对教育的感知兴趣等）和学习成绩有很强的相关性。这个调查研究的结果对旨在打破贫困循环而资助贫困学生的《初等与中等教育法》等所有社会政策产生了重大冲击。这些背景因素对学生教育结果的影响远大于学校

---

[1] Julie Roy Jeffrey. Education for Children of the Poor. Ohio State University Press, 1978, p. 145.

本身。科尔曼团队进一步予以量化分析,社会背景因素对所有群体的学业成绩可达30%—50%的影响差异,而对每位个体的学业成就的影响差异则为10%—25%。

科尔曼团队的另一个成果是:学校其他学生的素质对少数族裔学生成绩的影响大于学校的设施或员工的素质。根据对学生的教育背景、学习意愿、在校内的流动程度、出勤率以及平均作业量所做调查,科尔曼团队对学校学生的整体特征进行了总结,发现来自处境不利家庭的学生学业表现各异,来自经济较好家庭,并具有较高学习意愿的学生对贫困的同学会产生激励作用,反之,来自经济较好家庭的学生受同龄人的影响不大。例如,对于12年级的白人学生来说,该群体在语言成绩上只存在2.01%的影响差异,而对同级的黑人学生来说,这个影响差异要高达6.77%。

上述发现就产生了一个涉及种族的敏感问题:由于绝大多数美国儿童都就读于事实上的种族隔离学校,也就是说,同一所学校的所有学生几乎都具有同样的种族背景。由于大多数黑人家庭处于社会下层,这就意味着他们学校的同学大多数有同样的不利背景,从而他们也失去了家境好的学生所能提供的激励。由此科尔曼总结说,成绩的改善并不取决于硬件,"学校中所有种族的学生如要获得更高的学业成就,很大程度上取决于学校是否有较大比例的白人学生"①。这样的结论对一般意义上的教育,尤其是对约翰逊总统用以"向贫困开战"的《初等与中等教育法》具有重大的冲击。因为报告强调,学校的办学条件、教学设施和课程设置等方面的差异与成绩的差异仅有极小的相关性。因此,该研究建议,采用金钱和《初等与中等教育法》的传统补偿项目对打破教育贫困的循环没有多大效果,需要实施大规模的变革来解决贫困问题,即要么是直接改变学生的家庭环境,要么完全改变学校本身。

当科尔曼团队将上述报告提交给联邦教育办公室时,可以想象,反应令人沮丧。报告的结论显然伤害了《初等与中等教育法》的价值,并可能为那些反对向学校提供资助的人提供政治炮弹。

为转移人们对此的关注,联邦卫生教育福利部绞尽脑汁。首先,他们决定仅发布该报告的摘要,且在摘要中使用的语言是试探性的,从而将科尔曼研究的主要结论明显淡化了。其次,选择在7月4日——美国国庆前夕发布报告和

---

① Jame S. Coleman. Equality of Educational Opportunity. Washington, D.C., Government Printing Office, 1966, p. 31 and 307.

摘要,这样可减少媒体和国会的关注,从而进一步降低其影响。在最初阶段,
联邦卫生教育福利部的这些做法还真有效,无论是媒体还是国会,均没有对
《科尔曼报告》的内容进行讨论,因此其初期影响并不大。在其后的几年中,又
有哈佛大学的学者进行了类似的研究,他们的结论基本肯定和强化了科尔曼
的观点:家庭对学生学业成绩的影响大于学校本身,将不同社会阶层和种族的
学生混合同校,对学业成绩确实起到重要的作用。但是,向处境不利的黑人家
庭提供经济资助的项目可能比将黑人纳入白人学校的计划更为重要。如果忽
视家庭因素,黑人学生显然无法在学业上赶上白人学生。

　　《科尔曼报告》不仅对作为"向贫困开战"组成部分的教育领域产生了重大
影响,而且通过揭示黑人学生落后于白人学生的原因,又突出了种族问题。事
实上,在《科尔曼报告》发布前,有关种族和教育问题的一个更具体的讨论已经
在进行了。早在1965年11月17日,约翰逊总统即要求美国民权委员会(U.S.
Civil Rights Commission)调查学校种族隔离情况,并将调查结果报告给他,作为
联邦政府、各州政府和地方教育委员会采取行动的依据。美国民权委员会据
此组建了一个包括教育家、社会学家、经济学家和心理学家在内的顾问委员
会,由研究种族领域的权威、哈佛大学社会心理学副教授托马斯·佩蒂格鲁
(Thomas Pettigrew)领头。由于2/3的美国学生就读于城市中的学校,该委员会
将研究专注于城市和大都市。该委员会也对科尔曼的原始数据进行了重新分
析,并且重点对北方大都市的12年级黑人学生和其他8个地区的9年级黑人学
生的数据进行了分析。不同于科尔曼将研究对象限定为一所学校中学生的种
族构成,该委员会将研究对象深入到具体每个班级的种族分布情况。最终报
告于1967年2月20日发布,名为《公立学校的种族隔离》(*Racial Isolation in the
Public Schools*)。[1]

　　首先,该报告认为公立学校的种族隔离现象仍然普遍存在,并且日益加
剧。据对75个城市的调查,在75%的黑人小学生就读的学校中,有90%以上也
都是黑人学生,88%的白人小学生就读于几乎全是白人学生的学校。[2]基于这
种普遍的种族隔离现实,该委员会在报告中对种族隔离产生的影响进行了分
析。不同于科尔曼先前用社会阶层的差异来解释黑人在融合学习环境中的成

---

　　[1] United States Commission on Civil Rights. Racial Isolation in the Public Schools. U.S. Govern-
ment Printing Office,1967, p. 1:iii.

　　[2] United States Commission on Civil Rights. Racial Isolation in the Public Schools. U.S. Govern-
ment Printing Office,1967, p. 3.

绩差异,该报告的结论更强调关于种族融合与成就之间的关系。虽然民权委员会的研究认为学生的社会阶层构成是影响成绩的最重要的学校因素,但坚持认为种族因素对成绩有单独的影响。该报告甚至认为,不但学校的教学设施和课程设置对学生的学业成绩没有影响,教师的质量对学生的学业成绩影响也不大。例如,白人孩子占多数的基层学校中,处境不利的黑人学生,就算碰到水平差的教师,其学业成绩也比就读于其他黑人学校、由高水平的教师教的黑人学生要高。而且,只要黑人学生在融合学校就读的时间越久,他们的学业成绩就越好。在东北部的大都市,如果一名处境不利的黑人学生在他上学的最初3年是在种族隔离的学校就读,那么当他在社会底层的融合学校里读到9年级时,他的语言成绩将落后于白人学生2.6个年级。但是,如果他从未在种族融合的班级里就读,届时他的语言成绩将落后于白人学生3.4个年级。如果同样一名处境不利的黑人学生在他上学的最初3年是在种族融合的班级就读,那么读到9年级时,他与白人学生的差距仅为1.8个年级。[1] 这样的研究结果表明,黑人孩子不仅需要融合学校,还需要融合的班级。该研究主要的结论是,学校的社会阶层或种族构成的改变对学生学业成绩和态度的影响比学校本身质量的改变更大。

很显然,无论是《科尔曼报告》,还是民权委员会的报告,都程度不同和侧重点不同地揭示和强调了家庭背景和学校种族构成对黑人学生学业成绩的决定性作用,他们更倾向于采用种族融合学校的形式来提高黑人学生的学业成绩。然而,这种结论与制定《初等与中等教育法》的初衷是相悖的。《初等与中等教育法》的目的是希望通过提供补偿的方式资助贫困学生集中的学区和学校,以便改善其办学条件、教学设施和课程设置,最终达到提高这些处境不利的贫困学生学业成绩的目标。然而,联邦政府的补助却鼓励了学区和学校将处境不利的学生继续留在种族隔离的学校,据此学校可获得更多的第一章规定的经费。民权委员会在报告中还特别关注了在种族隔离的学校实行补偿教育项目的情况。该委员会于1965—1967年,曾就此问题对13个城市进行了调研。结果发现,有第一章经费的补偿教育项目的学校中,黑人学生都占到了50%或以上。[2] 在进一步对这些在种族隔离学校实行的补偿教育项目的效果

---

① Julie Roy Jeffrey. Education for Children of the Poor. Ohio State University Press, 1978, p. 154.

② United States Commission on Civil Rights. Racial Isolation in the Public Schools. U.S. Government Printing Office, 1967, p. 119.

进行评估后，民权委员会的结论是："补偿教育项目的效果有限，因为它们试图要解决的问题很大程度上是产生于种族和社会阶层隔离的学校中，反过来，这些学校本身又是被种族和社会阶层所隔离的。"[①]

《科尔曼报告》和民权委员会报告得出的共同结论是：《初等与中等教育法》的做法并不是消除贫困儿童的学业劣势的最好办法，用于改善公立学校的大部分经费正在流失。如果暂时撇开上述的种族和社会阶层的影响因素，那么第一章的经费是否显著提高了全国贫困儿童的学习成绩呢？诚如联邦卫生教育福利部在1969年所承认的那样，对第一章经费的影响评估的结果时常令人困惑，有时，评估的结果甚至是互相冲突的。由于《初等与中等教育法》的执行数据应该由各州和地方学区收集和提供，但各州和地方学区各自为政，使用不同的评价标准，联邦政府无法据此对受第一章的经费资助的学生学业成绩进行全国性的评估。为避免其中的一些问题，在《初等与中等教育法》实施的最初5年，有些企业和机构进行过几次大规模的评估。例如，1965—1966年和1966—1967年，美国通用电气公司（General Electric Company）对14个大城市中的补偿教育项目进行了调研。该研究计划对参加由第一章的经费资助的教育项目中的学生在2年期间的测试成绩进行了比较。但是通用电气公司同样碰到诸如各个城市缺乏资料、考试标准不统一等问题。因此，该项研究仅展示了一幅第一章的经费对成绩影响模糊的图景，认为虽然成绩最低的学生略有提高，但学生总体平均成绩却下降了。

1970年，联邦卫生教育福利部对《初等与中等教育法》实施的成效进行了一次最大规模的调研。该项研究选取了4000所小学，并对55000份参加补偿教育项目学生的阅读试卷进行了分析。分析的结果令人失望："补偿阅读项目似乎没有克服贫困造成的学业差距。"不同年级的情况也不相同，例如，参加补偿教育项目的2年级学生的阅读分数开始时低于那些不在项目中的孩子，但他们在学年结束时赶上了这些孩子。但是在3年级，参加补偿教育项目的学生的成绩没有赶上来，与没有参加项目的学生的成绩差距没有变化。参加和未参加补偿教育项目的6年级学生之间的成绩差距较4年级学生更大，而且这种差距一直保持着。因此，调查显示，贫困生从来没有赶上过其他孩子，事实上，他们比那些参加过补偿教育项目的经济背景较好的孩子表现逊色。虽然联邦卫生教育福利部的研究证实了《科尔曼报告》的结论：与具有优裕经济背景的孩

[①] Julie Roy Jeffrey. Education for Children of the Poor. Ohio State University Press, 1978, p. 157.

子同校的黑人学生,其学业成绩较与处境不利儿童同班提高得更多。但是,联邦卫生教育福利部并不认为《初等与中等教育法》是失败的。理由是该项研究仅选取了1年时段的样本,不具有累积效应。而且,对参加补偿教育项目的每一位处境不利儿童的资助太少了,无法产生显著的效应。

至1970年,效果不佳的补偿教育项目使愈益增多的人士倾向于为处境不利儿童寻求不同的做法。许多学区开始加大种族融合学校的规模,并使用校车接送这些学校的处境不利儿童。"全国处境不利儿童教育顾问委员会"在其报告中公开提出了"要融合还是要补偿"的问题。报告倾向于在建立种族和社会阶层融合学校的同时,再为黑人学生提供特殊的补偿性帮助,认为采取这样的做法较之于在种族隔离的学校中实行补偿教育成本更低。包括前述的科尔曼、佩蒂格鲁等专家们均支持这样的建议。显而易见,在种族隔离的学校中实行补偿教育项目是失败的,各方的研究结果都支持这一结论。但是,建立种族和社会阶层融合学校的做法又恰恰与《初等与中等教育法》的基本设计所相悖,后者是希望以实行补偿教育方式单独资助处境不利的儿童。

虽然"全国处境不利儿童教育顾问委员会"提出的在融合学校中提供补偿教育的混合方案似乎是最有前途、最便宜、最民主的解决处境不利儿童学业成绩的办法,在法律层面也没有什么可以阻止利用《初等与中等教育法》现有的经费来鼓励和支持社会阶层和种族的融合。但是,在现实中,这一方案在操作层面却碰到了困难,因为许多城市的市中心已日益变为黑人的聚居区。当地的白人社区往往顽固地拒绝使用《初等与中等教育法》的经费资助学校的融合,使用校车接送黑人学生又时而引起郊区白人社区的敌意和暴力事件。此外,国会也并不情愿修改立法来鼓励北方或南方地区彻底实行学校融合。因此,如果真要有效地解决贫困问题,就有必要对《初等与中等教育法》作一些修改和重新解释。

第五章　美国联邦政府20世纪70年代教育政策受制于缺乏互信与严重对立的政治环境

　　美国教育政治学学者加雷思·戴维斯（Gareth Davies）在比较20世纪60年代和70年代美国社会改革的主要推动力时，分别列出了不同的三大主导力量：在60年代的主导力量主要有约翰逊作为总统的领导力、以沃伦（Warren）大法官为首的联邦最高法院①，以及美国自下而上的社会抗争运动；而在70年代的主导力量主要有联邦政府各官僚机构②、各级法院以及国会工作人员、游说团体和公共利益法律事务所。主导70年代社会改革的这些力量相对比较低调，他们的活动很少成为全国性的报道，但他们的持续影响彻底改变了教育界的政治生态。70年代的这些自由主义改革者的成功是建立在约翰逊总统时代的政策基础之上，在某些情况下甚至远远超越了约翰逊时代的政策记录。③

　　如果说20世纪60年代约翰逊总统在"伟大社会"计划的旗帜下通过制定《初等与中等教育法》惠及了广大低收入家庭的孩子和学校，那么70年代这种以公平和公正为指向的"社会革命"则扩展至教育领域，并惠及更多的少数族

---

① 沃伦是20世纪50—60年代的联邦最高法院首席大法官，他亲自审理了举世闻名的"布朗诉托皮卡教育委员会案"，判决公立学校的种族隔离违宪，使最高法院赢得了美国黑人和大多数美国人的尊敬和信任。沃伦法院成为美国司法史上一个重要时期，创造了许多经典案例，对美国司法权的发展和宪制、人权的发展做出了重要贡献。

② 本书所提及的联邦政府各官僚机构实际是指技术官僚人员，更具体的是指美国政府机构中的事务官。美国事务官为文官公务员系统成员，相对于政治系统中的政务官，事务官在政治上必须保持政治中立，任期不由选举和党派转换所影响。事务官通常是指职业性的，他们的录用标准取决于他们在各自领域中的知识和技术水平，负责处理具体事务。体现在官阶上，则通常是副部长、各司成员、各局成员、科员等，这些人通常在一个系统工作，甚至工作终身，不受大选情况变化的影响，不能牵涉和加入党派，称作"文官中立"制度。

③ Gareth Davies. See Government Grow: Education Politics from Johnson to Reagan. University Press of Kansa, 2007, p. 108.

裔和其他弱势群体。

本章主要论述20世纪70年代美国联邦政府在社会其他力量的配合下所推动的教育改革和实施的教育政策,也包括了60年代末期尼克松总统任职初期,经历了尼克松、福特和卡特3位总统,跨度达12年。尼克松和福特是共和党,卡特是民主党,他们在总统任上推动的教育改革和实施的教育政策也有明显的党派差异,但均受制于当时美国政界相似的缺乏互信与严重对立的政治环境。

第一节　尼克松总统任内的教育改革与教育政策

一、总统大选与挑战

(一) 1968年总统大选:尼克松 vs. 汉弗莱

20世纪60年代末美国社会的各种内外冲突愈加尖锐,各种矛盾交织在一起。仅在总统大选年的1968年就接连发生了著名黑人民权领袖马丁·路德·金和竞选总统的民主党重量级参议员罗伯特·肯尼迪遇刺身亡事件。越南战争造成的国家分裂、校园学生的骚乱以及全国各城市的暴乱笼罩着整个国家。[①]1968年,共和党的尼克松选择时任马里兰州州长斯皮罗·阿格纽(Spiro Agnu)作为自己的总统竞选搭档,而时任总统约翰逊心有余而力不足,加之在新罕布什尔州初选中成绩差得让人意外而宣布放弃竞选,由其副总统休伯特·汉弗莱(Hubert Humphrey)代表民主党竞争总统。最终尼克松以微弱优势击败了民主党候选人汉弗莱,赢得了他为之奋斗多年的总统职位。[②]虽然尼克松赢得了总

---

① 1968年发生了两起震动全美国的谋杀。当年4月4日在孟菲斯,美国民权运动领袖、黑人牧师马丁·路德·金被一名支持种族隔离的白人枪杀。6月5日在洛杉矶,参议员罗伯特·肯尼迪在赢得加州的民主党初选胜利当晚遭一名巴勒斯坦人枪击后不治身亡。金的遇害引发了包括华盛顿在内的美国大城市的骚乱。肯尼迪的遇刺导致共和党人理查德·尼克松最终成为美国总统。

② 除了共和党的尼克松和民主党的汉弗莱之外,还有作为独立候选人的亚拉巴马州州长乔治·华莱士参加竞选。最终尼克松以约50万张普选票的优势击败汉弗莱(占普选票总数的0.7%),选举人票上则是以301张远超过汉弗莱的191张,华莱士也获得46张。尼克松终于赢得其为之奋斗多年的总统职位,真如《纽约时报》的汤姆·威克尔(Tom Wicker)指出的那样,只有尼克松曾像富兰克林·德拉诺·罗斯福那样先后5次成为一个主要党派的总统候选人:1952年代表共和党竞选副总统胜选、1956年代表共和党竞选副总统胜选、1960年代表共和党竞选总统失利、1968年代表共和党竞选总统胜选、1972年代表共和党竞选总统胜选。

统职位,然而他却是自1849年扎卡里·泰勒(Zachary Taylor)就任总统以来的120年历史上第一位在反对党(民主党)控制国会参众两院的情况下当选的共和党总统。表5-1中有关尼克松总统第一任期的联邦政府行政与立法权力概貌(1969—1972年)中即可清楚地显示,在整个4年期间,不但国会参众两院民主党议员始终占据大多数席位,而且参议院的劳工与公共福利委员会主席和众议院的教育与劳工委员会主席席位也一直由民主党资深议员把持。更甚的是,不但民主党议员承袭了前任总统约翰逊对包括教育在内的社会项目拨款扩张的政策,而且共和党内部也不团结,许多共和党议员也投票支持增加教育拨款,使尼克松总统面临了更为严峻的政治挑战,这导致实行保守主义政策的尼克松总统在整个任期施政过程中阻力重重,与国会始终处于激烈的冲突中。

表5-1　美国尼克松总统第一任期联邦政府行政与立法权力概貌(1969—1972年)

美国第37任总统			
总统(党派)	尼克松(R)	第一任期	1969—1972年
副总统(党派)	阿格纽(R)	第一任期	1969—1972年
任内的主要教育建树	1969年颁布了《教育电视和广播修正案》(*Educational Television and Radio Amendments*, ETRA) 1969年颁布了《中小学教育修正案》(*Elementary & Secondary Education Amendments*, ESEA) 1970年颁布了《全国图书馆和信息科学委员会法》(*National Commission on Libraries and Information Science Act*, NCLISA) 1970年颁布了《启动实验学校项目和国家教育研究院》[*Experimental Schools Program (ESP) and National Institute of Education (NIE) Launched*] 1972年颁布了《紧急学校援助法》(*Emergency School Aid Act*, ESAA) 1972年颁布了《包括NIE的高等教育法授权》(*Higher Education Act Reauthorization Including* NIE) 1972年颁布了《教育修正案第九条款》(*Title IX of Education Amendments*)		
美国第91届国会			
国会议员总数	535人	任期	1969—1970年
参议院人数与党派	57(D)	43(R)	
劳工与公共福利委员会主席、党派和所属州	拉尔夫·亚伯勒	D	得克萨斯州
众议院人数与党派	243(D)	192(R)	
教育与劳工委员会主席、党派和所属州	卡尔·帕金斯 (Carl Perkins)	D	阿肯色州

美国第92届国会			
国会议员总数	535人	任期	1971—1972年
参议院人数与党派	54(D)	44(R)	2(其他党派)
劳工与公共福利委员会主席、党派和所属州	哈里森·威廉 (Harrison William)	D	新泽西州
众议院人数与党派	255(D)	180(R)	
教育与劳工委员会主席、党派和所属州	卡尔·帕金斯	D	肯塔基州

资料来源：根据 New York State Education Department. Federal Education Policy and the States, 1945-2009: A Brief Synopsis. New York State Archives, Albany, January 2006, revised November 2009, p. 23 中数据计算整理。

(二) 国内外挑战

尼克松总统上台时面对的是一个极端动荡的世界,上任伊始,美国内外交困。美国正面临越战泥潭的巨大政经资源损耗,同时也经历着经济转型期和冷战竞争带来的沉重社会压力,可以搞几次阿波罗计划的资源和资金砸在了越南丛林但收效有限,越战从一开始的全民支持到全民反对最终变成社会危机。如何从越战中抽身,是摆在尼克松总统面前最大的挑战。

国内经济更是危机重重,20世纪60年代末期,美国国家垄断资本主义发展的黄金时代已告结束,开始进入危机时期。尼克松总统上任的第一年(1969年),美国的通货膨胀率高达4.7%,是朝鲜战争以来最高的。约翰逊总统在任时制定的"伟大社会"计划与越南战争的开销一起,造成庞大的预算赤字。虽然失业率很低,但利率已经达到1个世纪以来的最高点。尼克松总统的主要经济目标就是减少通货膨胀,要达到这一目标,最有效的方法就是结束战争。但这不可能一蹴而就,所以美国经济的困苦挣扎一直持续到1970年,一定程度上加剧了共和党在这年国会中期选举中的低迷表现,民主党得以在尼克松担任总统期间一直保持着对国会两院的控制权。

这使得尼克松上台伊始就不得不着手应付来自各个方面的严峻挑战,只能将主要力量放在处理国内外重大事务上(见第四章的表4-6,当时美国面临的首要大事是越南战争,而教育在民众所关心的所有事务中排在最末一位)。

二、尼克松总统任内的教育政策

中国民众对尼克松总统比较熟悉，缘于他在20世纪70年代初对中国进行的那次惊动世界的破冰之旅，正是那次对中国的访问，打开了中国多年闭守的大门。自那以来，国内学者对尼克松总统在国际关系，尤其是对华关系等外交领域的研究众多，但对尼克松总统的国内政策着墨很少，而对他在教育政策方面的研究更是几近空白。事实上，在尼克松担任总统的5年半时间，美国联邦政府的教育政策也经历了非常剧烈的变动，其广度和深度也丝毫不亚于20世纪60年代中期约翰逊总统当政时期的程度。而且这段时期美国联邦政府的教育政策的形成过程具有不同以往各个时期的特点，除了通常的行政部门与国会之间的博弈、国会党派之间的争斗以及社会各利益团体的诉求和压力等，美国三权分立权力结构的第三方——司法扮演了非常重要的角色。美国联邦和各地方法院受理了一系列有关废除学校种族隔离、开设双语教育、保障残障学生权益和学校财政改革等方面的诉讼案件，并作出了许多具有深远影响的判决。

而尼克松本人对教育的态度和作为可归纳为三点：一是危机管控，表现为联邦行政部门与国会的教育预算之争；二是顺势而为，利用现存法令和判令在法律上终结学校种族隔离；三是乐观其成，由法院裁决双语教育、残障学生权益和学校财政的诉求。

（一）危机管控：尼克松总统与国会在教育预算上的争斗

1. 危机背景

约翰逊总统任内推行"伟大社会"计划，大力扩展社会福利，尤其为下层群体和少数族裔设立了名目繁多的资助项目，造成了联邦政府的严重财政赤字、官僚机构庞大、效率低下、国债迅速增加、纳税人的税负加重和失业人数增加。由此，联邦政府的财政赤字十分惊人，罗斯福总统时期（1940年）的赤字为21.8亿，1945年481.4亿，1955年31.3亿，1965年16亿，1968年251.65亿。与此同时，联邦政府为了监管这些拨款的使用，需要不断增加专门机构，这样就造成了官僚机构的日益膨胀。联邦政府官员1929年是58万人，1940年是104.2万人，1950年是211.7万人，1960年是242.1万人。[①]

---

① 张志梅：《从"合作联邦制"到"新联邦主义"》，载《山西大同大学学报》（社会科学版）2013年第6期，第46-47页。

可以说,这一时期联邦政府的支出负担加大,引起了通货膨胀和国债大增,不仅把有增无减的巨额国债留给了下一代,而且高利率、高税收和高赤字也造成了严重的后患。本来,适当的通货膨胀和财政赤字是经济学家凯恩斯(Keynes)为了刺激生产和扩大就业而开的药方,但到了20世纪70年代,它已制止不了生产下降和失业不断增加的趋势,反而使通货膨胀成了控制不了的恶魔,成为严重的经济问题。联邦政府因包办州的各种事务,在一定程度上引起了效率低下,因为州政府想做一件事必须向联邦政府打报告,而在联邦政府批准的过程中就要经过诸多手续,很长时间不能批下来,拨款到不了位,所以联邦政府的工作效率降低。这一时期,纳税人的负担也加重,因为联邦政府要为各州的活动拨款,所以出现财政赤字,而联邦政府的主要收入就是税收,因而联邦政府不得不加重纳税人的税负,而这往往又会导致失业率的增长。一些小企业和小个体户也因此承担不起过重的税务而纷纷倒闭,企业主和雇员都成为失业人员。

作为共和党保守派的尼克松总统不赞成联邦政府过多干预教育事务,认为那是地方的权利。此外,由于他在1960年总统大选前夕作为副总统在参议院投下了决定性的一票,否决了民主党提出的有利于教师团体的教育法案,因而得罪了这些教育利益团体输了当年的大选。作为教训,他这次当选总统之后,主观上希望在其总统任内在教育议题上保持低调。

2. "府院"在教育预算上的争斗

然而,在联邦政府面临严重财政赤字、财务危机的情况下,由民主党把持的国会无视近年来《初等与中等教育法》在执行过程中暴露出来的普遍的滥用经费的情况,以及联邦政府的巨额资助在改善贫困学生的教育机会和提高贫困学生的学业成绩方面的效率低下等事实,仍然不断推出大幅度增加教育预算的法案,从而与希望通过控制和降低社会开支,尤其是教育预算以便平衡联邦政府财政赤字的尼克松政府产生了直接和严重的冲突。

从表5-2中的资料可看到,在尼克松总统和福特总统的整整8年的任期内,联邦政府在教育预算上的"府院之争"是何其激烈。①在1969年以前,美国从未有一位总统否决过国会的教育拨款法案,而共和党的尼克松总统和福特总统,在国会提出的总共9个年度教育拨款法案中,共行使了7次否决权(以尼克松总统为主,在1973年的那次,尼克松总统即否决了2次)。而国会也不示

---

① "府院之争"这儿的"府"是指代表政府的美国联邦行政部门,"院"是指美国国会参众两院。

弱，在被总统否决之后，或者予以重新投票表决，以超过2/3的多数票再次推翻总统的否决而使法案自动生效；或者国会利用规则，通过有约束力的决议绕过总统的否决。① 在局外人看来，美国政界的这一幕既像闹剧，又似势不两立的缠斗。

表5-2　联邦行政部门与国会在教育预算上的之争（1969—1977年）（单位：10亿美元）

财政年	行政部门要求预算	国会决定拨款	总统签署或否决	最终拨款数目	超过行政部门要求
1969	3.49	3.62	签署	–	0.13
1970	3.18	4.20	否决	3.81	0.63
1971	3.97	4.42	否决	–	0.45
1972	4.95	5.28	签署	–	0.33
1973	5.49	6.31	否决c	6.28d	0.79
1974	5.28	6.02	签署	–	0.74
1975	6.57	6.60	签署	–	0.03
1976	6.13	7.48	否决b	–	1.35
1977a	4.32	5.93	否决b	–	1.61

a：不包括高等教育和图书馆项目的预算。

b：总统的否决被国会推翻了。

c：总统否决，但被国会继续通过决议绕过。

d：这一数额是国会继续通过决议确定的。

资料来源：Gareth Davies. See Government Grow: Education Politics from Johnson to Reagan. University Press of Kansa, 2007, p. 76.

　　如果说自第二次世界大战结束至1965年《初等与中等教育法》通过的20年期间，联邦政府围绕着是否资助各州中小学的问题进行了旷日持久的争论，而1965年《初等与中等教育法》的通过标志着这一问题已经解决。然而，在随后对该法的实施过程中，各方在围绕着如何资助则一直争论不休。在尼克松总统任职期间，虽然如何资助的争议仍然存在，但争议的重点却转向了联邦政府应资助多少（how much）的问题。表5-2中可证实这一点，联邦行政部门每制定出一个年度教育预算，国会即提出超出这一数额的拨款法案（1969年的差距

---

　　① 美国国会做出的决定的形式有四类：法案（bill）、联合决议案（joint resolution）、共同决议案（concurrent resolution）和简单决议案（simple resolution）。前两者有法律约束力，在执行上，法案和联合决议案两者没有很大的不同，两者都需要经过同样的立法程序，不过对美国宪法的修正案必须以联合决议案的形式提出。这种决议案得到参众两院2/3多数通过后不需总统批准；后两者只是国会政治性的意见表达，并没有法律约束力。

最小,因为该年度教育预算是约翰逊总统离任前制定的),随后总统行政部门与国会在教育预算上进行拉锯式的反复讨价还价,其结果是不断在否决和签署之间游离。

(二) 总统行政部门与国会在教育预算上争斗的过程与形式

下面我们将具体介绍一下尼克松政府是如何与国会在教育预算上争斗,以及在此期间社会各利益团体所进行的游说和压力作用,由此导致该时期美国联邦政府教育政策的形成过程具有不同以往的错综复杂的特点。

1. 民主党采取先发制人的战术

共和党的尼克松于1968年11月赢得总统大选之后,国会中的民主党议员即预感到作为保守派的尼克松总统将会颠覆约翰逊总统引以为豪的"伟大社会"计划。如果发生这样的事,鉴于目前缺少了像约翰逊那样强势总统的支持,加之近年来各界对《初等与中等教育法》的实施成效的各种负面评价,《初等与中等教育法》也易于受到攻击。随着1970年《初等与中等教育法》将要到期并需要延期,在目前共和党占据总统位置的情况下,两党很可能又要围绕着联邦政府是否整笔(批量)资助的问题展开新的争斗。民主党议员的这种担忧也并非杞人忧天,根据他们的了解,尼克松总统以往对教育议题并不热衷。最有名的例子即是他在1960年参加总统大选的前夕,任副总统时期在参议院投下了决定性的一票,否决了民主党提出的有利于教师团体的教育法案。得罪了这些利益团体,他也付出了代价,以微弱劣势输掉了那场与肯尼迪对决的总统大选。

为避免尼克松总统上台后削减教育经费或扭转联邦政府在教育上所起的作用,众议院教育与劳工委员会主席卡尔·帕金斯(Carl Perkins)先发制人,迫不及待地采取了行动。一反常态由即将履职的新政府提出立法建议的做法,赶在尼克松1969年1月15日宣誓就任总统之前,帕金斯领衔的众议院教育与劳工委员会即开始就《初等与中等教育法》重新授权举行一系列听证会。这意味着与会的第一位联邦政府的证人是即将离任的联邦卫生教育福利部部长威尔伯·科恩(Wilbur Cohen),而不是他的共和党继任者、即将上任的罗伯特·芬奇(Robert Finch)。科恩利用这一机会夸大了《初等与中等教育法》实施以来所取得的成功,同时要求联邦政府对学校提供更多的拨款资助。在帕金斯精心策划和编排下,为时2个月的听证会确定并强化了增加联邦政府资助教育的基调。

直到听证会的最后一天,芬奇才被邀请出席众议院教育与劳工委员会的会议。他根据政府行政部门对《初等与中等教育法》执行情况的评估，设想了一些不同的经费支出方式，从而提出了经费预算限制和将《初等与中等教育法》延长2年的方案。众议院教育与劳工委员会无视了芬奇提出的这一方案，提出了一项将该法延长5年的法案。由于共和党议员是众议院教育与劳工委员会中的少数派，他们无奈地抱怨说，民主党人漠视了"迄今各方提供的众多证据……《初等与中等教育法》的成效远不能代表整个国会的希望"①。

2. 总统行政部门的初期应对

尼克松政府一开始反应缓慢，其并没有制定彻底改革"伟大社会"计划的蓝图，也没有着手确定什么是紧迫的任务。尼克松总统的注意力集中在更为重要的地方，他试图使美国从越南战争脱身。尼克松政府的高级官员对教育没有给予过多的关注：曾经有一个过渡工作组专门负责这个问题，但其影响很小。直到1969年秋天，当国会在讨论1970年预算法案时，为了减少下一年度预算，尼克松总统被迫开始关注教育预算。

尼克松总统上台后不久，他就对前任约翰逊总统时期联邦政府设立的名目繁多的教育资助计划进行了一番审查，他认为国会对教育的支持极其巨大，尤其是通过教育补偿贫困儿童。这些资助计划大部分是基于一个熟知的前提，即只要加大对教育的资源投入，年轻人就会学到更多的东西。但是，尼克松总统认为，这些资助计划和政策所依据的假设是错误的，建立在不充分的认知之上。尼克松总统希望与上届政府切割。由于行政上的弱点和操作上的困难，像《初等与中等教育法》中规定的许多措施反而造成了负面的形象。正如尼克松总统指出的，每次我们投资高达10多亿美元对贫困学生进行补偿教育计划，使数百万弱势公民燃起了希望，但很快这些希望又破灭了。②

基于联邦政府的教育资助计划效果不佳，加之日益严峻的财政赤字和通货膨胀，尼克松总统责令联邦教育办公室制定详细的规章制度，严格控制和规范经费的使用对象和范围，尤其指令联邦卫生教育福利部部长芬奇制订削减1970年度教育预算的方案。根据尼克松总统的指令，芬奇竭尽全力削减有关资助项目，例如计划将职业教育项目削减3.6亿美元，也将《影响援助法》和图书馆项目的资助经费予以削减。尼克松当局对教育经费的大幅度

---

① Gareth Davies. See Government Grow: Education Politics from Johnson to Reagan. University Press of Kansa, 2007, p. 77.

② Julie Roy Jeffrey. Education for Children of the Poor. Ohio State University Press, 1978, pp. 143–144.

削减,不但引起了国会民主党的强烈反对,也得罪了各级各类教育利益团体,导致尼克松当局面临了前所未有的财政和社会压力,我们下面将会予以专门介绍。

(三) 利益团体的崛起与游说

在尼克松总统当政时期,美国政治中出现了一个重要现象,即产生了一个强大的和有凝聚力的教育游说团体。在以往,虽然教育作为一个政治议题对国会议员的吸引力是相当大的,然而,代表教育界的游说团体的力量并不很强有力。不可否认,教育界各利益团体在推动和促使1965年《初等与中等教育法》的通过和1967年阻击共和党议员奎伊的修正案中曾一起并肩战斗,但这些行动都是因为有白宫在幕后操纵,他们主要是起配合和辅助的作用。但是,这一次为了应对尼克松总统试图削减教育预算的危机,由80个接受联邦政府资助的教育利益团体采取了主动行动,组成了一个名为"教育项目全额资助紧急委员会"(Emergency Committee for Full Funding of Education Programs)的联盟,统一协调对国会议员进行游说的工作。他们的游说工作效率很高,至1969年底,该"教育项目全额资助紧急委员会"的政治影响力已经能左右国会的决策。从而众议院拨款委员会主席乔治·马洪(George Mahon)直指教育工作者已成为"华盛顿第二强大的游说团体。"[1]

根据该联盟的解释,在此之前,教育界各团体在游说行动中最大的失败是他们未能使联邦政府资助的教育计划得到充足的经费。自1958年《国防教育法》通过以来,他们在赢得国会支持教育计划和确保国会承诺对这些教育计划的慷慨授权方面有相当大的成功。但是当进入申请拨款阶段时,他们往往各自为政,为使本组织能得到较大的教育预算份额而不惜中伤对方,甚至于互相攻击,而不是团结一致,向联邦政府要求增加总开支。结果,国会授权资助的数额和实际拨款数额之间的差距逐年加大,从1966财政年度起联邦政府在对全国教育支出的份额一直停留在8%左右。因此,该紧急委员会要求各教育利益团体更多地关注拨款程序,并围绕"全额拨款"的目标团结起来,这意味着说服并确保国会为每一个教育计划提供的资助金额与授权的数额保持一致。实际上,他们要求增加50亿美元的教育支出,将联邦政府对全国教育支出的份额从8%增加到将近20%。

---

[1] Gareth Davies. See Government Grow: Education Politics from Johnson to Reagan. University Press of Kansa, 2007, p. 80.

1. 成功游说参议院

为达到上述目的，该紧急委员会决定加大游说力度，采取专业性的手段和方式。鉴此，该紧急委员会专门聘用了一位精明的律师查尔斯·李（Charles Lee）作为其执行秘书，并在国会附近的一个旅馆开了一间套房，安营扎寨，统一协调和指挥针对国会参众两院的游说行动，以确保"全额拨款"的成功。他们将参议院作为首先攻克的目标，且一改以前各自为政、分别游说的做法，采取了新的方式：将教会学校、图书馆、教师工会、学区委员会等教育界各利益攸关团体的代表集合起来，然后一起走进那些支持削减教育预算的国会参议员办公室。当这些参议员们看到这些昔日利益对立、互相攻击的团体团结在一起时，他们全都傻眼了。许多保守的国会立法者立即意识到，以往他们可以利用教育界各利益团体之间的矛盾而各个击破的手法，在这些一致对外的游说代表们面前将失灵了。事后一位游说代表回忆道，如果来自同一个学区的学区教育委员会成员和教师代表一起出现在一个参议员的办公室里，那景象确实"让人震惊"。参议院共和党少数派领袖埃弗雷特·迪克森（Everett Dirksen）承认"教育项目全额资助紧急委员会"的政治敏锐性非常强，他们采取的游说手段非常成功。基于该联盟所采取的有效策略，参议院受到巨大压力而支持增加教育预算，他们成功游说参议院在尼克松总统要求的教育预算数额上增加10亿美金，促使参议院在投票中以53票比42票通过教育预算法案。[①]

2. 成功游说众议院

"教育项目全额资助紧急委员会"成功攻克参议院后，士气大振，他们马上将下一个游说目标指向众议院。针对众议院的教育与劳工委员会和拨款委员会相对比较保守，他们比较认同尼克松总统的削减教育预算的提议，故"教育项目全额资助紧急委员会"加大了游说力度。在参议院通过教育预算法案的次月，众议院也开始了对教育预算法案的辩论和表决。由于众议院的议员人数远多于参议院的议员，"教育项目全额资助紧急委员会"要求联盟各利益团体动员更多会员赶赴华盛顿国会山加入游说队伍。与此同时，为巩固联盟内部各利益团体的团结，联盟召集各利益团体的代表协商并确定了对拟要求增加的教育预算在他们之间的分配比例，从而避免了内部的矛盾和分裂。

考虑到众议院议员不但人数多（435人），而且都是从各个地方选区竞选出

---

① Gareth Davies. See Government Grow: Education Politics from Johnson to Reagan. University Press of Kansa, 2007, p. 84.

来的民意代表,"教育项目全额资助紧急委员会"的秘书查尔斯·李律师专门调集全国各地选区的教育局局长、教师、学区教育委员会成员、教会学校的修女、图书馆馆员等,将他们分别派到各自选区的众议员办公室,进行有的放矢的游说。那段时间内国会众议院几个大楼里挤满了来自全国各地的教育团体代表,他们采取人盯人的战术,不但在办公室游说,动员可能放弃投票的议员去投票,而且在议员前往投票场所经过的走廊两边,不断进行鼓励,更有甚者,他们坐在投票现场,监督本地区议员们的投票结果。可以想象,在这种气氛下,议员们承受了多么大的压力,很多本来打算投反对票或者弃权票的议员也不得不改变主意,转而投了赞成票。最终的表决结果是以294票比119票的优势在众议院通过了教育预算法案,其中南方的民主党众议员48票赞成,36票反对,而尼克松总统的共和党众议院却有99票赞成,81票反对。[①] 这反映了共和党内部的分裂和南方民主党也有相当一部分支持尼克松总统的预算方案,我们下面会简要提及这种跨党派政治现象。

显然,众议院围绕教育预算的这场表决以民主党的胜利而告终。众议院民主党多数党领袖卡尔·艾伯特(Carl Albert)在庆祝会议上将此称为"第89届国会(指1965—1966年)以来民主党最大的胜利"。众议院教育与劳工委员会民主党成员劳埃德·米兹(Lloyd Meeds)指出,"这是国会对教育态度的一个历史性的转折点,也是对保守的拨款委员会的一个警告"。而民主党众议员伊迪丝·格林(Edith Green)更是惊呼教育项目全额资助紧急委员会已成了仅次于美国军工利益团体的"教育产业综合体"。[②]

(四) 尼克松总统与国会的关系和争斗

1. 尼克松总统与国会的关系

在1969年4月修正的教育预算法案公布至10月众议院就修正案进行表决的半年期间,尼克松总统及其行政部门在很大程度上对国会就教育预算的辩论采取了超脱的态度。虽然在此期间联邦卫生教育福利部的官员一直关注国会的辩论,但几乎没有实质性的介入。约翰逊总统与尼克松总统的对比十分鲜明:1967年在反对共和党众议员奎伊的修正案时,约翰逊总统与其行政团队准备充足,全力以赴,而尼克松总统和他的行政团队在这场关于教育预算的争

---

① Gareth Davies. See Government Grow: Education Politics from Johnson to Reagan. University Press of Kansa, 2007, pp. 84-86.

② Gareth Davies. See Government Grow: Education Politics from Johnson to Reagan. University Press of Kansa, 2007, pp. 86-87.

斗中却缺少足够的准备。毫无疑问，部分原因是两位总统对教育的重视度不同。但这种情况也符合国会立法者和专家们认为的尼克松政府在整体上与国会之间若即若离的真实状况。

鉴此，一些"不耐烦的共和党人"认为尼克松总统的做法表明了与国会"缺乏联络，对国会的需求不够重视，因为采取了这些错误的策略，在一些关键的议题上伤害了国会议员们的感情"。然而，由于尼克松总统一直被一些所谓更重要的事情搞得焦头烂额——如与苏联的反弹道导弹系统条约的谈判进展缓慢，提名南方保守派人士克莱门特·海恩斯沃思（Clement Haynsworth）担任联邦最高法院大法官被国会参议院否决，税制改革在国会受阻等等。这些问题使尼克松总统无暇顾及教育问题，导致共和党保守派议员对尼克松政府在立法工作上的表现非常沮丧。难怪两位政治评论家罗兰·伊万斯（Rowland Evans）和罗伯特·诺瓦克（Robert Novak）在1971出版的专著中对此作了尖刻的评论，指出尼克松政府在执政的头两年期间，最大的失败是与国会的关系不和谐。①

2. 尼克松总统与国会的正面较量

因尼克松总统与国会的紧张关系，在教育预算上的摊牌也是必然的结果。1969年秋季，两者的紧张关系更是日益加剧，至11月中旬，当参议院以55票比45票否决了尼克松总统提名的克莱门特·海恩斯沃思担任联邦最高法院大法官时，这种紧张关系达到了一个高峰，因为国会是自1930年以来近40年中第一次否决总统提名。尼克松总统遇挫后非常恼怒，据其白宫办公室主任霍尔德曼（Haldeman）事后回忆，"在那次受挫之后，尼克松总统认为所有迹象证明，我们应该对国会采取更为强硬的政策，不要将太多时间浪费在与国会领导人以及那些总是反对我们的议员身上，我们应该与真正的朋友密切合作"②。自那以后，尼克松政府利用一切机会公开表露与民主党控制的国会之间的分歧，希望在公众面前展示一位节俭、抑制通货膨胀的总统竭力对抗一个阻挠立法的败家子国会的形象，从而在随后的国会中期选举及其立法工作中使共和党获取更大的收益。

很快，尼克松总统得到了这样一个机会，当参议院在12月中旬批准了10

① Gareth Davies. See Government Grow: Education Politics from Johnson to Reagan. University Press of Kansa, 2007, pp. 87–88.

② Gareth Davies. See Government Grow: Education Politics from Johnson to Reagan. University Press of Kansa, 2007, p. 90.

亿美元的额外教育预算时,他高调宣布,除非参议院在接下来的全体大会表决时让步,否则他将否决该法案。尼克松总统的做法除了有政治上的考量之外,还有合理的预算和教育方面的理由。他还有一系列担忧,如果教育支出激增,政府支出怎么维持在其坚持的范围之内呢?联邦卫生教育福利部能合理地分配经费吗?既然这一学年已经过去了一半,地方学区能好好使用这些经费吗?像《初等与中等教育法》第一章和职业教育这样的项目是否达到了各自的既定目标?如果政府采取了这种铺张浪费的措施,政府的反通胀决心对市场会有什么影响呢?

事实上,尼克松总统在处理这些问题上的心情是复杂的,原因有两个:第一,由于他在1960年总统大选前夕曾经得罪了这些教育利益团体输了大选,作为教训,他主观上宁愿在教育问题上相对低调。第二,因为尼克松总统上任之后对国会就教育预算的辩论采取了超然的态度,因此,在其上任后的大半年期间,他对教育几乎没有发表什么观点。然而,与此相对的是,教育这个话题在国会和全国各地的学区里都是热点,尼克松总统的沉默就显得不合时宜了。当白宫在1969年秋天反对国会通过的10亿美元额外教育预算时,在国会引发了反对声浪,他们认为尼克松政府是"反教育"的政府。

为扭转这一局势,联邦卫生教育福利部部长罗伯特·芬奇(Robert Finch)和白宫资深顾问丹尼尔·莫伊尼汉(Daniel Moynihan)建议尼克松发表一篇有关教育改革的重要演说,期望据此能够将全国民众对教育的聚焦点从关注资助"多少"(how much)经费转向关注"如何"(how)资助的议题上。尼克松最初同意这个主意,认为这一想法是符合一位有思想的总统和改革者的形象的。然而,很快他就发现这一做法是不可行的:当局没有多余的钱去搞宏伟的新工程。如果将国会要求增拨的额外10亿美元法案搁置一边,提出小开支的资助教育提案,既显得很吝啬,也很难表现出对教育改革的支持,从而强化了外界对其"反教育"的指责。基于上述原因,该演说即被搁置。这一搁置导致了外界对总统的进一步批评:他对教育问题仍然没有给出正面的对策。

尼克松总统当时面临着一个很严峻的现实:如果他否决国会的教育预算法案,国会参众两院很可能反过来会以超过2/3的多数票推翻总统的否决,这将是近10年来从未发生过的事情。经具体分析和推演,民主党占多数的参议院基本上肯定会推翻总统的否决权。而众议院相对保守,于是尼克松总统将突破点放在众议院。至1970年1月中旬,当国会的教育预算法案即将送到他的办公桌时,总统短暂地动摇了,他担心如果失败将会影响当局的地位。然而，由于他早在1个月前就对此作出了承诺，如果现在后退的话，其破坏性将更甚于失败。于是，尼克松总统选择了在黄金时间段，在全国的电视观众面前表达了他的否决意图。他在电视讲话中指出，所有美国人在抗击通货膨胀中有共同的利益，特别强调了《影响援助法》计划的"不公平"，并断言，"对于这个国家来说，没有比改善教育和为美国人民提供更好的医疗保健更重要的目标了"①。

这是尼克松总统在任期内第一次使用否决权，也是他第一次通过电视公布其决定。演讲结束之后，尼克松政府动用了政府的全部资源，确保总统的否决能在众议院成效。尤其将大部分的游说工作放在80位先前在众议院会议上投票反对总统教育预算削减方案的共和党议员身上。由于来自白宫的压力增加，虽然一些原来支持"教育项目全额资助紧急委员会"要求"全额拨款"的共和党议员产生了怨恨的情绪，但他们也动摇了。见此不利情势，"教育项目全额资助紧急委员会"的利益团体又过高估计了自己的力量，他们反过来又不明智地威胁要报复这些倒戈的共和党议员。

在此过程中，还有另外2个因素有助于平衡政府的利益。第一，对众议院的共和党议员来说，尼克松总统抛出他的否决权问题，实质上是向他们提出了一个对共和党政府的管理信任问题。第二，尼克松总统在作出否决决定的同时，他又向他们私下保证：只要众议院能在这场至关重要的象征性投票中支持总统的否决，在随后的谈判中，他将会拨出10亿美元中的大部分资金。事实证明，这一系列的行动足以让尼克松总统获得胜利。结果是总统赢得了众议院191票的支持，破除了国会试图以超过2/3多数票推翻总统否决权的计划。白宫欣喜若狂，为所有投票支持总统否决权的议员举行了胜利庆典。尼克松总统的白宫办公室主任霍尔德曼记载："尼克松在国会庆典上处于最佳状态。我的天啊！我们赢得了191票，是一个伟大的胜利！"②虽然尼克松总统赢得了对国会增加教育预算法案的否决权，然而在2个月之后，他在国会参众两院的劳工委员会与联邦卫生教育福利部之间达成的一项修订后的预算法案上悄悄地签字了，其中教育预算仍超过了6亿美元，接近20%。

---

① Gareth Davies. See Government Grow: Education Politics from Johnson to Reagan. University Press of Kansa, 2007, p. 91.

② Gareth Davies. See Government Grow: Education Politics from Johnson to Reagan. University Press of Kansa, 2007, p. 92.

3. "教育项目全额资助紧急委员会"转为永久性组织

前述的在教育预算问题上,除了有尼克松政府与国会的较量之外,还有参与博弈的第三方,即代表了各教育利益团体的"教育项目全额资助紧急委员会",该联盟在这场多边联邦政治斗争中是否也达到了其获得全额拨款的游说目的呢?当时人们同样关注的是,在1969—1970年期间的大规模的游说活动告一段落之后,"教育项目全额资助紧急委员会"是否会就此打住、偃旗息鼓?或者该联盟是否能够继续保持其内部的统一,从而能够维持其存在,转变为常设的机构?此外,在此期间该联盟采取的一些非同寻常的游说行动,也招致了各方的非议和反感。例如,共和党名义上的领袖,阿瑟·弗莱明(Arthur Flemming)即对该联盟在近期教育预算的否决权的争斗中所采取的"强悍"做法深为反感。而在其联盟内部,同样是其主要的游说者之一的高等教育学界代表,杰克·莫尔斯(Jack Morse)承认他们这样做的问题"相当严重",他怀疑该联盟是否应该继续存在。在国会参众两院,甚至一些支持扩大联邦政府教育资助的有影响力的议员朋友也因为该联盟所采用的战术和他们对既定的国会程序所构成的威胁而开始与其保持距离。显然,这些变化对教育游说联盟来说绝不是一个好兆头。

在尼克松总统任期的剩余时间里以及其继任者福特总统的短暂任期内,该教育联盟一直在运作。在1969年,他们期望通过坚持不懈的努力,能享受越南战争后的和平红利,并设想如果越战后的繁荣持续下去,联邦政府将会大规模增加对教育的经费投入。但是,面对尼克松总统强力推行的继续紧缩开支的压力下,他们不得不将赢得"全额资助"的目标转向维持现状。与此同时,他们意识到,联盟内部各利益团体很可能会分裂。因此,至1972年,"教育项目全额资助紧急委员会"正式放弃了"全额"和"紧急"两字,改名为"教育资助委员会"(Committee for Education Funding, CEF),并且很快搬离了一直租住的国会酒店套间,搬进一个长期固定的场所,从而转变为体制化的机构,自此之后,该联盟正式成为国会与行政部门每个年度教育预算争夺战中的重要参与者与博弈者。

虽然,"教育资助委员会"建立的唯一目的是影响教育拨款,但它的存在也会对教育计划的实施内容有影响。例如,在1965年对《初等与中等教育法》的辩论和1967年对奎伊修正案的辩论即是两个典型的例子,这两次辩论曾经强调了提供专项资助方法比提供普遍的资助方法所具有的政治优势,而在整个20世纪60年代期间,绝大部分强势的教育利益团体也支持这一资助模式。当

"教育资助委员会"启动其游说行动时，这些优势已呈更为明显之势。在行政和政策方面，如果采取提供普遍资助的方法，并不易于为资助图书馆、天才儿童、高中辍学者、穷人、数学教育、族裔研究等相对较弱势的教育专项计划提供有利的经费比例。但从政治角度来说，对于20世纪70年代的教育工作者来说，他们主要关注的不是项目内容，而是资助的整体水平。如果转向普遍的资助模式，联邦政府的整体资助可能会减少。考虑到这种可能性，该教育联盟成员的一个重要任务就是确保联邦政府继续采用提供专项资助的方法。在这种情况下，尼克松总统和其后的福特总统一直试图推行的以联邦"岁入分享计划"取代专项资助的计划未能成功。①

4. 尼克松总统与国会的冲突进入短兵相接状态

自1969年至尼克松总统辞职的1974年的整个6年期间，每年与国会就年度教育预算的冲突不只是反映了正在变化的教育政治现实，也反映了国内一系列更为广泛的政策变化。这种变化的一个转折点是1970的夏天，尼克松总统决定将他的国内政策急剧地向保守的右翼方向倾斜，很大程度上放弃了他上任初期所实施的相对比较迁就左翼自由主义的一些举措。事实上，尼克松总统在其执政的第一年结束时已经明显显现出与国会对抗的态度，随着1970年中期选举的临近，他的这一态度表现的愈益强烈，因为他认为制度冲突(institutional conflict)可能比合作更有利于他的政治利益。这一转折点就出现在当年的7月和8月，其时国会正在考虑1971年的财政年度教育预算。事实上，在上半年时，考虑到国会要求增加教育预算的强烈情绪，尼克松总统已经提议将1971年的教育预算作较大幅度的增加，超过1970年预算的25%。虽然尼克松总统对国会众议院拨款委员会在此基础上又增加3亿美元感到很不高兴，但当联邦教育办公室在7月将该教育支出法案送到他办公桌时，他最初还是倾向于接受。迫于通货膨胀的压力，他决定不对众议院的法案行使否决权，据此减少对国会的挑衅。

然而，基于政治上的理由，尼克松总统很快又改变了主意。在1970年的夏

---

① 尼克松总统上任后，为解决联邦政府长期存在的"大政府"现象，决定削弱联邦政府的权力，"还权于州、还权于民"，提出了协调联邦与地方关系的"新联邦主义"。而实现这个目标的主要手段就是"岁入分享计划"。在1971年的国情咨文中，尼克松总统正式提出了"岁入分享计划"的具体内容：要求国会将税收中的50亿美元返还给各州，并且拨款100亿美元交给各州控制。联邦政府希望在教育、安全、公共事业等区域性和基础性的问题上给予各州更大的控制权，而把福利、能源、环境等全国性和统筹性的问题的控制权保留在自己手中。

天,尼克松总统对其本人上任以来的18个月期间所采取的过度宽松的国内政策重新进行了评估。据尼克松总统的白宫办公室主任霍尔德曼当时的记录,认为尼克松总统"得出了新的结论,即先前他采取的巴结左派的政策并不起作用,不仅赢不了他们,甚至无法分化他们"。尼克松总统并未得到来自左派的任何回报,他的一些重要提案如家庭援助计划、为正在消除种族隔离的学校提供财政资助等国内政策均被搁置在国会。在税收改革、岁入分享、饥饿、平权行动和少数族裔商业援助等领域,尼克松总统提出的这些大胆举措也没有得到国会多少认同,大部分都在国会预算审议过程中被否决。此外,参议院不仅否决了尼克松总统先前提名海恩斯沃思为最高法院法官,而且其提名的第二个人选哈罗德·卡斯韦尔(Harrold Carswell)也否决了。① 对尼克松总统更沉重的打击是,参议院刚刚又批准了《库珀-丘奇修正案》(Cooper-Church Amendment),该修正案旨在迫使尼克松终止在柬埔寨和老挝的军事行动。② 显然,国会对尼克松总统的国内外政策拒绝合作,进行了全面的对抗。

尼克松总统作出与国会对抗这一决定时,离国会中期选举还有不到3个月的时间。这时,尼克松总统已不关心与国会建立合作关系,转而更专注于呼吁建立一个公认的新多数派,反对建立一个自由主义大政府。我们再次引用霍尔德曼的话:"我们现在明白了,当我们转向另一边时(即指自由主义左翼),我们什么都没有得到……我们必须建立我们自己的基础。我们在许多战线上——新闻、民权、教育、政治与现行机制进行了殊死的斗争。"

然而,最终的博弈结果并不如总统当局之意。2天之后,尼克松总统决定对国会1971年的年度教育预算方案行使否决权。紧接着,国会又推翻尼克松总统的否决:表决结果为众议院以289票比114票,参议院以77票比16票,均以2/3以上的多数票推翻了尼克松总统的否决。值得注意的是,在众议院,有77名共和党议员投票反对尼克松总统,而在之前的1970年1月投票反对尼克松总统的教育预算的共和党议员还不到20人。③ 显然,不仅国会中民主党议员

---

① Gareth Davies. See Government Grow: Education Politics from Johnson to Reagan. University Press of Kansa, 2007, p. 95.

②《库珀-丘奇修正案》是由共和党参议员约翰·谢尔曼·库珀(John Sherman Cooper)和民主党参议员弗兰克·丘奇(Frank Church)于1970年在美国参议院提出的。这项修正案旨在切断所有资助柬埔寨和老挝战争的资金,这项提案是国会第一次在战争中限制军队的部署,违背了尼克松总统的意愿。

③ Gareth Davies. See Government Grow: Education Politics from Johnson to Reagan. University Press of Kansa, 2007, p. 96.

与尼克松总统对着干,而且共和党的同僚们也不支持尼克松总统,由此导致在这次总统当局与国会立法机构的对决中,尼克松总统遭遇了滑铁卢。

三、预算编制机制的崩溃与尼克松胜选连任总统

(一) 教育预算编制机制的崩溃

1972年,随着又一个新的总统选举年的来临,"府院"之间围绕教育预算的政治斗争更是针锋相对。双方互相指责对方,国会的民主党议员咒骂尼克松总统,将他描绘成一贯反对教育的人,而尼克松总统则指责他们居心不良,试图破坏国家的经济稳定,显然,联邦政府的国家预算编制机制完全瘫痪了。随着大选日期的临近,双方的争论愈演愈烈。在选举前10周,国会向尼克松总统提交了一份新的预算法案,超出了尼克松总统提议的教育预算17亿美元。这些增加的预算主要是由众议院拨款委员会主席丹·弗勒德(Dan Flood)和参议员沃伦·马格努森(Warren Magnuson)提出的,他们认为尼克松总统提出的预算方案完全不切实际。毫无悬念的是,尼克松总统否决了该法案,这次国会也未能推翻总统的否决权。于是,国会又重新拼凑出一个预算法案,期望尼克松总统能签署。然而,这时距离总统选举日已经只有3周时间,尼克松总统感兴趣的只有选举,而不是法案:尼克松总统将该法案扣压了2周,直到大选投票的前1周,他行使了搁置否决权(pocket veto)。[①]这是尼克松总统一系列高调宣传中的一部分,旨在强调他抑制通货膨胀的决心。

(一) 尼克松胜选连任总统:尼克松 vs. 麦戈文

1972年的总统大选是共和党的在任总统尼克松对民主党的候选人乔治·麦戈文(George McGovern)。1972年总统选举时的尼克松信心十足,他声望达到了政治生涯的高峰。在对外政策方面,1972年2月,他对中国进行了破冰之旅,打开了中国的大门,给中美两国外交关系打开新的篇章。同年5月,尼克松又对苏联进行了访问,达成2个具有里程碑意义的军控协议,一个是美苏《限制进攻性武器条约》(Strategic Arms Limitation Talks, SALT),另一个则是《反弹道飞弹条约》(Anti-ballistic Missile Treaty, ABMT),该条约禁止任何一方研发用于拦截来袭导弹的防御系统,并实施缓和政策。

在国内政策方面,虽然民主党控制的国会与他处处为敌,尼克松总统受到

---

① 搁置否决权:指美国国会通过的法案或议案送交总统签字时,如被搁置至休会仍未被签字,该法案或议案即被否决。

很大的牵制,其国内政策无法施展开来。然而,尼克松总统在争取南方各州民主党的支持方面却有显著的进展。历史上,民主党曾长期垄断南方各州的选票,从1877年至1964年,这些州基本上都是民主党的票仓。虽然共和党参议员巴里·戈德华特(Barry Goldwater)曾因反对1964年《民权法》而获得过多个南方州的选举人票,但也因此而与较为温和的南方人疏远。尼克松总统在1968年大选中试图赢得南方支持的努力受到独立候选人华莱士(Wallace)的很大影响。上任后,尼克松总统在第一个任期中实行南方策略(Southern strategy)和政策,例如他废除种族隔离的方案就为大部分南方白人所接受,鼓励他们在民权时代的余波下重新接受共和党(我们下一节将会论述尼克松在这方面所采取的策略和政策)。他还提名2位南方保守派人士担任联邦最高法院大法官,分别是克莱门特·海恩斯沃思和G.哈罗德·卡斯韦尔,虽然后来都没有得到国会参议院的批准,但他的做法却赢得了南方各州的信任。

基于上述的努力,尼克松总统在整个竞选期间的大部分民意调查中都保持着领先,并于1972年11月7日的大选中以历史上最具压倒性的一场优势胜出而获得连任。他赢得超过61%普选票,在50个州的49个州中击败了麦戈文,只输掉马萨诸塞州和哥伦比亚特区。虽然尼克松以绝对的优势赢得了总统选举并连任,遗憾的是,他在第一个总统任期中与国会之间的噩梦依然挥之不去,他的第二个总统任期的1年半中(包括后来他的继任者福特总统的任期),不但国会参众两院民主党议员仍然始终占据大多数席位,而且参议院的劳工与公共福利委员会主席和众议院的教育与劳工委员会主席席位也仍由民主党资深议员把持。从表5-3的资料中可清晰地观察到尼克松总统第二任期内(包括后来福特总统的任期内)的联邦政府行政与立法的权力概貌(1973—1976年)。这种政治现实预示了尼克松总统连任后同样面临了来自国会的严峻的政治挑战,实行保守主义政策的尼克松总统将会继续受到重重阻力,与国会处于激烈的对峙和冲突中。

表5-3 美国尼克松总统第二任期联邦政府行政与立法权力概貌(1973—1974年)

美国第37—38任总统			
总统(党派)	尼克松(R)	第二任期	1973—1974.8
副总统(党派)	福特(R)	第一任期	1973.8—1976

续表

任内的主要教育建树	1973年颁布了《康复法》（*Rehabilitation Act*, RA） 1973年颁布了《国内志愿服务法》（*Domestic Volunteer Service Act*, DVSA） 1974年颁布了《1974年教育修正案》（*Education Amendments of 1974*） 1974年颁布了《美洲原住民计划法》（*Native Americans Program Act*, NAPA） 1974年颁布了《少年司法和犯罪法》（*Juvenile Justice and Delinquency Act*, JJDA） 1974年颁布了《平等教育机会法》（*Equal Education Opportunities Act*, EEOA） 1974年颁布了《双语教育法修正案》（*Bilingual Education Act Amended*, BEAA） 1975年颁布了《印第安人自决和教育援助法》（*Indian Self-Determination and Education Assistance* Act, ISDEAA） 1975年颁布了《所有残障儿童教育法》（*Education for All Handicapped Children Act*, EAHCA） 1976年颁布了《1976年教育修正案》（*Education Amendments of 1976*） 1976年颁布了《职业教育修正案》（*Vocational Education Amendments*, VEA） 1976年颁布了《教育司和有关机构拨款法》（*Education Division and Related Agencies Appropriation Act*, EDRAAA） 1976年颁布了《教育广播设施和电信示范法》（*Educational Broadcasting Facilities and Telecommunications Demonstration Act*, EBFTDA）

美国第93届国会			
国会议员总数	535人	任期	1973—1974年
参议院人数与党派	56(D)	42(R)	2(其他党派)
劳工与公共福利委员会主席、党派和所属州	哈里森·威廉	D	新泽西州
众议院人数与党派	242(D)	192(R)	1(其他党派)
教育与劳工委员会主席、党派和所属州	卡尔·帕金斯	D	阿肯色州

美国第94届国会			
国会议员总数	535人	任期	1975—1976年
参议院人数与党派	60(D)	38(R)	2(其他党派)
劳工与公共福利委员会主席、党派和所属州	哈里森·威廉	D	新泽西州
众议院人数与党派	291(D)	144(R)	
教育与劳工委员会主席、党派和所属州	卡尔·帕金斯	D	肯塔基州

资料来源：根据 New York State Education Department. Federal Education Policy and the States, 1945–2009: A Brief Synopsis. New York State Archives, Albany, January 2006, revised November 2009, pp. 35–36中数据计算整理。

（三）尼克松总统连任后与国会继续斗智斗勇

1. 国会采用"持续决议"机制对抗

1972年总统选举结束之后，尼克松总统与国会两方面都没有试图将制度分歧和党派之争暂时搁置的想法。相反，由于尼克松总统在连任竞选中选票斩获甚多，极大地稳固了他的民意基础和总统地位，因此他显得更加好斗，比以往任何时候都更有决心面对国会中的对手。正是在这种不正常的情况下，虽然财政年度时间已经过去了几乎2/3，国会和白宫仍然不得不商讨重新达成1973财政年度预算的法案。由于"府院"的关系已经处于非常对立的紧张状态，各自都想控制对方，在教育预算问题上都采取不妥协的强硬态度。首先，国会决定不提出新的教育预算法案，相反，却通过了一项"持续决议"（continuing resolution），其有效期不是通常的2个星期，而是在整个财政年度的剩余时间内都有效。① 尼克松总统签署了这项"持续决议"，但宣布他不会在教育经费上同意超过1年前要求的数额。

2. 尼克松总统采用"截留预算支出"策略反制

1972年11月总统大选结束之后，许多人预期尼克松政府与国会立法部门之间的党派对立能够缓和，然而事与愿违，"府院"之间的对立不但没有缓和，反而继续加剧。由于在第一个总统任期内的立法中饱受挫折，尼克松决心跳出体制，直接向广大美国民众呼吁，对国会施加压力。尼克松总统认为，广大美国民众非常厌恶高税收和大政府的理念，总统代表了他们的观点，而国会只是迎合了根深蒂固的特殊利益群体。如果是这样的话，尼克松总统的新举措将意味着白宫和国会山之间的对立关系会愈加紧张，尤其是在11月的国会同步选举中，虽然共和党增加了13个众议院席位，但在参议院又失去了2个席位，事实上，民主党仍然控制着国会参众两院（见表5-1与表5-3中数据的对比）。

事实上，在这种力量对比的劣势下，不但尼克松总统，任何其他共和党人入主白宫，都会与民主党产生巨大的冲突。在美国联邦政府的教育预算编制机制不断被人为地中断，甚至时常瘫痪的情况下，总统能做些什么呢？一种解

---

① 自20世纪60年代末期的尼克松总统任期开始，由于政府行政部门与国会在拨款法案上经常无法达成一致，国会就开始频繁采取一种被称为"持续决议"的机制，即立法机构只允许行政机构在现有的项目上花钱，而且只能维持在前一年的经费水平上。后来这种"持续决议"成为20世纪70年代、80年代和新世纪教育经费拨款的主要形式。Christopher T. Cross. Political Education: National Policy Comes of Age. Teachers College Press, Columbia University, 2004, p. 42.

决的办法就是截留预算支出。事实上，尼克松总统之前所有现代的前辈都采用过这一办法，根据预算办公室的记录，肯尼迪和约翰逊比尼克松更常用这一策略。①

毫无疑问，截留预算支出的方法不为国会待见。在其第一个总统任期内，尼克松总统并没有怎么采用这一策略。然而，在1972年，当国会通过了"持续决议"（continuing resolution）之后，尼克松截留了18亿美元的卫生和教育经费支出。参议员沃伦·马格努森（Warren Magnuson）并不认为尼克松这样做是合理的。首先，18亿美元是一笔巨款。其次，尼克松总统在此之前还截留了国会1年前为管制和降低水污染通过的《联邦水污染控制法》所拨款中的60亿美元。最后，国会对此也没有明显解决问题的方法。虽然各前任总统都做过，但尼克松总统的做法更加大胆。有时候，尼克松总统已经不是简单地对特定的项目削减开支，而是将项目经费完全取消，如国会无异议通过的2个有关农村电气化的法案。

针对其做法的各种异议，尼克松总统退而求助于《宪法》。1973年1月，尼克松总统在接受记者采访中说："当货币支出将意味着提高价格或增加所有人的税收时，美国《宪法》赋予总统截留经费支出的权利，绝对清楚。"②他认为，他使用截留权不仅可以避免不必要的支出以降低预算赤字，而且防止有些人试图通过"肉桶立法"（pork-barrel legislation）达到某些利益，因此，他只是调整了国会预算支出的排列顺序。③事实上，其他总统和预算委员会主任截留经费支出时，也曾招致国会的质疑，但他们只是私底下咕哝一下后，即侥幸摆脱困境。但尼克松总统不同，他直截了当公开反驳，使其政府成为众矢之的，引起众怒，致使司法部门的介入。

---

① 在20世纪70年代上半期，美国经济增长缓慢和高额预算赤字使得国会与总统政治斗争加剧，双方竞相指责对方，并采用对自己有利的解决方案。尼克松严厉批评国会是造成预算危机的主要推手，并对国会通过的预算采取激烈的行动——截留预算支出。其方式是使用截留权延迟或撤销国会已拨出的款项，而截留的效果是当国会同意总统的计划时，预算支出往往比原先决定的规模更小；但当国会不同意总统所提出的预算时，总统则扩大使用截留权力。

② Gareth Davies. See Government Grow: Education Politics from Johnson to Reagan. University Press of Kansa, 2007, p. 99.

③ "肉桶立法"是指美国国会议员为选区利益，经常于拨款法案（appropriations bills）中夹带附加若干新公共福利与建设条款（riders），这种以增加拨款案中的金额或拨款案来为地方谋求利益的立法，往往是不必须的，只是该地区的代表，为了下一次选举而讨好选民、获取选票的做法。后来，议员们提出法案必须附带提出财源，才使肉桶立法受到限制。显然，肉桶立法主要指政府拨款的项目由本地区的人受益，而成本却由广大纳税人承担。

3. 司法介入了截留教育经费支出问题

针对尼克松总统截留教育经费支出的做法，使接受"全额资助"的利益团体"教育资助委员会"又有了新的奋斗目标：迫使总统下拨所有经费。1973年，包括教育游说团体在内的众多利益团体采用一系列司法诉讼的方式向尼克松总统截留经费支出的权利发起了挑战。由教育游说团体起诉的一个重要诉讼案是"宾夕法尼亚联邦诉温斯伯格"(Commonwealth of Pennsylvani v. Weinsberger)①，这是由11个州中的各校校长和全国学校董事会协会(National School Boards Association, NSBA)等一些教育团体共同提出的。经过4个月的审理，在1973年11月，哥伦比亚特区地方法院的法官约瑟夫·沃迪(Joseph Waddy)判决宣称尼克松政府对教育经费的截留是"非法和违宪的"。②

事实上，这次判决是法院针对截留经费支出所作出的第45个判决，这些判决中只有5个支持白宫，其他都反对。此前，联邦卫生教育福利部曾经排除了联邦下级法院判决尼克松政府败诉可以阻止尼克松政府下拨经费的可能性：因为新上任的部长卡斯帕·温斯伯格(Caspar Weinberger)坚持要等联邦最高法院的终审裁决。然而，自1973年初联邦法官约翰·西里卡(John J. Sirica)发现2名尼克松总统的前助手，戈登·利迪(G. Gordon Liddy)和詹姆士·麦考德(James W. McCord)犯有阴谋、盗窃、非法窃听罪行之后，问题不断发酵，逐渐牵涉到更多尼克松总统身边的人员。至1973年底，"水门事件"已完全打破了政治格局，尼克松政府完全被"水门事件"所消耗。③在此情况下，尼克松总统以及助手们只能孤注一掷，期望得到大多数中间民众的支持，为保住尼克松的总统地位而进行一场殊死战斗。然而，10月10日，副总统斯皮罗·阿格纽(Spiro Agnew)因

---

① Commonwealth 在这里指美国的州，用于肯塔基、马萨诸塞、宾夕法尼亚、弗吉尼亚等4州。温斯伯格(Weinsberger)当时担任美国卫生教育福利部部长。

② Gareth Davies. See Government Grow: Education Politics from Johnson to Reagan. University Press of Kansa, 2007, p. 99.

③ "水门事件"包括了尼克松政府成员的一系列秘密活动，这些活动中许多都是非法的。其中包括窃听政敌和怀疑对象的办公室等"卑鄙手段"。尼克松和他的亲信下令通过联邦调查局、中央情报局和国家税务局骚扰激进组织和政敌。1972年6月17日，5名男子潜入水门综合大厦的民主党总部后被警方抓获，《华盛顿邮报》开始跟踪报道事件。记者卡尔·伯恩斯坦(Carle Bernstein)和鲍勃·伍德沃德(Bob Woodward)根据一名被称为"深喉"的知情人士——之后经当事人自己承认是当时的联邦调查局副局长马克·费尔特(Mark Feldt)——提供的线索将被捕的人与白宫联系起来。尼克松起初称这些丑闻不过是政治陷害，报纸文章中充满偏见，试图将其淡化。但之后的一系列爆料却显示他的幕僚已经犯下试图破坏民主党及其他人工作、生活，并且还撒谎掩盖的罪行。包括白宫办公厅主任霍尔德曼、白宫法律顾问约翰·迪恩(John Dean)在内的多名白宫高级幕僚受到起诉，最终共计有超过46人被定罪。

在担任马里兰州州长期间受贿、逃税漏税和洗钱而辞职，尼克松总统提名联邦众议院少数党领袖杰拉尔德·福特（Gerald Ford）继任副总统。紧接着尼克松总统国内政策负责人约翰·亚列舒曼（John Ehrlichman）也被迫辞职，其继任者是梅尔文·莱尔德。新任副总统福特和新任国内政策负责人莱尔德都曾是国会议员，他们理解并尊重国会的想法，渴望在白宫和国会山之间架起沟通的桥梁。当莱尔德建议尼克松总统和沃迪法官一起坐下来协商时，尼克松总统接受了这项建议，协商结果是总统下拨了他之前截留的教育经费。

最终，在1974年预算年度过去近5个月之后，这年的预算斗争终于落下了帷幕，国会击败了几乎被"水门事件"搞得焦头烂额的尼克松总统。这场争斗对利益团体"教育资助委员会"来说是一次巨大的胜利，他们的游说者罗伯特·弗雷泽（Robert Frase）在其代表的行业机构出版物《出版者周刊》中撰文庆祝说，"这是教育界和图书馆界联盟的伟大胜利"。总结自尼克松总统上任以来5年的斗争，弗雷泽得出结论：教育界的朋友们终于找到了一种方法来抵制由众议院中1/3人数支持的尼克松政府动用否决权的策略。

（四）教育预算之争的外部环境：美国经济恶化

影响教育预算争斗的因素除了尼克松总统的新联邦主义理念、小政府、大社会以及还权于各州、财政压缩等之外，还有外部环境变化导致的经济危机等因素。近5年来，除了与尼克松总统的政府行政部门就教育预算问题进行较量，1973年末，以"教育资助委员会"为代表的教育利益团体又面临了一个新的敌人：国际局势的变化导致美国经济急剧的衰退。1973年10月是赎罪日战争（Yom Kippur War）[①]，紧接着"欧佩克"发起的石油禁运又造成国际经济危机，在10月和12月之间油价上涨了4倍。[②]这一切加深了1972年大选后不久出现的

---

① 赎罪日战争（又称第四次中东战争、斋月战争、十月战争）发生于1973年10月6日至10月26日。起源于埃及与叙利亚分别攻打6年前被以色列占领的西奈半岛和戈兰高地。战争的头一两日埃叙联盟占了上风，但此后战况逆转。至第二周，叙军退出戈兰高地。在西奈半岛，以军在两军之间攻击，越过了苏伊士运河（原来的停火线），直到联合国停火令生效为止，已经歼灭了一队埃及军队。

② 石油输出国组织简称"欧佩克"（Organization of the Petroleum Exporting Countries，OPEC）。亚非拉石油生产国为协调成员国石油政策，反对西方石油垄断资本的剥削和控制而建立的国际组织，1960年9月成立，现有13个成员国。1973年的赎罪日战争中美国对以色列的紧急补给，宣布对以色列提供22亿美元的紧急军事援助，使以军能抵挡埃及和叙利亚军队。美国这一举动激怒了主要产油国，愤怒的阿拉伯世界于1973年末对美国、西欧和日本实施石油禁运，提价、减产和禁运同时发生，使西方国家经济出现一片混乱。石油提价加大了西方大国的国际收支赤字，最终引发了1973年—1975年的世界经济危机。

美国经济衰退,并持续到1975年。美国历史学家杰姆斯·T.帕特森(James T. Patterson)认为,这是第二次世界大战后人们多年来所抱有的"宏伟期望"被一种对未来焦虑的情绪所取代的时期。他指出,这是一个"生产率下降、世界市场竞争日趋激烈、通货膨胀率上升、失业率上升的时期,尤其是更多少数族裔和数百万婴儿潮时期出生的人在寻求工作,而在美国经济占主导地位的服务业领域中原本会创造高收入、高就业率的就业岗位却更少了"。20世纪70年代另一位美国历史学家爱德华·伯克威茨(Edward Berkowitz)说:"显然,作为美国经济发展的一个关键转折期已经到来。"[1]

另外,自从20世纪60年代中期越南战争升级以来,对预算赤字和通货膨胀威胁的焦虑加剧了各方对教育预算的争斗。1975年财政年度的赤字达到530亿美元,第二年更是高达740亿美元(在此之前,二战后财政赤字最高的年份是1971年,达230亿美元)。与此同时,1974年的通货膨胀率达到了11.3%(在约翰逊总统时代,物价一直处于高位引起担忧时,通货膨胀率仅为4.2%)。同期的失业率攀升至大萧条之后最高值,高达8.5%。1974年的实际国民生产总值下降了2%,1975年又下降了3%。

在上述背景下,尤其是在尼克松总统执政期间,社会福利支出(包括社会保障、食品券、补充安全收入等)有了巨大的增长,联邦政府大幅增加教育支出的前景几乎是零。由于自主支配的教育开支被压缩了,使得教育游说团体也面临了挑战。与以往相比,目前衡量"教育资助委员会"游说行动的成功指标,将是能否维持近年来已取得的既得利益,而不再是争取增加拨款。

四、顺势而为:利用现存法规和判令在法律上终结学校种族隔离

除了囿于国内财政压力和不同的教育理念,总统与国会在教育预算上进行激烈的争斗和博弈之外,共和党和民主党在众多问题上分歧明显,往往难以在行政和立法层面予以解决,这就为司法的介入提供了机会。在尼克松总统任上,美国各级法院受理和判决的教育案件是美国历史上最为集中的。借助于各级法院的诉讼判令,尼克松总统执政时期的一个突出亮点为联邦政府利用现存法规和法院的判令在法律上强势终结了全国范围的学校种族隔离

---

[1] Gareth Davies. See Government Grow: Education Politics from Johnson to Reagan. University Press of Kansa, 2007, p. 100.

现象。

第三章中我们曾分别介绍了1954年"布朗诉托皮卡市教育委员会案"和1955年"布朗案之二"，联邦最高法院在这两个案例中均作出了有利于黑人布朗和其他上诉人的判决，宣布公立学校的种族歧视违宪，各州不能在法律上对黑人实行种族隔离和歧视，从而为公立学校的隔离制度敲响了丧钟。然而，由于种族主义分子的强烈抵制，南部各州很长一段时间都不愿意服从联邦最高法院的判决。1965年约翰逊推动《初等与中等教育法》顺利通过时，为避免南方各州的阻挠，并没有对南方公立学校的种族隔离提出强制要求。鉴此，至尼克松总统上任的1969年，在布朗案判决后的整整15年，南方各州仍有超过2/3以上的黑人学生就读于黑人学校。[①] 显然，南方各州仍然普遍采用各种手段和形式抵制建立种族融合学校。

为剔除公立学校的种族隔离这一毒瘤，尼克松执政时期的联邦政府在政府机构和司法部门两个方面均采取有力措施，尽管在实际运作中两者时有重叠，但都是为消除教育系统的种族隔离制度发起了最后的攻坚战。

（一）联邦官僚机构的强制执行力（付诸行动）

1965年《初等与中等教育法》对美国教育影响巨大，然而，因受限于教育经费在全国经费中的占比不足10%和联邦政府与地方政府在教育理念和利益上的冲突，该法在实际执行过程的效果大受影响。其突出的例子即实践中无法消除种族隔离，南方各州采用各种手段违抗法规，致使南方学校顽固的种族隔离制度一直难以消除。

1. 尼克松总统上任之前联邦教育机构的执行情况

虽然《初等与中等教育法》在执行过程中受到各种限制，然而该法对各州教育的间接影响却是巨大的。而这要追溯到1964年《民权法》，该法第六章规定："根据种族、肤色或国籍，美国境内的任何人不得被排除在接受联邦财政援助的任何计划或活动之外，不得被剥夺权利或受到歧视。"该法授权政府可就学校种族隔离起诉，在接受联邦政府资助的任何项目中禁止种族歧视，如有不遵从即可扣押资金或停发联邦经费。尼克松总统执政时期，联邦政府发起消除教育系统种族隔离制度的攻坚战就是基于1964年《民权法》的规定，这些规定是尼克松政府随后终结南方教育种族隔离制度和推行种族融合的有力

---

① Gareth Davies. See Government Grow: Education Politics from Johnson to Reagan. University Press of Kansa, 2007, p. 120.

武器。

在1964年《民权法》颁布的初期,该法的作用并未显示出来,因为联邦政府的法定财政援助微不足道,起不到震慑效应。直到1965年《初等与中等教育法》通过之后,联邦政府对全国教育的拨款逐年增加,1964年《民权法》对教育领域的杠杆作用也逐渐彰显:至1967年,南方各州许多学区从联邦政府获得的拨款超过它们经费的20%,有些学区甚至超过30%。而在大多数情况下,联邦政府所拨经费的比例在此之前的12个月期间翻了一番。[①]

事实上,1964年《民权法》颁布后,联邦政府的大多数官僚机构对执行该法第六章的规定并不很上心,只是在口头上表示了关注。唯一的例外是联邦卫生教育福利部下属的联邦教育办公室。该机构从1964年《民权法》通过之日起即认真地履行法律职责。为什么会出现这样的例外呢?原因也很简单,联邦教育办公室不像联邦卫生教育福利部下属的任何其他机构,它拥有专项民权经费,从而使该机构的主管凯佩尔(Keppel)可以利用这些经费建立一支专事民权事务的专家队伍。由于他本人是种族融合学校的坚定支持者,因此该机构也吸引了对民权事业充满激情的各方人士加入。

在1965年《初等与中等教育法》通过时,联邦教育办公室对执行该法很乐观。这种乐观情绪曾反映在联邦教育办公室发布的第一份取消种族隔离的指南上,该指南规定:如果一个学区要获得《初等与中等教育法》的经费,必须签署一份证明该学区没有实施种族歧视的保证书。一旦实施种族隔离的南方各学区欣然保证,联邦政府的经费就能流向这些学区。事实上,南方许多学区通过所谓的"选择自由"(Freedom of Choice)计划[②]取消种族隔离的法律文本,而私下仍然实施严格的种族隔离。

针对南方种族主义的顽固抵制,1966年联邦卫生教育福利部又颁布一份新的取消种族隔离的指南,对南方学区获取联邦经费提出了更加明确的要求,对取消种族隔离列出了一系列明确的指标和标准。与此同时,为落实要求,联

---

① U.S. Commission on Civil Rights. Southern School Desegregatio, 1966-67. Washington, D.C.: Government Printing Office, 1967, p. 46.

② 选择自由(也叫自由转移, free transfer)是1965—1970年美国南方实行种族隔离教育制度的各州为建立种族融合学校而推出的一系列变通计划的总称。1955年,美国最高法院在布朗案之二裁定以"十分审慎的速度"实行学校种族融合的10年之后,实行学校种族隔离的各州许多学区赋予学生在白人和黑人学校之间进行选择的权利,而不受种族的影响。实际上,这种做法难以成功,大多数学校仍然是隔离的,只有少数黑人学生选择上白人学校,没有白人学生选择上黑人学校。

邦教育办公室征集了数百名法学院的学生志愿者，将他们派往南方各州，与学区的官员谈判商定出如何履行取消种族隔离的指南中规定的要求和义务。由于受到当地种族隔离主义的狂热情绪和当地民众对联邦教育办公室不满的影响，许多南方学区官员在政治上无法遵守该指南，在行动上继续抵制，他们的抵抗也导致了联邦民权办公室（Office of Civil Rights）官员更强有力的反制。1967年，联邦卫生教育福利部对这些不合作的学区进行制裁，陆续切断它们的经费。至约翰逊总统离任时，这些制裁已几乎波及了200个学区。

2. 尼克松总统上任之后联邦教育行政机构的执行情况

尼克松在1968年大选中的对手除了民主党候选人汉弗莱之外，还有一位以美利坚独立党（American Independent Party）候选人身份参选的华莱士（Wallace）。华莱士当时担任实施种族隔离制度最顽固的6个南方州之一的亚拉巴马州州长，虽然任亚拉巴马州州长时他支持种族隔离政策遭到民主党的反对，但他的政见在南方的影响巨大，因此他赢得了南部一些州的选举人票。虽然华莱士自己也知道胜选无望，但他在南方各州获得的选票对势均力敌的共和党和民主党候选人都是至关重要的。在这种情况下，尼克松总统在大选中不敢掉以轻心，他必须提出一些灵活的政策以争取南方各州的选票。尤其在废除南方的教育种族隔离政策上，他避免采用激进的立场，主张采取相对和缓的方式逐步废除教育种族隔离制度，拉拢南部白人保守派选民。例如，为迎合南方的选民，尼克松总统在竞选中表示反对法院判定的校车跨区接送的学生，据此减轻学校的种族隔离状况的做法。[①]他说："当孩子们被赶到一个陌生的社区，我想会毁了那个孩子。""法院的职责是解释法律，而不是制定法律。没有一个法官有资格成为当地学区的教育局局长，并替你们当地的学校董事会做出决定。"尼克松总统甚至反对以扣留经费的方式迫使地方学区执行联邦行政官员或行政机构下达的指令，他认为这样做是很危险的。

由于尼克松总统在大选中实行灵活的南方策略（Southern strategy）和政策[②]，他提出的废除种族隔离的方案为大部分南方白人所接受，因而从主张极

---

① 尽管早在1954年美国最高法院在"布朗诉托皮卡教育委员会案"宣布公立学校的种族隔离是违宪的，这次判决具有里程碑意义，但许多美国学校仍然大体上保持隔离。为了解决学校中事实上的种族隔离问题，1971年最高法院在"斯万诉夏洛特·梅克伦堡教育委员会案"（Swan v. Charlotte Mecklenburg Board of Education）中作出判决，裁定联邦法院可以将校车作为一种取消种族隔离的工具来实现学校的种族平衡。

② 尼克松总统制定的"南方战略"，旨在吸引传统上投票给民主党的保守南方白人，他们反对约翰逊总统和汉弗莱对民权运动的支持。

端种族隔离的华莱士手上成功夺回许多南方选民的选票。大选结果揭晓：当年共有7100万民众参加投票，尼克松总统以极其微弱的优势赢得了大选。尼克松总统的得票率为43.4%，汉弗莱的得票率为42.7%，在全部7100万张选票中只有51万张选票的差额。而华莱士的得票率仅略低于13%，也获得990万张选票。在选举团的投票中，尼克松总统则遥遥领先，他以301张选举人票获得32个州的支持，而汉弗莱赢得13个州中的191张选举人票，华莱士仅在南方5个州中获得46张选举人票的支持（都是实行种族隔离的州：佐治亚州、密西西比州、路易斯安娜州、阿肯色州和亚拉巴马州）。

　　1968年的总统大选中，尼克松仅以超出51万张选票，即不足1个百分点的得票率而险胜大选，相当程度上与他在竞选中采取灵活的南方策略和政策有很大的关联。最后结果表明了他与华莱士竞争时所抢到的南方各州的100多万张选票是何其宝贵！如果没有这些南方选票支持，尼克松总统肯定是无法胜选的。

　　在这种背景下上台的尼克松总统显然是欠了南方的人情，按政治常规，他需要投桃报李。南方的政要们也指望他能实现竞选时的承诺。然而这并不容易，尼克松总统上任之初希望在国内政策上推行共和党的理念和政策，但由于联邦政府维护民主党前任总统的"伟大社会"计划的坚定决心，使他的这一努力变得复杂起来。具体到废除学校的种族隔离等民权问题上，尼克松在第一个总统任上与联邦卫生教育福利部下属的民权办公室和司法部下属的民权司一直冲突不断。尼克松总统对联邦行政官僚机构一直抱有敌意，尤其是联邦卫生教育福利部的一些做法未能响应他的政治需要。

　　根据美国学者的分析，尼克松总统不擅长、也不大有兴趣处理国内事务，他的长处和兴趣在于处理对外事务。例如，尼克松总统入主白宫时，即表现出其对民权政策的实质了无兴趣：他在种族问题上的主张是适度和稳步推进，但这并不是他感兴趣的话题。他希望他任命的内阁官员能确保他的竞选承诺得到落实，使他不受政治麻烦的影响，这样他就可以腾出手来从事更重要的事务：例如结束越南战争、与苏联和中华人民共和国建立新的关系。于是，尼克松总统将国内民权问题委托给他的两位亲密的政治盟友负责：一位是司法部部长约翰·米切尔（John Mitchell），另一位是联邦卫生教育福利部部长芬奇。

　　作为一名自由派共和党人和尼克松总统多年的盟友，芬奇很受尼克松总统的信任。事实上，尼克松总统最初是希望提名芬奇搭档竞选副总统，胜选后又希望任命他为司法部部长,然而芬奇都拒绝了,他最终选择了担任联邦卫生教育福利部部长,他认为联邦卫生教育福利部是更能"施展抱负的政府部门"。而出于对他的信任,尼克松总统给予了他相当大的自主权。接受任命后,芬奇很快组建了一个信奉自由主义理念的专家团队,任命与他有共同理念的利昂·帕内塔(Leon Panetta)为民权办公室的负责人。芬奇本人有强烈的意愿将联邦卫生教育福利部打造成强有力的民权执法部。他的这一愿望是非常坚决的,以至于即将离任的前任部长敦促他将民权责任重新移交给司法部门时,他拒绝了这一建议,因为他觉得那样做只会削弱执法程序,而迅速取消种族隔离是建立一个以政治为导向的"行动部门"的首要责任。当有记者问到联邦卫生教育福利部是否打算修改约翰逊总统时代的1964年《民权法》中第六章的指南时,他明确回答:不。①

毫无疑问,联邦卫生教育福利部的民权办公室最初开始工作时是很艰难的,既有包括尼克松总统在内的白宫时时掣肘,也有南方各州地方势力的种种阻挠。民权办公室负责人利昂·帕内塔曾回忆当初的情况:"1969年3月,当民权办公室正式承担起《民权法》第六章规定的任务时,虽然我有点保留,我总能感觉到一些敌意。这是一个不到300名工作人员的小型政府机构,它已经开始了这个国家历史上最重要、最具争议的社会革命。他们不知道以这种痛苦方式开始的任务是否会在一两年内在南方结束,然后再扩展至北方;也不知道尼克松总统和像我这样的代理人是否会使这一切彻底停止,撤销这15年的工作,恢复其久负盛名的'隔离但平等'的立场……这是一个封闭的办公室,工作人员时刻准备承受不定时的工作,数不清里程的出差,忍受不愉快的官场侮辱,以便使学校、医院和福利机构取消种族隔离。到目前为止,很多人能坚持下来都是受个人经历的激励,即使他们中大多数不是黑人。"②

帕内塔本人一直感受到工作环境中的紧张气氛,但他成功抵制了白宫希望弱化执行1964年《民权法》第六章的压力,同时也成功敦促了他的上司——联邦卫生教育福利部部长芬奇坚持自己的原则。当原定将于1969年1月底生效的对南方5个学区终止专项拨款的决定暂停2个月后,对南方战略家来说,事情似乎有了一个良好的开端。然而几天后,联邦卫生教育福利部宣布立即

---

① Gareth Davies. See Government Grow: Education Politics from Johnson to Reagan. University Press of Kansa, 2007, p. 115.

② Gareth Davies. See Government Grow: Education Politics from Johnson to Reagan. University Press of Kansa, 2007, p. 119.

从另外3个学区收回联邦政府的拨款,其中1个学区是颇有影响的国会参议员瑟蒙德(Thurmond)代表的南卡罗来纳州。瑟蒙德参议员对此感到非常困惑,甚至觉得被背叛了。据报道,随后在华盛顿举行的南部共和党主席会议上,瑟蒙德参议员对尼克松政府"大发雷霆",指责联邦卫生教育福利部的政策自选举以来"绝对没有改变"。[①]

由于尼克松政府联邦卫生教育福利部的事务官们坚持原则,对南方继续维持种族隔离的学区采取毫不留情的惩罚,得罪了南方的政客,后者不断向尼克松总统告"御状",指责其未能实现竞选期间所作的承诺。这使尼克松总统既尴尬又恼火。于是尼克松本人和白宫的幕僚们不断对芬奇施加压力,希望他在执法时给予适当灵活性。然而这都无法说服联邦卫生教育福利部放宽标准。在这种情况下,尼克松总统最终迫使芬奇于1969年7月3日与司法部部长米切尔协商后发表了一份联合声明,在声明中宣布了改善两个部门之间关系的新措施。从声明的语言来看,情况并没有明显的变化,但出席司法部记者招待会的记者被告知,联邦行政部门预计将减少对1964年《民权法》第六章的依赖,将更强调1964年《民权法》第四章的作用,而第四章的内容正是第六章授权司法部对实施种族隔离的学区提起诉讼,规定联邦卫生教育福利部有义务为这些诉讼提供"技术援助"。这一解释也适合白宫的意图,因为南方学校的官员通常更倾向于由司法部门执法,他们认为这样做会使他们少受政治影响——较之华盛顿的联邦行政机构,南方的法官不可能对学校种族融合提出强制的要求。

7月3日声明发布后,上下哗然,该声明被描绘成是南方的胜利。第二天的《纽约时报》头条报道:"总统放宽了学校取消种族隔离的最后期限。"《华盛顿邮报》头条报道:"总统坚守了他的'南方战略'。"在全国有色人种协进会的年会上,该组织的执行主任,性格温和的罗伊·威尔金斯(Roy Wilkins)指责尼克松政府"违法",宣称"这几乎让人呕吐"。当没有被及时告知这一声明的美国住房和城市发展部部长乔治·罗姆尼(George Romney)向大会发表讲话时,全场对他报以嘘声。

在7月3日的声明之后,尼克松总统认为他已经向南方有所交代,偿还了大选时欠的人情,他可以腾出手来专注于一系列重要的国家大事。在阿波罗

---

① Fred LaRue. Mississipi Republican on the White House Staff. Memo, February 18, 1969, Confidential Files (CF), HU2-2, Nixon Project, Box 35.

11号成功登月的荣耀中，他提出了新的尼克松主义，开始了一场备受期待的亚欧之旅以及与总统国家安全事务助理亨利·基辛格（Henry Kissinger）一起为尽快结束越南战争努力谋划一个高风险的新倡议。

然而，令他沮丧的是，取消学校种族隔离的问题仍然挥之不去。从司法部部长约翰·米切尔的观点来看，使该问题消失的最好办法是由尼克松总统公开表明其对法律的明确承诺，据此促使深南部（Deep South）各州也迅速遵循法律，与此同时，对那些确实无法在规定日期前实现学校种族融合的学区给予有限的灵活性。对米切尔来说，如果要"取得成效"，意味着采用比联邦卫生教育福利部下属民权办公室的"激情分子"更机智的方式对待南方的教育工作者和政治家。他预测，与以往政府的政策相比，他的做法将会对学校的种族隔离产生"更大的影响"。

在芬奇和米切尔两位部长联合声明发表后的4天内，司法部即依据1964年《民权法》第四章的规定提起了6项新的法律诉讼，并宣布计划在其他学区提起更多的诉讼。《纽约时报》记者评论说，司法部"在这1周对取消学校种族隔离采取的行动超过了前5个月的总数"。第二天，司法部下属的民权司负责人杰里斯·伦纳德（Jerris Leonard）更为戏剧性地宣布联邦政府打算起诉佐治亚州，理由是该州有权力强制其辖区的195个学区遵守1954年最高法院"布朗诉教育委员会案"的判决，但始终未执行。[1]

尽管《纽约时报》发表了评论，但不应夸大联邦政府政策转变的程度。司法部下属的民权司的高级民权官员在7月3日之后没有发现他们的角色有任何重大变化。事实上，早在伦纳德被任命为司法部民权司负责人之初，他第一次在纽约与当选总统尼克松会面的时候，尼克松总统就鼓励他制订一份新计划，通过法庭实现消除种族隔离。当他向尼克松总统要求一些"锦囊妙计"时，后者对其面授机宜："杰里斯，执行法律，但要用你的头脑，在1972年选举前让那该死的学校取消种族隔离。"为加速完成这一任务，伦纳德作出了回应，雇用了更多的律师，并制定了新的诉讼策略。[2]

司法部民权司负责人伦纳德设想的策略建立在这样的信念上，他知道"几乎每个学校校长的抽屉里都有一个可行的、合宪的消除学校种族隔离的计

---

[1] New York Times, July 9 and July 10, 1969, p. 1.

[2] Gareth Davies. See Government Grow: Education Politics from Johnson to Reagan. University Press of Kansa, 2007, p. 123.

划",但是当地的社会和政治环境使他们无法自行实施。于是,伦纳德选择路易斯安娜州进行实验。他告诉联邦法官,他正计划在该州选定一批学校,对它们提起诉讼,要求它们在1969年秋季实行种族融合。然后,司法部下属民权司的律师在幕后与当地的学校官员谈判协商,把他们那些制订好的取消种族隔离的计划从办公桌抽屉里拿出来,呈上法庭。根据伦纳德的说法,实验是成功的,"路易斯安娜州选定的学区实行学校种族融合时几乎没有受到干扰"。如果7月3日的声明为1969年夏季和秋季民权司的加速行动提供了一个推动因素,那么路易斯安娜州的实验就是另一个例证。

而根据联邦卫生教育福利部下属的民权办公室主管利昂·帕内塔的说法,7月3日的声明对联邦卫生教育福利部产生了更大的影响,大大削弱了该民权办公室存在的理由。尽管如此,效果也并不明显。在4周内,该民权办公室宣布对佛罗里达州、佐治亚州和南卡罗来纳州终止新的经费拨款。南方对此反响强烈,亚拉巴马州民主党参议员詹姆斯·艾伦(James Allen)痛斥"联邦官僚和教育极端分子令人难以忍受的傲慢",宣称"全国人民已经厌倦了联邦政府的财政革命"。密西西比州共和党主席克拉克·里德(Clark Reed)警告,南方正在弥漫着一种极度失望的情绪:"我们审慎欢呼的芬奇-米切尔的声明仅仅几天之内就被证明对我们的信誉造成了真正的损害。"①

里德的担忧是有原因的,在里德所在的密西西比州,最紧迫的问题是最近第五巡回法院就"亚历山大诉霍尔姆斯郡案"(Alexander v. Holmes County)一案做出决定,要求密西西比州30个郡的学校在秋季实行完全的学校融合,并要求学校官员从教育部门寻求技术援助。同时,白宫受到密西西比州民主党参议员约翰·斯坦尼斯(John Stennis)企图修改法院命令的强烈的政治压力,由于斯坦尼斯是国会中对政府极具争议的220亿美元军事采购法案的主要审议者,他的影响力相当大。随着参议院反战情绪的高涨,这项采购法案受到了强烈的批评,尤其是围绕安全反弹道导弹系统部署的争议。当时已有近50名参议员宣布反对,如果要通过,政府需要斯坦尼斯参议员在议会中施加影响。在此情况下,当联邦卫生教育福利部提出要求密西西比州30个郡的学校在秋季实行完全的学校融合的详细计划,能指望斯坦尼斯参议员作出什么反应呢? 鉴此,白宫向联邦卫生教育福利部部长芬奇施压,要求他推迟提交这项计划,直到反弹

---

① Gareth Davies. See Government Grow: Education Politics from Johnson to Reagan. University Press of Kansa, 2007, p. 124.

道导弹系统部署法案投票结束，国会参议院投票表决结果为50比50，以副总统阿格纽投下赞成票打破了僵局，使尼克松总统提出的法案惊险过关。

事后，尼克松总统除了对斯坦尼斯参议员在确保反弹道导弹系统部署法案的通过中所起的作用表示感谢外，还需要他继续合作，因为参议院对国防采购的辩论还要持续2个多月。根据当时的报道，温文尔雅的斯坦尼斯参议员没有明确告诉尼克松总统，除非政府推迟取消学校种族隔离计划，否则他不会帮忙。相反，他给总统写了一封信，表明这项计划的实施很可能会造成诸多混乱，以至于他可能不得不"下台，和我的人民在一起"。当时很尴尬，因为联邦卫生教育福利部已经依据1964年《民权法》第四章的规定着手向法院提交了上述计划。尽管如此，尼克松总统还是觉得有必要作出回应，并指示芬奇写信给第五巡回上诉法院首席法官约翰·布朗（John Brown），他认为联邦卫生教育福利部没有足够的时间给各学区提供充分的指导，而执行这项工作将"导致骚乱、混乱和灾难性的教育挫折"。

一周后，司法部民权司负责人伦纳德出现在布朗法官面前，要求他推迟审理此案，他本人也对政府这种明显的立场逆转感到"有些尴尬"。然而，一场突然到来的卡米尔飓风（Uurricane Camille）缓解了这种尴尬，8月17日，一场毁灭性的风暴袭击了密西西比湾沿岸，造成了巨大的财产和生命损失。在前往受灾严重的杰克逊郡之前，伦纳德曾与调查卡米尔飓风影响密西西比州学校的人员进行了接触，了解到这场飓风所造成的破坏已"不可能使周围学校的数百名学生在不同学区之间进行流转"。伦纳德起初对此持怀疑态度，但后来发现他们提供的个别学校受损的详情令人信服。他的副手弗兰克·邓堡（Frank Dunberg）是一位充满激情的民权倡导者，对此表示赞同，并认为即使没有卡米尔飓风，一些计划也不可行。伦纳德和邓堡认为，推迟一个学期执行法院命令将使损害得以修复，并能制订出更好的计划。

由于他们的论据具有充分的说服力，第五巡回法院核准了尼克松政府的诉求。但是，当全国有色人种协进会法律辩护基金对其裁决提出上诉，认为该裁决将会鼓励整个南方拖延取消学校种族隔离计划时，联邦最高法院认为，这一论点令人信服，联邦最高法院的大法官们一致推翻了第五巡回法院的裁决。新任职的首席大法官沃伦·伯格（Warren Burger）宣布："上诉法院本应驳回所有要求额外时间来取消学校种族隔离的动议，但是，在以'十分审慎的速度'的标准下继续运行种族隔离学校在《宪法》上已不再被允许。根据本法院的明确规定，每个学区的义务是立即终止双重学校制度，现在和今后只允许开办一体化的融合学校。"①

　　这一判决令尼克松政府感到意外,此前尼克松政府曾将那些呼吁立即整合的人称为"极端集团"。然而,在联邦最高法院明确和强硬的判令下,为取消南方学校的种族隔离所进行的长期斗争已经到了关键的时刻。经过权衡,尼克松总统不得不公开表态:"我相信法律,尽管我可能不同意最高法院对此案所作的裁定。"不过,私下里,他很沮丧,对最高法院的"小丑"大发雷霆,并指控他们的行为是"幼稚"和"不负责任的"。尼克松总统对其幕僚说:"密西西比州的白人不能把他们的孩子送到90%是黑人的学校,他们必须建立私立学校。"尼克松总统"真的觉得对于南方来说,学校取消种族隔离的过程是非常痛苦的"。

　　尽管内心不认同,尼克松总统还是采取了新的策略,由白宫出面协调各方力量,在南方加速履行联邦最高法院对亚历山大诉霍尔姆斯郡案件所作的判决。1970年1月,尼克松总统成立了一个内阁教育委员会(the Cabinet Committee on Education, CCE),在白宫外运作,由劳工部部长乔治·舒尔茨(George Shultz)领导,以便统一协调政府的取消种族隔离战略。随后在3月,尼克松总统发布了一份8000字的律师声明,强调他决心要贯彻法律。或许最值得注意的是,在7月,尼克松总统批准了美国国税局(Internal Revenue Service, IRS)的一项裁决,该裁决拒绝向仍然实行种族隔离的私立学校提供免税资格,这是其前任约翰逊总统都支持的行动。在伦纳德看来,"尼克松总统做了必须做的事情,并且以非常熟练的方式运用了他相当多的政治技巧"。

　　为什么尼克松总统突然开始亲自负责取消教育种族隔离事务呢? 显然,部分是政治原因。在其上任的第二年(1970年),尼克松总统开始把取消学校种族隔离视为国家面临的最大的国内问题。废除南方种族隔离的斗争显然已经达到了决定性的时刻,可与1957年的小石城、1963年的伯明翰和1965年的塞尔玛事件相提并论。尽管尼克松总统一再对其幕僚们说,与法院合作破坏了他在南方的政治前景,但他担心华莱士会在1972年与他一起竞选总统,如果届时废除种族隔离仍然是头号问题的话,他会在南方努力拉票。华莱士对现任亚拉巴马州温和派州长阿尔伯特·布鲁尔(Albert Brewer)发起了一场初选,他指责尼克松总统"全力以赴,不顾一切地推动学校一体化融合"。很明显,他

① Gareth Davies. See Government Grow: Education Politics from Johnson to Reagan. University Press of Kansa, 2007, p. 126.

在为1972年做准备。当华盛顿一位明星专栏作家认为"华莱士对尼克松的威胁比任何民主党的威胁都要大时"，尼克松总统也认为这是一个"精明的分析"。尼克松总统认为，在这样的环境下，"从政治上讲，现在把这个问题抛在脑后，符合我们的利益。放在今年对抗优于等到1972年"[①]。

尼克松总统试图对公众传达这样一种感觉，即现在取消种族隔离是不可避免的。他曾指示所有政府官员遵循"通过官方行动蓄意维持学校种族隔离在任何地方都是非法的"原则。用联邦最高法院的话说，"要消除种族歧视的根源和枝节，必须立即消灭"。但是，尼克松采取的策略是拒绝批评南方人的不道德或不妥协，也没有对一个完整社会的价值发表任何积极的评论。相反，他强调了遵守法律的重要性以及拯救南方公立学校体系的必要性。这样就使他在南方白人中的地位仍然很高。其中一部分可能与他们对他的外交政策的支持也有关，包括入侵柬埔寨和在越南的轰炸战略。民意调查机构盖洛普公司（Gallup）在1970年7月就南方白人对尼克松总统的态度进行了问卷调查，其中有68%的被调查者表示支持他所做的工作。

然而，从国家自由主义者和民权领袖的反应来看，他们认为尼克松总统提出取消种族隔离的战略是一种伪装和失败。为什么尼克松政府在取消南方学校种族隔离上起的决定性作用没有得到更多的赞扬呢？在某种程度上，尼克松总统的政敌非常憎恨和不信任他，以至于他们不能给他任何荣誉。此外，民权运动者从根本上讲是从道德角度来考虑他们的斗争的：种族歧视的实施者是有罪的，必须承认他们所压迫者的基本人权。相比之下，尼克松总统很少用道德术语来描述他的任务，也不想强迫南方做任何事情。意识到尼克松总统缺乏强烈的道德感，民权倡导者们的怀疑是可以理解的，特别是考虑到他对南方白人所做的政治姿态。

但回想起来，尼克松总统强调执行法律——遵守《宪法》，而不是履行道德义务——似乎正是实现南方和平取消学校种族隔离所需要的。为了在这种环境下消除种族隔离，联邦政府必须在南方白人中赢得一定程度的信任。当然，使尼克松总统的战略生效的重要因素是：各级法院坚持南方立即取消学校种族隔离，以及作为行政部门的联邦卫生教育福利部在执行1964年《民权法》第六章时所作的努力。这些最终使自1896年"普莱西诉佛格森"（Plessie v. Ferguson）案形成的"隔离但平等"原则从"根源和枝节"上彻底被清除，在制度上打破

---

① Garment's summary in memo to Nixon, August 5, 1970.

了笼罩在南方黑人头上的种族隔离的桎梏,南方的种族隔离学校走到历史的终点,一体化的融合学校遍布全国。这是尼克松总统及其政府在当时的情境下顺势而为,借助和利用美国现存法规和司法判令在法律上永久性地终结了学校的种族隔离。

五、乐观其成:由法院裁决学校种族隔离、双语教育、残障学生权益和学校财政的诉求

从前述可见,以尼克松总统领衔的联邦行政部门与民主党掌控的国会在一系列教育问题上分歧明显,无法妥协,导致难以在行政和立法层面予以解决,这就为司法的介入提供了机会。在尼克松总统任期内,各级法院受理和判决的教育案件是美国历史上最为集中的时期,司法机构密集的介入极大地彰显了司法系统对教育政策的形成所起的重要作用。尼克松总统任职期间各级法院就废除学校种族隔离、双语教育、残障学生权益和学校财政等案件的一系列判决直接影响了其后美国教育政策的走向。下面我们就上述四个领域分别择取相关的几组案例,就案情和判例予以介绍和分析。

(一) 废除学校种族隔离的案例

有关废除学校种族隔离的案例,我们选取了两个:一个是针对美国南方的法理上(*de jure*)的学校种族隔离["亚历山大诉霍尔姆斯郡案"(Alexander v. Holmes County)];另一个是针对美国北方的事实上(*de facto*)的学校种族隔离["凯斯诉丹佛市第一学区案"(Keyes v. School District No. 1, Denver)]。

1. 亚历山大诉霍尔姆斯郡

本案在美国教育史上具有里程碑的意义,联邦最高法院对该案的判决对法理上彻底终结学校种族隔离制度起到了一锤定音的作用。鉴于该案的历史意义,我们将从该案的历史背景及其本身的判决两方面进行介绍。

(1)先期案例

在法理上废除学校种族隔离制度并不是一蹴而就的胜利,是美国黑人为争取自身的平等权益进行了多年不屈不挠的斗争而取得的,其间经历了多次诉讼,在曲折的过程中积小胜而逐步达至最终的胜利。

普莱西诉弗格森案(Plessy v. Ferguson)(1896 年)。有时简称"普莱西案",是美国历史上一个标志性案件,对此案的裁决标志着"隔离但平等"(separate but equal)原则的确立。

南北战争结束以后,1865年美国国会通过宪法第十三修正案,1866年通过

宪法第十四修正案，1869年通过宪法第十五修正案，这三项修正案涉及战后社会秩序及重建，因此又被称为"重建修正案"（Reconstruction Amendments）。这三项修正案的通过，不但废除了奴隶制，还大大保障了黑人的民权，特别是黑人的投票权利。但是，1870年后，南方各州政府、立法机构及法院重新被南方白人所掌控，一系列"吉姆·克劳法"（Jim Crow laws）被通过以巩固种族隔离。与此同时，长期的习惯势力及传统观念使然，奴隶制虽然被废除，在南部各州，尤其是以前的邦联州，种族隔离的情绪依然十分强烈。1876—1965年，南方各州及地方政府相继制定、实施了各项种族隔离法律，这些法律统称为"吉姆·克劳法"。[①]

"吉姆·克劳法"的意图是"隔离但平等"，它试图通过在公共场合划分区域并提供相同的设施和服务，使得白人与黑人生活在不同的区域中，减少接触。在南方各州实施种族隔离法律的场所包括公立学校、公共交通设施、餐厅、公立图书馆、公共体育场馆等。

"吉姆·克劳法"在南部各州的普遍实施，引起了美国黑人以及不少白人的不满，许多人认为这样做侵犯了人权。公民委员会（Citizens' Committee）是路易斯安娜州的一个人权组织，成员包括美国黑人、白人以及克里奥尔人（即来自欧洲，主要讲法语、西班牙语的殖民者以及来自非洲、加勒比海地区黑人的后裔），该组织对路易斯安娜州1892年开始实施的"吉姆·克劳法"十分不满，决定采取行动挑战该项法律。

荷马·普莱西（Homer Adolph Plessy）是克里奥尔人（Creole）的后裔，祖父来自德国，祖母是被解放的黑人，有1/8的黑人血统。根据当时路易斯安娜州的法律，普莱西被认为是有色人种。普莱西也是公民委员会的成员，公民委员会为了挑战路易斯安娜州实施的"吉姆·克劳法"，挑选普莱西作为乘客，于1892

---

① "吉姆·克劳法"泛指1876年至1965年间美国南部各州以及边境各州对有色人种（主要针对黑人，但同时也包含其他族群）实行种族隔离制度的法律。这些法律上的种族隔离强制公共设施必须依照不同种族隔离使用，且在隔离但平等的原则下，种族隔离被解释为不违反宪法，赋予同等保护权，得以持续存在。但事实上黑人享有的部分与白人比往往是较差的，而这样的差别待遇也造成了黑人长久以来处于弱势的地位。"吉姆·克劳法"的名字来源于一个以侮辱黑人来逗乐子的白人演员托马斯·赖斯（Thomas Dartmouth Rice），他活跃于19世纪初，擅长于说唱逗笑，拿手戏就是表演侮辱黑人的歌曲，还会将自己的脸涂黑，故意衣衫褴褛，模仿白人心目中当时南方黑人奴隶的打扮、样貌和行为举止，以此来取悦观众。赖斯取了一个自以为有趣的艺名：吉姆·克劳老爸（Daddy Jim Crow），靠在四处流动的小舞台上表演维生。久而久之，吉姆·克劳一词演变成了美国黑人的代名词。称呼某人为"吉姆·克劳"可不止说他或她是黑人，而是带着嘲讽贬低意味。

年6月7日有意坐上白人专车,因为他的肤色是白的,看上去像白人,所以不会被拒绝上车。公民委员会还特意安排了一名有拘捕权的侦探,在车上将普莱西拘捕,罪名是他违反了种族隔离法律,坐上了白人才可以坐的火车,而普莱西对此并不认罪,这样案子就由法官约翰·弗格森(John Howard Ferguson)来处理。弗格森判决铁路公司有权按照州的法律分隔白人与黑人,普莱西犯了法,被判罚款25美元。普莱西当庭不认罪,并提出上诉,官司从州最高法院一直打到联邦最高法院。

普莱西的律师在上诉时依据宪法第十三和第十四修正案,认为"吉姆·克劳法"与修正案的精神是违背的,因此违宪。1896年5月18日联邦最高法院以7比1判决路易斯安娜州实施的种族隔离法没有违宪。联邦最高法院认为,国会制定第十四修正案的目的是实现种族在法律面前的平等,但并不是要消除因肤色而导致的种族差异,因为立法并不能根除种族天性,也不能消除身体上的差异而导致的种族划分。"隔离但平等"并不意味着对黑人的歧视,而只是确认白人和黑人之间由于肤色不同而形成差别。最高法院在判决书中表示,没有发现分隔两个种族的做法违宪,因为分隔本身并不代表不平等,原告的抗辩是出于自卑,在这个案件中,没有发现提供给白人的专车与提供给黑人的专车有什么不同,因此,判决原告败诉。普莱西虽然没有赢得官司,但他表示:"我们作为自由人,仍然相信我们是正确的,我们的事业是神圣的。"

1896年最高法院判决的"普莱西诉弗格森案"在美国历史上占有重要地位,这个判决维护了种族隔离的合法性,为南部各州的种族隔离奠定了法律基础,使得美国南部各州在公共场合实施的"隔离但平等"延续了半个多世纪。而在教育领域,美国南部许多州在公立学校系统中实施种族隔离政策。在同一个社区中,黑人学生和白人学生分别就读于不同的公立学校,彼此互不干扰,从而把美国公立学校引入了一个合法进行种族隔离的时代。

斯韦特诉佩因特案(Sweatt v. Painter)(1950)。"斯韦特诉佩因特案"是联邦最高法院于1950年6月3日以9比0全体一致判决的一起重要案件。赫曼·玛丽曼·斯韦特(Heman Marion Sweatt)是得克萨斯州休斯敦市的一名投递员,打算做一名律师。但在1946年却被得克萨斯大学法学院拒之门外,原因是他是黑人。斯韦特向有关机构寻求帮助,尽管得克萨斯州依最高法院1938年"密苏里诉加拿大案"（Missouri ex rel. Gaines v. Canada）①一案的要求，迅速为该州内的黑人建立了一所合乎标准的法学院，斯韦特仍向法院提起了诉讼。在此案中联邦最高法院认为实行种族隔离的黑人法学院没能给黑人提供与白人法学院同样的教育机会，因此违反了美国宪法第十四修正案。联邦最高法院审理后认为这所新建的法学院客观上无法与得克萨斯州法学院相提并论，即使可以，这所新建的法学院也仍缺乏使其成为著名法学院的不可预测的因素，如教工的声誉、传统、历史，这是新建学校难以达到的。因此最高法院认为，即使为黑人新设的法学院具备同样硬件，仍不具备保障教学质量与学生就业前景需要的不可量化因素，因而不可能平等。宪法第十四条修正案平等保护条款允许斯韦特进入全是白人的州立大学法学院。"斯韦特案"是美国历史上涉及种族关系的代表性案件，尽管其适用范围要比随后1954年"布朗诉托皮卡教育委员会案"狭窄，不过很明显它已使1896年"普莱西诉弗格森案"所确立的"隔离但平等"标准失效，至少在州立高等教育方面如此，其蕴涵的意思是这一原则在任何公共生活领域内都不成立。

关于"布朗诉托皮卡市教育委员会案"和"布朗案之二"我们已有详细的介绍，在此不再重复。鉴于这两个案件是美国教育史上的里程碑的事件，为便于与后面诉讼案件的衔接，我们只是将其判决的结果再重复和强调一下。

1896年联邦最高法院在"普莱西诉弗格森案"中作出了一个美国历史上最不光彩的判决：认为只要为白人和黑人提供的隔离设施是平等的，那么就符合宪法的要求。这项裁决等于是在法律上给实施种族隔离开了绿灯，由此造成所谓"隔离但平等"的做法非常普遍。据统计，自"普莱西诉弗格森案"判决后至1954年的"布朗诉托皮卡市教育委员会案"，有18个州制定了把白人儿童和黑人儿童强行分校的法律，还有6个州允许地方学校委员会自行决定学校种族隔离。②

直至20世纪50年代，全美公立学校仍普遍实行种族隔离制。布朗案发生在南部的堪萨斯州。布朗在"全国有色人种协进会"组织的支持和帮助下，将

① 从20世纪30年代开始，最高法院开始背离其支持各州种族隔离做法的先例。这种判决开始时是强调为被隔离的各方提供的设施要真正的平等。在密苏里里艾克斯·雷尔·甘斯诉加拿大（Missouriex rel. Gaines v. Canada）一案中，法院否决了一个州的隔离做法，该州为黑人进入外州法学院提供资金而自己不为其提供便利设施。

② Alfred H. Kelly, Winfred A. Harbison and Herman Belz. The American Constitution: Its Origin and Development, 1991, p. 606.

托皮卡市教育委员会告上堪萨斯州地方法院,要求法庭颁布禁令,禁止托皮卡市公立学校实行种族隔离制。

堪萨斯州地方法院否定了布朗的诉求,作出有利于托皮卡市教育委员会的判决。随后布朗继续上诉至联邦最高法院(和此案同时受理的还有南卡罗来纳州、弗吉尼亚州、特拉华州和首都哥伦比亚特区的其他几起类似案子)。联邦最高法院于1952年和1953年两次分别就"布朗诉托皮卡市教育委员会"一案举行听审,最后在1954年5月17日作出判决。联邦最高法院作出了有利于布朗和其他上诉人的判决,宣布公立学校的种族歧视违反《宪法》,各州不能在法律上对黑人实行种族隔离和歧视,从而为公立学校的隔离制度敲响了丧钟。然而,布朗案后,南部各州很长一段时间都不愿服从联邦最高法院的判决。

1954年的"布朗案"虽然裁决公立学校的种族歧视违反《宪法》,各州不能在法律上对黑人实行种族隔离和歧视,但还有其谨慎保守的一面:由于联邦最高法院担心对种族隔离地区施加的压力过猛而引起社会动荡,他们没有下令立即取消学校种族隔离。在进行了一年的审议后,法院于1955年作出第二项裁决,即"布朗案之二"。这项裁决避免对何种程度的种族平衡为合法作出具体规定。"布朗案之二"没有提出采取落实行动的具体期限,而只是声明,应以"十分审慎的速度"(all deliberate speed)予以落实。这一含糊的用语使南方白人当局可以拖延时间,而对南方联邦法院处理日益增多的纷争则影响甚微。

显然,1954年的"布朗案"后联邦最高法院已经将允许公立学校实施种族隔离的法律宣告为违宪,但是并没有详细地提及如何执行的问题。虽然1955年的"布朗案之二"的判决受到民众欢迎,却遭到种族主义者的强烈抵制。而联邦最高法院判决的"十分审慎的速度"也成为一些地方继续在学校实行种族隔离的借口。

格林诉新肯特郡学校委员会(Green v. County School Board of New Kent County)(1968年)。"格林诉新肯特郡学校委员会案"是美国联邦最高法院于1968年审理的又一个重要案件,虽然自"布朗案"以来的13年间美国各级法院又审理过多起有关学校种族隔离的诉讼案件,限于篇幅,我们选取"格林诉新肯特郡学校委员会案"这一典型案例进行分析。

1954年和1955年两起"布朗案"依据《宪法》规定先后判决公立学校实施种族隔离是违宪的,并要求各地予以纠正。随后美国联邦政府在立法和行政两方面采取了一些法律措施,以图消除公立学校中种族隔离。大多数联邦地区法院也执行了联邦最高法院的判决，敦促各州予以执行。至1957年，首都哥伦比亚特区、北卡罗纳州、田纳西州、阿肯色州和得克萨斯州等州基本都实施了一定程度的学校种族融合。至1959年，弗吉尼亚州和佛罗里达州也实现了一定程度的学校种族融合。这样，至1961年，在南方只有南卡罗纳州、亚拉巴马州和密西西比州这三个州最为顽固，在执行"布朗案"的判决方面无所作为。但是，已经实现的学校种族融合都是表面性和应付性的，与实质性的种族融合相去甚远。在南方，大多数地方的学校委员会仍在实质上维持学校种族隔离，学校种族隔离的消除仍停留在纸面上。到1964年7月为止，在11个南方州中，仅有2%的黑人儿童在种族融合的学校中就读。[①]

然而，南方各州却以各种方式进行抵制。其间掀起了一场称为"大规模抵制"（Massive Resistance）的运动，公然反抗联邦最高法院的判决，从而导致了南方各州政府和联邦政府之间持续的对抗。"大规模抵制"运动最初是由美国弗吉尼亚州参议员哈里·伯德（Harry Bird）宣布的一项战略。1956年，参议员伯德发表了一份声明，他首次使用了"大规模抵制"这一词组。他说："如果我们组织南方各州大规模地抵制（布朗案）这一判决，我想其他的州将会认识到种族融合制度在南方是不会被接受的。"伯德将抵制执行"布朗案"的判决引入"介入权"（interposition）这一概念，基于州的主权直接对抗联邦的命令。他们据此主张种族融合学校侵蚀了州和公民的基本权利，州有权不予执行。运用介入权使南方有了一个对抗联邦最高法院判决的法律途径。显然，布朗案已不仅是一个种族问题，更是一个事关州和联邦权力分配的重要问题。自此，"大规模抵制"运动席卷了南方各州。

南方各州在"大规模抵制"运动中通过多方面的综合行动抵制各种消除种族隔离的命令。抵制的手段主要有三种，第一种也是最主要的是法律手段。在1955年4月，密西西比州通过了一部法律，认定白人学生与黑人学生就读于同一所学校违法，违者将处罚款或监禁。在同一年，佐治亚州议会上院（the Georgia Senate）通过了一部法案，减少对该州中实现种族融合的学校拨款；北卡罗纳州议会下院（the North Carolina House）通过了一项旨在反对种族融合的决议；佐治亚州和密西西比州通过宪法修正案规定，他们不惜关闭公立学校，以

---

① 田桂友：《论美国当代反种族隔离校车制》，2007年山东大学硕士学位论文，第13—14页。

逃避种族融合。①

　　另一种手段是行政领导的直接干预。南卡罗来纳州新当选的州长马文·格里芬(Marvin Griffin)在就职演说中发誓：“只要我是你们的州长，在我们南卡罗来纳州学校和学院的教室中就决不会出现种族融合。”此外，还有来自白人种族主义组织的抵制。南方白人在密西西比州成立了种族隔离主义的组织“白人公民委员会”(White Citizens' Council)。该组织成员遍及南方各州，为开办只招收白人的所谓“自由学校”提供各种援助。②

　　除了以上比较露骨的抵制手段外，南方各州还采取了另一种隐蔽的抵制手段，即允许学生自己选择学校的“自由择校计划”(Freedom-of-Choice)。学校当局往往要为参与择校的学生限定年级和择校的范围，因此事实上这种择校自由是有限的。弗吉尼亚州的新肯特郡曾实施过此计划。该郡有一半居民是黑人，由于没有出现居住性种族隔离的局面，他们居住在全郡各处。该郡东西两面各有一所学校，如果实行就近入学，这两所学校就能实现自然的种族融合。但新肯特郡学校委员会置“布朗案”的判决于不顾，依据该州禁止黑白同校的法律③，继续在学校中实行种族隔离。1965年，该郡学校委员会受到起诉，被要求取消学校中的种族隔离。为了继续获得联邦政府的拨款，该郡学校委员会通过了一个“自由择校计划”来敷衍法院的判决。该计划允许学生每年在两所学校中作出选择，那些不做出选择的学生将被分配到原来所在学校；一年级和八年级的学生必须选择一所学校。该计划得到联邦卫生教育福利部的批准后，在新肯特郡的两所学校中实施。

　　在随后3年中，新肯特郡学校委员会的“自由择校计划”不能被认为是“实现向单一制学校的过渡”的充分步骤，结果证明该计划对于消除学校中的种族隔离成效不大。在3年的实施过程中，550名白人学生中没有一个选择去全是黑人的学校就读，并且由于一部分白人的威胁，大多数黑人家长不敢让自己的孩子去白人学校上学。尽管在1967年原白人学生就读的新肯特学校有115名

---

①　在弗吉尼亚州，从1956年开始，该州政府采取了关闭公立学校，同时以资助建立私立白人学校的方法，抵制取消公立学校中种族隔离。尽管州法院和联邦地区法院在1959年都判决弗吉尼亚州关闭公立学校的做法违宪，但这一行为并没有得到制止。例如，该州爱德华王子郡(Prince Edward County)从1959年至1964年期间关闭了所辖的公立学校。直到1964年，联邦最高法院判决该郡关闭公立学校的做法违宪，该州所有关闭的公立学校才又重新开放。

②　田桂友：《论美国当代反种族隔离校车制》，2007年山东大学硕士学位论文，第15-16页。

③　种族隔离制度最初是建立在弗吉尼亚州1902年通过的宪法和法律规定的强制下，强制执行公共教育中的种族隔离[见第九章，第140(1902)条；《弗吉尼亚州法典》第22-221(1950)条]。

黑人儿童（1965年有35人，1966年有111人），但仍有85%的黑人儿童仍然就读于黑人的沃特金斯学校。[1]该郡教育委员会却认为，第十四修正案不能被解释为要求在学校中实行强制性种族融合制度，委员会已经遵守了"布朗案"中的消除种族隔离的命令。因此，新肯特郡的学校制度仍然是一种双重制度。这项计划并没有进一步废除双重教育制度，而是简单地给孩子和他们的父母增加负担，让他们承担起"布朗案"判决中要求学校委员会必须承担的责任。

该计划从表面上看是在执行反种族隔离政策，但它把这一由学校委员会承担的责任转嫁到了学生和家长身上，事实上是消极应付，变相抵制联邦最高法院在"布朗案"中做出的判决，它只是"为黑人儿童进入白人学校提供了理论上的可能性"，事实上不会产生任何消除种族隔离的有效结果。

1968年，联邦最高法院在"格林诉新肯特郡学校委员会"一案中，对该郡的"自由择校计划"作了审查，认定该郡仍在运作一个学校种族隔离体系，从而否决了其合法性。

（2）亚历山大诉霍尔姆斯郡案件的审理与结果（1969年）

我们前面曾提及，在美国南方，佐治亚州、亚拉巴马州、密西西比州、路易斯安娜州和南卡罗来纳州这五个州被统称为"深南方"（Deep South）[2]，是实施种族隔离制度最为顽固的南方州。在20世纪50年代至60年代，它们极力反抗联邦最高法院对"布朗案"所作的判令，在消除学校种族隔离方面无所作为。而"亚历山大诉霍尔姆斯郡案"就发生在密西西比州。

密西西比州是美国南部的一个州，位于密西西比河东岸，南临墨西哥湾，北接田纳西州，东界亚拉巴马州，西邻路易斯安娜州和阿肯色州。霍尔姆斯郡是位于美国密西西比州中部的一个郡，建立于1833年2月19日，郡名是纪念首任州长大卫·霍尔姆斯（David Holmes）。

从19世纪60年代美国内战结束到20世纪50年代，密西西比州的学校都是在法理上（de jure）实施种族隔离制度，这意味着在全州范围内实行种族隔离是有法律依据的。在密西西比州允许种族隔离的一个重要法律基础就是前述的1896年联邦最高法院对"普莱西诉弗格森案"的判决。该判决使白人和黑人使用学校等公共设施时实行隔离但平等。然而，由于历史的原因，在密西西比

---

[1] 田桂友：《论美国当代反种族隔离校车制》，2007年山东大学硕士学位论文，第17页。

[2] 这些南方诸州处于南方腹地，极具南方特点，也是美国最保守的地区，这里的人宗教信仰很深，所以也称作Bible states。

州公立学校的运作中,隔离但平等的原则并没有得到遵守,因为密西西比州的现代公立学校是从20世纪40年代开始在全州范围内建立起来的,当时大多数学校都建在白人居住的地区。在黑人人口多的地区修建的学校只有一两间房。在该州的许多地区,为黑人学生开设的学校根本不是真正的校舍。相反,教堂的房间常常被用作学生的教学场所。①

在20世纪50年代中期"布朗案"中,美国联邦最高法院裁定隔离但平等是违宪的,要求公立学校废除种族隔离。然而,包括密西西比州在内的南方各州的大多数学校实际上都没有作出任何努力。在50年代的后半期和60年代,密西西比州的政治领袖们竭尽全力避免废除学校的种族隔离。1956年当选为密西西比州州长的詹姆斯·科尔曼(James Coleman)就是维护种族隔离的典型政客。他上任后了解到通过颁布州法律可以避免废除学校的种族隔离,即使违反美国《宪法》,但是在联邦最高法院审理这些法律之前,还有几年的时间。密西西比州立法机关通过的此类法律涉及"干预权"(interposition)原则,这是一项法律原则,其依据是如果联邦最高法院的裁决违反密西西比州宪法和美国《宪法》,则该裁决违反宪法。

"干预权"在美国政治与法律史上是一个很少使用且颇具争议的概念。按照《布莱克法律词典》(*Balck's Law Dictionary*)的定义,"干预权"指的是州可以根据其主权反对联邦政府所作出的违宪或者超越其权限的命令。宪法第十修正案规定了"本宪法未授予合众国,也未禁止各州行使的权力,保留给各州行使,或保留给人民行使之"。基于"干预权"的概念,密西西比州和其他南方各州开始大规模地抵制种族融合学校。保守派援引"干预权"的概念也折射出"州权力"的抬头。一方面,保守派担心任何程度的种族融合学校在本州出现;另一方面,他们对于联邦政府权力的扩张有着天然的警觉,不能容忍联邦法院干预教育这一主要由州负责的公共事务。于是,保守派坚持受教育权并不是联邦《宪法》上的基本权利,该权利多由州宪法规定。所以说,"布朗案"的问题不仅是一个种族问题,更是一个事关州和联邦权力分配的重要问题(本来"布朗案"是有关种族的案件,在这里扩展和强调至第三个"R",即联邦与州权力的关系)。

"布朗案"后,"干预权"这一概念被保守势力发现并迅速传播。因此,他们

---

① Blanton, Anthony Shane. Administrators' Beliefs of the Organizational Effectiveness of the Mississippi Association of Independent Schools. Dissertations, University of Southern Mississippi, 2017, p. 18.

理直气壮的强调，"布朗案"的裁决是违宪的。密西西比州立法院在整个20世纪50年代末和60年代推出的一些法律，阻碍了少数族裔，尤其是黑人在获得与白人学生同等质量的公共教育方面拥有充分的权利。

在密西西比州除了以立法的手段来阻止废除学校种族隔离之外，该州白人种族主义者还成立了公民委员会（Citizens' Council），该组织采取各种恐吓手段，阻止有色人种协进会和黑人公民请愿要求废除学校种族隔离。例如，公民委员会将在当地报纸上签署废除学校种族歧视请愿书的人公之于众，曝光他们的身份，使他们在当地社区受到威胁和人身伤害。当地企业主可以据此解雇那些在请愿书上签字的人。当地白人居民可以抵制签署请愿书的黑人的生意。[1]

在这种情况下，多年来密西西比州实际上一直实行所谓的公立学校双重制度：一个是白人学生的系统，另一个是黑人学生的系统。1964年联邦国会通过《民权法》，授权联邦政府对不履行种族融合的学校扣押其联邦教育拨款。为规避该《民权法》的规定，密西西比州采取变通的方法，在各学区实施了所谓"自由选择计划"。事实上，为家长和学生提供的"自由选择权"只是一种障眼法，全州有88%的黑人学生仍然就读于全黑人学校。总共只有大约400名黑人学生就读于白人学校，只有25名白人学生就读于以黑人为主的学校。[2]然而，密西西比州在实施废除学校种族隔离中的企图最终受到了司法系统的挑战。

1969年初，一位名叫比阿特丽斯·亚历山大（Beatrice Alexander）的黑人孩子的母亲，根据对主要是白人学校的黑人学生数量的统计，向法院起诉该州霍姆斯郡的学区没有做任何有意义的尝试建立种族融合学校。1969年7月3日，第五巡回上诉法院签署了一项命令，要求密西西比州30个郡的学校在秋季实行完全的学校融合，并要求学校官员从教育部门寻求技术援助，制订实施的计划。

然而，在最后一刻，根据联邦司法部的动议和联邦卫生教育福利部部长的建议，上诉法院暂停了7月3日的命令，并将提交新计划的日期推迟到1969年12月1日，因为联邦卫生教育福利部声称没有足够的时间给各学区提供充分的指导，而执行这项工作将"导致骚乱、混乱和灾难性的教育挫折"。第五巡回法

---

① Blanton, Anthony Shane. Administrators' Beliefs of the Organizational Effectiveness of the Mississippi Association of Independent Schools. Dissertations, University of Southern Mississippi, 2017, pp. 19–20.

② Blanton, Anthony Shane. Administrators' Beliefs of the Organizational Effectiveness of the Mississippi Association of Independent Schools. Dissertations, University of Southern Mississippi, 2017, p. 21.

院核准了联邦卫生教育福利部要求延迟执行命令的请求，但没有设定具体的日期来执行该计划。但是，第五巡回法院的高级监督法官雨果·布莱克(Hugo Black)法官认为，这一延迟是尼克松总统对其在南部获得支持的回报，在赢得总统选举之后，作为他"南方战略"的一部分。布莱克不情愿地将这一延迟作为监督司法，但敦促全国有色人种协进会法律辩护基金会尽快向联邦最高法院提起诉讼。

联邦最高法院受理此案后，尼克松总统任命的新任首席大法官沃伦·伯格(Warren Burger)起初并不认为联邦卫生教育福利部提出的拖延要求是不合理的。而高级法官雨果·布莱克认为，允许任何拖延是南方进一步推迟消除种族隔离的信号；他提出了一个简短的命令，要求立即实施种族融合学校，而不提及关于制订计划或拖延的争论。他威胁要反对任何提及"计划"一词的意见，如果纠缠于"计划"将会粉碎一个理想法院的一致意见。威廉·道格拉斯(William Douglas)大法官支持雨果·布莱克大法官的意见。哈兰(Harlan)大法官不支持任何"立即废除种族隔离"的概念，但他确实支持推翻第五巡回法院的拖延决定。斯图尔特(Stewart)、怀特(White)和布伦南(Brennan)三位大法官最初都不同意布莱克大法官立即废除种族隔离的要求。最高法院唯一的黑人，瑟古德·马歇尔(Thurgood Marshall)大法官提出设定一个执行期限，即1970年1月，或下一个学期的开始。鉴于上诉法院的不良表现，大多数法官同意三点：第一，撤销上诉法院推迟提交计划的决定；第二，控制上诉法院；第三，联邦地区法院由于多年的拖延而被排除在该案审理之外。

后来沃伦·伯格大法官联同怀特大法官和哈兰大法官一起起草了一个初步的意见，没有设定"外部"的最后期限，但最高法院的三名最自由的大法官——布伦南、马歇尔和道格拉斯拒绝该草案，他们知道这将是布莱克大法官不能接受的。这样法庭基本形成两种意见：布莱克、道格拉斯、布伦南和马歇尔四位大法官赞成立即废除种族隔离，另外四位大法官希望提出更实际、不绝对的意见。而布伦南大法官在道格拉斯大法官和马歇尔大法官的协助下提出一份草案，然后提交给布莱克大法官，意见是下令立即废除种族隔离，哈兰大法官和伯格大法官对此进行了一些文字编辑，后来该意见成为联邦最高法院的最终意见。

联邦最高法院的判决反映了布莱克大法官最初的要求。10月29日，联邦最高法院对"亚历山大诉霍尔姆斯郡"一案进行了宣判："每个学区的义务是立即终止双重学校制度，从今以后只开办单一学校。"明确宣布以"十分审慎的速度"作幌子继续实行种族隔离的做法是《宪法》所不容许的，要求各学校和学区立即终止按种族划分的双重学校体制。

2. 凯斯诉丹佛市第一学区案（Keyes v. School District No. 1, Denver）
（1973年）

迄今我们介绍的美国各级法院审理的有关学校种族隔离案件有两个共同
点：一是都发生在南方；二是都是法理上（de jure）的学校种族隔离。而凯斯诉
丹佛市第一学区案是法院首次就北方学校制度中的种族隔离问题作出裁决，
即针对没有明确法律要求公立学校种族隔离的制度，一种事实上（de facto）的
种族隔离。

除了上述特点之外，本案还具有不同于南方的另外两个特点，一是发生在
从未制定种族隔离法律的北方城市地区；二是起诉方不但有传统上的黑人群
体，还有同为弱势群体的拉丁裔。[①] 之所以会形成后两个特点，是基于美国特
定的历史背景。

（1）形成的历史背景

第一，美国黑人的迁徙与城市化。

历史上，黑人被贩卖到北美时，最初是集中在南部农村地区。随着19世纪
60年代南北战争后黑人获得了解放，黑人开始往美国各地迁徙。1865—1886
年，黑人移民主要在南方各州流动，由农村进入城市，也有少量黑人移往北
部。黑人迁徙的过程，也是他们逐渐城市化的过程。至1890年，南方黑人中仅
有15.3%居住在城市；到1910年，南方城市黑人占黑人人口总数的比例上升
到22%。据美国人口普查局对全国范围的统计，1890—1910年期间，黑人城
市人口占人口总数的比例由20%上升到27%。在1900—1910年期间，一些南
部新兴城市的黑人人口迅猛增长，如亚特兰大市增加了45%。与此同时，北
部城市，如纽约市增加了51%，费城和芝加哥各增加了30%以上。在此期间
黑人大规模的迁徙与当时美国方兴未艾的工业化和城市化的飞速发展密不
可分。

另一次黑人大迁徙发生在第一次世界大战期间。由于世界大战的爆发，

---

① 拉丁裔美国人（Ladino American）是指来自拉丁美洲说西班牙语和葡萄牙语的移民及其后
裔，包括多个不同的亚群体，其中墨西哥裔美国人（Mecican American）、波多黎各人（Puerto Ri-
can）、美籍古巴人（Guban American）人口所占比重较大（近年来来自南美洲和中美洲的拉丁裔移
民也日益增多）。原来学界对美国这一群体的界定及称谓存在诸多异议，其中Latino与Hispan-
ic较为典型。然美国人口普查局（U.S. Census Bureau）指出拉丁裔（Latino）与西裔（Hispanic）两者
属同义语。因采用"西裔"的称谓容易使读者产生误解，误认为美国的拉美人都是西班牙人的后
裔，故本书通篇使用"拉丁裔"的称谓。

欧洲移往美国的移民锐减,导致美国北方工业中劳动力匮乏,这给黑人提供了向北方迁徙的动力和机会。1916—1929年,约有150万黑人从南部农村迁入底特律、匹兹堡、纽约、芝加哥等北部大城市。随后,1929年开始的大萧条,暂时中止了美国黑人的大迁徙。

直至第二次世界大战爆发,对劳工的需求急剧上升,美国开始了长达30年的黑人大迁徙和城市化浪潮。1940—1945年期间,有60多万黑人离开南部农场,涌入美国南北各地的工业中心城市。据统计,1940—1944年期间,从事农业劳动的黑人比例从41%降至28%,而从事制造业的黑人从16%增至24%。在整个二战期间,黑人就业人数由50万增加到120万,相当于美国工业部门就业人数的10%。大规模的迁徙浪潮使移居到城市里的黑人拥有了新的经历,接受了新的思想。这些新经历和新思想开阔了黑人的视野,为其后黑人消除种族教育隔离的斗争奠定了基础。[1]

第二,拉丁裔群体涌入美国的背景。

20世纪初期,美国工业飞速跃进及农业的迅速机械化发展需要充足的劳动力,而当时美国本土人口已经不能满足经济发展对劳动力的需求。与美国黑人情况类似,在黑人从南部农村向城市迁徙的同时,墨西哥人大量涌入美国,成为影响美国20世纪早期西南地区经济发展的关键性因素。1910—1930年,有66万余名墨西哥人合法跨越边界进入美国。据估计,在20世纪30年代,墨西哥至少有3%的人口移民美国。在这一时期,美国墨西哥裔居民的人口增长远远超过了白人。在西南部5个州,墨裔群体从1910年的15.9万人增至1930年的128.3万人。而同期,其他非西裔(指不包括拉丁裔或西班牙裔的其他白人)人口从860.5万增至1339.7万。按比例计算,1910年墨西哥裔美国人占西南部5州人口总数的4.2%,1930年则增至近10%。自此,墨西哥裔美国人逐渐成为美国社会较为显眼的群体。[2]

在第二次世界大战时期,美国国内劳动力短缺,为了确保经济发展,联邦政府制定了"临时劳工"计划,从邻近拉美国家引进大量合同工,由此南美洲和中美洲国家的拉丁裔人口也获得了进入美国的契机。1940年进入美国的拉丁裔人口还不到2000人,1944年却突破6000人。1945年在美的墨西哥合同工仅

---

① 梁瑞红:《战后美国城市公立学校中种族合校的困境》,2002年厦门大学硕士学位论文,第9页。
② 杨香香:《20世纪中期美国种族隔离制度下的拉丁裔教育》,载《世界教育信息》2011年第1期,第6页。

为4万人，50年代后期则增至40多万人，并且这一时期来美的墨西哥人绝大多数留在美国成为永久居民。自20世纪60年代，墨西哥人又掀起了一股移民美国的热潮。在整个60年代，大约有44万墨西哥人合法迁居美国。除此之外，非法移民大量涌入美国。有关资料统计，自60年底起，墨西哥人非法入境美国的年平均人次在50万—100万之间。至70年代，墨西哥在美非法移民达300万人以上。[①]

波多黎各人在美国的情况比较特殊，1898年美国为了夺取西班牙在美洲和亚洲的殖民地古巴、波多黎各和菲律宾而发动了美西战争，战后西班牙将波多黎各割让给了美国。自1917年起，波多黎各人从出生之日起就是法定的美国公民。此后，波多黎各人开始大量向美国本土迁徙，尤其是二战后数年，平均每年移民美国本土的波多黎各人数量达2.5万—3.5万人，1951年移民增至5万人，1963年移民6.9万人达到顶峰。至1970年，在美国本土的波多黎各人已高达150万人，相当于住在波多黎各本岛人口的一半。[②]

与墨西哥裔美国人和波多黎各人不同，古巴人移民美国既不是由于战争，也不是迫于本国经济的落后，其大多数移民是在1959年古巴革命之后，古巴移民成分较多元。美籍古巴移民主要集中在美国的东海岸，58.4%居住在佛罗里达州，其中一半集中在迈阿密城市地区。[③]

第三，20世纪美国黑人和拉丁裔的地理分布与种族隔离教育。

美国黑人祖先被作为奴隶运送到北美时，那时北美殖民地还处于农业经济时代，美国黑人被安置在南方广大农村的农场中，直至19世纪末和20世纪初，随着美国工业化与城市化的发展，黑人才逐步大规模地迁徙到城市中。而与黑人迁徙经历的不同是，拉丁裔移民美国是从一开始就从其母国直接涌入美国的城市，同样也是基于19世纪末和20世纪初美国工业化和城市化的发展对劳动力的需求。经过几十年的不断迁徙和繁衍，至20世纪六七十年代，美国黑人和拉丁裔这两个群体的人口规模已经非常庞大了，他们分布在全美各大城市，主要居住在美国城市的中心地区，通常被称作"内城"，形成以黑人和拉

---

① 杨香香：《20世纪中期美国种族隔离制度下的拉丁裔教育》，载《世界教育信息》2011年第1期，第11页。

② 杨香香：《20世纪中期美国种族隔离制度下的拉丁裔教育》，载《世界教育信息》2011年第1期，第12页。

③ 杨香香：《20世纪中期美国种族隔离制度下的拉丁裔教育》，载《世界教育信息》2011年第1期，第12页。

丁裔这些少数族裔为主的内城社区。我们以拉丁裔为例，西南部5州拉丁裔美国人比重较大，在许多地区，拉丁裔人口比例超过了85%，一些地区甚至达到了100%，这些地区主要集中在加利福尼亚州、新墨西哥州北部和科罗拉多州的南部。在得克萨斯州，散落在奥格兰德河附近小城内的拉丁裔人口所占比例最高，尤其是在肯尼迪地区和萨帕塔城镇地区。[1] 这导致了"白人迁徙"的情况出现，有相当部分的白人出于种族偏见，搬出城市内城，迁移到城市的郊区，建立以白人为主体的新社区，这就是60年代后期开始形成的新的严重的居住性种族隔离（Residential Segregation）。

少数族裔在区域上的集中促使拉丁裔学区的形成。例如，在得克萨斯州内31个城镇中，12%的公立学校中50%的入学新生是拉丁裔学生，8所城镇公立学校中，75%的入学新生是拉丁裔，而在肯尼迪地区这一比例达到100%。因此，在这些地区，拉丁裔学区应运而生，种族隔离式学校普遍存在。据统计，到1942年，得克萨斯州59个县内122个学区均设有针对拉丁裔美国人的种族隔离式学校，甚至到20世纪50年代，许多拉丁裔学生依旧在种族隔离式学校接受教育。[2] 伴随着白人的迁徙，许多高端企业也跟着迁出内城，导致内城的税收大幅度减少，对公立学校的投入也逐年下降，致使内城公立学校处于衰败之中。

尽管在20世纪50年代中期联邦最高法院在"布朗案"中已判决学校种族隔离违宪，然而在北方许多城市中，公立学校中的种族隔离甚至比南方更为严重。黑人和拉丁裔学生大多就读种族隔离式学校，据当时的联邦卫生教育福利部的统计，到1970年，南方300万黑人学生中有39%在白人学生占多数的学校上学，而在北方，仅有28%的黑人在白人学生占多数的学校上学。自1968年"亚历山大诉霍尔姆斯郡案"后，北方学校的反种族隔离在发展水平上已落后于南方。1968—1971年，南方学校中黑人学生的比例已逐渐上升到39%，这一上升幅度和所占比例要远远高于全国的整体水平。[3]

同样的情况也发生在拉丁裔身上，由于拉丁裔美国人普遍受教育程度比较低，大多从事低端和低报酬的工作，在白人种族主义者眼里，他们属于与黑

---

① 杨香香：《20世纪中期美国种族隔离制度下的拉丁裔教育》，载《世界教育信息》2011年第1期，第56页。

② 杨香香：《20世纪中期美国种族隔离制度下的拉丁裔教育》，载《世界教育信息》2011年第1期，第56-57页。

③ 田桂友：《论美国当代反种族隔离校车制》，2007年山东大学硕士学位论文，第15页。

人同样的低级下等的种族。因此，在拉丁裔集中区实施种族隔离式教育，进而形成拉丁裔学区，既满足了客观上的需求，又达到了白人主观上实行种族隔离的目的。拉丁裔学生除就读于种族隔离式学校外，还分布在一些混合学校内。混合学校表面上是各族裔学生共处一校、地位平等，事实上大多数拉丁裔学生被分到低等班级或"特殊班级"，接受的是与白人学生不同的、变相的种族隔离式教育。

在混合学校内，拉丁裔班级的设置普遍存在。校方以学习英语为由将说西班牙语的学生安置在拉丁裔班级。作为一种种族隔离的形式，这种班级在没有拉丁裔学校的地区尤为盛行。例如，在科罗拉多州的一个社区内，直至20世纪50年代末，在小学前四个年级中均设有拉丁裔班级。在南科罗拉多州的一个邻近社区，直到60年代中期，迫于当地拉丁裔社区的压力才取消了拉丁裔班级。此外，在混合学校内，被划分为"学习迟缓"一类的学生几乎全部是拉丁裔学生。在新墨西哥州东部的一个学区内，此种做法由来已久，尽管迫于当地拉丁裔组织的压力，州教育部对此做出了相应的解释并采取了一定的措施，但事实证明，出于种族偏见，对拉丁裔学生实施的种族隔离并没有从根本上取缔。可见，混合学校中的拉丁裔学生与白人学生处于"混而不等"的地位。拉丁裔班级和特殊教育班级的设置并不是为了满足拉丁裔学生的学习需求，促进其学业的发展。相反，这种设置导致拉丁裔学生入学率低、辍学率高、学业成绩不高以及教师资源缺乏等诸多问题，而这一切与美国社会对拉丁裔的种族歧视和种族隔离都密切相关。本质上，两者均是种族隔离制度在教育领域的体现，其主要源于种族歧视而非真正的种族差异。

（2）凯斯诉丹佛市第一学区案的审理与判决

为了平息各地黑人和拉丁裔的不满，1968年联邦最高法院在弗吉尼亚州的"格林诉新肯特郡学校委员会案"的判决中，责令地方学区委员会在消除公立学校种族隔离问题上负有明确责任，并要求他们立即采取措施消除学校中的种族隔离。随后各州采取校车接送黑白学生到对方学校混读的做法，这种做法在各地也引起很多争议和反对，至1971年，联邦最高法院在北卡罗来纳州的"斯旺诉夏洛特·梅克伦堡教育委员会"（Swann v. Charlotte-Mecklenburg Board of Education）一案中裁定，通过校车接送学生来实现学校种族融合具有合法性。

"凯斯起诉丹佛第一学区"的案件就发生在美国西部科罗拉多州的首府丹佛，丹佛是一个合并市郡（City and County of Denver）。当时有大量的证据表明，在"布朗案"宣判后的15年期间,科罗拉多州在全州范围内仍然普遍存在对黑人和拉丁裔学生实行事实上的学校种族隔离情况。丹佛第一学区因位于公园山地区,也称"公园山学区"(Park Hill School District)。1969年,迫于黑人和拉丁裔对事实上的学校种族隔离的不满和反抗,该学区教育局局长采取校车接送学生的做法,以消除公立学校的种族隔离。然而,在该计划推出两个月后,一位新上任的教育局局长取消了该计划。两周后,部分黑人和拉丁裔学生家长对公园山学区提起诉讼,控告丹佛市学校委员会利用师资分配、学区划分、校址选择等手段,蓄意在该市维持学校种族隔离,有意将黑人、拉丁裔与白人隔离开来,使其不能就读于其他学校。鉴此,黑人和拉丁裔学生家长声称丹佛市的整个学区都犯有种族隔离罪,违反宪法第十四修正案中有关平等保护权利的法律条款。[①]作为被告,丹佛市教育当局驳回了这一指控,声称即使公园山学区确实犯有种族隔离罪,但这并不意味着丹佛地区所有其他学区也同样有罪。

事实上,在"凯斯起诉丹佛第一学区"案之前,类似的案件在北方一些州也发生过,然而1973年科罗拉多州的"凯斯起诉丹佛第一学区"案却是联邦最高法院首次在美国北方地区受理的有关教育种族隔离的案件。在这起既有黑人学生也有拉丁裔学生作为原告的案件中,法院裁定拉丁裔和黑人学生属于白人学生之外的同一类别,他们在待遇上遭到同样的歧视。最高法院认为,拉丁裔美国人是一个统一的少数族裔群体,学校不得将拉丁裔视作白人,掩人耳目,以便达到继续实施种族隔离的目的。法院解释说,一所拥有大量黑人和拉丁裔学生的学校并不被认定为混合学校。至此,拉丁裔被正式裁定为区别于白人而与黑人一样的少数族裔弱势群体。

在"凯斯案"的裁决中(法院第一次在废除种族隔离案件中没有达成一致判决),联邦最高法院多数派的五名大法官认为,虽然北方地区没有制定过明确的种族隔离的法律,但北方地区也未杜绝违宪的种族隔离做法。大多数大法官还认为,不给所有学生提供平等的教育机会,无论种族、肤色或国籍,都构成"故意的州行动",违反了宪法第十四修正案的平等保护条款。通过将种族失衡与"故意的州行动"联系起来,凯斯看到了曾经被认为是事实上的种族隔

---

① 公民权利和平等法律保护条款(Equal Protection Clause),是美国法律术语,最初提出是为了解决南北战争后昔日奴隶的相关问题,它保障了所有人民在法律面前均可得到同等的对待。这个条款来自美国宪法第十四修正案中,保障每名美国公民不被各州的州政府剥夺依法享有的公民权。

离，实际上也是类似于法理上的种族隔离。

多数派的道格拉斯（Douglas）大法官在其判词中写道，宪法第十四修正案的"平等保护"条款适用于学校案件，"事实上"（de facto）和"法理上"（de jure）这两种隔离是没有区别的。学区委员会是一个州政府机构，它所规划的区域，它为学校校址所选择的地点，它对学生的分配，以及它准备的预算都是作为履行第十四修正案的州政府的行为。因此，"凯斯案"对希冀种族平衡的北方学校和正在希冀这种平衡的其他地区学校有着明确的启示。

然而，与此同时，大法官的少数派反问，是否现在要求每一所种族不平衡的学校实现种族平衡。正如鲍威尔大法官在反对意见中指出的那样，"学区委员会和学校管理部门的每一项行为，以及在表明采取平权行动时的每一项不作为，现在都必须接受审查。这将不可避免地导致不平衡和不可预测的结果，拖延和出现不确定的诉讼，增加联邦法院的负担，并严重破坏个别学校制度"。换言之，追求种族平衡不仅仅是把学生从一个地方送到另一个地方的问题，也是一个抵消人口和政治力量的问题，在很多情况下，这些因素超出了学校官员的控制（例如州和联邦住房政策）。

显然，"凯斯诉丹佛市第一学区案"中牵涉到丹佛公立学校官员是否"有意隔离"（intentionally segregated）的观点在对北方学校制度提起的诉讼中还是新的。事实上，在"凯斯案"之前，北方的加利福尼亚州有过一起引人注目案件"戈佩斯诉查斯案"（Gomperts v. Chase）。霍根（Hogan）法官在此案中解释说，处于戈佩斯的情况下，任何"州政府行为"都可能导致种族隔离，而不一定导致故意的种族隔离或歧视。正如霍根法官在判词中所写，"一条由州政府资助修建的高速公路，有效地将黑人与白人隔离开来，从而形成了一所以黑人为主的独立高中；在学校周围建立黑人社区属于州政府规划组织的行为；由州政府授权的房地产经纪人将'白人财产'维持为白色，将'黑人财产'维持为黑色；由州政府特许的银行，在资助黑人居住区以外的住房方面，采取限制黑人的政策；由强制执行的限制性契约所促成的居住隔离所导致的学校隔离中，任何一个因素都加上了法律上的隔离"。从这个意义上说，尽管"凯斯案"中并不是所有联邦大法官都接受"有意"这一宽泛的观点，在"凯斯案"之后，这些"州政府行为"中的每一项都有可能令人发现北方学校制度中的"故意隔离"。①

---

① New York State Education Department. Federal Education Policy and the States, 1945—2009: A Brief Synopsis. New York State Archives, Albany, 2009, p. 27.

鲍威尔(Powell)大法官对这一问题的完整意见如下:"学区委员会和学校管理部门的每一项行为,以及在表明州政府采取平权行动时的每一项不作为,现在都必须接受审查。学校日常运作中最常见的决策几乎都会影响学校最初隔离的程度,在这种情况下,种族隔离,在将来仍会长期以某种形式存在。这些决策包括在校舍建设和选址方面采取或不采取行动;新建学校的时间和规模;关闭和合并学校;划定或划分学生学区;在多大程度上执行邻里政策;招聘,教师和管理人员的晋升和薪酬分配;从一所学校调到另一所学校的政策;是否以及在多大程度上提供特殊学校,确定学校所在地以及谁有资格就读这些学校;课程的确定,包括是否会有为考大学而设置的课程或职业培训课程,以及学生参加这些课程的方法;甚至包括关于社会、娱乐和体育政策的决定。"鲍威尔大法官最后总结道:"在'斯旺案'中,本庭不必去探究那些可能导致种族失衡的'无尽的'因素中的隔离意图和近因。其发现的基础主要根植于种族隔离诉讼的历史。但是,在这种类型案例的情况下,在没有历史先例的情况下,基于今天的判决需要对这些因素进行司法审查。在没有国家和客观标准的情况下,学区委员会和学校管理人员将仍然处于不确定和混乱的状态,他们需要不断猜测何时会发生诉讼。"①

联邦最高法院经过辩论后,投票结果为5比4,以多数票支持起诉者黑人和拉丁裔家长。在最终判决中裁决:某一学区的一部分存在种族歧视即可作为整个学区存在种族歧视的证据,并加以纠正。这意味着黑人和拉丁裔在争取教育平等、废除种族隔离制度的斗争中取得了阶段性胜利。美国联邦最高法院对"凯斯诉丹佛市第一学区案"的判决对学校种族隔离的诉讼产生了深远的影响。虽然其后美国各地事实上的学校种族隔离仍然普遍存在,但联邦最高法院对"凯斯诉丹佛市第一学区案"所作的判决可作为先例,黑人和拉丁裔少数族裔群体可据此获得司法救济,从而争取宪法第十四修正案所赋予他们的"平等保护"权益。

(二)实施双语教育的案例

起诉学校种族隔离的案件之所以最终赢得法院的裁决,主要是援引了宪

---

① New York State Education Department. Federal Education Policy and the States, 1945-2009: A Brief Synopsis. New York State Archives, Albany, January 2006, revised November 2009, p. 27.

法第十四修正案的平等保护条款①和1964年《民权法》第六章②的有关条款。受到法理上和事实上消除学校种族隔离的司法裁决的鼓舞，联邦政府各部门将维护"平等保护"的权益延伸至更多的弱势群体。1974年发生在加利福尼亚州旧金山的"劳诉尼科尔斯案"（Lau v. Nichols）就是一起少数族裔维护自身"平等保护"权益的里程碑案件，提出公立学校为母语非英语的少数族裔儿童提供双语教育的诉求。

1. 先期背景

美国是个移民国家，尤其是20世纪初以来，美国每年有大量的青少年移民涌入，构成了美国移民群体的主体力量。他们进入美国之后，普遍面临着诸如学习语言、求职、教育、福利待遇与获得合法身份等社会融合问题。他们中许多人英语能力有限，更是在社会生活中处处受歧视，无法得到社会的平等保护。

至20世纪60年代，在拉丁裔移民较多的一些州，如加利福尼亚州、康涅狄格州、伊利诺伊州、马萨诸塞州、新墨西哥州和得克萨斯州等，曾颁布法律为母语非英语的学生提供特殊的教学，这些州早在"劳诉尼科尔斯案"和联邦立法之前就有了双语教育的法律，大多数州也仅仅是提供过渡性的双语教育，但各州或地方学校可自行决定是否为母语非英语的学生提供进一步的英语教学。1965年颁布的《外来移民与国籍法修正案》取消了实行40多年的"国籍配额制"，前所未有地放开移民进入美国，特别是来自亚洲和拉丁美洲的移民，导致新移民及其子女的英语习得与语言融合成为亟待解决的社会问题。

（1）约翰逊总统执政末期。美国联邦政府意识到这个问题的迫切性是在20世纪60年代中期，当然，在制定联邦双语教育政策的过程中也不是一帆风顺的，其间充斥了各方理念和党派利益的冲突和博弈。这项政策的最初发起者是参议员拉尔夫·亚伯勒（Ralph Yarborough），他是得克萨斯州的民主党人，他曾在1958—1964年担任联邦国会参议员。在约翰逊总统执政末期的1968年，在情势开始不利于民主党的政治环境下，亚伯勒面临着能否二次连任的艰难

---

① 1868年通过的美国宪法第十四修正案共五款，其中第一款规定："所有在合众国出生或归化合众国并受其管辖的人，都是合众国及其居住州的公民。任何一州，都不得制定或实施限制合众国公民的特权或豁免权的法律；不经正当法律程序，不得剥夺任何人的生命、自由或财产；在州管辖范围内，也不得拒绝给予任何人以平等法律保护。"

② 1964年《民权法》第六章规定："不得基于种族或族裔群体而给予任何其他种族没有的特权和豁免权。任何人不得因种族、肤色或原国籍而在任何受到政府财政资助的教育计划中受到歧视。"

处境。为了获得成功,他需要他所在州的墨西哥裔美国人的大力支持。由此,他想从为墨西哥裔美国人提供双语教育这一政策寻求战略突破口。当时在亚伯勒参议员的得克萨斯州墨西哥裔学童的学业成绩表现很糟糕,80%讲西班牙语的孩子在一年级就要留级。自1918年以来,得克萨斯州的学校只教LEP①儿童英语;事实上,该州法律规定,英语是学校和公共场合的唯一官方语言,公立学校教授英语以外的任何其他语言都是违法的。当时学校里为母语非英语的墨西哥裔美国人提供了一种所谓开明和进步的教育理念:沉浸式语言(language immersion)教学。②但到了20世纪60年代,教育工作者和墨西哥裔美国人越来越担心,这种教学方法造成了这类学生在学校的灾难性表现。许多人还担心"英语唯一"(English only)的教学会使墨西哥裔美国孩子认为他们自己的文化是二流的。

虽然双语教育的有关内容最初在1965年通过的《初等与中等教育法》中的第一章和第三章中有所表述,但亚伯勒参议员认为它们对解决这些问题几乎没有什么作用。于是他提出他的双语教育法案,希望成为《初等与中等教育法》中的第七章。从本质上讲,该法案提议对母语为非英语的学生采用其本国语言进行教学,直到他们能流利地说英语为止。一旦学生理解他们所学课程的内容后,他们会感到与学校和社会的疏离感更少,会学习得更多,减少中途辍学的可能性,提高毕业率。1967年,亚伯勒参议员提出这一提案,国会随后举行了听证会,听取联邦政府对实施双语教育项目进行资助的可能性,参议院教育委员会断言:"这项法案的目的是为那些不能说英语而在教育上处于不利地位的儿童提供解决办法。"

在国会几乎没有什么争议,唯一值得注意的是,该计划是否应该像亚伯勒参议员所希望的那样仅限于讲西班牙语的人,还是像缅因州民主党参议员埃德蒙·马斯基(Edmund Muskie)所敦促的那样,也向讲其他语言的少数族裔开放。最后法案很顺利通过。但出乎意料的是,约翰逊政府对此却怀有敌意。联邦教育办公室的感觉是,创设新的教育项目是多余的,因为在《初等与中等

---

① LEP 是 students with limited english proficiency 的英文缩写,是指"英语水平有限的学生"。在美国,其定义具有地区差异性,但一般是指在英语交谈、阅读、写作及理解方面有着显著困难的中小学生,这类学生常常处于非英语的环境,或是不在美国出生或来自美国的偏远地区,他们在语言方面的困难使他们在教学语言为英语的课堂中无法学习,或不能够充分参与到社会活动中去。

② 沉浸式语言(language immersion)教育,就是学习者在第二语言主导的课堂上学习该语言。

教育法》中已经允许双语项目。此外，约翰·加德纳不认为补偿性教育措施应该与公民权利联系在一起。最后，约翰逊总统本人可能也反对双语教学。因为在20世纪30年代，当他在得克萨斯州科图拉的一所墨西哥学校当教师时，"英语唯一"（English only）的教学方法备受推崇，学校教学禁止用任何其他语言，而作为教师的约翰逊，当时对任何不讲英语的学生都实行了体罚。

尽管约翰逊总统于1968年1月2日签署了《双语教育法》[1]，但他拒绝建议为本财政年度拨款，并提议为1969财政年度仅拨款500万美元。[2]亚伯勒参议员谴责这是"象征性的"和"空洞的姿态"，这将"有效地击碎我们怀有的所有希望"。如果说作为民主党的约翰逊总统当年对《双语教育法》怀有敌意，那么其后在共和党政府下双语教育将如何发展呢？

（2）尼克松总统任职时期。在尼克松总统任上，《双语教育法》在财政上仍是一个小项目：1969年拨款750万美元，1974年增至3500万美元。不过，与约翰逊总统不同的是，尼克松总统确实持支持的态度。事实上，尼克松总统对该项目的支持并不是出于对该计划的特殊热情，相反，他在1970年告诉他的教育幕僚"他反对要求在小学里教授西班牙语的法律"。事实上，尼克松总统这样做是试图建立一个新的更广泛的共和党多数派，他相信一个精心设计的改革方案可能会争取并赢得传统上支持民主新政联盟的某些团体，如有组织的劳工、中产阶级黑人、天主教徒和拉美裔人。尽管尼克松政府在1970年夏天后趋向右倾，他仍然热衷于可能使他赢得拉丁裔选票的措施。

尼克松总统和许多共和党战略家一样，相信共和党有现实的机会战胜传统上讲西班牙语的民主党美国人。共和党竞争力的另一个来源是拉丁裔美国人保守的社会价值观，天主教徒强烈的家庭意识和反堕胎观念都符合尼克松总统希望建立的新共和党多数党的形象。由于拉丁裔对双语教育广泛的支持，争取拉丁裔支持的努力还是取得了成效。在1972年的总统选举中，尼克松总统赢得了拉丁裔人口1/3的选票，比1968年他从拉丁裔人口中获得的支持票翻了一番还多。[3]

---

① 见第四章中表4-4中所列的1968年颁布了《双语教育法（重新授权 ESEA）》[*Bilingual Education Act*, BEA（reauthorization of ESEA）]。

② 最初联邦政府的援助很有限：在1968年申请双语教育资助的300份申请中，只有不到80个项目得到了资助。

③ Gareth Davies. See Government Grow：Education Politics from Johnson to Reagan. University Press of Kansa, 2007, p. 147.

(3)联邦卫生教育福利部的关键作用。正是在国会和白宫就少数族裔语言问题采取行动的背景下,作为执行机构的联邦卫生教育福利部的作用又凸显出来了。该部下属的民权办公室主管帕内塔回忆1969年底他在旧金山与拉丁裔领袖的一次会晤,拉丁裔领袖一致抱怨,说西班牙语的年轻人"因为不会说英语而被分配到学校的智力障碍班",从而导致"辍学率惊人"。在联邦卫生教育福利部内部,对《双语教育法》的支持超出了人们的想象,芬奇部长在上任之初即宣布:"迅速、大规模地升级双语教育"是"联邦卫生教育福利部目前面临的主要任务之一"。[1]鉴于这些歧视现象,联邦卫生教育福利部于1968年发布了一项准则,即"学校系统有责任确保特定种族、肤色或国籍的学生不被剥夺系统内其他学生普遍获得的教育机会"。1970年,联邦卫生教育福利部又制定了更具体的指导准则,要求由联邦政府资助的学区"纠正少数族裔学生的语言缺陷问题,以便向有'语言缺陷'的学生开放双语教学"。"只有向学生提供同样的设施、课本、教师,那些真正理解英语的学生,才能不被剥夺接受任何有意义教育的权利。"根据《双语教育法》,联邦卫生教育福利部有权发布规则、条例和命令,以确保其管辖范围内的接受联邦政府资助的机构按照该法的规定开展任何联邦政府资助的教育项目。[2]

尤其重要的是,联邦卫生教育福利部下属的民权办公室颁布的新条例明确针对"拥有5%以上少数族裔儿童的学区"。这一类别包括1000个学区和大约370万儿童。监管的目的是打击违反1964年《民权法》第六条规定的"剥夺拉丁裔学生平等接受教育机会的常见做法"。条例还规定,不能仅仅依据语言技能就让孩子上补习班,与语言缺陷有关的"任何能力分组或跟踪系统"必须设计成尽快满足学生语言技能的需求。最后,学区必须让英语不好的家长了解学校的活动,这项任务可能需要"用英语以外的语言"告知他们。[3]

2. 劳诉尼科尔斯案(Lau v. Nichols)(1974年)

虽然有国会、白宫和联邦卫生教育福利部对双语教育给予明确支持,但各地学区仍然采取各种方式抵制或消极对待。20世纪60年代末至70年代初,美

---

① Gareth Davies. See Government Grow: Education Politics from Johnson to Reagan. University Press of Kansa, 2007, pp. 147-148.

② Kern Alexander and David Alexander. American Public School Law. Thomson West, 2005 (Sixth Edition), pp. 360-361.

③ Gareth Davies. See Government Grow: Education Politics from Johnson to Reagan. University Press of Kansa, 2007, pp. 151-152.

国拉丁裔和印第安人等少数族裔为争取平等的受教育权利，在加利福尼亚州、得克萨斯州和新墨西哥州等地法院起诉各学区违反联邦法律，在语言教学中对少数族裔学生实行歧视政策，他们要求在公立学校开设双语教育。其中最为著名的是"劳诉尼科尔斯案"（Lau v. Nichols），在美国的双语教育诉讼中是一个重要案件。

这个案件的起因是：1970年，数千名华裔学生进入加利福尼亚州旧金山的公立学校学习，大约3000名学生只能说少量英语或根本不会说英语，在这些学生中，接近1800名学生没有得到特殊的语言训练。主要的问题是教学过程中使用了学生无法理解的语言，学校似乎剥夺了这些非英语母语的学生平等受教育的权利。因此，这些学生及其父母向联邦地区法院提起诉讼，根据《宪法》第十四修正案和1964年《民权法》第六章的平等保护条款，公立学校剥夺了他们平等受教育的权利。

联邦地区法院驳回了华裔学生和家长的诉求，联邦地区法院根据1964年《民权法》的第六章和宪法第十四修正案得出的结论是：当适用于旧金山联合学区的普通学生的教育规定与教学环境，同样提供给非英语母语的学生时，他们就没有被剥夺任何权利。联邦第九巡回上诉法院也赞同初审法院的判决，判决书称："每个学生在教育起点上有不同优势和劣势，部分是由社会、经济和文化背景带来的，而且除了学校系统的作用外，这些优势与劣势仍在产生并完全地继续。"简而言之，如果学习英语的学生没有做好准备，就不是学区的过错，且学校没有解决语言问题的法律义务。因此该案件在1974年再次上诉到联邦最高法院。①

在审查第九巡回上诉法院的判决时，联邦最高法院并没有强调学生的宪法主张。联邦最高法院仅仅根据联邦卫生教育福利部下属的民权办公室对1964年《民权法》第六章的解释做出了支持学生的判决。联邦最高法院在判词中写道，"这里不存在平等地对待学生""仅仅向学生提供了相同的设施、教科书、教师和课程；那些没有掌握英语的学生实际上被强行排除在任何有价值的教育之外"。联邦最高法院认为，要求学生在参与教育课程之前已经具有基本的英语技能，是对公立教育的嘲笑。按照民权办公室解释的逻辑，联邦最高法院认为没有必要证实校方存在任何违反1964年《民权法》第六章招人抱怨的行

---

① 米基·英伯和泰尔·范·吉尔，李晓燕、申素平、陈蔚译：《美国教育法》，教育科学出版社2011年版），第244页。

为的动机。关于补偿措施,最高法院写道:"对其先辈不讲英语的华裔学生教授英语是一种选择。用中文给该群体提供教学是另一种选择。可能还有其他选择。"[1]

美国联邦最高法院对"劳诉尼科尔斯案"的审判影响巨大。在联邦最高法院对"劳诉尼科尔斯案"作出判决不久,美国国会也于1974年先后通过了《平等教育机会法》(*Equal Education Opportunities Act*,EEOA)和《双语教育法修正案》(*Bilingual Education Act Amended*,BEAA)[2],其中规定:"任何州不得因为教育机构未能采取适当行动帮助学生克服语言障碍,妨碍其平等参与教学课程,而根据他或她的种族、肤色、性别或国别拒绝给予个人平等教育机会。"无论是美国司法部部长还是受到学校语言政策不利影响的学生,都有权因被剥夺平等的教育机会而提起民事诉讼,不论是不是故意歧视。

"劳诉尼科尔斯案"的裁决为少数族裔受教育权的保护开了先例,进一步巩固了双语教育在整个教育体系中的地位,也为其后美国对双语教育法律的多次修订和完善提供了司法支持。

3. 塞尔纳诉波塔莱斯市政学校案(Serna v. Portales Municipal Schools)

紧接着"劳诉尼科尔斯案",美国联邦最高法院也于1974年审理和判决了有关双语教育的其他几个案件,其中比较有名的是"塞尔纳诉波塔莱斯市政学校案"。不同的是,"劳诉尼科尔斯案"是由华裔起诉的,而"塞尔纳诉波塔莱斯市政学校案"是由人口更多的拉丁裔和印第安人提起的,而且后者向法院提供了该类学生无法得到良好教育更为详细的证据。

"塞尔纳诉波塔莱斯市政学校案"发生在美国新墨西哥州,在1972—1973学年,新墨西哥州的少数族裔儿童占该州所有公立学校学生的50%。在该州88个学区中,39个学区中有50%以上的学生是拉丁裔人,9个学区中的1/3或更多的学生是印第安人。根据一项对新墨西哥州的拉丁裔和印第安人学生的学业表现所作的广泛研究,这些学生的成绩明显不如白人学生。例如,当52.9%的白人学生升入大学时,只有22.2%的拉丁裔学生和24.8%的印第安学生能升入大学。拉丁裔和印第安人学生与白人学生的差距还表现在诸如入学时间晚

---

[1] 米基·英伯和泰尔·范·吉尔,李晓燕、申素平、陈蔚译:《美国教育法》,教育科学出版社2011年版),第244页。

[2] 见前面第五章中表5-3中所列的1974年颁布的《平等教育机会法》(*Equal Education Opportunities Act*,EEOA)和1974年颁布的《双语教育法修正案》(*Bilingual Education Act Amended*,BEAA)

和学业水平低等方面,在八年级,10.8%的拉丁裔学生超龄2年或2年以上,而白人学生仅有2.3%超龄。而在四年级,上述两个数字分别为5.5%和2.7%。据估计,四年级学生的阅读水平方面,17.1%的拉丁裔学生和10.6%的印第安学生比全国平均水平落后2年以上,而只有4.8%的白人学生如此落后。造成这些现象的主要原因是许多少数族裔儿童在上一年级时就有英语语言的缺陷。在美国西南部地区,大约2/3的拉丁裔儿童在家里说西班牙语,西班牙语是他们的主要语言。① 这种明显妨碍少数族裔儿童接受高质量教育的现象,为法院在判决"塞尔纳诉波塔莱斯市政学校"一案中质疑学区政策提供了实质性内容。一位名叫朱迪·塞尔纳(Judy Serna)的学生家长代表向美国新墨西哥州地区法院起诉波塔莱斯市政学校。

原告声称,学区未能提供双语和双文化教育,这是拉丁裔美国儿童的特殊需要,也没有聘请拉丁裔的教师和管理人员。诉状还声称,学区未能建立课程,反映拉丁裔人对新墨西哥州和美国的历史贡献。这些都违反了宪法第十四修正案"平等保护条款"和1964年《民权法》第六章的规定。

初审法院根据证据得出结论,波塔莱斯教育方案剥夺了拉丁裔学生平等受教育的机会。他们受到平等保护的宪法权利受到了侵害。基于此,初审法院为学区制订了一项补救行动计划。第十巡回法院确认了初审法院的裁决和制订的补救行动计划。但是,鉴于联邦最高法院之前在"劳诉尼科尔斯案"中的判决,第十巡回法院根据1964年《民权法》第六章的规定,没有援引《宪法》中有关平等保护的问题。依据"劳诉尼科尔斯案"的判决,上诉法院仅指出凡接受联邦政府资助的学区有义务遵守1964年《民权法》第六章的规定和随后联邦卫生教育福利部颁布的条例。1964年《民权法》第六章第601节规定:在美国,任何人不得因种族、肤色或民族、血统而被排除在接受财政资助的任何计划或活动之外,不得被剥夺任何计划或活动的利益,也不得受到任何计划或活动的歧视。

第一,法院观察到,新墨西哥州强制要求适龄儿童上学,要求公立学校必须使用英语教学。这些政策的结果被认为是阻止使用非英语的学生参与教育过程来剥夺他们接受有意义的教育的权利。在这种情况下,"使用非英语的

---

① 关于拉丁裔学生入学后英语困难的比例,当时缺乏准确资料。但1969年的一项调查显示,根据学校校长的调查,美国西南部地区一年级的拉丁裔学生中,有近50%的人英语水平不如典型的白人一年级学生。在新墨西哥州学校的比例是36%。参见 Joseph M. Holmes. Bilingual Education: Serna v. Portales Municipal Schools. New Mexico Law Review, 5 N.M.L.Rev.321(1975), p. 322.

人"应被理解为会说一些英语,但更精通另一种语言的儿童。语言障碍当然是获得"有意义教育"的障碍。初审法院的记录中有充分的证据支持这一裁决。[①]第二,联邦卫生教育福利部曾颁布准则,要求学区采取积极行动克服母语非英语少数族裔学生的语言缺陷,这被认为是接受联邦政府资助的一个具有合同约束力的前提条件。如果不能说和理解英语,少数族裔儿童无法有效参与学区提供的教育计划,学区必须采取积极措施纠正其语言缺陷,以便向这些学生开放其教学计划。法院认为,波塔莱斯学区未能制订适当的平权行动方案。

实际上,"塞尔纳诉波塔莱斯市政学校案"和"劳诉尼科尔斯案"都规定,凡接受联邦政府资助的学区必须采取行动,对使用非英语的儿童实施某种形式的双语教育。第十巡回法庭也强调了联邦最高法院布莱克门法官(Justice Blackmun)先前在"劳诉尼科尔斯案"中提出的赞同意见,即他的赞同是基于有大量的儿童牵涉到该案件中。从最狭义的角度看这些决定,在学区采取补救行动成为强制性措施之前,他们会提出一些量化要求。在新墨西哥州,满足这样的量化标准不会带来任何问题,因为该州88个学区中有71个在公立学校就读的少数族裔学生人数比波塔莱斯学区高。该评议的目的是描述目前使用的各种语言教学计划,并证明具有一些英语教学计划比完全没有计划要好得多。此外,还分析了初审法院在"塞尔纳诉波塔莱斯市政学校案"中的平权行动计划,并说明其可能导致实施不合格双语教育计划。最后,法院认为,新墨西哥州立法机关现在应该采取行动,启动"双语—双文化"计划,以体现其以往对多元文化概念的支持。

(三) 维护特殊学生教育权益的案例[②]

如同上文所述,在宪法第十四修正案的平等保护条款和其后的1964年《民权法》第六章有关条款的激励下,自20世纪50年代中期至70年代中期陆续高涨的争取美国少数族裔权利的革命扩大到更多的群体,包括妇女、老年人、消费者、同性恋者、非英语母语少数族裔和残障人等不同群体。我们下面将主

---

① 证据显示,拉丁裔入学率占小学人口的34.5%,而初中和高中入学率分别只有28.8%和17%。据对当地所有86.7%的拉丁裔学生就读的林赛(Lindsey)小学五年级学生的智商测试,结果显示,拉丁裔学生的智商明显低于白人学生。

② 美国的特殊(special)儿童/学生,或称为额外(exceptional)儿童/学生、残障(handicapped)儿童/学生,主要指心智或肢体有损伤、障碍或残缺的儿童/学生和被歧视为心智低下的少数族裔群体。

要论述美国联邦法院在维护残障儿童特殊教育权益中所起的作用。①

在民权运动的推动下，一大批对弱势群体深表同情并立志维护社会正义的年轻法律工作者对残障儿童争取其特殊教育权利提供了大量的司法救济，为其赢得联邦法院的诉讼做出了巨大的贡献。此外，立法和行政机构也在维护残障儿童特殊教育权益中扮演了诸多正面的角色，在朝野各方的共同努力下，最终于20世纪70年代中期将美国残障儿童的教育权利纳入整个国家的法律框架内。

1. 前期背景

（1）美国早期身心障碍儿童境况。回溯美国历史，在身体、智力和精神方面不健全的少数群体一直生活在社会的底层，他们饱受屈辱和歧视，被剥夺包括教育在内的各种权利，是属于非常弱势的社会边缘人。

在传统上，人们将特殊儿童群体视为无价值的。就个人性质而言，特殊儿童被定义为不完整的造物，被视为无法通过教育改善心智的人和无法社会化的无能的人；就社会性质而言，特殊儿童被归于无社会生产力之群体，无益于社会经济增长之群体甚至对社会稳定有序存在威胁的群体。将特殊儿童隔离开来，被传统社会默许为对特殊儿童和有序社会的双重"保护"。

在各州义务教育法颁布之前，将特殊儿童与正常儿童乃至整个有序社会隔离开来的显性和隐性制度，有手工作坊、贫民救济院、特殊学校、特殊班级制度以及公立学校的入学智商测试制度（intelligence quotient，IQ测试）。殖民地时期的特殊儿童，若非生于富裕家庭，通常都在手工作坊或贫民救济院被"保护"或"控制"起来。此类特殊儿童或许能够学习零星的谋生知识，但总体来说，此阶段的特殊教育有隔离而无教养。②

（2）美国早期身心障碍儿童教育。19世纪上半叶，特殊儿童群体的心智教育并未受到公立教育系统内人士的普遍重视。只在一些私人教育家开办的特殊学校为一部分在行为、情绪或学习方面存在障碍的儿童提供教育归宿。19世纪初，残疾儿童教育倡导者为特定的残疾儿童制订了教育计划，迫使州立法

---

① 1994年联合国教科文组织在西班牙王国萨拉曼卡市召开了"世界特殊教育大会"，颁布了《萨拉曼卡宣言》，宣言将"残疾学生"称为"特殊教育需要学生"，本文中提的"残疾学生""残障者""智力障碍迟钝者""精神发育迟滞者""智力障碍学生""残疾儿童、青少年"等均指"特殊教育需要学生"。

② 曹春平、祝贺：《美国全面实施特殊教育的起点》，载《教育科学研究》2017年第1期，第88页。

机关通过立法来实现这一计划。已知最早的残疾学生学校于1817年由托马斯·霍普金斯·加劳德特(Thomas Hopkins Gallaudet)在康涅狄格州的哈特福德镇创建。加劳德特曾在法国接受聋哑人手工交流方法的培训,随后他带着一位聋哑教师劳伦特·克莱尔(Laurent Clerc)回到美国。两人一起遍访美国各个城市,从私人渠道筹集资金,终于在康涅狄格州找到了机会,该州议会在1816年拨款5000美元,使加劳德特于1817年4月15日创立了美国聋哑人教育庇护所(American Asylum for the Education of the Deaf and Dumb),现为"美国聋校"。[①]该机构的建立在美国特殊教育史上具有划时代的意义,它标志着美国真正意义上的特殊教育正式诞生,也意味着"特殊教育作为一种学校教育形式在公众意识中牢固地确定下来了"。因此该机构的成立在当时被认为是"哈特福镇的荣耀和美国的盛事"。[②]1819年,联邦政府把2.3万英亩的土地无偿拨给了这所学校,后者将其出售,累计收入超过30万美元,从而确保了这所学校的发展。同年,其他州开始提供必要的经费,把聋童送到这所学校学习。

美国历史上第二所聋哑教育机构于1818年在纽约开办。这所学校是由私人捐款资助的,但在1821年,纽约州政府开始拨款支持。纽约的聋哑学校是第一所日间学校,但很快就演变成了寄宿学校。美国第三所残疾学生学校于1820年在宾夕法尼亚州建立,开始也是一所私立学校,1821年该州政府开始拨款资助,招收了50名聋童接受教育。1823—1844年,肯塔基州、俄亥俄州和弗吉尼亚州先后建立了公立聋童学校。1844—1860年,又有17所新的聋童学校在各州建立。1864年,在首都华盛顿特区建立了"国家聋哑学院"(National Deaf Mute College),后来,这个名字被改为"加劳德特学院",以纪念这位在美国首次开创聋哑教育者。[③]

与此同时,对于其他残疾患者提供教育服务的需求也没有被忽视。1830年,由于著名教育家贺拉斯·曼的不懈努力,马萨诸塞州立法机关通过了一项建立精神病医院的决议,并在马萨诸塞州伍斯特市建立了第一家精神病医院。1832年,纽约州为盲人学生建立了一所学校,到1852年,纽约州、宾夕法尼

---

① Kern Alexander and David Alexander. American Public School Law. Thomson West, 2005 (Sixth Edition), p. 485.

② 黄建辉:《美国特殊教育发展与变革历程及其当代启示》,载《集美大学学报》2018年第2期,第51页。

③ Kern Alexander and David Alexander. American Public School Law. Thomson West, 2005 (Sixth Edition), p. 485.

亚州和马萨诸塞州都为智力低下学生的教育项目拨款。1869年，波士顿开始为聋童学生开设日间课程，1896年，罗得岛州普罗维登斯开始为智力低下学生开设日间课程。1900年，芝加哥开始为盲人和其他残疾学生开设公立学校课程。因此，至20世纪初，部分州已允许各类残疾儿童就读公立学校。[①]

然而，严重残疾的学生往往很难符合公立学校系统的要求和期望，学校没有足够的设施来应对那些表现出异常的学生。1893年，马萨诸塞州的一家地区法院裁定，"低能"所导致的学生行为是将其排除出学校的理由，从而禁止许多低能学生进入公立学校。威斯康星州法院在后来的一项裁决中裁定，一位残疾学生虽然在学业上有能力，但会被排除在普通公立学校的课程之外，因为他的残疾"对教师和其他学生产生令人沮丧和恶心的影响"。这项裁决禁止患有脑瘫或脊髓灰质炎的儿童参加普通公立学校日班。由于许多城市还没有为这些严重残疾学生开设特别班，这些儿童的家长不得不求助于寄宿学校或私人教师，或者完全放弃正规教育。[②]

（3）20世纪初期身心障碍儿童教育的转折点。尽管身心障碍儿童教育在上述早期的司法诉讼中遭到挫折，进入20世纪的美国社会在残疾学生教育服务上有了良性的发展。1918年发生的两件事对身心障碍儿童教育产生了重大影响。第一件事是间接影响，该年第一次世界大战中伤残退役军人的返回家园促使国家关注残疾人教育的必要性。1918年，国会通过了《士兵康复法》（*Soldiers' Rehabilitation Act*），该法以职业培训和咨询的形式提供职业康复服务。

第二件事影响更为直接，自1852年马萨诸塞州率先颁布义务教育法后，至1918年义务教育法在全美各州普及，这标志着美国面向所有适龄儿童的免费公共教育和公立学校体系基本形成，其宗旨是从法律层面保障适龄儿童的入学机会和受教育年限。从实践来看，当时大部分州制定实施义务教育法的最直接目的不是保护残疾儿童的受教育权利，但是义务教育法在本质上要求面向所有儿童实施强制性、免费性和普及性的教育。这种内在要求迫使教育主管部门和学校必须履行为残疾儿童提供与普通儿童平等的教育服务的法定职责。在这种背景下，由残疾儿童家长、医生、教育者、心理学家、律师和社会工

---

① Kern Alexander and David Alexander. American Public School Law. Thomson West, 2005 (Sixth Edition), p. 486.

② Kern Alexander and David Alexander. American Public School Law. Thomson West, 2005 (Sixth Edition), p. 486.

作者等组成的各种社会组织和专业性团体纷纷成立,他们基于不同的角度和立场为残疾儿童争取平等受教育权而奔走、呼吁。同时,由于早期特殊教育实践证明了为残疾儿童提供教育的可行性和潜在的社会意义,因此,为残疾儿童提供免费教育在这时期逐渐得到执政者和社会民众的认可。1910年,白宫美国儿童问题会议明确提出,"利用公共资源发展公立学校特殊教育不仅值得而且非常必要,若残疾儿童不能获得恰当的教育,他们将会继续贫困下去,从而导致各种不良行为的产生,这是社会文明的倒退,最终需要整个社会来买单"。在联邦政府的倡导下,犹他州、俄亥俄州、印第安纳州、北卡罗来纳州等地率先为聋盲儿童提供免费教育。到20世纪30年代,全美大部分主要城市为残疾儿童创办了特殊学校和特殊班级,马里兰州、俄亥俄州、路易斯安娜州等州还专门制定了特殊教育资助法对残疾儿童进行专项资助,为残疾儿童提供免费教育。①

（4）20世纪中期身心障碍儿童教育的困境。在整个20世纪上半期,由于各种社会偏见,美国各级政府往往刻意忽视身心障碍学生的受教育权,使身心障碍学生的教育陷入困境。至20世纪70年代之前,对身心障碍学生的不当处置包括如下。①不教育与不安置:第二次世界大战之前,几乎所有州政府与地方学区均认为IQ为50以下的儿童并不可教而拒绝其入学。虽然各州都有强迫入学的规范,但因学校拒绝添购适当设备或培养师资,因此极度排斥身心障碍学生与为其提供教育机会。②不当的标记与隔离:学校常常未经家长同意而标记身心障碍学生。这些分类常基于量化心理测验导向,而非针对学生的教育需求来分类。标记的结果,使得师生对身心障碍学生产生刻板的低劣印象,使其尊严严重受损。事实上各种研究发现,部分被安置于特殊班级的儿童并不适合接受特殊教育。此外,许多学生被标记后,被隔离于主流教育之外,受到排斥或嘲弄,而造成心理的创伤。③缺乏相关配套措施:学校往往为了行政上的方便,未考虑身心障碍学生的特殊需要与能力,缺乏个别化教育计划。在鉴定、评价、安置的过程中,均未制定适当的配套计划。不当的教育方案,使得身心障碍学生缺乏适应一般社会生活的能力。更糟的是,学校人员有权独断身心障碍儿童的入学、安置、评价与教育方式,而这些往往是在缺乏充分资料、

---

① 黄建辉:《美国特殊教育发展与变革历程及其当代启示》,载《集美大学学报》2018年第2期,第49–50页。

法律基础和家长的参与下完成的，对于学生的受教育权利伤害极大。[1]

这些状况一直持续到20世纪60年代以后，一些专家认为，身心障碍儿童的发展潜力是由他们的学习环境决定的，敦促决策者更加重视身心障碍儿童的培训和教育。与此同时，学校系统开始更加关注"特殊儿童"的教育需求，因为各州通过了新的法律要求他们这样做，各倡导团体、政治家和行政官僚们开始担心特殊教育教师和教室设施的长期短缺。早在1957年，当时的艾森豪威尔总统的教育专员劳伦斯·德西克（Lawrence Derthick）曾对国会说，"目前，每4个'智力低下儿童'中只有不超过1个有机会接受适当的教育"，全国只有28个专职的特殊教育教师培训智力障碍儿童教师。必须采取一些措施，特别是因为"在教育和培训的严格条件下，这些儿童中的绝大多数可以成为好的成年工人，因此成为好公民"。[2]

在民间，陆续建立起一批专注于倡导和维护身心障碍儿童权益的组织，其中有两个组织发挥了突出的作用，一是"全国智力障碍儿童协会"（National Association for Retarded Childre，NARC），另一个是"特殊儿童委员会"（Council for Exceptional Children，CEC）。这两个组织对社会来说都是新生事物，两者都注重与残疾儿童教育密切相关的问题，并在敦促联邦政府方面发挥重要作用。从20世纪70年代的角度来看，这种参与社会治理的成果不容小觑：为学术研究提供了一些资金，帮助建造了新的设施，为教师培训提供了适度的支持，为希望改革特殊教育行政安排的州提供了种子资金，推动在美国联邦教育办公室内设立"残疾人教育局"（Bureau for the Education of the Handicapped，BEH）等。在随后为维护身心障碍儿童教育权益的司法诉讼中，这两个组织更是扮演了重要角色。

上述这些措施的累积效果也使联邦政府增加对残疾人的教育支出：从1959年的200万美元增加到1964年的1540万美元、1968年的5340万美元和1970年的9950万美元。更重要的是，它们对各州开办残疾人教育和培训项目起到了预期的促进作用：1962—1972年，各州聘请的特殊教育教师人数从2万人增加到16.2万人。在1957年国会就特殊教育举行听证会之后的15年里，提供特殊教育培训的高校从40所增加到300多所。1962年到1972年，州和地方

---

[1] 秦梦群：《美国教育法与判例》，北京大学出版社，2006年12月版，第77-78页。

[2] Gareth Davies：See Government Grow：Education Politics from Johnson to Reagan，University Press of Kansa，2007，p. 170.

在特殊教育上的支出增加了2倍。在20世纪50年代初,据估计只有15%的残疾儿童得到了专门的教育援助。到20世纪70年代初,得到专门教育援助的残疾儿童人数翻了两番。1973年,佛蒙特州特殊教育主任在国会作证时声称,他对联邦政府拨款20万美元引发了"一种全新的方法"和州拨款增长40%表示惊讶。1966年修订的《初等与中等教育修正案》就此专门为残障儿童的教育新增加了一章,即第六章。除了向各州分配额外的资金外,第六章还规定了前述的在美国联邦教育办公室内设立"残疾人教育局",使残疾人教育倡导者在教育部门拥有比他们迄今享有的更大的话语权。[①]

(5)20世纪中期联邦政府在身心障碍儿童教育政策上的重大缺陷。事实上,自20世纪50年代至70年代初,在日益高涨的民权运动的推动和各类弱势群体的维权下,美国联邦政府在法律和财政上为身心障碍儿童教育作出了相当的努力,除了上述的经费资助之外,1950—1970年的20年,联邦政府就残疾人士有关的立法通过了7部,例如:

1954年的《合作研究法》[*Cooperative Research Act* (PL 83-531)];

1958年的《精神发育迟滞法》[*1958 Mental Retardation Act* (85-926)];

1963年的《精神发育迟滞设施法》[*1963 Mental Retardation Facilities Act* (88-164)];

1965年的《联邦援助州残疾人学校》[*1965 Federal Assistance to State Schools for the Handicapped* (89-313)];

1966年的《初等与中等教育修正案》[*1966 Elementary and Secondary Education Amendments* (89-750)];

1968年的《残疾儿童早期教育援助法》[*1968 Handicapped Childen's Early Education Assistance Act* (90-538)];

1970年的《残疾人教育法》[*1970 Education of the Handicapped Act* (91-230)]。

但是,必须强调的是,1950—1970年的20年间,联邦政府针对残疾人士的所有立法中没有残疾儿童享有宪法权利的表述,也正因为此,各州地方政府也根本不需要采取任何有助于残疾儿童享有宪法权利的法定措施和行动,由此导致的后果是极为严重的。

---

① Gareth Davies. See Government Grow: Education Politics from Johnson to Reagan. University Press of Kansa, 2007, pp. 171-172.

据联邦卫生教育福利部估计，20世纪70年代初，在全国600万残疾儿童中，只有大约一半接受了他们所需的教育，有100万待在家，200万在没有特殊教育的普通班。随着特殊教育教师人数的激增，估计还有更多需要接受特殊教育的人：根据众议院特殊教育小组委员会主席约翰·布拉德马斯(John Brademas)的说法，有将近14万人需要特殊教育。"特殊儿童委员会"的统计数据也显示，即使是在非常相似的州之间，教育经费也存在令人不安的差异：康涅狄格州将8.42%的教育预算用于特殊教育，马萨诸塞州仅为3.28%。一些较贫穷的州继续只将其本就很少的教育预算中的一小部分用于残疾儿童教育：亚拉巴马州的数字是2.49%，密西西比州是1.63%，阿肯色州是微不足道的1.05%。各州残疾儿童的比例似乎各不相同，从华盛顿州的81%到北达科他州的8%。由于60年代末期至70年代初期美国财政萎缩，从同情但压力巨大的国会立法者那里获得新经费的前景也越来越暗淡。在联邦层面，授权和拨款之间的差距越来越大：1966年只有20万美元，但到1973年已经达到3.53亿美元。在州和地方政府层面，财政紧缩的情况至少和联邦政府一样严重。[1]

(6)从立法到诉讼：年轻一代公益律师在司法方面的启蒙作用。如果说美国联邦政府各部门，尤其是联邦卫生教育福利部的行政官僚在推动双语教育的过程中，将维护"平等保护"的权益延伸至更多的弱势群体，那么在维护残障人员和儿童群体的权益中，一大批同情弱势群体并立志维护社会正义的年轻法律工作者为争取他们的特殊教育权利提供了大量司法救济，为其赢得联邦法院的诉讼做出了巨大的贡献。

事实上，关于残障儿童拥有权利的概念并不完全是新的。但直到20世纪50年代，人们更普遍地认为残疾人，特别是智力障碍或有严重身体残疾的人，是命运的不幸受害者，他们理应得到同情和良好的工作，但不能指望以其任何有意义的方式行使"权利"。早在1957年，当时的艾森豪威尔总统手下的教育专员德西克委员就宣称："智力障碍者对他们生活的世界有潜在的贡献。""他们也是公民，有权在我们的民主制度中工作和发挥作用。"而在1962年肯尼迪总统委任的智力障碍者委员会的报告中，在其八项主要建议中，有一项要求"法律和法院对智力障碍者采取开明的态度"：美国需要"一项新的法律，明确

---

① Gareth Davies. See Government Grow: Education Politics from Johnson to Reagan. University Press of Kansa, 2007, p. 173.

智力障碍者的社会概念,包括保护他们的公民权利"[1]。由于这些都还只是出现在部分政界人士的言论中和社会舆论的同情中,没有上升到《宪法》权利的高度,故上面提及的美国联邦政府在1950—1970年通过的7部有关残疾儿童的教育法律中,未明确其享有《宪法》权利的表述,对各州为残疾儿童提供特殊教育没有约束力。

　　现在人们难以想象的是,当年社会对残障人士所应享有的法定权利的态度是如此模糊,如果没有"全国有色人种协进会"(NAACP)的法律辩护基金或"美国公民自由联盟"(ACLU)等团体的律师的引导,许多残障儿童的父母并不认为自己是拥有宪法第十四修正案所规定权利的"少数群体"。即使在法律界,联邦法官可以强迫州立法机关花钱的想法也是新颖的,这是影响残疾人权利的压倒性先决条件,而不仅仅是宣布残疾人的权利。事实上,代表宾夕法尼亚州"智力障碍儿童协会"(PARC)的律师托马斯·K.吉尔胡尔(Thomas K. Gilhool)在与宾夕法尼亚联邦代表的诉讼中,曾在1964年写了一封信给《纽约时报》,其中包含了当时看来不言而喻的观察:"毕竟法院不能命令市议会或州议会为学校拨款更多。"

　　在这种缺乏明确法律规定和支持的情况下,一批年轻的公益律师牵头和引导,走上诉讼的道路,代表和维护残障人士和儿童的利益。自20世纪60年代初,在黑人民权运动的推动下,美国联邦法院曾受理和作出过大量重大判决,这些判决不仅涉及种族问题,还涉及国家生活中所有其他有争议的问题。有志年轻人受不断涌现的变革、不安、理想主义和反叛精神所激励,并希望改变社会使其变得更好,因此,往往选择就读法学院。而历史和声誉俱佳的耶鲁大学法学院和哈佛大学法学院等顶级大学的法学院吸引了最多的年轻人。毕业后,这些年轻的律师如何才能更好地发挥自己的才能呢?传统上有两个职业生涯渠道:一是去私人律师事务所;二是去政府部门(主要是司法部的民权司)。然而,在60年代,投身到为社会贫困群体维护法定权益的事业中成为第三种职业选择。最初在1962年,福特基金会开始资助在贫困社区设立免费法律咨询所。有了基金会和政府资金的支持,社区法律服务范围迅速扩大。据报道,到70年代初,已有130所法学院在教授反贫困法课程(这在20世纪初是闻所未闻的专业),许多法学院开设"法律诊所"课程,让学生直接接触这类活

---

[1] Gareth Davies. See Government Grow: Education Politics from Johnson to Reagan. University Press of Kansa, 2007, pp. 173-174.

动和其他公益活动。越来越多的法律系学生考虑这类职业道路，而不是传统的进入私人律师事务所。1969年，只有31%的耶鲁法学院毕业生加入了私人律师事务所，而《哈佛法律评论》的39位编辑没有一位有意走传统道路。①

1971年和1972年，联邦法院受理并做出了3项有关残障人士和残障儿童教育权利的裁决，正式认同并确立了残障儿童享有受教育的宪法权利的观念。而年轻一代公益律师在提起诉讼以及整个诉讼过程中起到了关键作用，例如查尔斯·哈尔彭（Charles Halpern）和布鲁斯·恩尼斯（Bruce Ennis）这2位年轻律师代理了"怀亚特诉斯蒂克尼案"（Wyatt v. Stickney），托马斯·K.吉尔胡尔（Thomas K. Gilhool）律师代理了"宾夕法尼亚州残障人士联合会（以下简称PARC案）诉宾夕法尼亚州案"（PARC v. Commonwealth of Pennsylvania），以及帕特里夏·瓦尔德（Patricia Wald）和斯坦·利赫尔（Stanley Herr）2位律师代理了"威尔斯诉哥伦比亚特区教育委员会案"（Wills v. Board of Education）。②由于他们的专业素养和尽心尽力的辩护，最终这3项有关残障人士和残障儿童教育权利的诉讼案全部获得了胜诉。

2. 3个里程碑的诉讼案例

1971—1972年，联邦法院先后受理并做出了3项有关残障人士和残障儿童教育权利的裁决，这三项裁决依次增加和扩展了残障人士康复治疗权和所有残障儿童的受教育权利的范畴。例如，1971年的"怀亚特诉斯蒂克尼案"确立了《宪法》赋予非自愿精神病人的康复治疗权；1972年的"PARC诉宾夕法尼亚州案"确定了所有智力障碍儿童的受教育权；1972年的"威尔斯诉哥伦比亚特区教育委员会案"将这项权利扩展到所有残疾儿童：包括他们的身体、行为和精神上的残疾。这些案例为宪法第十四修正案赋予残疾儿童受教育权这一想法提供了法律动力，在司法层面正式认同并确立了残障儿童受教育的宪法权。

（1）怀亚特诉斯蒂克尼案（Wyatt v. Stickney）确立了《宪法》赋予非自愿精神病人的康复治疗权。在精神医学诞生之前，对精神障碍者的家庭看护、监禁、隔离等并不以治疗为目的。很长一段时间以来，对精神障碍者的看护主要是家庭的责任。但对于家庭难以管束的精神障碍者，家人要么将其送至监狱或

---

① Gareth Davies. See Government Grow: Education Politics from Johnson to Reagan. University Press of Kansa, 2007, pp. 175-176.

② 查尔斯·哈尔彭当时任职于华盛顿法律和社会政策中心（Washingtong-based Center for Law and Social Policy, CLASP）的董事；布鲁斯·恩尼斯任职于纽约公民自由联盟（New York Civil Liberties Union, NYCLU）主管新的心理健康诉讼项目。

收容院,要么任其流浪,境况极为悲惨。

而转折悄然发生,伴随着20世纪以来精神医学的兴起,随着抗精神疾病药物的不断发现、新的治疗方法在临床实践中不断应用、新的精神疾病分类体系和理论的确立、现代精神医学的迅猛发展,也使得精神疾病成为可治疗的疾病;精神病院也逐渐摆脱传统的拘禁、隔离患者而不给予治疗的负面形象,治疗成为精神病院的基本方向。如此,强制住院的精神病人也不再被视为需要隔离的社会危险分子,而是需要治疗的患者——治疗既是对患者罹患精神疾病的回应,也是限制其人身自由的正当基础。在此背景下,精神障碍者有权获得适当治疗的观念得以萌生,并最终在法律上获得确认。

在美国,直到20世纪60年代,精神障碍者的治疗权才引起理论和司法实践的重视,其中具有代表性的判例是"怀亚特诉斯蒂克尼案"。该案判定获得适当治疗是精神障碍者在强制住院期间应享有的基本权利之一,由此精神病人的治疗权才进入理论和司法实践的视野。第一篇有关精神病人治疗权的重要论文,是莫顿·比恩鲍姆(Morton Birnbaum)于1960年在《美国律师协会杂志》发表的《论治疗权》,文中明确主张在公立精神卫生机构住院的精神病人享有充分治疗的权利,并强调有必要"促使立法机关增加财政投入以保障精神病院提供充分的医疗照护从而使精神病人获得充分的治疗"。比恩鲍姆有关治疗权的一系列研究对涉及治疗权的诉讼的发展提供了重要理论支持,他也由此获得"治疗权理论之父"的美誉。1964年美国国会制定的《精神疾病住院法》(Hospitalization for the Mentally Ill Act)规定"在公立医院住院的精神病人有权获得精神医疗上的看护和治疗"。这一法定的权利在司法实践中的运用最早落实在"劳斯诉卡梅伦案"(Rouse v. Cameron)案中。[①]

在该案中,上诉人劳斯因精神病被认定无罪后非自愿被拘于精神病院,其所犯罪名(携带枪支)系轻罪,最多判处1年监禁。劳斯以未接受治疗为由依据人身保护法对拘禁决定提出异议。联邦上诉法院认为在没有提供所需治疗的情况下,剥夺一个需要治疗的人的自由,实际上也就否认了正当程序;医院的治疗应该"充分根据现有的知识",而"缺乏人员或设施不能成为不提供持续适当和充分治疗的正当理由"。"劳斯案"首次"积极地确认了治疗权的存在",该案对判例法、各州法均产生深远影响。但治疗权在美国宪法上的重大发展则

---

① 陈绍辉:《精神障碍者的治疗权研究——以 Wyatt v. Stickney 为例》,载《医学与法学》2013年第4期,第26—27页。

源于1971年的"怀亚特诉斯蒂克尼案"（Wyatt v. Stickney）。[1]

"怀亚特诉斯蒂克尼案"最初起源于布莱斯（Bryce）精神病医院工作人员提出的一项就业申诉诉讼。1970年夏，亚拉巴马州立法机关削减了精神卫生部（Alabama Department of Medical Health）的财政拨款，这迫使亚拉巴马州精神卫生委员会（The Alabama Mental Health Board）的专员斯通韦尔·斯蒂克尼（Stonewell Stickney）削减预算并解雇了布莱斯医院99名员工。结果该医院只剩1个精神医生、3个受过精神医学培训的医生和2个社会工作者直接从事患者的照护工作。除了员工短缺，医院还存在其他重大问题："病房的仓库式结构无视患者的隐私。多数患者没有独立的容身之地。洗手间的厕所之间没有隔墙，由于缺乏治疗环境，患者无从接受治疗（经常是强制性的、无偿的日常劳作），毫无尊严的入院程序使患者产生医院就是监狱或疯人院的印象。"[2]

这些被解雇者声称布莱斯精神病医院非法解雇和违反合同，而且由于不明原因，他们的律师将案件提交给联邦法院而不是州法院。一开始主审法官弗兰克·约翰逊（Frank Johnson）——一位著名的民权法官——立即以管辖权为由驳回了他们的合同之诉，但他对一个偶然提及的解雇会对病人产生有害影响的说法很感兴趣。修正后的申诉替代了雇员的申诉，并将亚拉巴马州精神卫生委员会管辖下的除了布莱斯精神病医院之外的另外3家机构——西尔西精神病医院（Searcy Hospital for the Mentally Ill）和帕洛州立学校（Partlow State School）及智力障碍医院（Hospital for the Mentally Retarded）——的病人一起列入原告，从而变为由4所州立精神障碍机构的病人提起的集体诉讼。最终，原告人数超过了8人。虽然这项行动是代表绝大多数被限制的非自愿病人提出的，但制度上的补救措施也会影响自愿病人。被告是亚拉巴马州精神卫生局、亚拉巴马州精神卫生委员会及其成员、亚拉巴马州州长和蒙哥马利县的遗嘱认证法官。[3]

约翰逊这位著名的民权法官想知道，美国《宪法》是否赋予这些病人一定程度的护理权？约翰逊法官指示原告的律师哈尔彭和恩尼斯去调查这个问

---

① 陈绍辉：《精神障碍者的治疗权研究——以 Wyatt v. Stickney 为例》，载《医学与法学》2013年第4期，第27页。

② 陈绍辉：《精神障碍者的治疗权研究——以 Wyatt v. Stickney 为例》，载《医学与法学》2013年第4期，第28页。

③ Wyatt v. Stickney and the Right of Civilly Committed Mental Patients to Adequate Treatment. Harvard Law Review, Vol. 86, No. 7, May, 1973, p. 1282.

题，并在次年1月召开听证会。在本案中，这些年轻律师的第一项任务是说服约翰逊法官，帕特洛的智力障碍居民也享有《宪法》赋予的"适应权"，类似于"布莱斯案"中已经确定的"治疗权"；第二个目的是说服他为这些机构规定严格的最低标准。结果证明，在这两个例子中，他们的努力都是成功的。约翰逊法官认为，非自愿住院的目的是治疗，不是纯粹的监护式看管或惩罚。从《宪法》观点出发，这是诸如布莱斯医院这样的精神卫生机构可以采取民事拘禁措施的唯一正当理由。根据本案的证据，布莱斯医院由于缺乏资金而疏于提供充分的治疗，但人员或设施的不足不能成为未提供治疗的正当理由。同样，没有法律或道德上的正当性使得亚拉巴马州拒不为数千名已被拘禁于布莱斯医院需要治疗的患者提供治疗。以拘禁是为了人道治疗这种利他理论而剥夺任何公民的自由，而事后又没有为其提供充分的治疗违背了正当程序的基本原理。判决强调，患者"无疑享有接受个性化治疗的宪法权利，并应给予他们每个人治愈或提高精神状况的实际机会"。

在作出判决前，约翰逊法官认识到，确定《宪法》规定的"适当"治疗水平将是一项艰巨的任务。因此，他给辩方6个月的时间来制订并提交一份"治疗计划"，以便给每个在布莱斯医院接受治疗的病人一个治愈或改善其精神状况的现实机会，他任命了一个"专家小组来确定提供适当治疗所需的客观和主观医院标准"。他还扩大了案件范围，将帕特洛的智力障碍居民包括在内，理由是他们享有与精神病患者同等的权利，事实上，帕特洛的情况远比布莱斯差。参与这项调查的有司法部下属的民权司和联邦卫生教育福利部，这两个部门都接受了约翰逊法官的请求，以法庭之友的身份加入诉讼；联邦调查局努力帮助查明布莱斯的情况，尼克松总统任命的新任美国检察官德蒙特也希望作为法庭之友介入"怀亚特诉斯蒂克尼案"，在合作过程中他成了一位热情的改革倡导者。以至于乔治·迪恩律师后来评论说，"尼克松的司法部给我们的好处超出了想象"。[①]

6个月之后（1971年9月），法院接到报告后认为，这些机构未能提供适当的身心环境、足够数量的合格工作人员或个人治疗计划，侵犯了原告的权利。国家卫生官员和聘请的外部专家提供的证词无争议地证实了普遍存在6个方面的问题：环境和空间过度拥挤；缺乏基本的卫生、消防和安全措施，导致许多

---

① Gareth Davies. See Government Grow: Education Politics from Johnson to Reagan. University Press of Kansa, 2007, pp. 179–180.

病人死亡；使用非治疗性手段驱使病人进行无偿的劳动；人员严重不足，通常1名助手要照看100名患者，而1名精神科医生要照看1000名患者；现有工作人员缺少足够的专业能力（例如护士只需要接受十年级的教育，没有一位精神病医生的实习获得精神病委员会认证）；缺乏书面的甚至是可确定的个人治疗计划，导致住院治疗、药物治疗甚至身体约束在不再必要后持续了数年。很多证据显示，亚拉巴马州在许多精神卫生保健工作中排名倒数第一。鉴此，法院延长了听证会，国家医疗组织、作为法庭之友的四家美国心理和精神领域的专业协会（美国精神缺陷协会、美国公民自由联盟、美国矫形精神病协会、美国心理协会）和特别邀请的部分专家等在听证会上作证，并审议了双方详细说明的最低治疗标准的协议备忘录。①

总而言之，布莱斯医院提供的治疗存在严重缺陷，均不能满足最低限度的医疗和宪法标准。在听证会上相关当事人和法庭之友均有机会提出有关充分治疗的宪法标准的建议。由美国权威精神卫生专家论证了公立精神卫生机构所应达到的最低限度的医疗和宪法标准。当事人和法庭之友提交了他们建议的标准和可接受的最低限度的治疗计划，法庭采信了这一计划，并将之作为判决的附件。这一标准涉及精神病院方方面面的条件，包括治疗环境、员工数量和治疗计划等。法院明确指出，这些标准仅仅是最低要求，医院不应故步自封、沾沾自喜，而应努力超越这一标准。

最后，法院根据最低"医疗和宪法"要求作出了判决。该判决规定了保障患者基本隐私权、能力推定、与外界沟通、劳动补偿、不受不必要药物或约束的标准，在未经知情同意的情况下免于治疗或试验。制定了有关工作人员与病人比例、教育机会、占地面积、卫生设施和营养的要求。法院还下令制订个人治疗计划，作出药物安排和提交限制令，并定期审查。最后，法院要求布莱斯医院在判决之日起后6个月内向法院提交一份报告，详细汇报执行本判决的进度，宣布缺乏财政资源不能成为不遵守命令的借口。

为保障上述义务的履行，法院决定在布莱斯医院成立人权委员会（Human Rights Committee）。其成员由法院指定，负责审查所有的研究计划和康复方案，以确保患者的尊严与人权在遭受侵害或精神卫生委员会没有履行法院判决时，委员会会为患者提供咨询和帮助。这种辩护组织在医院、患者和法院之

---

① Wyatt v. Stickney and the Right of Civilly Committed Mental Patients to Adequate Treatment. Harvard Law Review, Vol. 86, No. 7（May, 1973）, p. 1283.

间充当调停者,特别是为患者提供信息咨询和法律援助,帮助患者监督医院履行法院的裁定。

此外,法院明确将治疗权视为非自愿拘禁患者所应享有的《宪法》权利之一,州政府及精神卫生机构有义务采取措施保障住院精神病人治疗权的实现。因此,法院判决详细列举了州政府和精神卫生机构为实现精神病人充分治疗权所应履行的最低限度的义务,具体包括:其一,提供人道的心理和生理环境。这涉及在治疗过程中对患者权利的保障、患者参与劳动的管理、医疗设施、营养标准等。其二,提供充分治疗所需的员工。法院认定医院的专业人员和非专业人员均存在不足,为满足治疗需要,应增加相关员工。法院由此创设了"合格的精神卫生专业人员"这一概念,并规定其应具备的条件和准入制度。法院以"员工配置率"来设定精神病院应配备的人员及其数量,包括精神医生、护士、心理医生、行政人员、司机、维修等各类人员及其数量。其三,个性化的治疗计划。为满足患者治疗的需要,法院要求医院应向住院患者提供"个性化的治疗",并详细规定了"个性化治疗计划"所包含的内容。在患者入院后,医院应尽快为其制订治疗计划,并给予持续的治疗和定期的评估从而适时调整治疗计划。表5-4对比了法院在"怀亚特诉斯蒂克尼案"判决之前和判决之后,亚拉巴马州布莱斯精神病医院各类员工与患者比例、美国精神病协会对公立精神病院各类员工与患者比例的建议以及私立精神病院各类员工与患者比例。显然,在"怀亚特诉斯蒂克尼案"判决之前,亚拉巴马州布莱斯精神病医院的各项指标是非常低的,法院的判决为其指明大幅度完善和提高标准的目标。

表5-4　布莱斯精神病医院员工与患者比例和其他精神病医院比较

指标	亚拉巴马州布莱斯精神病医院员工与患者比例		美国精神病协会对公立精神病院员工与患者比例的建议		私立精神病院员工与患者比例
	怀亚特案之前情况	怀亚特案判决要求	患者入住院期间规定	持续治疗期间	
医生/患者数量	1:300	1:40	1:30	1:150	1:20
心理学家/患者数量	1:425	1:60	1:100	1:500	1:50
护士/病人人数	1:250	1:15	1:5	1:10	1:5
社工/病人人数	1:425	1:35	–	–	1:50
助手/患者人数	1:6	1:2.5	1:1	1:6	1:4

资料来源:Brief for Appellees at i7 (pre-Wyatt);344 F. Supp. at 383-384 (per Wyatt);Hearings 43 (APA standards)。

　　"怀亚特诉斯蒂克尼案"是美国精神残疾法律史上最重要的制度性权利诉讼案件，是"精神卫生领域的重大发展"并成为诸多后续案件的"标杆"（role model）。同时"怀亚特诉斯蒂克尼案"可视为将住院患者去机构化的开创性案件，受本判决及各种因素的影响，精神卫生机构释放了长期滞留医院的患者，强制住院患者的人数急剧下降。以亚拉巴马州的布莱斯医院和西尔西医院为例，其住院病人减少了，这与本案判决有着密切联系——医院迫于经济压力和医患配置比例的强制性要求不得不将患者释放。

　　此外，"怀亚特诉斯蒂克尼案"的影响十分广泛，具体包括：一是促使州政府大幅度增加精神卫生的投入。以亚拉巴马州为例，1969—1970年财政年度至1975—1976财政年度，州政府对精神卫生部的投入增加了327%，患者的人均日支出也同期增长了2倍。二是对立法产生积极的影响。例如"怀亚特诉斯蒂克尼案"对精神病人强制住院期间所应享有权利的详细列举，对各州病人权利保护立法产生巨大影响，在这些法案中有关获得适当治疗和服务的权利、获得人道的治疗环境的权利、隐私权、通信权、拒绝治疗权、会见权等权利的规定，都可追溯到"怀亚特诉斯蒂克尼案"；同时，"怀亚特诉斯蒂克尼案"的精神渗透到其后所有涉及住院精神障碍者权利保护的联邦法律，如《康复法》《精神卫生制度法》《精神病人保护法》等这些法律都从该案中汲取了灵感。三是首次确立了《宪法》赋予非自愿精神病人的康复治疗权，规定获得适当治疗是精神障碍者在强制住院期间所享有的基本权利之一。四是对判例法的发展产生重大影响。"怀亚特诉斯蒂克尼案"对类似诉讼产生巨大的示范效应，各地纷纷提起诉讼并援引"怀亚特诉斯蒂克尼案"所确立的标准；同时，也有不少判例发展了"怀亚特诉斯蒂克尼案"，如有的判例规定治疗权适用于自愿住院患者，也有的判例在治疗权的基础上引申出"最小限制条件下的治疗"这一原则。总之"怀亚特诉斯蒂克尼案"对全国的立法和司法均产生深远影响，其影响且持续至今。①

　　（2）宾夕法尼亚州残障人士联合会诉宾夕法尼亚州案（PARC案）确定了所有智力障碍儿童的受教育权。PARC案较"怀亚特案"有两点进步：一是从对残障人士身体的关注扩展到对智力的关注；二是从关注残障人员的身体治疗权利扩展到关注智力障碍儿童的受教育权利。在美国教育史上，特殊儿童群体

---

　　① 陈绍辉：《精神障碍者的治疗权研究——以Wyatt v. Stickney为例》，载《医学与法学》2013年第4期，第28–29页。

全面获取免费、适宜且公正的义务教育权利的过程异常曲折。该过程往往伴随着特殊教育诉讼案的审理与判决。PARC案在美国教育史上有着深远的影响，是特殊教育演变历程中的一座里程碑。

PARC案起源于一批寄宿在宾夕法尼亚州的彭赫斯特（Pennhurst）智力障碍机构内的残障学生家长指控宾夕法尼亚州政府在1949年所通过的《公立学校法》（*Public School Code of 1949*）中相关条款歧视智能不足儿童，其中包括拒绝为智能不足儿童提供免费的教育或训练，只将某些特殊儿童（如脑性麻痹者）免费安置教养机构中，却拒绝智能不足儿童享有这种权益。因此造成宾夕法尼亚州智能不足儿童被拒绝入学，原告认为此举违反了《宪法》规定的平等保护原则。事实上，在对彭赫斯特智力障碍机构起诉之前，残障人士专业机构和有关人士与政府官员就残障儿童诸多权益问题进行了多年旷日持久的谈判，希望解决长期以来人们围绕彭赫斯特智力障碍机构中过度拥挤、冷漠、肮脏、残忍和人手不足等的投诉，然而一直未能如愿。

当时担任宾夕法尼亚州残障人士联合会（PARC）的住院残障人员护理委员会主席的是一位名叫丹尼斯·哈格蒂（Dennis Haggerty）的律师，他的儿子患有严重脑损伤，曾在20世纪60年代中期被安置在彭赫斯特智力障碍机构7个月。在此期间，因护理人员的疏忽，他儿子被一位学习理发的住院残障学员剪去了一截耳尖。在对此事故作了调查之后，哈格蒂敦促出席PARC年会的代表们考虑对宾夕法尼亚州采取法律行动，也许是希望促使该机构关闭。

然而，要做到这一点也是并不容易的。首先，PARC本身的运营经费有一部分是由宾夕法尼亚州资助的。其次，许多PARC的会员也参与了特殊学校的运营，这些学校也得到了州政府的资助。此外，在关于如何适当照顾智力障碍儿童的问题上，PARC的会员存在分歧：最激进的观点认为应取消机构化的护理方式，另一派倾向于以社区为基础的护理模式，而守旧的保守派依然认为寄宿机构提供了最好的护理办法。经过严肃的讨论和表决后，最后PARC会员一致认为对宾夕法尼亚州提起诉讼是适当的。①

在PARC会员同意起诉后，哈格蒂找到了费城的律师托马斯·吉尔胡尔（Thomas Gilhool）。吉尔胡尔有一个智力障碍的哥哥，这使他在维护残疾人权利方面有着极大的个人利益和动力。当哈格蒂找到他时，他已经从事了大量

---

① Gareth Davies. See Government Grow: Education Politics from Johnson to Reagan. University Press of Kansa, 2007, pp. 181–182.

的"公益"诉讼，赢得了与福利权、公共住房和民权有关的案件。吉尔胡尔的任务是为PARC采取法律行动来结束彭赫斯特的虐待行为。吉尔胡尔提出了五条可能的反击方案，其中第四条是提起联邦司法诉讼，理由是彭赫斯特智力障碍机构的残障儿童享有《宪法》规定的受教育权利，而这一权利被以不可教育的虚假理由所剥夺了。这一条选择对公益律师特别有吸引力，在于它将使对彭赫斯特智力障碍者机构的诉讼成为一个测试案例，而且该案件将在联邦法院而不是州法院审理。同时，《宪法》规定教育权的可能性也越来越受到法律界的关注。在更狭义的意义上，这是关闭彭赫斯特智力障碍者机构的一种方式，理由是其寄宿的残障儿童应被转到正规的公立学校系统或社区设施中。

在PARC会员和律师的大力支持和充分准备下，1971年，PARC和13名智力障碍儿童的家长代表宾夕法尼亚州内被一项公立学校教育项目排除在外的全部6至21岁的智力障碍者，状告宾夕法尼亚州教育和公共福利部部长、州教育局以及州内13个学区。PARC与13名家长提出三点：一是公立学校系统改变或剔除智力障碍学生学习项目之时，并未经过任何"正当程序"（due process）；二是州法律关于排除智力障碍学生的规定违反了《宪法》的平等保护条款，因为这些规定暗含了"智力障碍学生不可教或不可训练"的假设，而这一假设没有事实依据；三是按照美国《宪法》和宾夕法尼亚州法律，所有儿童的受教育权是受保护的。但是，宾夕法尼亚州学校法律规定，学校可以依据心理学测验证书，排除那些无法受教育的学生。同时，该州义务教育法中关于8至17岁儿童强制入学的规定亦排除了智力障碍学生。州法律的这两部分内容武断地否定了智力障碍儿童原本应享有的教育权利。[①]

PARC根据《宪法》赋予的教育权利提起了诉讼，并说服了宾夕法尼亚东部地区的首席法官托马斯·马斯特森（Thomas Masterson），将其视为一个严重的《宪法》问题。然而，后来在审理过程中情况发生了转变，使得有关违宪的裁决变得毫无必要。在专家证人宣布所有智力障碍儿童"有达到一定程度的自理能力"的初步听证会之后，被告宾夕法尼亚州放弃了辩护，双方律师起草了一份同意协议。州政府同意对所有智力障碍儿童进行一次人口普查，以查明有特殊教育需要的成千上万的智力障碍儿童数量；还同意这些儿童有权在尽可能正常的环境中接受免费、适当的公共教育，并向他们提供任何所需要的特别

---

① 曹春平、祝贺：《美国全面实施特殊教育的起点》，载《教育科学研究》2017年第1期，第89—90页。

援助;并最终同意在确定和实施时必须制定详细守则。

马斯特森法官在1971年10月的裁决中所要做的就是批准这项协议,他确实批准了,从而使原告胜诉,其内容有四点:第一,推翻宾夕法尼亚州政府1949年所通过的《公立学校法》中违反联邦《宪法》"平等保护"原则的教育条款;第二,对牵涉本案的13位黑人儿童重新加以评价,教育行政机关依据评价结果,应提供适合其学习能力的教育或训练方案;第三,宾夕法尼亚州政府必须对该州6至21岁的所有智能不足儿童与青少年,提供适合其学习能力的教育或训练方案;第四,各地方学区对6岁以下的身心正常儿童提供学前教育与训练方案时,也必须同时对6岁以下的智能不足儿童提供适合其学习能力的教育或训练方式。[①]

PARC案为后续"米尔斯案"的判决奠定了一定的基础。一方面,宾夕法尼亚州教育委员会新增了关于"正当程序"的规定。另一方面,宾夕法尼亚州残障人士联合会和全美异常儿童委员会在法庭上展示了残疾儿童可教的大量证据,回击了"智力障碍儿童是不可教育和训练的"论断。此外,PARC案为特殊儿童维权斗争提供了可参照的模式。

(3)米尔斯诉哥伦比亚特区教育委员会案(Mills v. Board of Education of the District of Columbia)将教育权扩展到所有残疾儿童,包括身体、行为和精神上的残疾。1971年,7名学龄儿童被华盛顿特区公立学校以行为问题、智力低下、情感障碍或多动症为由拒绝录取或开除,且校方未提供任何可替代的教育。同年,上述7名学龄儿童家长及其支持者联合起来,集体向美国哥伦比亚特区地区法院起诉哥伦比亚特区教育委员会及其成员。这就是"米尔斯诉哥伦比亚特区教育委员会案",简称"米尔斯案"。

"米尔斯案"同样体现了公益律师在促进残疾人教育权利方面发挥的作用。诚如加雷斯·戴维斯(Gareth Davies)在其《看政府成长:从约翰逊到里根的教育政治》一书中总结道,这从头到尾都是"律师的冒险"。尽管许多家长对学校拒绝为他们的孩子提供教育而感到愤怒,"在华盛顿,历史上没有任何一个广泛的家长团体愿意并且能够在这个问题上继续下去"。这项倡议最初来自三个公共利益法律团体。第一个是法律和社会政策中心(Center for Law and Social Policy,CLASP)。第二个是哈佛法律和教育中心(Harvard Center for Law and Education,HCLE),这是反贫困法律服务项目的教育部门,也是信息中心期

---

① 秦梦群:《美国教育法与判例》,北京大学出版社2006年版,第80页。

刊《教育不平等》的出版商。第三个是全国法律和维护者协会（National Legal Aid and Defenders Association，NLADA），这是一个可以追溯到进步时代的组织，为穷人提供无偿援助。这三个公共利益法律团体重点考虑如何完美地解决所有残疾儿童教育的问题，尽管这个想法正在取得进展，但PARC案还远未解决全部问题。他们的辩护词经过精心准备，着重于传达这样一种印象，即所有儿童的可教育性都是一个既定的事实。①

诉讼中，米尔斯一方希望禁止哥伦比亚特区公立学校剥夺特殊儿童享受公立教育权利的行为，并强制哥伦比亚特区教育委员会用公共资金为其提供及时和足够的教育。此案被告有华盛顿教育委员会成员和华盛顿教育委员会特殊教育部、人力资源部成员，包括特区各公立学校校长、次级学校官员、哥伦比亚特区长官以及部分次级官员。该案件将特殊儿童被公立学校唾弃和隔离的真实的、悲惨的境地置于公众眼前。②

1971年12月17日，"米尔斯案"的审理开始了。这起集体诉讼案的核心矛盾主要集中于两个方面，一是华盛顿特区特殊儿童教育资源分配的不公平问题，即没有对身心障碍儿童提供公立教育和训练；二是更改特殊儿童教育计划过程中的"正当程序"问题，即没有依据《宪法》所规定的法律正当程序，任意将身心障碍儿童从公立中小学中加以开除及转移安置教育环境，这也是PARC案曾讨论过的问题。③

"米尔斯案"的主审法官是约瑟夫·科尼利尔斯·韦迪（Joseph Cornelius Waddy）。审理开始后，原告米尔斯一方提出，被告特区教育委员会一方主要有两方面的行为违反了美国《宪法》和华盛顿法律。其一，基于原告有身体或心智缺陷，特区教育委员会将其排除在哥伦比亚特区教育项目之外。在哥伦比亚特区，为有智力障碍、情感障碍、生理缺陷、多动症和其他行为问题的儿童提供特殊教育已是迫不及待的问题。为了说明特区教育委员会对特殊教育的漠视，原告引用了一份数据：本市约有2.2万名智力障碍、情感障碍、盲、聋、语言或学习障碍儿童，在这些儿童中，可能有多达1.8万名儿童没有享受特殊教育项目。其二，原告认为，特区教育委员会在拒绝特殊儿童入学或开除特殊儿童

---

① Gareth Davies. See Government Grow: Education Politics from Johnson to Reagan. University Press of Kansa, 2007, p. 185.

② 曹春平、祝贺：《美国全面实施特殊教育的起点》，载《教育科学研究》2017年第1期，第90页。

③ 秦梦群：《美国教育法与判例》，北京大学出版社2006年版，第80页。

之前,没有经过任何合法程序,这违背了《宪法》的"正当程序"原则。[①]

　　对于特殊儿童家长一方的指控,特区教育委员会向法庭呈送了一份报告,根据"哥伦比亚特区教育委员会计划、研究与评估部"提供的数据,特区至少为3880名学龄儿童提供了各类公立特殊教育项目,以表示其为本地特殊教育作出了一定努力。接下来,特殊儿童家长引用了哥伦比亚特区卫生教育福利部1971年的报告予以回应。根据该报告,"哥伦比亚特区公立学校曾经承认,在1971—1972学年,有12340名残障儿童没有享受公立教育服务"。针对这一指责,特区教育委员会给出了解释:现有的公立教育资金和资源无法容纳本地区所有特殊儿童或为其配备特殊教育设施。[②]

　　由于该诉讼涉及宪法第十四修正案平等保护条款和《特区义务教育法》,韦迪法官陷入了对《宪法》和地方法规的思考之中。一方面,特区法对学龄儿童有强制入学的规定。根据《特区义务教育法》第31节201条法规,特区内每对父母、监护人或其他居民(永久居民或暂时居民),但凡照管7至16岁的儿童,必须让儿童进入一所公立或私立学校、教区附属学校接受日常教学或请私人教师教授儿童。另一方面,特区法对于例外或特殊儿童的教育也有相关规定。根据《特区义务教育法》第31节203条法规,若要免除一名儿童的入学,除非依据哥伦比亚特区教育委员会的检测,儿童因身体或心智原因无法从上学中获益,但是,如果表明,儿童可能从与之需要相匹配的特殊教育中获益,他应该入学接受相应的特殊教育。可见,根据特区法规,义务教育是囊括了特殊儿童在内的,开除或拒绝特殊儿童入学必须以合理的检测结果为依据。

　　除了《宪法》和法规,特区教育委员会章程对特殊儿童教育也有一定的规定,这些规定主要集中于特区教育委员会章程第13部分的3条规定之中。首先,第1.1条规定,"在适用法规与教育委员会的规则、章程和制度的限制下,特区内所有居民的儿童,只要处于下文规定的年龄内,都有权要求进入特区公立学校就读,并免交学费"。其次,第14.1条对义务入学的儿童年龄作出了规定。这条法规与华盛顿《特区义务教育法》第31节201条法规内容几乎等同。再次,第14.3条对于公立学校排除特殊儿童入学的条件有详细规定。其主要内容是,若特区教育委员会要拟定一个排除儿童入学的证明,须有学校校长的

---

　　① Kern Alexander and David Alexander. American Public School Law. Thomson West, 2005 (Sixth Edition), p. 488.
　　② 曹春平、祝贺:《美国全面实施特殊教育的起点》,载《教育科学研究》2017年第1期,第90页。

书面推荐信，还必须依据哥伦比亚区学生评估课程和入学部（Department of Pupil Appraisal，Study and Attendance）、特区公共健康部（Department of Public Health of the District of Columbia）组织的检测结果。若上述检测证明，学生因生理或心智原因无法从入学中获益，特区教育委员会才可以出具排除入学的证明。此外，该法规也规定，"如果这些检测显示儿童可以从与其相匹配的特殊教学中获益，则必须让他进入这类班级"。[①]

由于美国首都华盛顿特区不是一个州，该市的学校运营完全依赖联邦国会的拨款。华盛顿特区的学校官员声称，除非"美国国会拨款数百万美元改善哥伦比亚特区的特殊教育服务"，否则他们无法负担"米尔斯案"原告所要求的项目。然而，韦迪法官驳回了被告提出的"资金不足"的理由，声称"哥伦比亚特区在教育受排斥儿童方面的利益显然必须超过保护其财政资源的利益。如果没有足够的资金来资助该系统所需和可取的所有服务和方案，那么必须公平地使用现有的资金，使任何儿童都不被完全排除在符合其需要和受益能力的公共支持教育之外。哥伦比亚特区公立学校制度的不足，无论是资金不足或行政效率低下造成的，当然不能允许'特殊'或残疾儿童的负担比正常儿童的负担更重"。"在哥伦比亚特区，教育儿童的意义，显然比维持特区财经资源方面的意义要有价值得多。不能让特殊儿童或残障儿童比正常儿童更多地承担哥伦比亚特区公立学校系统资金不足与管理无效率等缺陷造成的后果。"[②]韦迪法官的这番言论有力地说明了"平等"及其包含的"正当程序"的意义，即在有限的教育资金和资源面前，特殊儿童和普通儿童应处于分配的同一条水平线上。

1972年8月1日，韦迪法官对"米尔斯案"作出了判决，即"韦迪判决"。该判决内容主要包括以下几点。

第一，哥伦比亚特区教育委员会必须依照哥伦比亚特区法律规定，对所有身心障碍儿童提供特殊教育，否则就违反《宪法》的法律平等保护与法律正当程序。

第二，教育委员会、教育行政机关与学校，如果要让各类身心障碍学生短期或长期停学，均须具备法律的正当程序，并以听证会的裁决结果为依据。

第三，教育委员会不得以教育经费不足为理由而拒绝办特殊教育。经费不足不可作为不尽义务的借口。《宪法》赋予人民的宪法权利高于对经费是否

---

① 曹春平、祝贺：《美国全面实施特殊教育的起点》，载《教育科学研究》2017年第1期，第91页。

② New York State Education Department. Federal Education Policy and the States，1945-2009：A Brief Synopsis. New York State Archives，Albany，2009，p. 34.

足够的考虑。

第四，如果教育经费不足，则学区教育委员会应视情况，公平地加以分配运用，不可将大部分经费与人力资源投入普通教育部门，而使特殊教育发展受到不利的影响。

第五，学区教育委员会及所属机关学校不可让身心障碍学生长期停学，除非提供下列替代性教育服务措施（alternative educational services）。其中包括：提供适当的特殊教育；提供学费补助而将身心障碍学生安置在私立学校；学生家长与学校当局对于安置地点有分歧而无法解决时，应举行合乎法律正当程序的听证会来裁决；教育行政机关应定期检讨个别身心障碍学生的安置状况是否合适；以及其他适当的替代性安置措施。

以上对"米尔斯案"的判决指出了身心障碍儿童有接受适当教育的权利，判决所有的儿童，不论其是否有缺陷，在宪法第十四修正案的保护下都具有受教育的基本权利。联邦法院坚持各州不得制定任何会延宕、终止或否认身心障碍儿童接受公立教育的法律，所谓的公立教育包括公立学校课程、私人教学与在家学习。联邦法院坚持受教育是所有儿童的基本权益，经费的缺乏不能成为无法提供特殊教育服务的借口，规定任何有缺陷的儿童都应包含于主流教育中。①

出乎意料的是，虽然"韦迪判决"声明特殊儿童有权享受公立教育，但实际上，"韦迪判决"生效后，特区教育委员会并未按照判决书的要求改善特殊儿童的受教育状况。不久，该案件再次上诉至法庭。1973年12月，"米尔斯案"原告律师再次来到韦迪法庭，申诉特区教育委员会未执行判决书。"米尔斯案"的原告及其代表律师将160名儿童带到法官面前，描绘了这些儿童的处境，并指出，特区内仍有700多名特殊儿童处于类似的境况之下。原告米尔斯方进一步声明，特区教育委员会并未拨付适宜的款项用于特殊教育，显然违反了"韦迪判决"，对于这种有意不遵守法庭判决的行为，法庭应指派一名特别导师（special master）以监察哥伦比亚特区特殊教育项目的进展状况。

听完原告米尔斯一方的指控和要求，韦迪法官提出了建议：教育委员会应与"米尔斯案"原告律师展开协作，共同制订一份详细计划，以说明将如何执行"韦迪判决"，同时，教育委员会应立即安置好法庭上的160名特殊儿童和特区内与原告境况类似的全部儿童。但韦迪法官拒绝了原告关于指派特别导师的提议。"米尔斯案"的第二次上诉，以调解为主，以原告被告双方的暂时和解告一段落。

---

① 秦梦群：《美国教育法与判例》，北京大学出版社2006年版，第80-81页。

1974年7月1日，"米尔斯案"的原告和被告向法庭提交了规划。规划内容共有五个方面：第一，改进"米尔斯案"原来所规定的听证会程序。第二，特区教育委员会保证将一直为听证官员提供资金和薪水。第三，若听证官认为当前的公立学校不足以安置某些特殊学生，教育委员会将保证尽快完成安置。第四，为了解决特殊儿童就读私立学校的学费问题，需通过一定程序来保证迅速完成支付和完成公立学校特殊教育部（Department of Special Education of Public Schools）递交的合同。第五，特区教育委员会和人力资源部将在共同承担费用方面达成契约。这些费用包括：因为残疾无法享受公立教育的儿童在没有奖学金的情况下进入住宿学校的花费；为情感障碍、严重智力低下和其他类型残障儿童举办联合培育项目的费用；在举办"米尔斯"听证会之前，帮助家长为其儿童安排独立教育的费用。收到规划后，韦迪法官表示，若这些规划都能践行，那么法庭将认可教育委员会完全准备好遵从"韦迪判决"了。该协商规划能否真正得到实施呢？接下来，一场"托马斯·安德鲁案"（Thomas Andrew case）令韦迪法庭再次陷入争辩之中。

依据韦迪判决，哥伦比亚特区既要解决"米尔斯案"原告的教育问题，也应立即为特区内特殊儿童提供适宜的公立教育。但一段时间后，特区内不少特殊儿童依旧处于没学上的状态。其中，一名年仅15岁，名为托马斯·安德鲁（Thomas Andrews）的特殊儿童正遭遇教育问题。托马斯的教育状况及其代理人的上诉成为韦迪法官重新追究"米尔斯案"判决执行状况的导火索。

托马斯生于一个低收入家庭。经诊断，他长期患有情绪和心理障碍，从未获得适宜的教育和服务。托马斯的疾病影响了学业，以至于他无法在常规班级中学习。对于托马斯的问题，校方建议用辅导、补习和回归主流教育的方法来满足其需求。但实际上，校方的建议无法真正改善托马斯的学习和情绪状况。1974年1月，托马斯的社工察觉校方对其学习问题较为懈怠，建议托马斯母亲向有关部门提出举办公证会的要求，以维护托马斯的利益。

2月19日，关于托马斯学习问题的第一场听证会召开。该听证会依据"韦迪判决"的精神进行组织和运作。此次听证会由独立的听证官主导。托马斯母亲代表托马斯一方，部分学校官员则代表教育委员会一方出席了听证会。最后，听证会只得出了一个模棱两可的裁决结果。听证官总结道，有必要进行进一步的审查和测验，以保证制定一个适合托马斯的教育规划。

到年末召开第三场听证会之时，托马斯的辩护人仍在与校方官员斡旋。最后，托马斯的辩护律师做出总结："学校系统并未履行关照托马斯·安德鲁的职责……他就读的公立学校却想把托马斯扔回到已经显然失败的教育环境中去……应该用一笔资金资助托马斯接受住宿式的照顾。"听证官审视完所有的证据之后,于1975年1月8日做出裁决,裁决内容如下:其一,鉴于托马斯·安德鲁有如此严重的情绪问题,将他置于公立学校的项目中可能不利于长久目标的实现,因此,应该为他拨付一笔资助金,让他能以住宿的方式接受教育。其二,依照"韦迪判决",特区应该履行其职责,承担托马斯的住宿教育花费。

按照"韦迪判决",学校官员必须在30日之内执行听证官的裁决。然而,40天过去后,学校官员仍迟迟未履行裁决。托马斯的家人与校方进行了多次交涉,但校方以资金不足的理由拒付资助金。于是,托马斯·安德鲁家长将校方起诉至韦迪法庭。

1975年3月7日,当托马斯·安德鲁一案上诉至韦迪法庭,尤其是当托马斯的诉讼代理人指责特区教育委员会违反了"米尔斯案"判决书精神之时,韦迪法官对特区教育委员会的信任降到了原点。

"托马斯案"的审判开始了,托马斯的代理人代表托马斯和特区内另外63名儿童,要求特区教育委员会立即安置这些儿童。并且,原告托马斯一方要求法庭指派一位特别导师,以敦促特区教育委员会执行"韦迪判决"。面对指控,特区教育委员会仍旧抛出"资金不足"的理由来为自己辩解。经过一段时间的法庭辩论,韦迪法官开始考量"托马斯案"与之前的"米尔斯案"两次上诉的审理过程。

3月27日,韦迪法官宣布了对"托马斯案"的判决。判决书的第1条给了特区教育委员会沉重的一击。第1条判决指出,特区教育委员会未能遵从"米尔斯案"在1972年8月的判决,应被视为"藐视法庭"(in contempt of court)。此外,韦迪法官重申了1972年的"韦迪判决"精神:"如果资金不足以担负全部的公立学校服务的需求,那么,应该以公正的方式分配有限的资金,这样,就没有任何儿童会被完全排除在与其能力和需要相匹配的公立教育之外。"

"托马斯案"的第2条判决要求被告立即为托马斯安排适宜的教育。第3条判决提出,特区教育委员会应在20天内向法庭提交一份报告,以概述他们未来如何贯彻和遵守这份判决书。第4条判决中表示,应暂缓执行原告关于指派特别导师的要求,以等待特区教育委员会向法庭递交第3条判决所示的报告书。

在韦迪法庭的强烈谴责和敦促下,特区教育委员会最终遵从了韦迪法官在3月27日关于安置托马斯的判决。托马斯被安置在弗吉尼亚州温切斯特的利里学校(Leary School)接受住宿教育。虽然托马斯得到了安置,但关于如何解决特殊教育资金短缺的问题和执行1972年"韦迪判决"的问题,特区教育委员会始终没有给出明确的答复。1975年6月9日，韦迪法官决定强制特区教育委员会执行1972年的"韦迪判决"。韦迪法官签署了一份决议，要求指派一名特别导师协助法庭实施"韦迪判决"。随着导师的指派，"米尔斯案"终于落下帷幕。"韦迪判决"彰显了一种公平的教育精神，即无论是身体残障还是心智残障儿童，都有权利享受与其需求相匹配的义务教育。①

20世纪70年代初期美国司法部门对维护残障人士和残障儿童权益所审理和判决的三起案例，扩展了残障人士康复治疗权和所有残障儿童教育权利的范畴。

残障儿童教育权利通过司法的胜利极大地冲击了立法机构，在这种背景下，为了切实保护残障人群体的权益，促进特殊儿童教育的发展，美国国会启动了立法程序，并于1975年，在福特总统任期内颁布了《所有残障儿童教育法》（即94-142公法），我们将在后面予以简述。

（四）旨在改革学校财政制度的案例

有关学校财政制度改革的诉讼案例与前述的消除学校种族隔离、推动双语教育和维护残障儿童受教育权的诉讼目的有相似之处，即期望援引和依据宪法第十四修正案中的平等保护条款，消除对社会不同群体，尤其是弱势群体的歧视与不公平待遇，促使联邦和州立法机构制定相应法律，将维护"平等保护"的权益延伸至特定的弱势群体。然而，有关学校财政制度改革的诉讼在过程和结果方面却与上述三类诉讼案例迥然不同。第一，在消除学校种族隔离的最终决战中，主要是由联邦最高法院与白宫在最高层面的合力作用而制胜；有关双语教育的诉讼主要由联邦政府的行政官僚予以推动；有关残障儿童受教育权益的诉讼主要由一大批年轻的法律工作者予以支持；而有关学校财政制度改革的诉讼，则主要由一些法律学者和律师活动家所启动和引导。第二，前面三类诉讼案例在20世纪70年代上半期先后都胜诉了，与此同时，有关学校财政制度改革的诉讼却在联邦最高法院遇到了挫折。第三，前面三类诉讼案例在20世纪70年代上半期胜诉后，均告一段落，虽然在其后的三四十年间各州也曾因为数不多的司法争议而对簿公堂，但主要由联邦和各州的立法和行政部门承担起法定履行责任，而有关学校财政制度改革的诉讼却一直延续到21世纪初期，在此30多年间，各州的诉讼持续不断，有赢有输，历经数个阶段。第四，我们在前面曾多次提及过困扰美国社会的三个"R"，由于消除学校

---

① 有关托马斯·安德鲁案的内容，均引自曹春平、祝贺：《美国全面实施特殊教育的起点》，载《教育科学研究》2017年第1期，第91-93页。

种族隔离的攻坚战取得了最终的胜利,在法律和制度上终结了全国性的种族隔离现象,从形式上暂时解决了第一个"R"——种族,然而在我们下面论述的有关学校财政制度改革的诉讼案例中,第三个"R"又以新的形式呈现出联邦和州以及地方学区的权力分配上的问题。

1. 前期背景

早在建国(1776年)前的殖民地时期,各殖民地的乡镇和社区的居民就集资兴办公共学校教育(common school education)。这是为本地所有达一定年龄的儿童开设由乡镇和社区的居民所共有并共同管理的公共学校。理论上讲,这种"人民教育人民办"的模式一直延续到建国后,尤其是1791年宪法第十修正案的通过,明确规定包括兴办教育在内的有关权力保留给各州行使。尽管在此之后,有些地区的家长还得为自己孩子的上学支付部分学杂费,但至19世纪中期,各州均取消了家长的负担,全部由州政府承担教育费用(见表5-5)。

表5-5　美国北部和中西部各州取消学杂费的年代和颁布义务教育法令的年代

州名	取消学杂费的年份	颁布义务教育法令的年份
新罕布什尔	该州从未让家长负担学杂费	1871
缅因	1820	1875
马萨诸塞	1826	1852
宾夕法尼亚	1834	1895
威斯康星	1848	1879
印第安纳	1852	1897
俄亥俄	1853	1877
伊利诺伊	1855	1883
艾奥瓦	1858	1902
佛蒙特	1864	1867
纽约	1867	1874
康涅狄格	1868	1872
罗得岛	1868	1883
密歇根	1869	1871
新泽西	1871	1875

资料来源:US department of Education, National Center for Education Statistics。

从马萨诸塞州1647年首次通过兴办公共教育法算起,至1791年宪法第十修正案将此任务交予各州,用了将近150年的时间。如果按照表5-5的资料,这个时间超过200年。自1791年宪法第十修正案将教育事务交予各州后,各州政府就承担了这一责任。最初,各州政府的财政就能承担全州的教育费用。但是,随着人口增长而导致入学学生人数的增加,单靠州政府的财政就无法承担了。于是各州政府设法开辟新的财源。1794年,从康涅狄格州开始,各州纷纷通过法令,允许各乡镇和社区征收财产税用于当地的教育。至1820年,东北部地区的各州都通过了类似的法令。自此,美国逐渐形成了以州负责统筹,联邦政府少量负担,主要由州与地方学区两级共同承担的义务教育财政体制。直至20世纪70年代,地方学区承担了最多的财政责任①(见表5-6)。

表5-6　1919—1920年到1977—1978年度公立中小学教育经费来源

(单位:%)

年度	联邦政府	州政府	地方政府	总数
1919—1920	0.3	16.5	83.2	100
1929—1930	0.4	16.9	82.7	100
1939—1949	1.8	30.2	68.0	100
1949—1950	2.9	39.8	57.3	100
1955—1956	4.6	39.5	55.9	100
1959—1960	4.4	39.1	56.5	100
1963—1964	4.4	39.3	56.3	100
1965—1966	7.9	39.1	53.0	100
1967—1968	8.8	38.5	52.7	100
1969—1970	8.0	39.9	52.1	100
1970—1971	8.4	39.1	52.5	100
1971—1972	8.9	38.3	52.8	100
1972—1973	8.7	39.7	51.6	100
1973—1974	8.5	41.4	50.1	100
1974—1975	9.0	42.0	49.0	100
1975—1976	8.9	38.3	46.7	100
1976—1977	8.8	43.2	48.0	100
1977—1978	9.4	43.0	47.6	100

资料来源:US department of Education, National Center for Education Statistics;Gareth Davies. See Government Grow: Education Politics from Johnson to Reagan. University Press of Kansa, 2007, p. 289.

---

① 美国学区是各州内为管理、监督、检查学校教育工作的需要而划分的特别专区。有的郡内就设一个学区,与郡重叠,有的可能设一个以上。但无论在城市还是在农村,为教育而划分的区域被统称为学区,并实行城乡一体化的管理体制。

如上所述,美国联邦、州、地方三级政府共同承担义务教育经费的财政体制早在200年前就形成了。这一制度安排在整个200年间调动了地方的积极性,从而有效地促进了美国义务教育的推行和最终的普及。然而,随着社会的发展,这一制度设计也逐渐暴露出许多弊端和不足之处。由于美国义务教育的主要承担者是地方学区,经费很大比例是由学区负担的,而学区教育经费来源又主要是本地区居民的财产税,因地区贫富不平衡而出现了资金差异,由此导致了各学区之间因教育经费投入的差异而产生教育发展不均衡。

2. 美国学校财政征税的法理性基础

有一点必须了解,美国教育财政法律框架的出发点不是《宪法》上规定的受教育权利。既然在《宪法》下政府没有义务资助教育,那么下一个问题就是联邦政府是否有权为学校提供资金。这至少在联邦政府方面曾经是一个很有争议的问题。在理论上,联邦政府仅拥有人民通过《宪法》赋予的指定权力。但是《宪法》中没有包含关于授予国会投资教育的权力或开展与教育相关的任何事务方面的规定。虽然自从1787年《西北条例》和1862年《莫利尔法》颁布以来,国会曾经通过赠地的形式为教育提供了资助,但其《宪法》权力直到1936年才得到肯定。1936年,联邦最高法院指出,《宪法》第1条第8款,即公共福利条款,授予国会征税的权力并将税收用于一些宪法未具体提及的活动。[1]这样,公共福利条款为国会批准的给初等与中等学校拨款的联邦项目提供了法律依据。如果州和地方学区想要得到联邦资金,就必须满足国会的要求,而国会通过这些要求对教育的某些方面产生了很大的影响。

但是各州是从哪里获得权力来进行征税并且以教育的名义予以使用的呢?这个答案可以追溯到宪法第十修正案:"本宪法未授予合众国,也未禁止各州行使的权力,保留给各州行使,或保留给人民行使之。"由于没有具体授予联邦政府教育方面的权力,教育是州的保留权力之一。因此,各州自然具有征税并将税收用于教育的权力。

虽然有些州宪法只简单提及了地方学区,大多数州宪法完全让立法机构来决定州是否需要直接提供教育经费,是否自己创建和管理学校,或者是否把这个权限授权给地方学区董事会。迄今,除夏威夷州的学校都由州政府管辖之外,其他所有州都选择了建立地方学区作为主要机构来履行州的教育义务。

做出了这样的选择后,州立法机构接着必须决定如何使这些地方运作的

---

[1] United States v. Butler, 297 U.S 1, 1936.

学区筹到经费。由于历史和政治的原因，大多数州具有包含以下特征的多层面财政体制。

第一，全州范围内有基本年度收入的税收体制，通常包括销售税和所得税，其中一部分用于资助学校。有些州也有一些专门途径来为教育筹集资金，例如彩票。

第二，向地方学区发放州资金的方案。这些方案可能包括由立法机构采用的财政分配方案，拨款和分类资助项目，以及对州强制要求提供的服务予以偿付。

第三，授予诸如市政会议等地方政府部门征收教育税的权限和义务，并将筹集到的钱移交给地方学区董事会。

第四，授予地方学区董事会一般通过地方财政税途径征税并代表其地方学校使用的权力。

第五，授予地方学区董事会为基建项目借贷，典型的做法是发行债券。

地方学区董事会享有的为其学校征税的权限来自州立法机构的授权。任何一个地方董事会的税收必须以明确批准的或潜在的权限为根据，而且必须与其权限相一致。除征税的权力以外，学区董事会也有义务为一定的教育目的进行征税。这个义务即使违背纳税人的愿望也能够并且必须被履行。每个州也有一套详细的法定要求来控制地方董事会对资金的筹集、管理、分配和使用情况。

总的来说，美国学校财政体制与一个包括50个独立的州教育体系的复杂学校管理体制共同发挥作用。除夏威夷州之外，这些系统依赖于具有筹资和使用的重大权限的地方学区。州立法机构通过各种途径增加地方的资金——最重要的是，通过复杂的分配方案进行常规资金分配。地方学区也能接受联邦财政援助，主要以分类资助和固定拨款的形式实现。

这个复杂的系统已经导致了州与州之间，以及在大多数州内不同学区之间的生均经费的差异。经费的不平衡是由于不同的州和地区为学校筹集资金的能力和愿望不同而产生的。联邦政府的财政资助在州与州之间的生均经费平等问题上毫无作用。在大多数州中，区域之间的不平衡主要是由于地方学区过于倚重征收财产税筹集经费，州的援助通常只能适度平衡生均支出。[1]

---

[1] 米基·英伯和泰尔·范·吉尔著，李晓燕、申素平和陈蔚译：《美国教育法》，教育科学出版社2011年第3版），第253–254页。

3. 学校财政诉讼案例评析

受20世纪50年代中期"布朗案"胜诉的激励和60年代中期《民权法》颁布的东风,在60—70年代,美国社会兴起大规模的民权运动,在社会各个领域要求平等。于是民众将矛头也指向了因贫富不均而导致的各学区之间教育经费的差异和教育发展不均衡的学校财政体制。诚如前面所述,有关学校财政制度改革的诉讼持续了30多年,一直延续到21世纪初期。在此期间,大量的诉讼对美国各州的学校财政系统提出了挑战,认为各州的学校经费机制从根本上违反了联邦和州宪法有关公民平等保护规定,质疑其合宪性。从全国范围来看,这些挑战经历了三次高潮,相应的诉讼也历经了三个阶段:第一阶段是自1968—1973年,第二阶段是自1973—1988年,第三阶段是1989—21世纪初。鉴于本节内容是论述60年代末至70年代上半期尼克松总统和福特总统任内的教育政策,受年代顺序的限制,暂且先介绍第一阶段内容,略微涉及一部分第二阶段内容,其余部分留待后面相应的年代章节中再予以详细论述。

1968—1973年这一阶段的代表案例主要是三个:第一个是1968年的"底特律学校董事会诉密歇根州案",第二个是1971年的"塞拉诺诉普里斯特案",第三个是1973年的"圣安东尼独立学区诉罗德里格斯案"。

底特律学校董事会诉密歇根州案(Detroit School Board v. Michigan State)。前述的法律学者和律师活动家在启动和引导学校财政诉讼方面发挥了很大的作用。据悉,第一位探索推翻现有学校财务安排可能性的学者是亚瑟·怀斯(Arthur Wise),他当时还是芝加哥大学教育专业的研究生。他在1965年的一篇短文中指出,最高法院最近关于种族、学区重新划分和犯罪嫌疑人权利的意见,使基于地理和财富的歧视在宪法上受到怀疑,从而认为美国各地的学校财政系统基于这两个理由而受到歧视。2年后,他在博士学位论文中详细阐述了这一论点,这篇名为《富校,穷校》(*Rich Schools, Poor Schools*)的论文很快发表。芝加哥大学对此非常重视,专门围绕这篇论文组织了一场研讨会。怀斯的导师之一,著名的宪法律师菲利普·库尔兰(Philip Kurland)预测,法院会发现他的论点很有吸引力,他说:"法院最近的意见中,很少有像该论文这样丰富的先例。"[1]

可能部分受到怀斯研究成果的启发,几个月后,在1968年,密歇根州的底

---

[1] Gareth Davies. See Government Grow: Education Politics from Johnson to Reagan. University Press of Kansa, 2007, p. 198.

特律学校董事会提起了针对密歇根州的联邦学校财务诉讼，要求该州根据特定学区的"教育需求"分配资金。这项开创性诉讼赢得了全国的关注，很快同年在伊利诺伊州和1969年在弗吉尼亚州分别出现相似的诉讼。值得注意的是，这些诉讼都是由贫困律师而不是学校董事会提出的。但是，尽管怀斯最希望的补救办法是每个学生的教育支出大致相等，但这三项诉讼都基于一个共同论据，即各州在宪法上有义务满足所有儿童的"教育需要"（educational needs）。例如，在伊利诺伊州的"麦金尼斯诉夏皮罗"（McInnis v. Shapiro）案中，原告指控这种学校资助制度违反了宪法第十四修正案中的平等保护和正当程序条款。学区之间每个学生的支出差异很大，使一些学生的"教育需求"无法得到满足。联邦地区法院的结论是，原告提出的争议是不可审理的，因为申诉要求法院确定系统中学生的"教育需求"，以衡量系统中这些需求的实现程度。如果没有这样的定义，法院认为"没有'可发现和可管理的标准'，使法院可以根据这些标准来确定何时符合宪法，何时违反宪法"。最后，联邦地区法院的结论是，"如果现行学校财政制度需要作出其他改变，应在立法机关而不是法院寻求改变"。法院还裁定："宪法第十四修正案不要求公立学校的支出只根据学生的教育需要。"由于缺乏数据、可量化的标准以及对这些诉讼目的的明确共识，主张"教育需求"的改革者显然必须找到另一种方法。①

在"麦金尼斯案"之后，弗吉尼亚州西区联邦地区法院也于1969年驳回了该州"伯鲁斯诉威尔克森"（Burruss v. Wilkerson）一案中对弗吉尼亚学校财政系统提出质疑的诉讼。在建议原告去寻求立法救济时，法院指出，它（指法院）"既没有知识，又没有手段，也没有权力根据全州学生的不同需要调整公款（public money）"②。

鉴于法官们发现原告的起诉理由令人担忧地不精确，他们也不知道《宪法》上可接受的规定水平是什么。因此，底特律的诉讼案从未开庭审理，伊利诺伊州和弗吉尼亚州的两项申诉也被联邦地区法院驳回。虽然在后两起的"麦金尼斯案"和"伯鲁斯案"中都没有特别质疑税收限额的合宪性，但征税权

---

① Jane McDonald, Robert Kaplow and Paul Chapman. School Finance Reform: The Role of U.S. Courts From 1968-1998. Report published at the National Forum of Educational Administration and Supervision Journal-Electronic, Vol. 23, Number 4, 2006.

② Case of Comments on the Seattle school district no. 1 v. state—demise of the pygmy, Washington Supreme Court, 1978, https://digitalcommons.law.seattleu.edu/cgi/viewcontent.cgi? article=1070&context=sulr, 2019年11月16日访问。

益开始浮出了水面,成为后续学校财政争议的下一个法律挑战。

塞拉诺诉普里斯特案(Serrano v. Priest)。就在伊利诺伊州和弗吉尼亚州的诉讼案件进行判决的时候,另一起诉讼案也已经在加利福尼亚州启动。这起诉讼的策略和整个过程也是由学者推动和指导的,它的灵感来自洛杉矶加利福尼亚大学的法学教授哈罗德·霍洛维茨(Harold Horowitz),他从20世纪40年代就开始撰写有关宪法第十四修正案的文章。在其中一篇超越种族的法律评论文章中,霍洛维茨和他的合著者得出结论说,"一州维持一种内部领土边界线的划分模式,这种模式导致地区间教育机会的实质性不平等,应被视为违反平等保护条款"。作为一名杰出的学者,霍洛维茨曾在肯尼迪总统和约翰逊总统领导的联邦卫生教育福利部的总法律顾问办公室工作,协助起草了1964年《民权法》第六章。在20世纪60年代令人兴奋的改革年代,他在华盛顿从学者变成了活动家,当他在约翰逊总统执政末期回到洛杉矶时,他和妻子密切参与了由经济机会局(Office of Economic Opportunity,OEO)资助的西部法律与贫困中心(Western Center for Law and Poverty,WCLP)的工作,该中心位于瓦茨贫民区附近。

出于热切希望对其研究论文观点的司法检验,霍洛维茨与其供职的WCLP的同事决定物色一名合适的原告提起诉讼。不久后,他们找到了一位原告,洛杉矶精神病社会工作者约翰·塞拉诺(John Serrano)。塞拉诺的儿子最近从东洛杉矶巴里奥的一所贫困高中转到了郊区的一所中产阶级学校。塞拉诺欣然同意起诉,尽管他最初觉得这是"一个相当无望的法庭投诉",正如他后来回忆的那样,"这就是我和这个案子的全部关系,之后就是律师的案子了"。①

一切准备就绪后,1971年,作为加利福尼亚州洛杉矶一位公立学校家长的塞拉诺向加州财务长普里斯特(Priest)提起诉讼。原告对加州的学校资助计划提出质疑,并向法院提供了先前在"麦金尼斯案"和"伯鲁斯案"中所缺失的可管理的标准。原告认为各学区因所处位置的不同而导致房产价值的差异,既影响到各学区的税收,更拉大了各学区之间生均教育经费的差距。原告证明,加州的财政体系允许地区之间在资金上存在巨大差异。在最富裕的学区,小学儿童每年的教育费用为每名儿童2500美元,而最贫穷学区的儿童接受的教育费用为400美元,比例超过6比1。在许多高支出地区,房产所有者支付的税

---

① Gareth Davies. See Government Grow: Education Politics from Johnson to Reagan. University Press of Kansa, 2007, pp. 199-200.

率低于贫困地区的纳税人，但却实现了更高的学校收入。[①] 原告更是举例说，1968—1969年，洛杉矶县的鲍德温公园（Baldwin Park）学区的学生人均经费为577.49美元，帕萨迪纳统一（Pasadena Unified）学区的学生人均经费为840.19美元，比弗利山庄（Beverly Hills）学区的学生人均经费却高达1231.72美元。原告认为这是违背1868年通过的宪法第十四修正案中的"平等保护"原则和加利福尼亚州宪法，因而是违宪的。[②]

这是一起比之前3起诉讼更专业的诉讼，但最初它也遭遇了同样的命运，先是被洛杉矶郡法官驳回，然后上诉失败，理由是此案与先前伊利诺伊州底特律未遂的诉讼太相似。全国各地的法官，无论是州法院还是联邦法院的，当时都认定学校的财务安排基本上是"不可审理的"，这是立法机构的事。最后，"塞拉诺案"的原告律师孤注一掷，向加利福尼亚州最高法院上诉。

在这新一轮的2年诉讼斗争中，他们邀请了加州伯克利大学的法学教授约翰·库恩斯（John Coons）和他的研究生加盟诉讼团队，完全依赖和援引库恩斯和他的研究生历经5年潜心研究而完成的一部重要著作《私人财富与公共教育》（*Private Wealth and Public Education*）中的理念，并据此改变法庭诉讼策略和指向。鉴此，他们的态度也趋向更实际的考虑：他们怀疑州最高法院不愿意审理学校财务问题的原因是法院对在其他领域（如种族、学区重新划分、投票权和刑法）的判例与学校财务领域之间的简单类比缺乏信心。毕竟，在《宪法》或权利法案中没有提及教育。诚然，在"布朗案"以来的15年里，《宪法》是一个非常灵活的工具，最高法院经常大胆地在其他领域进行创新。但在学校财务方面，它并没有这样做。相反，它拒绝参与，之前也两次确认下级法院的裁决，即教育支出是立者的问题，而不是法官的问题。

在私人财富和公共教育领域，库恩斯和他的学生们坦率地承认，他们心目中的那种"财政均等"（fiscal equality）模式需要司法上的飞跃，与其说依赖于任何明确的先例，不如说依赖于一系列法学、社会学和教育的发展趋势，这些趋势可能会逐渐说服最高法院采取行动。库恩斯认为，他们需要说服法官，使其

---

① Jane McDonald, Robert Kaplow and Paul Chapman. School Finance Reform: The Role of U.S. Courts From 1968–1998. Report published at the National Forum of Educational Administration and Supervision Journal–Electronic, Vol. 23, Number 4, 2006.

② Art Coon of Miller Starr Regalia: Separate And Unequal: Serrano Played an Important Role in Development of School–District Policy. this article was edited and reviewed by FindLaw Attorney Writers, https://corporate.findlaw.com/law–library/separate–and–unequal–serrano–played–an–important–role–in.html, 2020年1月访问。

相信司法干预与地方控制是相容的,并将保留立法自由裁量权。这是私人财富和公共教育的主要目的。然而,在20世纪60年代末,总体社会背景情况并不乐观。教育仍然是典型的地方职能,这一传统如此根深蒂固,以至于——除了种族背景之外——在过去40年中,它很容易在州和联邦权力的大规模增长中幸存下来。即使对穷人的好处是明确的,这样的裁决将是有争议的,极大地增加了围绕法院在美国政治中的作用的激烈争议。

如果最高法院采用"财政均等"这一标准,具体来说意味着什么呢?对于一个州来说,采取"财政均等"的方式就是将州政府和各学区征收的各种税收全部集中在一起,由州政府在各学区之间平均分配。不过,这将意味着地方学区控制的终结。库恩斯和他的合著者急于表明这不是他们主张的必然结果,他们提出了一种称为"区域权力均等化"(district power equalizing)的机制。其核心思想是,各学区可以自由征税,但每种税只能产生一定水平的收入。如果由于一个学区贫困,税收低于该水平,州财政将弥补差额。如果一个学区的财富能够使其产生超过该水平的收入,那么盈余将被州"收回"。

显然,库恩斯的策略奏效了,加州最高法院经审理后,以6比1的优势判决原告胜诉,同意了原告的诉求,根据宪法第十四修正案和加州宪法的规定,裁定学生的平等保护权利受到了侵犯。确立了财政中立(fiscal neutrality)的原则,根据这一原则,儿童教育质量不能依赖于所在学区的财富,而必须以整个州的财富为基础。此外,法院宣布教育是受《宪法》保护的基本权利,而财富属于可疑类别,需要进行被称为严格审查的司法审查,在这种审查下,州必须提供一种令人信服的说法,证明州的行动或法律的正当性。法官在裁决结尾时富有感情地指出:"各地区之间在税基和支出方面的'经济鸿沟'(economic chasm)意味着'较穷的'地区必须以更高的税率征税,以匹配较富裕地区的支出,如果这是可能的话。富裕地区既拥有蛋糕,也可以吃蛋糕;他们可以为孩子提供高质量的教育,同时支付较低的税费。相比之下,贫困地区根本连蛋糕都没有。"

最后,加州最高法院经审理后判决两点:第一,责令州政府设计更平等的教育经费配置机制;第二,要求在1980年前,各学区之间的学生人均经费的差距不能超过100美元(后考虑到通货膨胀因素,调整为不超过350美元)。

值得注意的是,虽然"塞拉诺案"的裁决并没有导致整个加利福尼亚州的学区资金均等,然而,它确实确立了一些重要的原则,这些原则为各州教育公平的持续斗争提供了框架。

事后仔细分析，这场胜利并非因原告高超的战术和策略，它有一定的偶然性。当时的大背景也很重要，加州立法机构已经在认真考虑改革，以使学校财政系统朝着"财政中立"的方向发展。此外，尼克松总统也认为"塞拉诺案"是一个里程碑式的裁决。不仅如此，他还对法院的意见表示赞赏。教育专员西德尼·马兰（Sidney Marland）认为这是"国家教育体系概念的一个非常根本的突破"，艾略特·理查森（Elliot Richardson）称赞这一决定是"美国劳动回报的理想"。9月底，尼克松总统在会见学校官员时说，该案的结果"在某种程度上令人震惊"，但仍然是一件"好事"。"真正的问题"，他接着说："是要找到一种资助教育的方法，使我们能够在支持教育方面造福人民。"[①]

虽然"塞拉诺诉普里斯特案"发生在加州，但在美国义务教育财政体制上却具有重要意义。"塞拉诺案"是代表低财富地区的个人提起的第一起诉讼，由于此前通过法院进行学校财政改革的诉讼没有任何前景，这次加州最高法院一发表意见，全国的联邦和州法官就迅速跟进。在"塞拉诺案"宣判后的1个月内，已经有数十起诉讼被提起，都是模仿库恩斯的诉讼策略和做法。此后，类似的诉讼在全国大约36个州提起，遗憾的是，胜利的气氛很短暂。

圣安东尼独立学区诉罗德里格斯案（San Antonio Independent School District v. Rodriguez）。 虽然"塞拉诺案"胜诉了，然而好景不长，在加州诉讼案结束2年后的1973年，美国联邦最高法院在受理得克萨斯州的"圣安东尼独立学区诉罗德里格斯案"时，否定了得克萨斯州地方法院先前有关建立在各学区财产税基础上的学校财政体制违反了宪法第十四修正案中的"平等保护"条款，因此是违宪的判决。

"罗德里格斯案"的最初原告是来自圣安东尼奥巴里奥的以德米特里奥·罗德里格斯（Demetrio Rodriguez）为首的一部分拉美裔家长，他们成立了一个邻里行动小组，以抗议他们学区的白人教育局局长漠视其子女的教育需求。这些家长设法迫使他辞职，但这对当地的学校并没有多大的影响。在当地拉美裔领袖的建议下，他们拜访了圣安东尼奥民权律师，后者向他们建议，他们应该考虑提起诉讼。他们提起诉讼后，西部地区联邦法院最初拒绝作出判决，法庭接受了州政府的保证，即学校财政改革将由立法机关审议。然而，州议会没有对此问题采取任何行动，于是案件又回到了法院。由3名法官组成的

---

① Gareth Davies. See Government Grow: Education Politics from Johnson to Reagan. University Press of Kansa, 2007, pp. 205-206.

合议庭对州议会不情愿严肃处理此问题感到羞耻,一致赞同原告的宪法主张。于是,败诉的州政府转而以上诉人(appellant)的身份向联邦最高法院上诉。

在联邦最高法院庭审时,被上诉人(appellee)的罗德里格斯试图证明,地区间的不平等是州法律的结果,通过使用财产税,富裕地区可以用较少的努力筹集更多的资金。虽然较贫穷的地区被允许提高税收以产生更多的收入,但增加税收在政治和经济上都是不可能的。被上诉人试图证明得克萨斯州的制度通过对财富和居所的歧视,创造了一个可疑的阶层。此外,被上诉人声称,教育是一项根本利益,因为它在行使《宪法》规定的言论自由权利方面具有社会重要性和价值。最后,被上诉人试图证明,得克萨斯州的财政体系不符合加州最高法院此前在"塞拉诺案"中确立的财政中立标准,支出的差异导致教育服务质量的差异。

被上诉人意识到如果法院采用严格审查来评估他们的诉求,那么他们胜诉的机会就会大大地提高,他们下一步试图证实这是合适的审查标准。有两个论点支持了他们的立场。第一,得克萨斯州以学生居住地区财富为基础的学校财政体制,在学生中造成歧视。被上诉人称,这是一种以财富为基础的歧视方式,就像以种族为基础的歧视,应该对此进行严格审查。为了论证这个论点,他们引证了一些不同形式的财富歧视案例,并指出这个制度的大多数受害者都是少数族裔成员。

第二,被上诉人论证教育是一种"基本利益",当公共政策就一项基本利益存在歧视时,应该对此进行审查。他们说虽然《宪法》中没有明确地提出,但是由于教育的社会重要性以及良好的教育是有效行使诸如言论自由权等其他宪法权利的必要条件,教育就是一种基本权利。

被上诉人阐述道,为了符合平等保护条款,一个州的教育财政体制必须符合公认的"财政中立"标准。财政中立要求学区中以人均支出测算的教育质量不应当由学区财富决定,而应当由该州的总体财富决定。被上诉人继续提出在保留地方管理教育的机制的情况下,有三种能够满足财政中立原则的可行的财政体制。第一,州可以接管教育资金的筹集,并按每个学生能获得平均数额的资金标准分配给地方学区。然后地方学区按照其教育的轻重缓急自由决定如何使用这些资金。第二,地方学区的边界可以被适当改变,以保证每个学区拥有同等的生均财富。第三,保持现存的边界,但是州能够通过修订援助方案予以保障,不管一个学区的财产价值如何,规定的财产税率可以筹集特定总量的资金。

上述的最后一个体制就是著名的"权力均衡化"。在权力均衡化中，假如一个学区筹集到的人均经费少于援助方案所保证的经费，州就补足其缺口。假如一个学区筹集了过多的资金，州会拿走用于其他学区。这些学区仍会自由选择不同的税率，学区之间人均经费支出上的不平等仍然存在。然而，这些不同之处最终将不是由学区间的财产富裕差异程度来决定，而只是取决于不同区域对教育的不同重视程度。最后，被上诉人的论证有赖于一个前提，那就是在支出上的不同引发了服务、课程质量上的显著差异，并最终影响教育成就。他们在辩护中呼吁法院不要仅仅在完全剥夺教育服务的案件中应用平等保护条款，也要把该条款应用于相对剥夺教育服务的案件中。

在进入法庭辩论阶段时，得克萨斯州政府的代表是得克萨斯大学的法学教授查尔斯·赖特（Charles Wright）。赖特是一部经典的宪法案例书的作者，他不仅拥有百科全书般的宪法知识，而且拥有超凡的头脑，以及相当的精力和魅力。赖特的诉讼经验非常丰富，曾10次出庭联邦最高法院庭审，仅仅1968年以来就有8次，他只输了其中的3次。而就在本案进入法庭辩论之前，他刚刚在联邦最高法院出庭成功辩护了一个案子，结果法院撤销了对他的当事人霍华德·休斯（Howard Hughes）的1.45亿美元的反垄断判决。

赖特律师在辩论的开头即承认被上诉人所提供论据的复杂性，他把注意力集中在改革倡导者对"区域权力均衡化"（district power equalizing）的批评上。他指出，如果专家们在应该取代现政权的体制问题上存在这样的分歧，那么最高法院跳进这片沼泽地是否明智？这难道不是一个立法问题，一个需要进一步研究的问题吗？显然，这是一个很有说服力的观点，也击中了法官们的担忧。然而，这还不是对赖特的听众影响最大的论点，从法官们在听的时候所做的笔记和他们随后的秘密评论即可判断。更具杀伤力的是，他声称，"区域权力均衡化"可能是违宪的。如果像改革者所说的那样，对教育有"根本利益"，那么，如何才能根据纳税人支持教育的意愿，使教育支出数额有所增加呢？当然，目前唯一可能的《宪法》选择不是"权力均衡化"，而是全州统一。不过，在这种情况下，一些贫困的、有特殊需要的儿童将失去机会，因为这类学生就读学校的人均开支超过了州人均开支的平均水平。因此，这起案件是不是更多的关于纳税人救济而不是教育呢？从更广泛的角度来看，集中权力对联邦制的未来意味着什么？如果教育是以"根本利益"为理由集中起来的，而且没有任何其他补救办法达到《宪法》的规定，那么住房、福利、健康或卫生服务就不能这样说吗？[①]

　　面对赖特律师简练而精彩的答辩"表演"，代表被上诉人的律师准备不足，难以对其论点一一反驳，使得上诉方占了上风。最后轮到联邦最高法院大法官裁定了。首先，大法官在其判决中很肯定地回答了被上诉人提出的"剥夺"问题：教育的相对剥夺，至少在得克萨斯州的教育财政体制下的相对剥夺，没有违反《宪法》的平等保护条款。有关教育地位的宪法原则可归纳如下：在美国《宪法》中，教育不是一项基本权利。《宪法》没有明确规定或者暗含受教育权，受教育权不属于《宪法》保护的范围。各州之间和一州之内教育机会的不平等并没有违反平等保护条款（除非是基于故意的种族或性别歧视的教育机会不均等），一些给希望行使法定权利入学的儿童带来经济障碍的政策也没有违反平等保护条款。然而，在州管辖权范围内，任何故意导致任一群体儿童完全丧失教育的方案都是违反《宪法》的。关于教育作为一项"基本权利"的问题，用鲍威尔（Powell）大法官的话来说："发现教育是否'基础'的关键，不在于比较教育相对于生存或住房的相对社会意义。也不能通过权衡教育是否和旅行权一样重要来发现。相反，答案在于评估《宪法》是否明确或含蓄地保障了受教育的权利……当然，教育不在我们的联邦《宪法》给予明确保护的权利之列。我们也找不到任何理由说它受到了如此含蓄的保护。"[②]

　　联邦最高法院最后判定：得克萨斯州对学校的州援助方案并没有损害"教育机会平等"原则，即所有学生都能平等地获得"基本的最低限度"的教育。虽然被上诉人接受劣质的教育，但没有被完全剥夺教育权，并正在依据宪法第一修正案的自由原则享受一定水准的教育。显然，联邦最高法院的判决不但否决了得克萨斯州地方法院的判决，更是从《宪法》角度维护了建立在财产基础上的不平等。

　　联邦最高法院对"罗德里格斯案"的判决打击了所有希望通过联邦法院寻求资源平等的案件。而先于"罗德里格斯案"提出的"塞拉诺案"判决是基于联邦《宪法》和加利福尼亚州宪法作出的。尽管加利福尼亚州宪法对联邦平等保护条款的司法解释在"罗德里格斯案"中被有效地推翻，基于加利福尼亚州宪法的判决依然有效。因为州最高法院对本州宪法有最终解释权。

---

① Gareth Davies. See Government Grow: Education Politics from Johnson to Reagan. University Press of Kansa, 2007, p. 212.

② New York State Education Department. Federal Education Policy and the States, 1945-2009: A Brief Synopsis. New York State Archives, Albany, 2009, p. 33.

由于从联邦最高法院得不到支持，自"罗德里格斯案"起，1973—1989年，各州的诉讼战场又回到州内，对各州宪法中有关州政府在教育上的作用和责任提请州法院进行审视，几乎所有州都有过此类诉讼案。并将今后所有涉及学校援助的案件移交给州法院，我们将在后面章节中对此问题继续介绍和论述。

最后，再简要解释一下"罗德里格斯案"失败的策略原因。为什么学校财政改革在联邦法院的诉讼效果不如前述的双语教育和残障儿童教育呢？在残障人权利方面，一个很大的区别是原告没有把这些案件起诉到联邦最高法院。如果"PARC案"或"米尔斯案"都上诉到联邦最高法院，他们就不会得到支持；相反，维护残障儿童受教育权的事业在下级法院和州立法机关蓬勃发展，以至于当国会在其后（1975年）颁布"94-142号法案"时，它似乎只是对已经得到保障的权利进行编码。相比之下，要求学校财政改革的原告无法绕开联邦最高法院，尤其是因为这个问题在"塞拉诺案"胜诉之后有着巨大的发展势头，而且超出了他们的控制能力。

"PARC案"和"米尔斯案"没有上诉到联邦最高法院的另一个原因是，被起诉的州和地区官员对当事人抱有同情。除此之外，宾夕法尼亚州州长米尔顿·夏普（Milton Shapp）等雄心勃勃的政治家也不想勉强为宾赫斯特州立学校的恶劣条件辩护。相比之下，尽管学校财务安排不公正的后果的影响不难记录，但它们却鲜有生动之处，而地方政府对学校财政控制的原因仍有一定的吸引力。尽管这项事业是为穷人而奋斗，但这一主张并非毫无问题：平等可能导致贫民区开支减少，在"权力均衡化"制度下，纳税人的救济可能胜过更好的学校。

学校财务案的另一个显著特点是缺乏目标选民的支持。虽然双语教育和残障儿童教育最初是自上而下的改革项目，但至少可以围绕这些各自的原因动员明确的支持者，即双语教师和少数族裔语言教师，特殊教育教师和残疾儿童家长等。每一个事业都形成和发展了一个有根基（roots）和激情（passion）的网络。相比之下，学校财政改革网络有激情却没有根基。大多数情况下，教师和学区肯定没有参与，穷人也没有参与。在很大程度上，这是律师的责任。

第二节 福特总统任内的教育政策

一、福特上任总统的背景

在美国历史上，福特(Ford)担任总统职务是带有偶然性和戏剧性的。他的前任尼克松于1973年1月开始其第二个总统任期仅1年零8个月后，即因"水门事件"辞职，由副总统福特按照《宪法》规定接任总统。

福特在第二次世界大战期间服役于美国海军，1949年他在共和党内击败了当时在职的党魁，被选举为代表密歇根大急流城地区的众议员。1963年他被选为众议院少数党领导人，一直任职众议员至1973年。在尼克松水门事件高潮时期，当时的副总统斯皮罗·阿格纽辞职后，福特被尼克松总统任命为副总统(任期为1973年12月6日—1974年8月9日)。1974年8月9日尼克松总统辞职后福特继任美国总统。他是美国历史上第一位未经选举就接任副总统以及总统的人。他与他的副总统纳尔逊·洛克菲勒(Nelson Rockefeller)是美国历史上仅有的两位未经选举就接任的总统和副总统。

福特总统上任时，前总统尼克松留下来的美国经济几乎是一个烂摊子，美国的经济已恶化到20世纪30年代以来最严重的地步。它正经历着第二次世界大战后的第六次经济危机，工业生产持续下降，失业人数激增，通货膨胀严重，人民生活水平下降。福特总统把这一切归结为三个最严重的难题，即"经济衰退、通货膨胀和能源依赖"。其中每一个方面都以其错综复杂的方式严重地影响着其他两个方面。福特把解决通货膨胀问题放在首位，采取了削减政府费用、平衡预算和维持高利率、紧缩货币和信贷等措施，但收效不大，经济情况更加不妙。

福特总统采取的对策，尤其是削减政府费用和平衡预算，既延续其前任尼克松总统的财政政策，也同时延续了白宫与国会的紧张和对立的关系，从而在立法问题上继续上演"府院之争"。此外，福特总统的就职演说本来承诺了要清算尼克松的责任，但后来却反悔了，于上任一个月后，即于1974年9月8日发布大赦令，宣布不追究尼克松在"水门事件"中及其任职总统期间的任何罪行，引起舆论一片哗然，也削弱了他在民众中的威信，使福特总统本人和共和党的形象受"大赦尼克松"的严重影响。

该举动的直接后果是：在福特总统上任后3个月，1974年11月，众议院中期大选时民主党大获全胜，从共和党手中赢得了49个席位，占435席中的291席。福特总统本人的众议员席位也被民主党人夺走。在同期的参议院选举中民主党赢得100席中的60席多数。两院中民主党的席位都超过足以推翻总统否决权所需要的2/3多数。[①] 而这一届美国国会也是自19世纪50年代福兰克林·皮尔斯（Franklin Pierce）以来推翻总统否决权席位最多的一届。由于在美国国会内民主党占多数，政府的许多重要法律都无法通过，福特总统也像其前任尼克松总统那样被迫用尽他的否决权。

除了上述背景之外，福特总统还面临两个不利条件：第一，虽然福特是一位幸运的总统，他是美国历史上第一位和唯一的未经民选上任的总统，但也因此注定他在公众威信、号召力、国民信任度等方面受到影响，不及其他民选出来的总统。第二，福特总统在任时间短，他在总统任上的时间为2年多，准确地说是895天。在这样短的时间里，他是无从施展能力，做出什么突出的政绩的。

二、福特总统任期内的教育建树

鉴于上述种种限制环境与条件，福特总统任内在教育政策上建树不多，仅签署延期了《初等与中等教育法》《国防教育法》《高等教育法》《职业教育法》，签署通过了《所有残障儿童教育法》（*Education for All Handicapped Children Act*）。鉴此，我们将简要介绍福特总统任期内联邦政府在延期《初等与中等教育法》和签署通过《所有残障儿童教育法》两部教育法的过程和结果。

（一）《初等与中等教育法》的延期

第94届国会于1973年1月开始新的会期，《初等与中等教育法》的延期被纳入该会期的议程中。当时总统还是尼克松，白宫与国会就该法的延期方案仍然意见相左。作为立法的例行程序，国会又开始组织了一系列听证会。1973年关于重新授权的听证会冗长而详细，主要原因是遇到了新问题：因为1970年美国10年一次的人口普查的结果已出炉，显示自1960年普查以来美国人口迁移的程度相当明显。最大的赢家是南部和西部各州，输家是铁锈带和东北部地区。因为1965年通过的《初等与中等教育法》第一章中的资助公式主要是基于1960年的人口普查数据。此外，共和党资深众议员艾伯特·奎伊此时

---

① 详情见本章表5-3美国尼克松总统第二任期联邦政府行政与立法权力概貌（1973—1974年）数据。

已担任众议院共和党少数党领袖。长期以来,奎伊对贫困等同于教育水平低下的假设感到不满,他正准备下一步行动,希望根据学生的学术需求,而非仅仅根据学生的经济状况,在一个学区内分配《初等与中等教育法》第一章中规定的经费。

在听证会中,民权组织发布的报告显示,《初等与中等教育法》第一章中规定的经费仍然被滥用,家长组织对没有就使用该经费的问题征求他们的意见感到不安。其他利益团体则站出来提出他们的主张,要求为诸如天才儿童、社区学校、职业教育、消费者教育、妇女平等和艺术教育制定新的专项资助方案。而且要求为所有这些新的项目在联邦"教育办公室"下设立新的和单独的办公室。据当时测算,如果资助上述所有这些项目,即使资金充足,一旦分配到全国所有的学校人口中,每个孩子得到的费用平均也不到50美分。每一个项目都只是资助一些示范项目,理论上,这些项目会刺激各州和地方政府花钱。

进入1974年之后,《1974年教育修正案》的审议都是在"水门事件"的阴影下进行的。立法和行政部门之间的紧张和不信任程度达到数十年来从未有过的水平。尽管之前尼克松总统在1972年以压倒性优势击败乔治·麦戈文赢得了连任,但随着新闻界和国会调查人员越来越多地披露其掩盖的真相,尼克松总统很快失去了对该法延期的主导权和控制权。

在众议院小组委员会和全体委员会的听证会上,奎伊众议员提出了帮助那些最需要学习的人的概念,而不管他们是否在一所贫困学校学习。他强烈主张关注学生的学术需求,而不是假定贫困与学术缺陷密不可分。最终,《初等与中等教育法》第一章经费的分配公式将最大化或最大限度地使用1970年人口普查的结果作为依据。在国会的主导下,《1974年教育修正案》的修订工作继续向前推进。首先在3月由众议院进行为期3天的审议,随后参议院在5月进行了审议。在1974年7月下旬,也即在尼克松总统1974年8月9日辞职的前半个月,该法案在国会两院通过。随后,福特总统于8月21日签署了《1974年教育修正案》,这是福特继任总统后签署的第一批法案之一。签约仪式安排在联邦卫生教育福利部新落成的总部大礼堂举行,该项仪式也是当时华盛顿媒体和教育界的一项重大活动。显然,在该法延期的整个审议过程中,福特总统并未扮演主要角色,只是在最后时刻,他被历史的偶然性推上舞台,以总统的身份签署了这一法案。

（二）签署通过《所有残障儿童教育法》

前面我们专门分析了20世纪70年代初期在日益高涨的民权运动的推动下，美国司法部门介入维护残障人士和残障儿童权益的法律诉讼中，并据此判决了几起重要案件。法院之所以这样做，其前提是当时在联邦政府层面缺少明确维护残障人士和残障儿童平等受教育权的法律。在这种情况下，维护残障儿童受教育权利的社会组织只好暂且撇开立法机构，先求助于司法机构，即从立法转向诉讼。在赢得一系列诉讼案件之后，在理念和法理上为联邦立法机构制定相应的法律扫除了障碍，从而为人们再从诉讼折回到立法开辟了明确的道路，为履行保护残障儿童平等受教育的权利而争取法律和财政的保障。

1. 国会立法的前期记录

事实上，在20世纪70年代初美国法院在密集审理有关特殊儿童教育的案件的前后，美国立法机构和行政机构也在同时努力。自从60年代初肯尼迪总统执政以来，残疾人特殊教育问题在国会得到了越来越多的关注，约翰逊总统和尼克松总统也增加了帮助残疾人的项目。例如，1966年，国会授权通过《全面卫生规划和公共卫生服务修正案》(*Comprehensive Health Planning and Public Health Services Amendments*)，旨在建立州与联邦之间的"卫生伙伴关系"。1967年，国会通过了《精神健康和智力缺陷修正案》(*Mental Health and Mental Retardation Amendments*)，旨在为智力障碍学生服务。1968年，国会颁布了要求学校消除妨碍残疾人行动的所有建筑障碍的《建筑障碍法》(*Architectural Barriers Act*)，并通过了《残疾儿童早期教育援助法》(*Handicapped Children's Early Education Assistance Act*)，其中包括为3岁以上残疾儿童提供早期教育援助。1969年，国会成立了一个全国残疾人教育媒体和资料中心(National Center on Education Media and Materials for the Handicapped)，该中心资助了一个著名的电视连续剧《芝麻街》(*Sesame Street*)，这是一个非常成功的儿童电视节目。

进入20世纪70年代后，有关残疾人立法的步伐开始加快。1971年，其孙女患有唐氏综合征的明尼苏达州民主党参议员休伯特·汉弗莱(Hubert Humphrey)提出了一项法案，主张增加对残疾人的专项资助。他在法案中引用了法院正在审理和裁决的"PARC案"和"米尔斯案"等案件中的民权保护思想，他主张"每个天才、正常和残疾儿童都享有受教育的基本权利"。1年后，与马萨诸塞州参议员爱德华·肯尼迪(Edward Kennedy)一起在参议院劳工和福利委员会任职的参议员哈里森·威廉姆斯(Harrison Williams)提出了一项类似的法案，即《所有残障儿童教育法》。威廉姆斯和肯尼迪共同在马萨诸塞州、新泽西州和宾夕法尼亚州举行了针对这项法案的听证会(他们之所以选择这些州,是因为当时这些州法院已经判决或正在审理全国最受关注的特殊教育诉讼案件。而且,在这些诉讼之后,马萨诸塞州和宾夕法尼亚州等州即制定了美国最进步的特殊教育法)。为呼应残疾儿童的诉求,也为了配合联邦法院的一系列判决,1974年,国会在对《初等与中等教育法》授权延期时,将联邦政府对特殊教育的援助从1974年的1亿美元增加到1975年的6.6亿美元。这些资助残疾学生的经费统一拨给所有学区,不管这些学区的经济状况。[①]

2.《所有残障儿童教育法》的制定过程与结果

我们在前面曾经提及,虽然1950—1970年的整个20年期间,联邦政府与残疾人士有关的立法有7部,但主要集中在经费资助层面,所有立法中没有关于残疾儿童的《宪法》权利的表述。这一次的立法角度就不同了,一方面受到民间要求加强残疾儿童平等权利保障的社会舆论压力,另一方面也是为呼应同时期联邦法院和州法院对有关特殊教育诉讼案的裁决结果,因此,联邦国会在酝酿该法的内容时开始将其上升到《宪法》权利的高度。

虽然尼克松总统在1972年的总统大选中以绝对优势赢得连任,但与国会的互不信任程度有增无减,因此《所有残障儿童教育法》的制定过程也不是一帆风顺,国会与总统继续互相较劲,这次主要牵涉到利益和经费问题。例如,1973年,在尼克松总统2次否决后,国会仍通过了《职业康复法》(*Rehabilitation Act*)的延期。该法第504条载有一项禁止歧视残疾人的规定,使用的语言与1964年《民权法》和1972年授权延期的《初等与中等教育法》第9条所载的语言非常相似,后者禁止基于性别的歧视。当时担任众议院共和党人的高级助手马蒂·拉弗(Marty LaVor)回忆说,第504条为制定1975年的特殊教育法奠定了基础。

1974年,尼克松总统否决了由众议院特别教育小组委员会主席布拉德马斯(Brademas)和明尼苏达州民主党人沃尔特·蒙代尔(Walter Mondale)共同起草的一个有关儿童发展的法案。正如布拉德马斯在2002年的一次采访中解释的那样,"尼克松的否决让我愤怒,我需要寻找一个新的挑战"。会见工作人员时,他们协商并提出了扩大残疾儿童服务范围的设想,将儿童安置在所谓的"最不受限制的环境"有严格的要求,并有详细的程序确保残疾儿童得到适当

---

① New York State Education Department. Federal Education Policy and the States, 1945-2009: A Brief Synopsis. New York State Archives, Albany, 2009, pp. 35-36.

的安置。①

与联邦层面的"府院争斗"相对照的是，残疾人教育问题在州层面还是取得了巨大成功，在州政治中地位日益突出。事实上，1974年各州教育委员会对州长进行的一项民意调查显示，为残疾人提供教育已成为州长们面临的优先事务。在20世纪70年代中期，他们对残疾人士的关注扩展至就业、交通、公共建筑使用权和残疾福利等问题上。在州长们接受民意调查时，有36起教育权诉讼，尽管联邦最高法院对"罗德里格斯案"的判决对各州有一定的负面影响，但并没有减缓各州通过法律诉讼维护残疾人士权利的势头，而且此类案件一个都没有输。事实上，至《所有残障儿童教育法》（即94-142号法案）通过时的1975年，该法案所赋予的权利已经纳入了大多数州的法律中，所有这些州法律几乎都是在1970年以来通过的。尽管如此，当残疾儿童的权利已经得到法院和州认可和授权时，这些在州层面的司法和立法行动仍然要求国会出台《所有残障儿童教育法》这样的法律。为什么有必要在联邦层面通过一项民权法呢？根本的原因是，人们最需要从华盛顿得到的不是授权，而是经费。

在各州法院和州长的压力下，残疾儿童的教育权已经成为全国民众认同的观念，联邦政府很难拖延和反对。事实上，20世纪70年代初的联邦国会一直由民主党控制，他们经常处于一种激进的亢奋氛围中。民主党多数派（以及相当数量的共和党人，尤其是参议院的共和党人）认为，改革的火炬已经被尼克松政府所抛弃，他们将不得不接过改革的火炬，这种心态在他们年轻的工作人员中尤为强烈。国会参众两院经过多次磋商、协调和博弈后，提出了各自的法案。

参众两院提出的法案版本之间的主要区别在于：如何确定每个学区可被归为残疾人的学生人数。参议院对可以归为残疾的学生人数（3—21岁）设定了10%的上限，而众议院对可以被归类为残疾的学生人数（5—17岁）设定了更宽松的12%的上限。参议院对任何特定类别的学生比例都没有限制，但为了降低成本，众议院版本对可归类为学习障碍的学生比例设定了2%的限制。参议院和众议院都没有具体规定法案所涵盖的残疾诊断标准（这些标准由各州自行决定），但都纳入了最近法院裁决中的正当程序，以确保在"限制最少的环境"中"适当"安置残疾人。参众两院对残疾儿童进入普通学校"主流化"渠道

---

① Christopher T. Cross. Political Education: National Policy Comes of Age. Teachers College Press, Columbia University, 2004, p. 53。

的想法都是口头上的,但都没有明确表示,如果特殊班级能保证更好的教育效果,那么课堂融合应该优先于特殊班级。

1975年国会参众两院提出各自法案时,尼克松总统已辞职,福特总统接手参与了对《所有残障儿童教育法》的讨论和博弈。显然,在其短暂的总统生涯中,福特总统教育政策上唯一打上其个人印记并可视为建树的就是该法。福特总统并不反对该法,他担心的是钱的问题。他认为,在当时经济衰退、高通胀和预算赤字不断膨胀的情况下,《所有残障儿童教育法》只会成为另一个"无资金支持的授权",其法律义务超过了财政捐助。福特总统说:"这项法案确立了复杂的要求,根据这些要求,税收将用于支持行政文书工作,而不是教育项目。""不幸的是,即使国会拨款远远低于(法律)规定的数额,这些要求仍然有效。"福特总统警告称,到1977年《所有残障儿童教育法》生效时,国会将不得不削减财政支出和降低监管要求。否则,"它的善意可能会被它所包含的许多不明智的条款所挫败"①。

实际上,《所有残障儿童教育法》规定包括的自愿性(任何州都可以选择不接受联邦资金)和强制性(所有州都必须遵守法院解释的联邦民权法)之间达成了微妙的平衡。未来的关键问题是纳税人是否愿意为满足公民权利期望的项目买单。在通过这项法律之前,全国只有不到5%的学生被认定为残疾;在获得联邦援助之后,这一数字几乎翻了一番,达到了9%。在芝加哥,这一数字攀升至11.7%;在费城,这一数字为12.4%;在巴尔的摩,这一数字为14.9%;在波士顿,这一数字为18.4%,是全国平均水平的2倍多,是3年前平均水平的6倍多。一些人认为,随着诊断技术的改进和正当程序的保护,波士顿的数字准确地反映了该市的残疾人情况。然而,其他人注意到,这种认定是多么武断和变化无常。由于《所有残障儿童教育法》规定了"零拒绝"条款,即所有残疾学生,不论其残疾程度如何,都有权被安置在特殊教育项目中,除非他们明确选择退出。这个零拒绝条款背后的想法是,任何残疾学生都不应该被排除在他或她有合法权利得到的服务之外。然而,只有在诊断过程可靠的情况下,这样的条款才有用:如果学校将非残疾学生分配给特殊教育,那么"为所有残疾学生服务"的想法将失去可信度。这些学校不是通过"适当"安置来维护公民权利,而是涉嫌通过"歧视性"安置来损害公民权利。

① New York State Education Department. Federal Education Policy and the States, 1945-2009: A Brief Synopsis. New York State Archives, Albany, 2009, pp. 37-38.

因此，关键的问题是取决于可靠的诊断。然而，正如许多教育工作者所承认的那样，可靠性在诊断残疾方面是罕见的。1977年，斯坦福研究所（Stanford Research Institute）对普通人群中不同类别残疾的"患病率"进行了400项分析，发现"没有一组患病率数字可以被接受为事实"。学者们将诊断的不可靠性归因于各州界定残疾类别的方式差异、专业人员甄别儿童群体的方式差异、各州确定潜在残疾儿童的方式差异，或许最重要的是，各州财政支付计划的差异。同一个学生在一个州可能被诊断为残疾，但在另一个州则不然。例如，"学习障碍"这一类别学生占纽约残疾学生的19%，夏威夷州为63%。夏威夷州的学生患学习障碍的概率不太可能是纽约的3倍；相反，纽约只是诊断出更多的学生是"智力迟钝"或"情绪紊乱"。

纽约将大约18%的残疾学生归类于每个类别中，因为这些类别涉及更多的强化治疗，从而获得更多的州和联邦资助。使这种情况更加复杂的是，联邦资助没有涵盖某些类别的残疾。例如，法律涵盖了被诊断为"情绪紊乱"（emotionally disturbed）的学生，但不包括被诊断为"社会失调"（socially maladjusted）的学生，尽管这两类学生对课堂学习的影响非常相似（由于联邦政府对特殊教育的资助授权是以学校总人口的12%为限，而不是保证所有被诊断为残疾的学生，因此学校在诊断残疾方面变得具有战略意义。通常，学校诊断残疾或诊断失败是出于经济原因，而不是教育原因）。根据联邦政府的说法，"情绪紊乱"是一种残疾，但"社会失调"不是。因此，为了获得联邦政府的资助，把一个学生认定为"情绪不稳定"而不是"社会失调"似乎是谨慎的（事实上，在20世纪70年代初，宾夕法尼亚州的一个地区将36%的学生归类为残疾人，并有资格获得资助）。与此同时，这样一种战略可能会付出代价：为了获得资助而被诊断为残疾的学生不能因其残疾行为而被停学或开除，因为这种惩戒行动可以被解释为"歧视性的"。①

此外，也存在一些来自不同利益团体的障碍。首先，残疾人和教育团体希望法案中有不同的内容。学校董事会和市政官员希望联邦经费直接拨到学区，而州教育工作者则认为他们应该对经费分配有自由裁量权。尽管残疾人权益倡导者坚信"限制最少的环境"条款，但全国教育学会（National Education Associaion，MEA）和美国教师联合会（American Federation of Teachers，AFT）这

---

① New York State Education Department. Federal Education Policy and the States, 1945-2009: A Brief Synopsis. New York State Archives, Albany, 2009, pp.38-39.

两个美国最大的教师工会组织担心，残疾儿童进入普通学校"主流化"渠道可能会给本已困难重重的教学带来额外的压力。另一个分歧集中在"特定学习障碍"是否应列入法案的残疾条件清单中。

在国会最后形成的法案版本中有关联邦政府资助的条款包括：在法案生效5年内，联邦政府拨款30亿至40亿美元，用于支付与特殊教育相关的"超额"支出。从第一年的5%到第二年的10%，第三年的20%，第四年的30%，在第五年和以后的所有年份，资助40%的费用。然而，在福特总统看来，这项法律的承诺联邦政府无法兑现："即使是这项措施的最坚定支持者也和我一样清楚，他们要求的授权水平过高、不现实，是在错误地提高受影响群体（即残疾儿童及其父母）的期望。"①

对于如何在州层面有效履行该法的问题，国会议员也存在疑虑，他们担心各州不履行自己的义务，除非它们受到很大的压力。在某种程度上，这种怀疑是完全可以理解的：许多州多年来都有自己的法律规定，但没有得到执行。布拉德马斯是《所有残障儿童教育法》的主要起草者之一，他强烈批评各州在这方面的不良记录。当时众议院教育和劳工委员会中资深的共和党成员奎伊也有同感，他对残疾人教育的兴趣最早可以追溯到20世纪50年代中期。总的来说，他更倾向于对教育进行普遍资助而不是专项资助，并且怀疑联邦政府过度指导。但在对残疾人的资助方面，他认为强有力的全国标准和专项资助方式是确保在州一级采取行动的唯一途径。尽管有理由怀疑联邦政府会在不提供必要资金的情况下坚持执行这些任务，但他还是与布拉德马斯密切合作，确保该法案在众议院获得通过。②

同样，《所有残障儿童教育法》也得到了全国主要教育利益团体的支持，包括特殊儿童委员会（Council for Exceptional Children, CEC）、全国教育协会（National Education Association, NEA）、全国学校董事会协会（National School Boards Association, NSBA）、教育全额资助委员会（Committee for the Full Funding of Education, CFFE）、美国州首席教育官员理事会（Council of Chief State School Officers, CCSSO）、大城市学校委员会（Council of Great City Schools, CGCS）、全国智力障碍儿童协会（National Association for Retarded Children,

① New York State Education Department. Federal Education Policy and the States, 1945–2009: A Brief Synopsis. New York State Archives, Albany, 2009, p. 37.

② Gareth Davies. See Government Grow: Education Politics from Johnson to Reagan. University Press of Kansa, 2007, pp. 187–188.

NARC)等。包括这些利益团体代表在内的没有一个证人在国会听证会上作证反对该法案，该法案获得了广泛支持。最后，1975年6月，参议院以83票比10票通过了该法案，几周后，众议院以375票比44票通过了该法案。

虽然国会将投票通过的法案送达白宫，但他们对福特总统是否会签署仍然没有把握。联邦卫生教育福利部部长戴维·马修斯(David Mathews)建议否决，尽管之前他在亚拉巴马大学(University of Alabama)任校长期间遇到"怀亚特案"(Wyatt case)时曾对残疾人表示强烈的个人同情，但他对该法的许多强制性规定很是担心。与此同时，白宫行政管理和预算局(Office of Management and Budget, OMB)担心的是资金问题：尽管该法生效的初期联邦政府支付相对不多(5%)，但该法中规定的逐步增加的比例仍然很高。白宫要求埃德温·马丁(Edwin Martin)准备一条否决意见。然而后者拒绝了，相反，他很乐意为签字仪式写一封信。鉴于本身是未经民选上任的总统，福特总统深知自己在公众威信、号召力等方面的弱势，加之他很快将面临一场艰难的连任竞选之战，而对残疾人表示同情将有利于他的公众形象。另外他的老友资深众议员奎伊也劝说他，如果不这样做，国会中的许多共和党老朋友会对他不满：他们不想被置于必须对否决权进行投票的地位。在这种情况下，最终福特总统还是于1975年11月29日签署了《所有残障儿童教育法》，使之生效。

《所有残障儿童教育法》的颁布具有划时代的意义，它体现了联邦政府对特殊教育专项资助的承诺，它使美国的特殊教育从此驶入快车道。该法令最核心的内容就是要求公立学校为所有的残疾儿童提供免费、适当的公立教育，为此，它提出以下几条基本原则。

(1)所有学生都有权利接受学校所提供的合适教育，无论他是否有残疾。

(2)所有残疾学生都必须安置在受最少限制的环境中。

(3)为每一位残疾学生制订一份个性化教育计划。

(4)以教育安置为目的的评估不得带有任何种族歧视和文化偏见。

(5)对个体的所有与残疾有关的方面都要进行评估。

(6)在评估和安置之前把有关决定通知家长。

(7)通过正当程序，家长有机会对学校所做的有关残疾学生的评估、安置和教育计划等发表意见，并解决家长与学校之间的分歧。

从上述几条原则中可以看到，《所有残障儿童教育法》已提到评估的问题，例如，包括非歧视性评估、综合性评估和家长参与的原则等。不过，这些条款的实施细则是在后来的多次修订中才得以补充和完善的。

显然,1975年联邦政府颁布的《所有残障儿童教育法》,将之前全美关于残疾儿童教育的法律集合到一部综合性的法律当中,从而开创了美国特殊教育全面发展和依法治教时代。此后,《所有残障儿童教育法》又分别经历1986年、1990年、1997年和2004年的四次重大修正,每一个修正案都是对前一阶段特殊教育发展的经验总结和下一阶段的重新规划,进而一步一步推动残疾儿童受教育结构层次从义务教育向学前教育、高等教育延伸,服务体系从学校教育向社会就业拓展,充分彰显了"为每一个残疾儿童提供免费而恰当的公共教育服务"的教育理念,从而在法律层面保障了美国联邦政府对特殊教育资助的承诺。

第三节　卡特总统任内的教育政策

一、1976年总统大选前夕的政治生态变化

在历经尼克松和福特2位共和党总统执政8年后,1976年美国又迎来了新一轮总统大选。这次民主党推选的总统候选人是时任佐治亚州州长的吉米·卡特(Jimmy Carter),共和党候选人是时任总统杰拉尔德·福特。然而,与以往总统大选不同的是,1976年总统大选前夕,美国社会的政治生态经历了重要变化,新的利益团体的崛起导致各方势力也经历了此消彼长的变化,这些新的因素直接影响了这次总统大选的过程和结果。

(一) 卡特的早期个人经历

卡特于1924年10月1日生于美国佐治亚州普兰一个花生农场主家庭。卡特与父亲同名,故称小詹姆斯·厄尔·卡特(James Earl Carter)。老卡特从事农业和商业,是州议会议员。母亲莉连·戈迪(Lilian Gody)是个随和的妇女,不像老卡特那样严厉。1941—1943年卡特先后在佐治亚州西南大学和理工学院读书。1943年入马里兰州美国海军军官学校(即安纳波利斯海军学院)学习,1946年毕业,获理学士学位,随后加入海军服役7年,直到1953年。

1953年卡特的父亲去世,他退役回家乡经营卡特农场、卡特仓库等业务,并从事政治活动。当过基督教南方浸礼会执事、主日学校教师。1955—1962年任佐治亚州萨姆特郡(Sumter County)学校董事会董事长。1962—1966年任佐治亚州参议员。在此期间还先后担任过平原发展公司、萨姆特郡发展公司

总经理,佐治亚州中西部计划和发展委员会以及佐治亚州改进作物协会主席等职。1971—1975年任佐治亚州州长。在当时南方的年轻州长中,他以办事富有实效、积极消除种族歧视而赢得声誉。

（二）卡特竞选总统的特殊背景与机遇

鉴于一直生长和生活于华盛顿政界圈子外,仅有地方执政经历的卡特竞选总统的前景必然不容乐观,其道路也必定困难重重。按传统的竞选策略和方式,卡特断难成功,他只能另辟蹊径。而当时有两件重要事件的发生使卡特及时抓住了机遇,扭转其最初的劣势,顺利获得民主党总统候选人提名,然后其选情势头一路上升,最终赢得总统选举。

卡特的机遇很大程度上要归功于20世纪60年代美国动荡时期两股历史潮流的汇合:一是民主党的麦戈文-弗雷泽(McGovern-Fraser)选举委员会提出选举改革方案之后民主党总统提名程序的变化;二是美国"全国教育协会"(National Education Association, NEA)由专业协会向教师工会的转变。这两大变化对确保卡特获得民主党的总统候选人提名和赢得总统大选起到了关键性的作用,我们有必要在下面分别予以介绍。

1. 民主党预选制度的改革

建国200余年来,美国共和党和民主党提名总统候选人的程序和方式均经历了多次的改变,我们主要简单梳理一下民主党的变化过程。

（1）创始时期

美国总统提名方式大致经过了从公推到政党提名,从政党内部大佬们决定到选民选举两个变化过程。首任总统华盛顿由于其特殊的威望,是唯一一个获得全票通过的总统,然而在其任期末,党派斗争的气氛已经急剧恶化,美国政坛分裂为联邦党与民主共和党两大阵营,它们通过自己的国会党团分别推选属意的候选人参加总统竞选,这也是政党党内大佬们控制提名程序的开始。

进入19世纪后,当时的联邦党(Federalist Party 或 Federal Party)急剧衰落,只在东北部新英格兰地区保留一点残余势力,民主共和党(Democratic-Republican Party)控制了全局。然而在1824年,民主共和党内的东部权贵与西部新兴势力之间发生激烈冲突,议会党团所提的候选人,财政部长威廉·H. 克劳福德(William H. Crawford)遭到拒绝,最后一共4个候选人参与了是年总统大选的混战。①

　　1831年，反共济会党（Anti-Masonic Party）②率先在马里兰州的巴尔的摩召开政党大会，并推举单一的候选人参加总统大选，该方式很快得到主流政党的效法。但是这没有改变政党内部大佬们操纵选举提名的局面，尤其进入镀金时代后，腐败、黑金与政治分赃更是在政坛愈演愈烈。为此，19世纪末改革者们在美国掀起了进步主义运动，初选制度的尝试也是政治改革的产物之一。威斯康星州是第一个使用初选方式提名总统候选人的州，可惜的是，虽然在1916年，绝大多数州都通过了在州一级官员提名程序全面推行预选制的法律，但在总统大选中却只有少数州对预选程序有明确的法律保障。

　　1968年，由于宣布参选太晚，时任副总统的民主党汉弗莱（Humphrey）事实上未参与所有的党内初选，而致力于争取不举行初选的州的政党代表的支持（当时的约翰逊总统直到该年3月31日威斯康星州初选前才宣布不竞选连任，而汉弗莱在4月下旬宣布参选），并如愿获得了民主党提名。然而场外支持麦卡锡参议员的青年反战分子的示威彻底毁掉了民主党全国代表大会，汉弗莱最终在大选中饮恨。随后左派势力控制了民主党，1971年麦戈文-弗雷泽（McGovern-Fraser）选举委员会［全称Commission on Party Structure and Delegate Selection，麦戈文是首任主席，后辞职参选总统，继任者为众议员唐纳德·弗雷泽（Donald Fraser），该委员会就以这两位主席的姓氏命名］提交了激进的改革方案，要求按人口分布比例分配政党大会代表，从而大幅增加了女性、青年与少数裔代表人数。也正是在次年，历史上第一次以初选方式产生的代表在民主党、共和党两党超过了代表人数的50%以上，这标志着预选制度在总统提名程序中最终得到了确认。

---

　　① 联邦党（Federalist Party 或 Federal Party）是在1792年到1816年期间存在的一个美国政党，由美国首任财政部部长亚历山大·汉密尔顿（Alexander Hamilton）成立。联邦党是美国在1801年之前的执政党，主张增强联邦政府的权力。主要的支持者是新英格兰的市民和一些南方较富有的农民。其竞争对手为民主共和党。联邦党是后来辉格党的前身之一。其反对党则被称为"Democratic-Republican Party"，由托马斯·杰斐逊（Thomas Jefferson）和詹姆斯·麦迪逊（James Madison）在1790年代创建。与联邦党相比，民主共和党更强调各州的权力，并且重视自耕农的权益，反对君主主义，主要支持地区是西部和南部。1825年，美国民主共和党发生内讧。其中一派由安德鲁·杰克逊领导，于1828年创建民主党。

　　② 反共济会党（Anti-Masonic Party）是美国政治史上最早成立的有组织的第三个政党——在民主党与共和党之外。1831年，该党成为第一个举行总统候选人提名大会的政党，该党后来被吸纳入辉格党。

（2）改革后预选形式

改革后的美国总统预选制度目前主要两种形式，即党团会议（caucus）与初选（primary election），前者由各自的政党负责，而后者则由州政府操办。《宪法》没有涉及初选问题，而是根据政党的规则和安排，并根据各州的法律进行。初选是两个主要政党筛选党内候选人的选举。初选分为几个阶段，政党候选人进行党内竞争，赢得政党提名者，即可以参加美国总统选举。如果候选人赢得初选，他将根据每个州的选举规则，赢得全部或部分州代表的投票。这些代表在政党全国大会上投票，选举获胜的候选人。

党团会议可以说延续了200多年前的议会党团会议的传统，但规模更大，并面向基层，而不再是小圈子里的几个人进行密室交易。与初选相比，（基层）党团会议要求选民必须忍受可能长达数小时的冗长讨论，并最后亲自投票。因此党团会议的参加者往往政治热情更高，工作时间也更为自由，也正是这一特质帮助奥巴马（Obama）在2008年横扫希拉里（Hilary），因为奥巴马的选民以理想主义的年轻人、受教育程度高的自由职业者、依赖福利救援的少数族裔（尤其是黑人）为主，与希拉里的支持群——蓝领工人相比，显然前者更愿意花费时间为自己的偶像辩护与拉票。

一般而言，党团会议直接选举参加8、9月间政党大会的代表，参加党团会议投票的必须是本党的注册选民，但允许在党团会议现场更改注册的政党，而且18岁以下的年轻人也可以投票，前提是必须在大选时年满18岁。与共和党相比，民主党的选举程序更复杂一些，某一候选人的支持者组成一个个团体，其数量必须达到一定的底线（如15%），未达标的团体则被解散，而这些游离选民或未决定选民则成为其他团体的争夺对象。

而初选与大选更相似一些，选民在投票站匿名投票，来去自由，不用花费过长的时间。根据其开放程度的不同，基本分为4个类型：封闭式初选（closed primary）、半封闭式初选（semi-closed primary）、开放式初选（open primary）、半开放式初选（semi-open primary）。封闭式初选最为普遍，要求必须是本党的注册选民才可以参加（一般意味着在上一次主要选举中投了该党候选人的票）；半封闭式初选则向注册的独立选民（independent voters）开放；开放式初选对于投票没有任何限制；而半开放式初选则要求选民在投票站宣布自己的"党籍"，然后再完成投票。但无论哪种情况，法律上只允许投一次票。

另外还有一种被称为"总括式初选"（blanket primary）的模式，它允许选民就每一个公职挑选自己支持的候选人，而无视其政党类型，如总统挑选共和党人,参议员则挑选民主党人。这一方式给予选民最大的自由,却让主流政党头痛不已,因此民主党率先把实行该初选办法的加利福尼亚州告上了联邦法庭,2000年最高法院判决加利福尼亚州民主党获胜,阿拉斯加州与华盛顿州所实行的类似初选办法也一并被推翻。

显然,20世纪60年代民主党预选制度的改革,尤其是1971年麦戈文-弗雷泽(McGovern-Fraser)选举委员会提出的激进的改革方案,即按人口分布比例分配政党大会代表,从而使以女性、中青年与少数族裔会员占多数的美国"全国教育协会"大幅增加了其在民主党大会中的代表人数,最终为"全国教育协会"在美国政治生活中发挥重要作用奠定了基础。

2. "全国教育协会"由专业协会向教师工会的转变

在当今美国教育界,美国全国教育协会是一个极其特殊的组织,据该协会的网站介绍,"全国教育协会"致力于推进公共教育事业的发展,目前是美国最大的专业人员组织,该协会涵盖了从学前教育到大学研究生阶段,全国教育协会有320万会员在各级教育机构工作,在美国各州和1.4万余个社区都有分支机构。

多年来,全国教育协会对美国各级政府的教育政策的制定和形成均拥有巨大的影响力。而这种影响力很大程度是源于该协会在20世纪60—70年代由专业性协会向教师工会转变,全国教育协会目前已成了全国最大的工会组织。自那以来的几十年间,全国教育协会不但在美国教育界扮演关键角色,其影响力也已扩展至美国的政治领域,有时甚至可以左右包括美国总统选举在内的各级政府选举结果。今天,如果要研究美国教育,就绝对不能绕过全国教育协会。鉴此,我们专门介绍一下"全国教育协会"的来龙去脉。

(1)全国教育协会的诞生和历史演变

我们将全国教育协会的诞生和历史演变简要分为四个阶段:第一阶段,全国教育协会的诞生(1857—1865年);第二阶段,南北战争后到20世纪之交(1865—1910年);第三阶段,20世纪上半叶的全国教育协会(1900—1960年);第四阶段,全国教育协会(NEA)—美国教师协会(ATA)合并的产物(1960—1970年)。

第一阶段:全国教育协会的诞生(1857—1865年)。

在19世纪中叶之前的100年间,美国的教育基本上是非正式的,教学的主要要求是阅读、写作和学习谋生技能。然而,到了19世纪中叶,美国兴起的广泛教育改革产生了一个新兴的公立学校体系,从而也导致了对教师专业培训的需求。尽管教育界进行了一系列改革，但学校的条件仍非常落后。例如许多地方的教师孤零零地在只有一间教室的校舍里工作，教材匮乏，公众支持不确定，年薪不到100美元，有时报酬就是食宿。当时一位名叫玛莎·M.罗杰斯（Martha M. Rogers）的年轻女性拓荒者，曾在前往西部教书时写的信中描述："我决不能忘记校舍，那是一个35×30英尺（约97平方米）的木屋，有四扇窗户和两扇门……裂缝里满是泥和灰泥，没有阁楼，木瓦上有很多洞，所以下雨的时候我们把书放在一个地方，直到它们开始往下掉，然后我们搬到另一个地方，然后继续……"①

当时的美国社会需要建立一个跨区域教育组织统一呼吁和推动教育现状的改善。但是在31个州中，只有15个州有州教育协会，但没有一个全国性的组织为美国的教师发声。直到1857年，10个州的教育协会发出"号召"，邀请全国的教育工作者团结起来。1857年，纽约教师协会主席托马斯·瓦伦丁（Thomas Valentine）向各地教育协会发出了成立全国教师协会的邀请信。信中指出，"我们相信，州协会为各州所做的一切可以由全国协会为全国所做，因此，我们——以下签名者，邀请在美国各地的教育工作者、同仁们……组织一个全国教师协会……我们诚挚地邀请分布在东、南、西、北各地学校的教师，团结起来，集众智众力，把自己的经验，分享给大家，共同促进国家的进步；愿意用自己的精力和手段，弘扬尊严，我们的使命是受人尊敬和有价值的；而且，总的来说，我们相信全国的教师们聚在一起成为一个伟大的教育兄弟会的时代已经到来……②

1857年夏天的一个下午，43位教育工作者响应纽约教师协会主席托马斯·瓦伦丁的号召，聚集在宾夕法尼亚州的费城，成立了"全国教育协会"的前身之一——"全国教师协会"（National Teachers Association, NTA）。自那时起，美国教育工作者有了一个为公共教育事业献计献策的全国性教育组织。虽然新成立的"全国教师协会"的正式会员仅限于"绅士"（gentlemen，这里指男士），但当时响应号召的2名妇女被授予荣誉会员资格，并获准签署协会章程。这一对妇女的限制政策持续了9年后即被取消。与此同时，"全国教师协会"建立之初即对黑人教师开放，一位名叫罗伯特·坎贝尔（Robert Campbell）的教师是该协会唯一的黑人创始会员，当时他在费城有色人种儿童研究所任教，该研究所负责

① 参见美国"全国教育协会"（National Education Association, NEA）网站：http://www.nea.org/。
② 美国"全国教育协会"（National Education Association, NEA）网站：http://www.nea.org/。

黑人和美国印第安儿童的教育。

第二阶段:南北战争后到20世纪之交(1865—1910年)。

1862—1865年的4年内战以50多万人丧生的代价结束了,国家和教育工作者开始了艰苦的重建工作。在这个艰难的时代,全国教师协会重点关注战争对公共教育的影响。在1865年夏天的全国教师协会大会上,会长威尔克舍姆(Wilkersham)谴责南方的奴隶制,并建议先前脱离联邦的南方各州在同意为黑人和白人儿童提供免费的公立学校系统之前,不得重新加入联邦。全国教师协会提倡对所有儿童和文盲成年人进行教育,来自北方和南方的黑人和白人教师致力于新解放的各年龄段奴隶的教育工作,从而出现了祖父母和他们的孙子孙女并排坐着学习阅读的现象。

扫盲与自由如此紧密地联系在一起,解放奴隶是第一个在南方争取普遍的国家支持的学校运动。在此期间,全国教师协会寻求联邦政府的援助,以帮助南部各州重建其学校系统和教育被解放的人口。1867年,全国教师协会成功游说联邦国会成立联邦教育部,在未来几年管理全国教育,从而赢得了第一次重大立法胜利。

遗憾的是,尽管全国教师协会从成立之初就对少数族裔教育者开放,但妇女却被禁止加入。然而,随着战争的结束,出现了一种新的平等主义精神,1866年,全国教师协会的会员调整其政策,提出向"人"而不仅仅是"绅士"开放会员资格,从此协会的大门正式向女教师打开。尽管当时女教师的工资低、工作超负荷且面临职业的其他挑战,女教师比19世纪的任何其他妇女团体都有更多的自主权。1869年,就在全国教师协会的会员资格对妇女开放3年后,艾米莉·赖斯(Emily Rice)成为该协会副主席,她是第一位当选为全国教师协会领导人的女性教师。紧接着第二年,即1870年,全国教师协会吸收了3个较小的组织:美国师范学校协会(American Normal School Association)、全国校监协会(National Association of School Superintendents)和中央大学协会(Central College Association),并据此改名为全国教育协会。随着新世纪的到来,全国教育协会的不断发展将对美国的教育产生深远的影响。

在此期间,全国教育协会还关注重要的社会和教育问题。1899年,全国教育协会还成立了印第安人教育部,专门研究政府孤立和同化美国印第安民族的政策对他们的教育产生的负面影响。印第安儿童在白人开办的保留地学校或寄宿学校上学,他们的语言和文化教育被全面地忽视,课程的重点是职业技能和美国爱国主义。童工问题是该协会关注的另一个优先事项。由于深切关注使用童工对儿童健康和教育造成的破坏性影响，全国教育协会多年来一直致力于颁布禁止在工业生产中使用儿童的法令；全国教育协会于1905年颁布的公约专门讨论了这个问题。在其后的几十年里，义务教育和童工法的结合对接受教育的美国儿童数量产生了巨大的影响。

至20世纪，教师们仍为长期存在的问题而挣扎：大多数地方的月薪低于50美元，且女性的工资低于男性。在他们的教室里，教师常常不得不在很少的支持下教育很多学生。在1903年的全国教育协会大会上，芝加哥教师玛格丽特·海利（Margaret Haley）领导了一场示威活动，以引起人们对增加课堂教师数量的关注。作为回应，全国教育协会成立了一个全国委员会，并拨出资金致力于提高教师工资和养老金以及延长任期。

经过半个世纪的发展，至1907年全国教育协会在庆祝其50岁生日时，该协会已发展成拥有5044名教育工作者代表的全国性组织。然而，在迅速发展的同时，其会员们也被一场内部辩论所困扰：因为在协会最初发展的50年里，教育管理者一直领导着这个组织。然而，随着一线课堂教师开始在会员中占据主导地位，他们希望在协会内部和工作场所发出更多的声音。在那一年的一次演讲中，艾拉·弗拉格·杨（Ella Flagg Young）说："如果公立学校系统要满足20世纪文明的要求，必须克服教师与学校管理部门的隔离问题……当教师们没有发言权来规划他们手中的重大问题时，他们的工作会变得更强吗？"其后，这一矛盾日益严重，一直延续至20世纪60年代总爆发，致使全国教育协会由专业协会向教师工会转变。我们在下面会介绍。

除了全国教师协会是全国教育协会的前身之外，全国教育协会还有一个相对规模较小的前身组织——美国教师协会（American Teachers Association，ATA）。在美国内战后的重建时代，种族隔离渗透到南北生活中，并受到法律或当地习俗的认可。在1896年，联邦最高法院在普莱西诉弗格森案中，维持了对学校的法律隔离，反过来也促使黑人教师努力为黑人学生提供"平等"的资源。前述的吉姆·克劳法（Jim Crow laws）的兴起又使黑人教育事业倒退近一个世纪。1904年，著名的黑人教育家J.R.E.李（Lee）创立了全国有色人种学校教师协会（National Association of Teachers in Colored Schools，NATCS），为黑人教师提供了一个全国性的论坛，讨论和解决他们的问题。全国有色人种学校教师协会后来也改名为美国教师协会（American Teachers Association，ATA），历史上主要以黑人教师为主。

第三阶段：20世纪上半叶的全国教育协会（1900—1960年）。

　　在整个20世纪上半叶,作为全国性的教育专业组织,全国教育协会在美国公共教育发展的各个历史时期发挥了更为积极的作用。在20世纪初,尽管教师的责任不断增加,但工资低仍然是全国教师面临的一个关键问题。由于人口的增长和移民的涌入,教师们要承担更多的课程,满足官僚对增加文书工作和考试的要求,管理数百名学生的多年龄段学生课堂。1909年对大城市的一项调查显示,任何一个教室里都有一半以上的学生不会说英语。

　　由于教师工作条件差、收入低,许多人离开这个行业寻找其他高薪工作,教师短缺现象日益严重。作为回应,全国教育协会成立了一个委员会来研究这个问题,随后发布了一份主要报告,提出了教师的工资表(salary schedules)。根据该报告的调查结果,全国教育协会推动成立国家教育部,以资助减少文盲、培训教师和为所有儿童提供平等教育机会的项目。

　　与此同时,全国教育协会本身也进入转型期:它已经变得太大,无法由一小部分领导人和出席年会的人临时管理,它需要民主化,以便加强全国、州和地方协会之间更直接的联系。1920年,全国教育协会设立了一个全体会员代表大会(RA)机制,全国教育协会会员通过代表大会制定协会政策。全体会员代表大会是全国教育协会的主要立法和决策机构,代表团成员包括从每个地方和州附属机构选出的代表、学生会员和退休会员的联盟以及联合教育专业的其他部门。

　　20世纪20年代,全国教育协会一直致力于提高教师工资,建立退休养老金制度,并加强公立学校系统。该系统迅速扩大,容纳了大量学生。然而,1929年10月29日上午,一切都停止了。美国股市崩溃,随之而来的大萧条摧毁了美国,残酷地冲击了美国的学校。随着税收的减少,学校没有钱购买教学资料和教学用品,许多学校被迫关闭。在这非常时期,全国教育协会的工作比以往任何时候都重要。协会委员们走访了全国各地的学校,与社会媒体合作,让公众关注学校的困境。1933年,全国教育协会成为新成立的联邦教育紧急情况咨询委员会的成员。在委员会的指导下,联邦和其他急需的援助开始流向学校。

　　自创立之初,全国教育协会就明确反对教育系统的种族隔离。在1926年,全国教育协会成立了一个特别委员会,旨在增加全国教育协会消除学校种族隔离的任务。由于之前最高法院判决的"隔离但平等"原则实际上已经判定黑人学生在资金、资源和机会上不平等。南方中小学联合会(Southern Association of Schools and Colleges, SASC)无法对黑人学校进行评估和认证,这使黑人学生无法入读许多高校。为了解决这一严峻问题，提升黑人教育的整体质量，全国教育协会和美国教师协会成立了第一个联合司法委员会。这一合作成功后，南方中小学联合会最终得以对黑人学校进行评估和认证。

20世纪40年代美国加入第二次世界大战时，全国教育协会也发挥了积极作用，协会协调配给糖、油和罐头食品，推动学校销售国防储蓄邮票和国防债券，鼓励学生打捞废金属和种植"胜利花园"，成功游说国会为军事基地附近的公立学校提供专项资金。这项紧急资金帮助减轻了学区的负担，为数千名军人家属的学童提供教育资金，这些学童由于居住在建有联邦设施的区域内而没有使当地的税基增加。

全国教育协会还大力游说国会通过1944年《退役军人权利法》，帮助退役士兵免费继续接受包括高等教育在内的各级各类教育。这项法令产生了深远的影响：在其后的12年内，有230多万退役军人接受了高等教育，从此高等教育不再是精英阶层的特权。

第二次世界大战之后的美国婴儿潮使美国公立学校增加了大约79万名学生。20世纪50年代，虽然美国经济蓬勃发展，但并非所有人都获益：少数族裔在美国生活的各个方面，包括公共教育方面，继续遭受着不平等对待。公立学校的种族隔离仍然是一种常态，面对这种情况，全国教育协会倡导变革。该协会拒绝在存在种族歧视的城市举行代表大会；在禁止黑人教师加入白人组织的州，它还吸收了18个黑人教师协会加入全国教育协会。

尤其值得指出的是，1954年，最高法院做出了一个重要决定，成为教育和民权史上重要事件之一。在"布朗诉托皮卡教育委员会案"中，联邦最高法院下令取消美国公立学校的种族隔离，改变其"隔离但平等"的原则，为公共教育的新时代打开大门。黑人教师对本案的资助做出了主要贡献：美国教师协会（American Teachers Association）向布朗诉教育委员会法律辩护基金提供的资金比任何其他黑人组织都多。起诉获胜后，全国教育协会在其1954年的代表大会上敦促所有美国人本着善意和公平竞争的精神来实现教育领域的种族融合。

1957年，全国教育协会在宾夕法尼亚州的费城举行了该协会成立100周年纪念活动，费城是该协会的诞生地。在全国教育协会成立的第一个世纪里，当各州教育协会专注于保护和促进个人权利时，全国教育协会则致力于加强公共教育，加强教育工作者的资格认证，并争取对这一职业的更多尊重。在其100岁生日时，全国教育协会已发展为拥有70多万名会员的全国性教育专业组织。

第四阶段："全国教育协会"(NEA)—"美国教师协会"(ATA)合并的产物（1960—1970年）。

全国教育协会在1957年庆祝其成立100周年后不久，进入了20世纪60年代。即使对几十年后出生的美国人来说，动荡的60年代也是美国历史上的特殊时期。在这10年里，美国民众经历了一系列令人难以置信的重大事件：他们目睹了约翰·肯尼迪总统和他的兄弟罗伯特·肯尼迪先后被暗杀；争取公民权利的大规模游行队伍在集会中遭到警察的催泪瓦斯和消防水龙的袭击；大学生在全国校园内与警察发生冲突；旷日持久的越南战争使国家两极分化；马丁·路德·金博士在著名的华盛顿游行上，在25万人的集会上发表了他著名的"我有一个梦想"的演讲，被授予诺贝尔和平奖，却在60年代末被暗杀。然而，这一时期巨大的社会变革为全国教育协会和美国教师协会启动开创性的合并奠定了基础，这一合并永远改变了全国教育协会的面貌和发展进程。

事实上，在此之前，全国教育协会和美国教师协会已有过多年的合作经历。例如在1926年，全国教育协会和美国教师协会成立了一个联合委员会，重点对黑人学校进行评估和认证。这一合作伙伴关系是成功的，到1964年两者共同支持国会通过《民权法》时，该联合委员会已经并肩战斗了40年时间，坚持不懈地与黑人学童及其教师待遇方面的严重不平等现象作斗争。甚至在20世纪50年代中期，"布朗诉托皮卡教育委员会案"取得胜利而导致17个州的学区以法院下令取消种族隔离为借口解雇数百名黑人教师时，全国教育协会挺身而出，设立了一个100万美元的基金，以"保护和促进教育工作者的专业和人权"，帮助因参与60年代民权斗争的核心选民登记活动而被解雇的黑人教师。在1年的活动中，全国教育协会要求每个有组织的教师至少向基金捐款1美元，全国各地的教师都响应号召积极捐款帮助他们的同事。

然而，这2个组织的合并也并非一帆风顺。1945年，联合委员会首次讨论了合并全国教育协会和美国教师协会的计划，但遭到各自附属机构的坚决反对和其他机构的冷淡反应。当时，共有16个州和哥伦比亚特区分别有黑人和白人教师协会。在接下来的20年里，只有4个州的附属机构进行了合并。直到1964年代表大会的代表们最后通过了一项决议，要求实施种族隔离的附属机构合并，最终剩余的附属机构才同意合并。在此基础上，经过多年的紧张谈判，全国教育协会和美国教师协会同意在1966年的代表大会上合并。

这一历史性的合并仪式在迈阿密海滩举行,当聚光灯对准台上的5个人时,大会议厅的灯光变暗了。全国教育协会和美国教师协会的主席和执行秘书签署合并证书,代表们高唱"光荣,光荣,哈利路亚"(哈利路亚意为赞美上帝),全体与会者长时间起立鼓掌。合并后的全国教育协会保留了美国教师协会原来的传统,继续该组织设立的人权和民权奖项目,以表彰那些为少数族裔学生和教育工作者扩大教育机会的个人和附属机构。

全国教育协会和美国教师协会的合并不仅对黑人教师和学生,而且对包括妇女在内的其他人口都有长期影响。合并3个月后,全国教育协会主办了一场关于双语教育和西班牙语教学需求的大型会议。全国教育协会会议推动了1968年国会双语教育法案的通过,这对1967年选举成为全国教育协会第一位西班牙裔会长的布劳利奥·阿隆索(Braulio Alonso)来说是胜选的一个重要前提。紧接着,在1968年,伊丽莎白·邓肯·孔茨(Elizabeth Duncan Koontz)当选为全国教育协会第一位黑人会长。全国教育协会还成立了人权和民权司,该司致力于《民权法》的落地,处理了影响少数族裔教育的各种问题。在接下来的10年里,全国教育协会成立了数个工作小组,后来演变为代表少数族裔的4个核心小组。

我们在上面简单介绍和梳理了1857—1970年的100余年间全国教育协会诞生和发展的各个历史阶段演变情况。可以说,在一个地方分权,缺少联邦政府集中领导和管理教育的国度,许多专业性教育组织,尤其是全国教育协会在倡导和促进美国公立学校的建立和发展以及教师的教育、培训中扮演了关键的角色。从开创初期的反对学校的种族歧视与隔离、提高教师经济地位和主张男女平等,到提倡全民扫盲和普及教育、促进印第安人文化教育、关注童工教育、维护教师和学生的权益、游说和支持国会通过1944年《退役军人权利法》、1964年《民权法》和1965年《初等与中等教育法》等几乎所有美国教育和社会发展的重大政策方面基本上起到了进步的作用。也因为全国教育协会多年来对美国教育发展所做出的历史贡献,其巨大影响力也扩展至全国各州,促使各级政府教育政策的制定和形成,并不断合并其他教育组织,最后成为全国最大、最具影响力的专业性教育组织。可以说,自诞生至20世纪60年代的1个多世纪,全国教育协会所做的一切是符合其作为专业教育组织的标准的,其历程是光荣的。然而,在20世纪60—70年代,全国教育协会内部和外部发生的一系列重要变化,导致其从专业性协会向利益团体性质的教师工会的转变,从而改变了该协会的性质属性。而全国教育协会的这种组织性质的变化,不但直接影响了其后美国教育的改革与发展,很大程度上也影响了包括美国总统、国会和各州地方政府选举的政治生态发展和结果。

(2)全国教育协会的变化:转变为利益团体性质的教师工会

简言之,全国教育协会在20世纪60—70年代从专业教育组织转变为利益团体性质的教师工会主要源于内部和外部两方面的变化。

内部变化:美国教育界内部政治生态变迁。

这一问题要追溯到历史上美国全国教育协会会员构成的几次变化以及由此导致的该协会政治走向的变化。全国教育协会从组建起,其会员主要由两部分人员组成:教育行政管理者和教师。无论在收入、地位、权力,还是学术、话语权和影响力,前者均强于后者。美国六大教育集团的成员之一——美国学校管理者协会(American Association of School administrators)实际上也是全国教育协会的一个组成部分。因此,在协会成立后最初的100年里,教育行政管理者一直领导着这个组织,他们秉承专业理念,珍视协会的专业地位和研究性质,致力于保持协会的传统特色,力求将协会打造成一个专业组织。该协会不仅代表教师,而且代表更广泛的教育界和全国的儿童。其预算的很大一部分用于统计数据收集和教育研究,其月刊《NEA杂志》经常刊登有关教学方法或新技术的文章。

显然,多年来,普通教师在等级森严的美国教育系统中没什么话语权,普通教师与教育行政管理者的矛盾一直存在。

然而,随着20世纪初主要由黑人和其他少数族裔教师组成的美国教师协会与全国教育协会合作关系的日益增强,最终于1966年正式合并,全国教育协会的会员构成发生了根本的变化。普通教师开始在会员中占据主导地位,他们在协会内部和工作场所发出更多的声音,尤其呼吁提高自身利益,如教师话语权、工资待遇以及改善教师的工作条件。1957年后,全国教育协会为其重新定位,认为协会主要代表各地区的教师,而不仅仅是行政管理人员。在一些管理者缺乏同情心、学校很难筹集资金的地方,教师们越来越拒绝接受这样一种观念,即他们和他们的校长、监管者被某种神秘的更高的要求团结在一起。

全国教育协会会员构成的变化也逐渐导致协会的运行理念和政治走向的变化。事实上,全国教育协会自成立以来一直希望在政治领域发挥作用,试图影响州和联邦法律,从而影响公共教育。全国教育协会的总部位于美国首都华盛顿,就在白宫以北几个街区的地方,而这对教育机构来说是不寻常的。此外，它在华盛顿以外有一个长期的游说工作人员，当时这种情况也很少见，而且与各州首府的政府工作人员有联系。此外，它的会员人数最多，预算比任何其他教育组织都要多很多。

但是，在由教育行政管理人员控制和领导的"旧式"（old-style）全国教育协会时期，协会花了大量的时间来将自己塑造为一个无党派的组织，竭力树立与民主党和共和党两党合作的形象，强调全国教育协会不是一个工会，而是一个"专业协会"，不仅代表教师，而且代表更广泛的教育界和全国的儿童。当涉及有争议的问题时，它们通常将其登载在《NEA杂志》的"意见不同"一栏中，两个截然不同的观点并排呈现。例如，《NEA杂志》在民主党约翰逊对共和党戈德华特的总统竞选报道甚至没有暗示任何党派倾向。相反，其编辑只是转载了政党纲领和候选人声明，希望"能帮助读者在11月3日做出选择"。在该协会的年会上，会长的演讲长期以来都是关于爱国主义言论和冷战竞争的，而且经常以歌颂年轻人教育的特征和责任为特色。当政客们被邀请在这些集会上发言时，他们也表明，他们理解这是一个非政治的，或至少是两党合作的组织。就在1956年，一项内部民调显示，只有23%的教师认为他们应该参与政治。①

面对普通教师会员日益高涨的政治热情，在20世纪60年代后期坚持传统的专业理念的"旧式"全国教育协会"崩溃"了。1965年，有2个受到罢工行动鼓舞的州附属机构成立了政治行动委员会（Political Action Committees，PACs），从而引发了一场关于全国教育协会是否应该效仿的政治走向辩论。至20世纪70年代，参与更多激进的政治活动开始成为"新式"（new-style）全国教育协会的特征。1972年，全国教育协会总部也成立了政治行动委员会（NEA-PAC），开始参与联邦和地方选举活动，支持符合其政策目标的政治候选人。例如，《NEA杂志》的编辑们在其发表的《教师权利的胜利》文章中透露，NEA-PAC确实参与了该年的国会选举，在支持劳工和公共福利委员会教育小组委员会主席、民主党参议员克莱伯恩·佩尔（Claiborne Pell）的连任中发挥了决定性作用。

为充分维护教师的权益和加强协会的政治影响力，全国教育协会跳出教育的范畴，关注更广泛的社会和政治议题。全国教育协会对所有与教育没有直接关系的问题都很感兴趣，例如，它对尼克松总统先后提名海恩斯沃斯和卡斯韦尔为联邦最高法院大法官表示反对，也反对美国轰炸柬埔寨。到1971年，

---

① Gareth Davies. See Government Grow: Education Politics from Johnson to Reagan. University Press of Kansa, 2007, pp. 222-223.

墨里森(Morrison)会长似乎被教师权利的幻象所迷惑,宣称"教师"在政治问题上的潜在影响令人震惊,时机成熟了。其时,全国教育协会逐渐完成了向一个具有广泛左倾政治利益和巨大政治影响力的工会组织的转变,并与其他一些不断扩大的白领工会建立了共同的事业,组成了美国公职人员联盟。时任会长约翰·赖尔(John Ryor)庄严地宣布:"我们必须成为全国最重要的政治力量。"体现这一雄心壮志的一个重要表现是,宣布全国教育协会打算在1976年支持一位总统候选人。①

外部变化:依法运用集体劳资协商谈判。

全国教育协会内部的变化导致教师对经济利益的诉求以及对政治影响力的企图必须要有相应的外部条件来确保这些目标的实现,这些外部条件包括转型为工会性质的组织所必备的法理性依据和手段,其中最为典型的手段就是美国工会组织普遍采用的集体劳资谈判(collective bargaining),简称集体谈判。美国联邦政府和州法律对于在私营机构和公共机构供职的职工参与集体谈判曾经有过不同的法律,这对于全国教育协会向利益团体性质的工会转型起到了关键的作用。下面我们将其过程作简要梳理和介绍。

国际集体谈判的起源。在西方国家进入近代史后,随着大工业的发展,劳资矛盾也日益复杂,集体谈判是工人斗争和工人组织发展的结果。早在19世纪60—70年代,西方国家工人为了改变自己的处境,开展了一系列维权活动,并首先在英国和德国等国家产生了部分产业工会与雇主的集体谈判和签订集体合同活动。19世纪末和20世纪初,随着工会地位进一步合法化和工会组织的壮大,集体谈判活动有了新的发展。德、法、美和瑞典等国先后颁布实行了有关集体谈判和集体合同的法规,从而进一步推动了集体谈判活动的法制化和规范化。第二次世界大战后,集体谈判活动在一些国家有了更大的发展。特别是国际劳工组织在1949年通过的《组织权利和集体谈判权利公约》(98号公约)和1951年通过的《关于集体协议建议书》(91号建议书)等重要文件均规定:"必要时应采取符合国情的措施,鼓励和推动在雇主或雇主组织同工人组织之间最广泛地发展与使用集体协议的自愿程序,以便通过这种方式确定就业条款和条件。"国际劳工组织的这些规定对集体谈判制度在各国的普遍实行发挥了积极的推动作用。

① Gareth Davies. See Government Grow: Education Politics from Johnson to Reagan. University Press of Kansa, 2007, pp. 224–225.

显然，集体谈判制度是经济发展的产物，集体谈判权是工人及其工会组织的基本权利之一。集体谈判也是《世界人权宣言》第23条承认的一项国际人权。国际集体谈判的权利是通过国际劳工标准来促进的，虽然并非所有国家都承认国家劳工关系法或国家劳工关系委员会，但许多国家都有自己的协会或机构来监督劳工权利的实现。

美国集体谈判简史。19世纪的美国工业革命促进了工会劳工运动的发展。1886年，美国劳工联合会（American Federation of labor，AFL）由美国早期著名的劳工领袖塞缪尔·龚帕斯（Samuel Gompers）创立，在他担任美国劳工联合会主席期间，即提倡工人享有与资本家议价的权利。1926年，卡尔文·柯立芝（Calvin Coolidge）总统签署了《铁路劳工法》（*Railway Labor Act*），该法确认了美国劳工加入工会的权利，明确了劳资双方集体谈判的调解机制，正式要求雇主与工会谈判，以避免经济衰退时的罢工。作为大萧条的产物，1935年的《国家劳动关系法》（*National Labor Relations Act*，NLRA）（也称为瓦格纳法，*Wagner Act*）)是美国劳动法的一项基本法规，它保证了私营部门雇员组织工会参与集体谈判，并采取罢工等集体行动的权利。

《国家劳动关系法》禁止雇主阻止雇员成立或加入工会，并禁止雇主剥夺工人组建新工会的权利或报复参加工会活动的雇员。这里必须强调的是，《国家劳动关系法》不包括政府工作人员、农场工人和独立承包商，但有几个州赋予州和地方政府工作人员和农场工人组建和参加工会的权利。[①]集体谈判是一种工会或个人的组织与雇主就雇佣关系和其他问题交涉的一种形式。工资和福利，是集体谈判的主要问题之一。雇主是企业方的代表，而雇员方的代表则是工会或职工代表大会等团体和组织。早期的集体谈判主要是就劳动条件、劳动报酬和劳资关系等问题的处理进行谈判和交涉。后来集体谈判的内容有所扩大，许多与企业发展和企业管理有关的内容也通过劳资磋商的方式解决，例如，企业内的人事改革、录用标准、人员流动、劳动合同的签订与解除等。

集体谈判的过程是雇主和雇员的谈判过程，目的是达成协议。一般来讲，当劳工出现就业问题时，《国家劳动关系法》要求工会（劳工）和雇主（管理层）就所涉及的问题"真诚地"进行谈判，直到他们就合同达成一致或达成双方同

---

① Robert Longley. Collective Bargaining Definition. January 08, 2019, https://www.thoughtco.com/collective-bargaining-definition-4177795.

意的"僵局"(impasse)局面。集体谈判的过程是一系列建议和反建议对峙的过程。典型的集体谈判过程是最初由工会方面提出高于期望值的工资要求，而雇主方面则提出低于期望值的工资承诺。在以后的谈判中，工会不断降低要求，而雇主则提高承诺。集体谈判也可能破裂。工会的最后武器是罢工，而雇主的最后武器是关厂，这两者都将导致企业停产。在西方国家里，70%—80%的罢工起因于工资问题。集体谈判破裂而造成的企业停产是比较常见的现象。集体谈判的结果是集体协议。集体谈判受联邦和州法律、行政机构条例和司法裁决的管辖。当集体谈判期间出现法律问题时，这些问题可由国家劳动关系委员会(National Labor Relations Board, NLRB)解决，国家劳动关系委员会成立于1935年，是一个独立的联邦机构，负责处理雇员和雇主之间的劳动争议和法律纠纷，监督《国家劳动关系法》的遵守情况，通过执行《国家劳动关系法》来保护雇员的权利，并对违反《国家劳动关系法》的雇主采取行动。

根据美国多年的实践，集体谈判有利有弊。有利之处是，与非工会成员的员工相比，集体谈判覆盖的员工通常有更好的工作条件、更高的工资和更好的福利待遇以及更安全的工作场所。例如，工会有18%以上的工人可能负担得起的医疗保险，22%的工人有养老金。集体谈判提供的工资优势大多惠及中低工资者，缩小了工资差距。加入工会和集体谈判也会减少男女雇员之间的工资差距，从而使雇员受益。此外，集体谈判给员工一个发言权。非工会工人通常别无选择，只能接受管理层强加的条件，或由愿意接受的雇员取代。法律保障的谈判权赋予员工寻求更有利处境的权利。不利之处是集体谈判可能导致生产力的损失。谈判过程可能需要几个月的时间，并且需要许多员工（如果不是所有员工）在工作时间参与。此外，不能保证这一进程会阻止罢工或不影响工作进度。总的来说，集体谈判对工会员工的利大于弊，因此美国的私营部门的员工绝大多数都加入了工会组织，在集体谈判过程中每位工会会员按规定要为其谈判代表支付一部分费用。平时会员也被要求每月缴纳会费，可能相当于他们工资的1%或2%，据此保障自身的权益。

美国公共部门开始集体谈判的时代。我们前面曾经强调，1935年美国通过的《国家劳动关系法》不包括在政府和公共部门工作的工作人员，因此，长期来公立学校的教师并不享有该法规定的与其所属的各州和地方政府进行集体谈判的权利。其原因正如汤姆·劳伍勒斯(Tom Loveless)在其所著《矛盾的任务？教师工会和教育改革》(*Conflicting Mission? Teachers Unions and Education Reform*)一书中指出，美国教师工会不同于一般工会之处，一是由于公立学校教师属于公务员，领纳税人的钱；二是因为教师的雇主是地方学区，彼此间劳资关系不像一般企业有市场力量的影响，因而更加紧张。[1] 然而到20世纪50年代中期至60年代中期，情况发生了变化。公共部门集体谈判与民权运动同时兴起。这绝非巧合，因为两个运动都提出了同样的观点：国家怎么能为剥夺某些公民的权利和自由辩护呢？1935年的《国家劳动关系法》保护了组织工会和为许多私营部门工人进行集体谈判的权利，但它没有涵盖在地方、州或联邦政府供职的员工。《社会保障法》也没有涵盖这些人群。到了50年代，民权斗争刺痛了国民的良知，这种不平等待遇似乎越来越不合理。50年代，随着集体谈判为数百万私营部门工人打开了中产阶级生活的大门，不平等现象变得更加明显。因此，到1955年，美国律师协会的一个特别委员会称政府的劳动法律是"明显的不合时宜的"，并得出结论认为，任何政府"对其他雇主在对待其雇员时规定了某些义务，都可能不真诚地拒绝以合理的有利条件对待自己的公务员基础"。[2]

首先在法律上冲破这一禁区的是威斯康星州，而之所以能在威斯康星州突破，与当时该州的政治生态环境有关。自1893年以来，民主党在威斯康星州参议院和州议会中一直是少数派，在连续四届立法会议（1923—1929年）中，参议院没有民主党人。至1958年，民主党人已经26年没有赢得威斯康星州州长一职了。然而，在20世纪50年代，民主党在威斯康星州成为一个重要的政党，很大程度上是由于他们从工会筹集到的资金。1954年民主党人威廉·普罗克斯米尔（William Proxmire）竞选州长时，他筹集资金的55%来自有组织的劳工。劳工还为民主党提供了动员选票、电话银行、选举日交通和独立开支。共和党人仍然以2比1超过民主党，但来自有组织的劳工的捐赠能够大大缩小这一差距。

1959年，43岁的民主党盖洛德·纳尔逊（Gaylord Nelson）胜选威斯康星州州长不久，签署了第一部针对公职人员的集体谈判法——《市政雇员关系法》（*Municipal Employee Relations Act*，MERA），规定市政人员、警察、教师等公共部门雇员有进行集体谈判（collective bargaining）的权利，推动了全美各州劳动法

---

① Tom Loveless. Conflicting Mission?: Teachers Unions and Education Reform. the Brookings Institution, 2000, p. 5.

② Joseph A. Mccartin. What´s Really Going on in Wisconsin?. February 19, 2011 (Traffic Controllers, and the Strike that Changed America), https://newrepublic.com/article/83829/wisconsin-public-employees-walker-negotiate，2019年2月10日访问。

的改革,促进了美国传统劳动谈判向集体、合作方式的更新,开启了美国工会的全盛期。很快,威斯康星州政府员工工会蓬勃发展,民主党筹款也十分顺利,民主党成为威斯康星州的主要政党。虽然威斯康星州是第一个允许公共雇员集体谈判的州,然而,《市政雇员关系法》的通过并不是完全没有争议的。事实证明,它可能与民主党在该州的独特地位以及"工人权利"有关。从当时的情况看,集体谈判不像是赋予公共雇员的一种权利,更像是一种党派施予的恩惠。对于外界的批评,在1959年的就职典礼上,纳尔逊引用亚伯拉罕·林肯的话为其辩护:"过去平静的教条不足以应付现在的暴风雨。我们必须重新思考,重新行动。"①

　　继1959年威斯康星州成为第一个立法承认政府工作人员集体谈判权利的州之后,受其鼓励,随后几年里类似的法律在各州得到了推广。1962年,肯尼迪总统签署的10988号行政令允许联邦政府员工就其工作的某些方面(但不包括其工资或福利)进行谈判。至关重要的是,这一行政命令得到了两党的支持:共和党里根州长于1968年签署了《迈耶斯-米利亚斯-布朗法》(*Meyers-Milias-Brown Act*),将公共部门的谈判带到了加州。1969年,共和理查德·尼克松总统通过行政命令,强化了肯尼迪认可的联邦政府员工的谈判权。由于两党在20世纪50年代中期到70年代中期的支持,政府员工工会的成员增加了10倍。②

　　全国教育协会搭上集体谈判的顺风车。以威斯康星州为首的各州陆续通过公务员集体谈判的法律,使全国教育协会开创了一个教师工会参与集体谈判的时代,从而彻底改变了其专业性质。这是20世纪60年代全国教育协会内部政治生态变迁的需求与外部相应的法律环境变化结合的结果。从此,全国教育协会在法理上从专业性组织正式转变为利益团体性质的工会组织。

　　这里我们有必要介绍一下促使全国教育协会转变的另外一个重要因素,即来自另一个教师工会组织"美国教师联合会"(American Federation of Teachers, AFT)的压力。在20世纪60—70年代以前,普通教师在等级森严的全国教育协会中没什么话语权。全国教育协会在教育行政管理人员的控制下,维持

---

① Christian Schneider. The Partisan Origins of Public-Sector Collective Bargaining. February 23, 2011, https://www.nationalreview.com/corner/partisan-origins-public-sector-collective-bargaining-christian-schneider/,2019年3月4日访问。

② Joseph A. Mccartin. What's Really Going on in Wisconsin?. February 19, 2011(Traffic Controllers, and the Strike that Changed America), https://newrepublic.com/article/83829/wisconsin-public-employees-walker-negotiate,2019年2月10日访问。

其专业传统，不让会员参与集体谈判这样"肮脏"的事情。相反，他们通过"专业谈判"来实现自己的目标。当雇主谈判破裂时，全国教育协会并不支持罢工行动。相反，它采用了"专业制裁"。但是，当各州允许公立学校的教职员工进行集体谈判时，全国教育协会的最大竞争者——"美国教师联合会"为此目的全力发展会员，而原先是教育专业组织的全国教育协会出于竞争的需要，也转变为工会组织。美国教师联合会是由美国教师组成的工会团体，最初是由玛格丽特·海莉（Margaret Haley）于1916年在芝加哥创立，其前身为1900年创立的美国教师与学生联合会（American Federation of Teachers and Students，AFTS）。1919年时，美国教师联合会已有100个地方分会，合计代表1.1万名美国教师的权益（占当时美国教师总数的1.5%）。成立初期，有别于全国教育协会，美国教师联合会为单一教师组织，不接受学校行政管理人员成为会员。在政治人物与各校高层打压下，1930年的美国教师联合会会员人数一度仅剩7000人，其对联邦政府或各州教育政策的影响力也渐趋衰落。不过，至1929年时，美国遭逢经济大恐慌，政府和学校都陷入财务困境，连带影响教师工作权益和教学品质，导致许多教师因不满现状而加入工会，美国教师联合会的会员人数也在此时攀升至3.3万人。30年代的美国教师联合会已不只是为小学教师发声，也能为维护大学教授的劳动权益挺身而出。

与全国教育协会还有不同的是，美国教师联合会自成立以来，就是美国劳工联合会—产业工会联合会（AFL-CIO）的会员工会，在其早期，美国教师联合会以排除学校行政管理人员而与全国教育协会区别开来。美国教师联合会有约60%的会员从事教职，其余为准教职人员或其他校园工作者，包括联邦政府或各州职员、大学院校职员、护理师、医疗从业者等人员，构成相当多元。另外，全国教育协会许多强势州和地方分会都在美国的农村和保守地区，在20世纪的大部分时间里，全国教育协会代表着小城镇和农村地区的公立学校，州分支机构在全国教育协会的政策制定中发挥了重要作用。而美国教师联合会主要是大城市教师的工会。由于从成立起就将自身定位为非专业性的工会组织，美国教师联合会在行动上较全国教育协会要激进得多。自20世纪40年代起，美国教师联合会即开始采取一系列罢工行动，作为组织发展策略。1946—1949年，美国教师联合会共发动了57次罢工行动，此时美国教师联合会的会员人数已上升到4.2万人。此后美国教师联合会罢工行动更为频繁，1960—1974年就有约1000次教师罢工行动，总共影响全美82.3万名教师的权益。如此频繁的罢工行动，其成效也反映在联合会的会员人数上：美国教师联合会在1960

年的会员人数是5.9万人,1970年是20万人,1980年更达到55万人。在这些会员中,有将近一半的会员也加入了全国教育协会。

美国教师联合会通过罢工活动成功提高工资的做法鼓舞了全国教育协会也开展类似的活动。全国教育协会和美国教师联合会已分别成了全国规模第一和第二大的工会组织。据悉,这两个教师工会组织目前共有400多万名会员。他们在全国各州、学区和城镇均建立了分会,它们的会员分布在全国的各个角落,形成了一个庞大的利益团体。许多评论家批评道,教师工会政治权力运作的基本手法有2个:对他们需要的政策施加压力,对他们不需要的政策予以抵制。由于他们对任何改变现状和触动他们既得利益的改革强烈抵制,故美国教育改革在其后近半个世纪中困难重重,迂回曲折,事倍功半,成效甚少。这是近50年来美国政治生态中的特有现象,而且这一现象还要继续左右教育改革的成败,这就是许多美国人对教育改革的成效表示怀疑并对未来表示悲观的原因。本书对此问题先简要铺垫,我们在下卷中将陆续予以披露。

二、1976年总统大选民主党提名的过程与结果

尼克松和福特两位共和党总统执政8年后,1976年又迎来了新一轮总统大选。这次民主党的候选人是时任佐治亚州州长的吉米·卡特,共和党候选人是时任总统杰拉尔德·福特。不同于以往大多数总统竞选者要么出生于政治世家,要么是华盛顿政界混迹多年的资深政客,卡特来自佐治亚州,是一位鲜为人知的南方州长。鉴于卡特的特殊政治"圈外人"背景,他不但在竞选期间采取了非传统的选战策略和方式,而且在他4年任期内与国会"建制派"主流也显得格格不入,"府院"之间缺乏互信,双方在许多问题上严重对立(尽管这种"府院"之争在形式和内容上与尼克松和福特时代有所不同)。

仅有地方执政经历的卡特竞选总统的前景很不乐观,其道路也必定困难重重。如果循传统的竞选策略和方式,卡特断难成功,他只能另辟蹊径。卡特及时抓住了发生于20世纪60年代的两个机遇:一是民主党的麦戈文–弗雷泽选举委员会提出选举改革方案之后民主党总统提名规则的变化;二是美国全国教育协会由专业协会向教师工会的转变。前者的改革确定了有利于卡特的党内参选和提名;后者的转型为卡特提供了坚实的利益团体支持和可观的选票。这两大变化对确保卡特获得民主党的总统提名和最终赢得总统大选起到了关键性的作用。

（一）卡特采取的竞选策略

卡特要成为民主党总统候选人，首先得战胜党内其他候选人，包括当时颇有声望的华盛顿州的竞争者参议员亨利·杰克逊（Henry Jackson）、来自印第安纳州的参议员伯奇·贝（Birch Bayh）以及来自亚利桑那州的众议员莫里斯·乌达尔（Morris Udall）。在旧规则下，一个默默无闻的候选人肯定无法战胜这些有着深厚根基的民主党资深大佬。然而回头来看，1976年时的默默无闻反而是卡特最大的资产之一：他在全国性政党内部缺乏地位，他别无选择，只能依靠民主党的新基层。卡特剑走偏锋，决定最大限度地利用民主党近年制定的新候选人提名规则，争取全国教师协会为代表的美国教师这一新兴选民群体的支持，能否争取全国教育协会的支持是他竞选民主党候选人的关键。鉴此，卡特在竞选之初即非常周全地在全国各地建立了一个审慎的支持者网络，各地的教师组织则是该网络的主要部分。为赢得教师的信任，卡特把自己担任佐治亚州州长期间对教育的兴趣和支持记录作为州初选的主要议题。

在他的自传《守信》（Keeping Faith）中，卡特把自己政治生涯的转变描述为是由对教育的兴趣驱动的一个过程。他说，无论是在郡教育委员会任职，还是任佐治亚州参议员时，"我都致力于制定政府政策，使黑人和白人儿童不会继续遭受这种隔离的痛苦。作为州长，我对教育的兴趣有增无减"[1]。教育在他的州长政纲中占有重要地位：他曾承诺给予全州幼儿园优先关注，他推动补习阅读课程，他主张对全州所有学校系统的11年级学生进行测试，他还承诺向佐治亚州境内有特殊需要的儿童提供额外的州政府经费。卡特认为他在此前2年担任州长期间，在教育方面的努力取得了重大成功，在许多教育项目领域增加了经费，扩大了州政府的责任，努力减轻当地社区因特殊需要而承受的负担。卡特还是一个委员会的积极成员，该委员会研究佐治亚州的长期教育需求，提出的建议被纳入了新的州立法倡议。

因此，当全国教育协会宣布有意支持并邀请潜在候选人与其领导层会面时，卡特反应敏捷，他认识到全国教育协会发布的公告对他参选的潜在价值。早在1974年秋天，卡特即参加了在拉斯维加斯举行的州工会领导人会议，他是唯一接受邀请的总统竞选人。据时任全国教育协会执行秘书的赫恩登（Herndon）和另一位负责人斯坦利·麦克法兰（Stanley McFarland）回忆说，由于

---

① Beryl A. Radin and Willis D. Hawley. The Politics of Federal Reorganization：Creating the U.S. Department of Education.Pergamon Press，1988，p. 37.

当时卡特的名气尚未为人知,他们想尽一切办法说服所有代表参加为卡特组织的早餐会。虽然这次见面并没有实质的结果,但是一颗重要的种子已经播下了。在与卡特的交谈中,麦克法兰和赫恩登都对他的聪明才智和驾驭局面的能力印象深刻。一年后卡特再次电话联系他们时,他们一听就想起他是谁了。

在拉斯维加斯会面后,他主动打电话给赫恩登。卡特解释说,他期待着在艾奥瓦州的胜利,他告诉赫恩登,他知道该州当地的教师更喜欢他们的中西部同胞伯奇·贝,并希望他们不会怨恨他可能战胜来自印第安纳州的参议员伯奇·贝,因为他渴望与教育工作者保持良好的关系。第二次互动的时机是在关键的艾奥瓦州民主党核心官员的筹备会议上。卡特在艾奥瓦州滑铁卢市对一群教师发表讲话时,正式宣布支持全国教育协会提出的核心目标之一,即建立内阁级的联邦教育部。这是卡特的一个姿态,但尚不足以确保全国教育协会的支持。全国教育协会总会精明地决定在初选期间遵从各州分支协会的意见:如果全国教育协会的代表支持一名以上的候选人,如果提名仍未定,那么该协会在竞选局势变化中发挥影响的可能性会增加。在意料之中,卡特的声明也没有赢得艾奥瓦州本地教师的支持:他们更喜欢他们的中西部同胞——印第安纳州的候选人伯奇·贝。

对于所有民主党的候选人来说,全国教育协会希望建立联邦教育部的政治目标不是什么秘密。1975年10月,全国教育协会专门发表了一份题为“需要:内阁教育部”(Needed: A Cabinet Department of Education)的声明,正式提出了全国教育协会要求建立联邦教育部的主张,并呼吁民主党候选人重视他们这一诉求。卡特对全国教育协会提出的这一主张给予了最为积极的呼应,当他在向全国教育协会寻求支持时,他当面认可了这个问题的重要性。并在几天后接受艾奥瓦州教师的采访时,公开表明:“我考虑建立的唯一部门是一个单独的教育部。一年前,我在与全国教育协会领导委员会会晤时即阐明了这一立场,就在最近两周内,我发表了一份新闻稿,表示会赞成设立一个单独的教育部。”随后在四个月之后的1976年2月,卡特发表的一份声明中进一步指出:“我会毫不犹豫地提出并支持以下基本和有争议的变革,建立独立的教育部。总的来说,我反对联邦机构的扩散。但是建立教育部将合并各部门的拨款计划、工作培训、幼儿教育、识字培训以及目前分散在整个政府中的许多其他职能。结果将会在联邦政府层面增强对教育的呼声。"①

当时许多人都认为，卡特个人对全国教育协会所作的政治承诺可以被视为获得强大的全国教育协会支持的策略。卡特和全国教育协会都是"玩弄"国家政治的新手，随着竞选活动的开展，可以看到他们在互相利用对方。然而，卡特精心挑选的副总统竞选伙伴沃尔特·蒙代尔（Walter Mondale）对国家政治和全国教育协会也并不陌生。选择沃尔特·蒙代尔作为竞选伙伴可能也要归功于全国教育协会的影响：蒙代尔是该协会的坚定支持者，他的兄弟莫特（Mort）是中西部明尼苏达州教育协会的会长，因此蒙代尔一直与全国教育协会有着密切的联系。蒙代尔参议员在民主党全国代表大会召开之前，在全国教育协会的全国代表大会上发表讲话时，也极力支持全国教育协会主张成立联邦教育部的呼声："现在我们需要做的事情多得多。目前联邦一级的教育机构非常无效，全国教育协会知道这一点。事实上，很早以前，我们就应该在一位教育部部长的领导下成立一个新的部，称为教育部。"②

蒙代尔作为副总统候选人得到了全国教育协会和其他有组织劳工的大力支持。当他被任命为卡特的竞选伙伴时，全国教育协会正准备发起一场强有力的竞选运动，并作出一项重大决定：该组织在其成立119年的历史上首次公开支持一位总统候选人。事实证明，全国教育协会的支持对卡特赢得大选至关重要。经过上述一系列布局和运作，卡特适时地赢得了艾奥瓦州的初选，接着赢得了新罕布什尔州的初选，逐渐成为候选人中的领先者。到7月民主党代表们在纽约开会时，卡特顺利获得民主党总统候选人的提名。

（二）全国教育协会对卡特获民主党提名所做出的贡献

卡特之所以决定参选总统并不是有把握得到民主党提名，主要看准了民主党总统提名程序的改变，他未雨绸缪，是所有候选人中最早准备竞选工作的。得益于20世纪60年代中期民主党的结构和组织发生了变化，卡特竞选的基础不是传统的政党机器，而是一个由政治活跃人士和各社会组织组成的广泛的基层组织。有人认为，卡特的总统竞选始于1971年，他曾经参与1972年的副总统竞选，并当选为1974年国会民主党竞选委员会主席。正是这一职位使他在全国范围内开始有了曝光的机会，并使他与各地的基层党内积极分子

---

① Beryl A. Radin and Willis D. Hawley. The Politics of Federal Reorganization：Creating the U.S. Department of Education.Pergamon Press，1988，p. 41.

② Beryl A. Radin and Willis D. Hawley. The Politics of Federal Reorganization：Creating the U.S. Department of Education.Pergamon Press，1988，p. 41.

建立了私人关系。由于改革在党内还是初步的,卡特能利用新结构和新规则抓住机会。而全国教育协会的异军突起给卡特提供了一支强有力的同盟军。鉴于两者利益的一致,正如一位观察家评论说,"卡特、美国全国教育协会和民主党的新规定非常适合彼此"。[①]卡特在竞选中越来越引人注目,全国教育协会又是一个良好的选民支持基础。

我们可从下面的数据来看全国教育协会对卡特获民主党提名所发挥的作用。

第一,自1960年全国教育协会在肯尼迪战胜尼克松的总统选举中起了关键作用,从而尝到了参与国家政治活动以维护自身利益的甜头之后,全国教育协会继续鼓励各州的分支机构积极参与各地的政治选举,支持其中意的候选人。为加强其助选成效,全国教育协会鼓励和资助各地分支机构组织政治行动委员会,走上更为专业化的选举政治的道路。为在全国范围内支持对教育问题关注的候选人工作,全国教育协会总部于1972年也成立了政治行动委员,为参与选举委员会的会员举办政治组织讲习班的培训,并建立了竞选组织干部的标准。

第二,全国教育协会完成向利益团体的教师工会转型后,会员增长迅速,至1976年美国总统大选时,全国已有近200万会员。它的积极分子和明确的会员资格得到了华盛顿以外300多个全职和1000多个兼职组织者的支持,华盛顿总部有1000名工作人员,与其他大型工会的关系良好。值得注意的是,与许多专为选举成立的临时组织不同,全国教育协会建有常设的专门机构,拥有长期游说国会立法的经验,全国教育协会的这些游说机构并不会在大选年的11月总统选举结束后解散。

第三,作为民主党候选人初选改革的结果,举行初选的州从20世纪60年代中期的16个增加到1976年的35个。在各州初选中当选的参加民主党全国代表大会的比例从1/3增加到近3/4。在1976年民主党选出的3000名代表中,有172人来自全国教育协会,这证明了该协会在初选期间的战术敏锐性和全国领导能力,没有其他任何劳工组织的代表数接近这个数字。事实上,只有一个州——加利福尼亚州,提供了比全国教育协会更多的代表。[②]

第四,全国教育协会除了自己全力支持卡特竞选之外,在1975年,还与汽

① Beryl A. Radin and Willis D. Hawley. The Politics of Federal Reorganization: Creating the U.S. Department of Education. Pergamon Press, 1988, p. 40.

② Gareth Davies. See Government Grow: Education Politics from Johnson to Reagan. University Press of Kansa, 2007, p. 227.

车工人联合会一起联系其他几个工会组成了一个支持卡特的联盟，以最大限度地发挥其会员和组织的影响力。到1976年民主党全国代表大会召开时，在联盟的支持下，在全部3000名代表中，大约有400人当选。在6月的初选结束时，该联盟的大多数代表都支持卡特，其中大部分是全国教育协会的会员。事实上，据全国教育协会工作人员的估计，该组织在卡特的竞选活动上共花费了40多万美元。[①]

三、卡特赢得1976年总统大选与面临的教育问题

（一）卡特赢得总统大选

1976年7月民主党全国代表大会召开，卡特顺利获得总统候选人提名，全国教育协会为此立下汗马功劳，这时的卡特已具有全国性的影响力。在随后卡特对阵共和党的在任总统福特的总统竞选中，全国教育协会继续全力支持。尤其是在1976年秋天的竞选关键时刻，全国教育协会又起到了重要作用。此时福特领先卡特的优势正在消失，不仅因为全国教育协会为民主党的竞选投入了40万美元，也不仅是因为教师们中投票的人数异常多（据统计，85%的全国教育协会的会员参加了投票，这对卡特赢得俄亥俄州、宾夕法尼亚州和佛罗里达州的选举产生了决定性的影响），而且全国教育协会的基层组织力量也很重要，全国几乎每个政治选区都有其会员，每个国会选区平均有4000名会员。由于有全国教育协会的全力支持，加之福特赦免尼克松引起民众的不满，以及他本人未经竞选即登上总统职位的脆弱地位，这一切使得卡特击败了福特。而这次竞选投票结果的差距不大，使全国教育协会更有理由认为它的支持为卡特最终赢得总统选举起到了关键作用。

据报道，选举结束后，卡特即亲自致电全国教育协会会长约翰·赖尔表示感谢："教师的大力支持对我们的胜利至关重要。我们向全国教育协会寻求支持时，你们在全国范围内提供了巨大的帮助。"[②]全国教育协会会长约翰·赖尔更是欣喜若狂地说："1976年，我们的教师们在高级政治课上得了A。"卡特的竞选经理汉密尔顿·乔丹（Hamilton Jordan）承认："教师们的大力支持对我们赢得这次选举至关重要。在全国各地，我们都向全国教育协会求助。只要我们请

---

① Beryl A. Radin and Willis D. Hawley. The Politics of Federal Reorganization: Creating the U.S. Department of Education.Pergamon Press, 1988, pp. 40–41.

② Beryl A. Radin and Willis D. Hawley. The Politics of Federal Reorganization: Creating the U.S. Department of Education.Pergamon Press, 1988, p. 42.

求他们的帮助,他们就来了。"而当选的副总统蒙代尔在第二年对全国教育协会的演讲中回忆道:"你们不仅支持我们,还为我们拉选票。在竞选活动中,我从来没有在一个竞选站发现卡特先生的全国教育协会的投票率是低的。我们希望不辜负你们去年11月对我们的信任。"①

(二)卡特胜选后面对的政治生态

卡特当选总统后的社会政治背景有两个特点:一是当年大选中民众最关注的是通货膨胀,而教育问题甚至未列入优先的议题中(见第四章中的表4-6)。二是在卡特总统任内国会参众两院均是民主党占据多数,民主党议员的人数远多于共和党议员,尤其是在众议院,民主党议员人数超过共和党议员人数一倍还多,而且参众两院中负责教育与劳工事务的委员会主席也都是民主党议员(见表5-7)。从常理来说,这为民主党总统卡特推行社会政治政策提供了非常有利的条件。然而在卡特总统执政时期,情况却并不理想。卡特总统既不是出生于政治世家,也不是在华盛顿政界混迹多年的资深政客,他来自佐治亚州,属于特殊政治"圈外人",与国会"建制派"主流也显得格格不入,导致在他执政的四年中"府院"之间缺乏互信,双方在许多问题上也严重对立。这种状况也影响了教育政策的制定上,双方的冲突非常明显,我们下面将予以介绍和分析。

表5-7　美国卡特总统第一任期联邦政府行政与立法权力概貌(1977—1980年)

美国第39任总统			
总统(党派)	卡特(D)	第一任期	1977—1980年
副总统(党派)	蒙代尔(D)	第一任期	1977—1980年
任内的主要教育建树	1977年颁布了《1977年教育修正案》(*Education Amendments of 1977*) 1977年颁布了《公法95-134(综合补助的岛屿地区)》(*Public Law 95-134 Consolidated Grants to Insular Areas*) 1978年颁布了《1978年教育修正案》(*Education Amendments of 1978*) 1979年颁布了《教育部组织法》(*Department of Education Organization Act*, DEOA) 1980年颁布了《教育部的设立》(*Creation of Department of Education, CDE*) 1980年颁布了《难民教育援助法》(*Refugee Education Assistance Act*) 1980年颁布了《1980年教育修正案》(*Education Amendments of 1980*)		
美国第95届国会			

① Gareth Davies. See Government Grow: Education Politics from Johnson to Reagan. University Press of Kansa, 2007, p. 228.

续表

国会议员总数	535人	任期	1977—1978年
参议院人数与党派	61（D）	38（R）	1（其他党派）
劳工与公共福利委员会主席、党派和所属州	哈里森·威廉	D	新泽西州
众议院人数与党派	292（D）	143（R）	
教育与劳工委员会主席、党派和所属州	卡尔·帕金斯	D	阿肯色州
美国第96届国会			
国会议员总数	535人	任期	1979—1980年
参议院人数与党派	58（D）	41（R）	1（其他党派）
劳工与公共福利委员会主席、党派和所属州	哈里森·威廉	D	新泽西州
众议院人数与党派	277（D）	158（R）	
教育与劳工委员会主席、党派和所属州	卡尔·帕金斯	D	肯塔基州

资料来源：根据 New York State Education Department. Federal Education Policy and the States, 1945-2009: A Brief Synopsis. New York State Archives, Albany, January 2006, revised November 2009, p. 40 中数据计算整理。

（三）卡特胜选后面对的教育问题

毋庸讳言，卡特最终赢得总统大选，全国教育协会立下了汗马功劳。但全国教育协会的支持是有条件的，即卡特允诺当选后建立内阁级的联邦教育部。卡特在总统任内共做了三件毁誉参半的有关教育的大事：一是建立了内阁级的联邦教育部，二是增设大量联邦专项教育项目，三是大量增加联邦政府教育经费。

1. 历史上美国政府和国会设立内阁级教育部的尝试

虽然卡特上任之初要解决的最重要问题是通货膨胀，但是卡特新政府必须认真对待全国教育协会及其政治议程。毫无疑问，因为卡特总统和他最亲密的同事认为他们欠全国教育协会一个大人情，必须建立内阁级的联邦教育部以回报支持。然而，这不是一件容易的事，在美国历史上，为建立内阁级的联邦教育部曾有过多次努力，因联邦政府、地方政府以及社会其他利益团体的种种阻挠和反对都失败了。因此，为兑现竞选诺言，卡特总统也几乎花了其整整一个任期时间推动联邦教育部的建立，而在该部建立后的6个月他即下台了。为更好理解卡特总统的艰难努力,我们有必要先简单介绍一下历史上联邦政府和国会为设立联邦教育部所作的多次尝试。

(1)历任总统对设立联邦教育部的尝试

在美国历史上,教育部的设立走过了一条异常曲折的路。美国独立后,美国《宪法》规定未授予合众国,也未禁止各州行使的权力,一律由各州保留。教育的管理职能由州政府、私人机构和宗教团体执行,因此,在联邦政府层面没有设立教育行政管理机构。但各州各自为政,互不相干,造成全国教育水平参差不齐,民众获得的教育机会极不平等,缺少全国统一的教育管理机构的弊端越来越明显。

19世纪40年代,美国教育家巴纳德(Barnard)首次提议成立一个由联邦政府管辖的教育部,统一管理全美的教育事务。但由于州政府认为联邦管理教育侵犯了各州的主权,巴纳德的建议在国会受到了多方的阻挠。1867年,历经20多年的国会辩论,《教育部法案》在国会勉强通过。法案规定设立一个次级内阁教育部(sub-cabinet department)(有时也译为教育署),是非内阁的独立机构,其负责人级别为署长,由总统提名经参议院同意后任命。至此,在建国整整80年后,美国第一次成立了联邦级的教育机构。成立初期的教育部除署长外只有3个工作人员,每年经费不超过2000美元。[①]

由于各州担心教育部日渐扩张的管理权侵占各州保留的教育权利,将其视为"眼中钉"。美国教育部从成立的第一天开始,就成为国会各党派的敌视对象,各州以《违宪》为由提出废除教育部,该部成立不到3年便被"降级"为教育署。1870年,国会通过法案,将教育署又更名为教育办公室(Office of Education),并由独立的部改为归内政部管理,并被赋予一个小局的地位。在哈定(Harding)总统于1922年试图提高其地位之前,它在内政部呆了60多年。哈定要求起草一项法案,设立内阁一级的教育部,但当时的教育专员菲兰德·克拉克斯顿(Philander Claxton)反对这一动议。他将准备好的法案提交国会,但表示反对。尽管立法机构从未考虑过这项法案,他还是被迫辞职。近10年后,赫伯特·胡佛(Herbert Hoover)任命的一个委员会建议成立内阁级的教育部,但胡佛没有采取行动。

1939年,富兰克林·罗斯福总统将教育办公室从内务部移出,将其纳入卫生教育福利部的前身——联邦安全署(Federal Security Agency)。罗斯福总统

---

① 网易新闻:《"五不管"的美国教育部》,2020年3月20日,http://news.163.com/special/reviews/useod.html,2020年4月8日访问。

利用他新从国会获得的对联邦政府机构的重组权进行了这一调整。①有人认为，罗斯福总统倾向于设立一个单独的教育部，但在他执政初期不能根据国会赋予他的重组权限提议设立一个新的部门。建立联邦安全署的行动是罗斯福总统听从了顾问的建议，尽管罗斯福总统在其执政后期有权设立一个新部门，但他最终没有提出这样的建议。②

第二次世界大战后，有人建议建立国家教育委员会，直接对总统负责，但没有内阁地位。具有讽刺意味的是，这一提议与30年前的教育专员菲兰德·克拉克斯顿的提议相似。直至1952年艾森豪威尔就任总统后，关心教育的他要求提高联邦教育部门的地位。1953年，艾森豪威尔总统设立卫生教育福利部，并将教育署划分到该部。自那之后，主张设立一个独立的内阁级教育部的呼吁一直没有停过，但直到20世纪60年代中期，联邦政府大规模发展教育项目时，人们才开始认真关注联邦政府的构成问题。贝利（Bailey）和莫斯尔（Mosher）这两位学者在1968年撰文指出："最近教育作为一个主要的国家关注点出现，引起了人们对联邦教育署在联邦政府整体结构中的适当级别和权威性的持续质疑。关键问题是，联邦教育署的地位是否与其所履行职能的重要性相称，是否足以使其在教育领域发挥全政府的领导作用？"他们认为，多年来，联邦政府部门和机构地位的转变，反映出人们对国家优先事项的共识正在转变。教育现在已经成为一个国家的优先事项，得到越来越成熟和充满活力的选民的支持。

在约翰逊总统执政时期，国会根据1949年《重组法案》（及其后的延期）授予总统重组政府部门的权力于1963年6月1日到期。约翰逊总统曾寻求国会永久授予总统重组权，但这项永久授权没有通过。事实上，第一次授权只被延长11个月，国会随后将权力期限延续至1968年12月底，在约翰逊总统任期内

---

①国会在1918年5月20日通过了北卡罗来纳州联邦参议员里·欧弗曼（US Senator Lee Slater Overman）的增加总统战争权的《部门重整法案》（*Department Reorganization Act*），授权总统在危机时能够更灵活地使用武装力量。按照国会新议案采用议员名字来命名的惯例，此法亦称《欧弗曼法案》（*Overman Act*）。它赋予伍德罗·威尔逊总统在"当前战争持续期间，以及在《和平条约》宣布结束战争后6个月内，或在总统可能指定的更早时间内"重组政府机构的全面权力。凭借其权威，威尔逊创立了战争工业委员会、全国战争劳工委员会和新闻委员会。1941年12月18日，富兰克林·罗斯福签署新版的《战争权力法案》（*War Powers Act*），延续并加强了《部门重整法案》的精神，赋予总统包括增加政府部门等众多的战争权力。

② Beryl A. Radin and Willis D. Hawley. The Politics of Federal Reorganization：Creating the U.S. Department of Education.Pergamon Press，1988，pp. 15–16.

赋予他重组政府结构的权力。尽管约翰逊总统在获得授权后确实向国会提交了17项计划（其中16项生效），但设立教育部的提议并不是其中之一。1964年，约翰逊总统任命了2个平行的特别工作组来审查与联邦教育工作有关的组织问题。

第一个特别工作组由哈佛大学公共管理研究生院院长唐·普莱斯（Don Price）领导，由10名成员组成（称为总统政府改组工作队），负责研究行政部门内部职能的组织，将教育列为审查的12个主题之一。1964年11月该小组提出的报告建议设立一个教育部，该部部长应进入内阁。根据这个特别工作组的说法，该部门将包括教育机构和有研究项目的机构，包括人文和文化事务以及科学。

第二个特别工作组由卡内基公司总裁约翰·加德纳（John Gardner）担任主席，称为教育特别工作组。该小组的任务主要是研究实质性和方案性的，要确实解决组织结构问题。该小组提交的报告认为：在联邦政府的最高一级，应该有一个教育机构，配备足够的人员，对当前的问题和需要进行深入分析，制定政府行动的广泛目标，并为实现这些目标制订坚实的方案。这样一个机构的目的不是指导或控制美国的教育——任何联邦机构都不可能也不应该这样做——而是在联邦活动中引入足够的连贯性，使纳税人在教育上的支出得到很好的利用。在报告中有关组织创新的一章中明确指出："目前的教育办公室无法满足我们的要求。"

这两份报告都是在1964年11月提交给白宫的，白宫已经考虑过设立一个独立部门的可能性。约翰逊总统本人也意识到联邦教育办公室的组织问题，并在为国会议员举行的招待会上，在签署《初等与中等教育法》之际，提出建议说："我要求安东尼·西莱贝泽（（Anthony Celebrezze）部长和弗朗西斯·吉佩尔（Francis Keppel）委员立即行动起来，为教育办公室必须做的重大工作做好准备，只要拨款到位。根据他们的建议和这方面的人事问题来管理这项法案。"[①] 约翰逊总统认为这一建议是及时的，并承诺将在白宫审查行政部门结构时予以考虑。

然而，由于种种原因，最终约翰逊总统未能提出设立独立的联邦教育部的提案。至他执政的最后一年（1968年），国会通过《教育总则法》，在卫生教育福

---

① Beryl A. Radin and Willis D. Hawley. The Politics of Federal Reorganization：Creating the U.S. Department of Education.Pergamon Press，1988，pp. 17–19.

利部下面设置教育司和全美教育研究所，并在部长办公室下面建立一个全美教育统计中心。至此，被多次"降级"的教育署再次成为联邦教育行政机关，司长被称教育助理部长。

1969年尼克松总统上任后，秉承共和党的小政府、大社会理念的他就更不会对增设联邦教育部感兴趣了。总统就任后不久，就请利顿工业公司（Litton Industries）的总裁罗伊·阿什（Roy Ash）组织一个小组负责研究联邦政府的组织结构。该小组于1970年完成报告，这份报告被看作是1971年初白宫宣布的一系列重组计划的基础。尼克松总统的提案呼吁制订一项联邦政府的重组计划，其核心理念是"行政部门应围绕基本目标活动。我们不应把活动按狭隘的主题或有限的选区分组，而应围绕政府的伟大宗旨来组织"。该提案试图将联邦政府的七个部门缩编为四个新部门，即自然资源部、社区发展部、经济事务部和人力资源部。每个部都将有一个足够广泛的任务，以促进全面的政策制定权。

阿什委员会（小组）的建议也符合尼克松总统的意向，即重组政府结构将大大提高政府运作的效率，并向美国人民提供服务，与此同时，也可将他与行政官员的交往限制在尽可能少的个人范围内。为人力资源部提出的组织计划包括三方面行政人员——卫生行政人员、收入保障行政人员和人力发展行政人员。根据这一计划，教育将由人类发展管理局（以及社会服务和人力计划）负责。在这个计划中，教育将明确地从卫生教育福利部移出，纳入拟设立的人力资源部。然而尼克松总统的提议在国会没有得到支持。事实上，设立人力资源部的提议甚至没有得到国会听证的机会。尽管尼克松总统的继任者福特总统继续关注联邦政府的治理问题，但他并没有将改变组织结构作为改善政府工作的一种方法。1971—1975年，很少有人关注政府组织或总统重组权力的问题。①

综上而言，从美国联邦政府角度，由于历任总统分属于不同的党派，他们基于各自的理念和兴趣，对美国在联邦政府层面是否要设立独立的教育部，甚至是内阁级的教育部，从不同角度有过不同的尝试或努力，但因种种政治和社会原因，最终都不了了之。

---

① Beryl A. Radin and Willis D. Hawley. The Politics of Federal Reorganization: Creating the U.S. Department of Education. Pergamon Press, 1988, pp. 22—23.

（2）历史上国会对设立联邦教育部的努力

由于教育是美国地方事务，如果联邦政府要参与教育，一般是采用设立项目或赠予土地的间接形式资助，而这些资助行为都必须通过国会制定法律的形式实施。因此，历史上，较之于美国行政部门，联邦国会在制定教育政策方面往往起主导作用。在此之前唯一的例外是在约翰逊总统当政时期，1965年通过的《初等与中等教育法》很大程度上归功于约翰逊总统及其政府的巨大努力。然而在那之后，总统们在教育政策上几乎没有留下什么印记。教育并不是尼克松—福特任期内的首要问题，即使他们试图表明自己的立场，他们也明显地失败了：除了尼克松总统在消除南方学校种族隔离方面起了关键作用，尼克松总统和福特总统控制教育开支的努力也基本上失败了。因此，传统上国会山是教育政策制定的主要场所，白宫对政策制定的影响相对较小。具体到设立独立的联邦教育部的问题，国会也并未置身事外，两党议员曾作过多次努力。

美国国会长期有建立教育部的意图。据美国国会图书馆立法参考服务处（现为国会研究服务处）的一份报告，1908—1951年，美国国会共提出了50多项关于设立独立内阁级教育部的法案。在这段历史时期，国会累计举行过近20天的各种形式的听证会，并据此向众议院或参议院报告了至少6项法案。遗憾的是，两院议员没有采取任何行动使该提案超出委员会的讨论范围有进一步发展。1955年，在第84届国会期间，国会议员弗兰克·汤普森（Frank Thompson）提出立法，设立一个独立的教育办公室。1962年，在第87届国会期间，国会议员赫尔曼·托尔（Herman Toll）提出了一项设立教育部的法案。第二年，国会议员约翰·福格蒂（John Fogarty）也提出了一项法案。

至60年代中期后，国会要求设立教育部的势头愈益加大。1965—1966年的第89届国会期间提出了5项法案；第90届国会提出了3项法案；1969—1970年的第91届国会提出了6项立法。第92届国会提出了15项法案，第93届国会提出了11项法案，第94届国会提出了8项法案。总之，1965—1975年的10年间，国会共提出了48项关于设立联邦教育部的法案。在此期间，相当一部分国会议员成为这一想法的拥护者，其中福格蒂议员的主张是比较强烈的，支持他的有众议院女议员伊迪丝·格林（Edith Green）、众议员约书亚·艾尔伯格（Joshua Elberg）和阿尔伯特·奎伊（Albert Quie）。除了奎伊是众议院唯一的共和党议员之外，其他都是民主党众议员。前卫生教育福利部部长、民主党参议员里比科夫（Ribicoff）在参议院一马当先，带头倡导设立联邦教育部，前副总休伯特·汉弗莱（Hubert Humphrey）经常与他一起讨论并支持这一想法。①

2. 卡特总统推动设立联邦教育部的过程与结果

从美国联邦行政部门和立法部门对设立联邦教育部的曲折过程的分析可以看出，联邦政府的两个部门——立法和行政——对重组问题有着截然不同的看法。国会议员倾向于保护自己在国会各个委员会系统复杂的权力平衡中的利害关系。这种行为是建立在与社会利益团体和项目官僚机构紧密共生的基础上的。国会议员们希望保护其支持者的政策目标，或者至少避免破坏成功的政治联盟。

行政和立法视角的差异源于美国政治体系最基本的结构。虽然《宪法》赋予总统"行政权力"。但是，在总统任期内并没有明确规定行政部门的结构。相反，这是美国分权主义的一个特点，总统在组织结构问题上作为首席执行官的企图在多个方面受到国会权威的阻挠，因为国会有能力建立行政结构，它有权界定其权力并确定其程序。国会在行政事务上与总统分享权力，国会的预算权和监督权与总统任命行政官员和确保法律执行的权力相平衡。在历史上所有的重组努力中，总统所追求的重组权力与国会不愿意授予这种权力之间的紧张一直是典型的冲突。原因很明显，总统行政机构的重组权力既然是国会给予的，那么国会也有随时剥夺总统行政机构重组权的特权。

显而易见，总统行政部门对政府的重组权力来自国会立法部门的授权，而且这一授权是有时限、权限和制约的，其过程和结果往往都是国会起主导作用。这也是历届总统在包括设立教育部在内的政府重组方案中与国会发生冲突，最终都功亏一篑的原因。明白了这一背景，我们就知道总统的行政部门在制定政府重组的政策中的权力是很有限的。卡特总统是否是一个例外呢？

此外，卡特总统上任时客观上还面临两个不利因素。一是他与国会"建制派"主流缺乏互信。就是同样是民主党的国会议员领袖们也不真心支持卡特总统。卡特总统事后回忆这段与民主党国会同僚相处的过程时有一段很具体的描述，"除了在胜选后的庆祝会上短暂的握手，我根本不认识大多数国会议员，我渴望见到他们，他们对我更好奇。一些民主党领导人承诺全力支持我执行施政纲领，但当我们开始讨论艰难的细节时，支持常常不见踪影。我必须在

---

① Beryl A. Radin and Willis D. Hawley. The Politics of Federal Reorganization: Creating the U.S. Department of Education.Pergamon Press, 1988, p. 24.

任何能找到选票的地方四处拜票"①。二是在总统大选前后美国民众最关注的议题是通货膨胀,这就为卡特总统推动设立联邦教育部增添了社会阻力。

在主观上,卡特总统也面临着两个挑战。一是全国教育协会要求他兑现竞选期间的承诺。由于全国教育协会对卡特总统的当选贡献巨大,卡特总统必须要信守承诺以回报对方,这是一笔必须要偿还的政治人情债。二是以一个非传统政客的身份竞选总统的卡特,对他所认为的肮脏和自私的游说政治有着明显的反感,希望将竞选和执政严格区分开来。卡特总统认为,在竞选过程中他可以支持成立联邦教育部,而不会觉得在损害他自身的原则。但一旦当选,他只能将特定利益团体的要求放在全国总体预算和政策优先事项的范围内全盘综合考虑。

基于上述一系列因素,卡特总统处于一种身不由己的矛盾状态。担任佐治亚州州长期间,卡特就以重整州政府结构,提高政府部门的效率而出名。有了这一段经历,卡特总统来到华盛顿后,非常反对行政机构的扩张,他希望重组方案集中在合并职能重叠的联邦政府部门,减少直接向总统报告的部门和机构负责人的数量。卡特总统的目标是将联邦机构的数量从1900个减少到200个,这个数字包括了1400个联邦咨询委员会中的机构。尽管卡特总统提议的主旨是机构集中,但这一方案有一个明显的例外,就是将庞大的卫生教育福利部分解开来,建立一个单独的教育部,将目前由大约20个不同的机构管理的教育项目整合在一起,集中到教育部统一管理。这也是卡特总统在竞选中的承诺。而为兑现诺言,卡特总统几乎花了其整整一个任期推动联邦教育部的建立,其间所经历的复杂和艰难的过程和博弈,相信读者阅后也会有充分的感受。下面我们逐年来分析卡特总统在4年总统任期中的努力。

(1)1977年:总统行政部门的努力

1977年是卡特总统执政的第一年,为完成包括建立联邦教育部在内的重组联邦政府结构的目标,卡特总统主要采取了两大措施:一是设法获取国会的授权;二是设立总统政府重组项目(President's Reorganization Project, PRP)。

获取国会的授权。根据历史的经验和教训,卡特总统深知要启动联邦政府的结构重组,首先得获得国会的授权。因此,在1976年11月初总统胜选至1977年1月20日宣誓正式上任之间的2个半月的过渡时期,卡特多次前往华盛

---

① Beryl A. Radin and Willis D. Hawley. The Politics of Federal Reorganization: Creating the U.S. Department of Education.Pergamon Press,1988, p. 44.

顿，与国会议员进行沟通，希望尽早获得授权。但与国会领导人的初期对话并不顺利，国会显然不愿意赋予他充分的权力。掌控该项授权的得克萨斯州民主党众议员、众议院政府运行委员会（House Government Operations Committee）主席杰克·布鲁克斯（Jack Brooks）特别不愿意将这种权力扩大到白宫，布鲁克斯的做法反映了国会对政府重组的传统怀疑态度。1949—1973年，美国历任总统曾74次利用重组权改变政府结构，但是国会有19次否决这些提议。在卡特的不懈努力下，其宣誓就任总统的2周多前的1977年1月4日，国会总算出台了一项立法，规定了相对标准的重组权。尽管这给了卡特总统改革政府结构的相当大的自由度，但它明确规定，重组计划不能用来设立新的行政部门。

这项法规对卡特总统是一个很大的打击，按此规定，卡特总统设立联邦教育部的计划将会落空。而设置这种障碍的关键人物就是资深议员布鲁克斯和他领衔的众议院政府运行委员会。国会不愿接受重组计划也与国会本身的组织有关，尽管国会各委员会组织独立于政府，但一些议员认为，政府一旦重组之后，国会与此相应的委员会体系将随之重组，这种转变可能会影响一些利益团体，他们担心这种变化会破坏联盟及其支持基础。几经考虑后，卡特总统感到他无法改变布鲁克斯的想法，于是他采取了一个分离策略。卡特总统在2月上旬和中旬两次邀请了除布鲁克斯以外的所有众议院政府运行委员会成员到白宫，分别做他们的工作。在获得他们大多数成员的支持后，再与布鲁克斯谈判。在大势所趋的情况下，布鲁克斯也只好让步。最后在对卡特总统的提案做了一些修改后，最终国会通过了《1977年重组法》——实际上赋予了卡特总统所要求的授权。卡特总统赢得了胜利，但他的做法也有负面影响，就此也与布鲁克斯结下了梁子。据布鲁克斯的一名助手说："卡特两次邀请委员会成员，'绕过委员会主席'布鲁克斯的情况下私下运作，显示出对国会传统的不尊重。"[1]

设立总统的政府重组项目。在寻求国会授权的同时，卡特总统上任一个多月后，即决定设立一个总统政府重组项目，全盘和统筹领导联邦政府的结构改革。卡特总统指示白宫管理和预算办公室（Office of Management and Budget, OMB）主任贝特·兰斯（Bert Lance）向众议院拨款小组委员会提出补充预算

---

[1] Beryl A. Radin and Willis D. Hawley. The Politics of Federal Reorganization: Creating the U.S. Department of Education.Pergamon Press, 1988, p. 58.

要求,为政府重组活动追加160万美元和62个全职职位,以便支持政府重组工作。同时规定,政府重组的项目结构将由管理和预算办公室负责,由贝特·兰斯担任这项工作的领导(兰斯曾是卡特在佐治亚州政府重组活动中最重要的战略家和盟友)。同时设立一个执行副主任的新职位,专职负责规划和指导重组方案,向白宫管理和预算办公室主任汇报,并"在重组事项上向总统和咨询小组提供必要的帮助"。该项目将由6个研究小组组成,每个小组由一名领导负责,由政府机构人员、白宫管理和预算办公室分析人员和外部专家组成,负责收集和分析信息,并制定重组行动议程。根据1977年3月制定的文件,政府重组的目的是"大幅改善行政部门的组织和管理,使政府工作更有效、更负责任、更公开和更富有同情心"。总统将"直接和持续地参与重组工作",并"就所有重大政策问题作出最后决定"。白宫管理和预算办公室主任和副主任将"批准管理和开展研究的总体计划;持续监测重组计划的开展和进展;协助解决研究中出现的问题;审查研究小组的最后建议"①。

与此同时,在上述6个研究小组之上再设立一个总统政府重组咨询小组(President's Reorganization Advisory Group),就项目进展情况向总统和白宫管理与预算办公室高级官员提供独立咨询,并在提高公众认识战略中发挥积极作用。该小组将由一名全职主席领导,该主席"得到总统的信任,具有政府重组方面的工作知识和公众认识/参与方面的经验"。预计该小组将由10—15名成员组成,包括白宫工作人员中的高级成员,在联邦政府、立法部门、工商界、州或地方政府、公共利益团体以及研究和学术机构有经验的个人。

设立教育部研究小组。为总统政府重组项目建立的6个研究小组中有一个是人力资源研究小组,负责研究和分析设立拟建的新教育部的可能性,备选方案的工作人员就设在该小组内。包括人力资源研究小组的负责人帕特里夏·格瓦尔特尼(Patricia Gwaltney)在内的第一批工作人员几乎全部来自政府专业服务部门——白宫管理与预算办公室本身和卫生教育福利部的各个部门,这一人员构成反映了总统政府重组项目总的战略是依靠"细节人员"的努力。1977年7月,杜克大学(Duke University)政治学家威利斯·霍利(Willis D. Hawley)被任命为教育研究小组主管,这也反映了一种平衡政治顾问和学术分析师的尝试。有一点值得注意,当时的卫生教育福利部部长约瑟夫·卡里法诺

---

① Beryl A. Radin and Willis D. Hawley. The Politics of Federal Reorganization: Creating the U.S. Department of Education.Pergamon Press, 1988, p. 56.

(Joseph Califano)对设立独立的联邦教育部一直持反对态度。他同意进行改革与重组，也宣布这次改革是"该部24年历史上影响最深远的一次重组"，但就是不同意将教育项目从该部分离出去而建立单独的教育部。由于卡里法诺是卫生教育福利部部长，他的态度和行为直接影响了设立联邦教育部的工作，我们在下面介绍中会提及他的作用。

基于卫生教育福利部部长卡里法诺的抵制态度，白宫又创建了一个由副总统蒙代尔担任主席的强大的政治工作组，白宫管理与预算办公室主任贝特·兰斯、国内政策部主任斯图尔特·艾森斯塔特(Stuart Eizenstat)和卫生教育福利部部长卡里法诺为工作组成员。总统政府重组项目下的教育研究团队对该项目进行实质性分析的同时，蒙代尔副总统的特别工作组将研究政治方面的组织选择。

1977年6月，蒙代尔副总统工作组和总统政府重组项目下的研究小组联合向卡特总统提交了第一份备忘录。备忘录得出的结论是，有必要对卫生教育福利部改革的重组方案进行彻底研究，鉴于国会和选民的压力，对重大结构问题作出相对较早的决定至关重要。工作组建议对组织备选方案进行为期五周的研究，然后将决定是否继续提出设立一个单独的教育部的建议。如果在那之后做出了继续努力的决定［从是否(whether)应该设立一个部门的问题转向其中应该包括什么(what in it)部门的问题］，随后将再进行为期6个月的研究。

很快卡里法诺与蒙代尔的分歧浮出水面。在提交给卡特总统的备忘录中还附有蒙代尔副总统的一份封面备忘录，重申他倾向于立即设立一个单独的教育部，但他同时指出"卡里法诺和管理与预算办公室重组小组有保留意见"。他认为，政治现实需要立即做出决定——全国教育协会的政治影响力很大，兑现竞选时的承诺也日益逼近。如果总统不采取行动，人们担心里比科夫(Ribicoff)参议员会赶在我们之前单方面行动(参议员里比科夫也正在参议院里积极推动设立教育部的提案，我们下面会介绍)。

卡里法诺表达了不同意见。在备忘录的一份增编中，他提出了反对设立教育部的想法，他认为不能在真空中看待教育，设立一个单独的教育部门也"肯定会导致建立独立的内阁级卫生和福利保障部门的压力"。他还表示，他相信总统需要的是直接向他汇报的人更少，而不是更多；他需要的是更少，而不是更多面向特定群体的部门；在这样一个教育工作者和全国教育协会利益占主导地位的部门，预算控制问题将会更大；并且"分散的组织将以损害总统的控制权来增强国会的控制权"。鉴此,卡里法诺主张加快研究进程,以评估继续行动的利弊。然而,卡特总统不同意,决定继续进行为期6个月的研究。他呼吁在3个月后的8月进行一轮初步决定,届时将决定是继续单独设立一个部门,还是仍然将教育作为卫生教育福利部的一部分。

社会各界的正反意见。显然,卡特总统的决定否定了卡里法诺的意见,把球扔给总统政府重组项目的工作组继续对此问题进行研究。在开始确定供总统考虑的选项之前,工作人员牢记了总统政府重组项目发布的指示,要求他们从对程序进行"自下而上"的分析开始,一份工作人员文件详细说明了教育小组的任务。在研究过程中,总统政府重组项目将在很大程度上借鉴国会和白宫工作人员,联邦部门和机构,州和地方教育者以及相关团体和个人的想法和资源,并充分征集社会各界的意见。当时支持成立一个独立的教育部的民众主要提出五个论点。

第一,设立一个内阁级教育部将提高教育在社会上的地位和知名度。美国是世界上唯一没有教育部的文明国家。没有独立部门,教育往往被认为地位不如其他行业,例如农业、劳工或商业。从这个角度来看,只要成立一个部门,不管是什么形式,都会使教育政策部门在美国社会中的地位提高。

第二,有一个教育部将在总统制定教育政策方面提供更好的建言渠道。教育利益团体很难推动行政部门在预算或项目问题上采取一致立场,因为它必须与卫生教育福利部的其他关切事项竞争。从这个角度来看,设立一个单独的内阁级教育部,将使行政首长和教育利益团体在获得机会和资源方面都获得更大的政治优势。

第三,设立一个教育部将使其协调分散在联邦政府各机构的教育项目。这种协调会减少重叠和重复的机制(初步调查显示,超过250个教育和相关项目分布在20个联邦部门和机构)。它还将通过一个更加一体化的组织结构进行方案改革。据信这些协调机会将提高行政效率。

第四,教育部将成为总统制定一套连贯的教育政策的工具。分散的众多职能部门只能使总统陷入被动应付的状态。设立一个部门将使制定积极的战略政策更加容易。从这个角度来看,总统和行政部门有可能制定出比以前更有效的方案和政策。

第五,有了内阁级的教育部门将为联邦政府在高度分散的教育体系中促成变革提供工具。那些提倡变革的人——不管是哪种变革——都把成立一个部门看作是将这些提议变为现实的机会。

持反对立场者也提出了三个基本论点。

第一，教育部的成立标志着联邦政府在教育中的作用显著增强。这将与美国传统的将教育视为州和地方事务的信念背道而驰。

第二，单独设立一个教育部将使一个重要的国家问题政治化，并迫使教育政策在维持现状方面由那些有狭隘的特殊利益的团体主导。

第三，教育部的成立将打破美国私立学校和教会学校之间不稳定的平衡。设立一个独立的教育部将产生一些新的法律和政治问题，涉及政教分离以及其他公民权利和公民自由问题。

综合三种初步方案。根据上述社会各界的意见，在整个1977年的夏季和初秋，总统政府重组项目的教育工作小组都在努力解决实质性的政治问题，以便提出可行性的方案。随着几个月的发展，更加明确的实质性选择涉及两个问题：第一，教育应该具有内阁地位还是非内阁地位；第二，应将教育职能（无论置于何处）视为狭义还是广泛的计划？

随着总统政府重组项目的教育工作小组开始其分析活动，他们试图将其研究视野置于更为广阔的背景下，因为他们中的许多人都是对教育问题有鲜明见解的专业人士，他们意识到国家对学生的入学率下降、考试分数下降、日益增多的学校暴力、学校对家长的诉求缺乏反应以及大量青少年失业等现状的认识已日益明晰。在这种背景下探索教育部门的组织结构时，人们就越来越倾向于具有广泛、全面特征的选择。事实上，过去10年来，州和联邦政府的重组工作也加强了向更广泛，更具包容性的组织发展的趋势。

为了得到国会议员和各利益团体的理解和支持，总统政府重组项目教育工作小组花费了大量的时间和精力走访参众两院和利益相关的教育组织，与他们进行接触、对话和磋商。这些对话主要围绕着两个独立的问题——是否应该有一个教育部，如果有，应该包括什么内容？尽管这些问题在逻辑上是分开的，但在政治上，如果不回答第一个问题，就不能回答第二个问题。例如，教育工作小组在了解国会议员的政治立场时，与他们讨论了教育与人力发展项目之间潜在或可能的联系。虽然议员们普遍地支持一个广泛部门的概念，但很少有实质性建议将这一概念转变为特定的组织形式。由于政府重组建议也将提交给国会政府运行委员会，因此教育工作小组确实花费了大量时间与这些委员会的成员及其助理会面。与此同时，教育工作小组还会见了国会授权委员会和拨款委员会中专门参与教育方案讨论的成员和工作人员。

与利益相关的团体代表的会面对于总统政府重组项目的战略设计也至关

重要。教育工作小组会见了代表初等教育、中等教育、高等教育和职业教育的200多个利益团体和组织，以及工会和民权组织。在这一过程中，与各利益团体的讨论非常广泛和深入。除美国教师联合会以外，大多数初等教育和中等教育团体和组织都支持建立一个单独的教育部的想法，而高等教育界对于是否需要设立一个独立的教育部则更为矛盾。

经过半年多认真和深入的探索和调研，在广泛征集各方意见的基础上，总统政府重组项目的教育工作小组就是否设立联邦教育部的问题综合归纳了三种供进一步讨论的选项：第一种是按照卡里法诺提议的路线，卫生教育福利部进行重组后维持现状，即将现有的教育司保留在卫生教育福利部内不变。因为提高教育部门在联邦结构中的地位会增加人们对联邦插手教育事务的恐惧。第二种是参照国防部的组织设计，重建卫生教育福利部。国防部是在一个更大的机构内设立海军部、陆军部、空军部等多部门。教育司将成为卫生教育福利部这一超级部门内的一个"部门"，由一个高级别的副部长领导，就像海军部在国防部内部运作一样。将教育司重组和提升为准内阁级（sub-cabinet level）的地位。第三种是把卫生教育福利部拆分成两个部，一个是健康和福利部，另外创建一个新的教育部，将教育与人力资源开发部门相结合，其范围将比目前的卫生教育福利部内的教育司包含更广泛的项目和职能。

由于总统政府重组项目的教育工作小组层次和性质不大可能对上述第一种和第二种选项作进一步深度探讨，这牵涉到许多政治和权力方面的因素，教育工作小组更多的是从专业和效率方面进行推导，提出其认为更符合卡特总统意愿的理想方案。鉴此，他们主要专注于对第三种选项的进一步深入研讨。

总统政府重组项目的教育工作小组提交的方案强调了向范围广泛的教育部发展的替代方案，他们的结论是，设立一个教育和人力资源发展部，广泛涉及教育和人力资源开发活动，但不包括社会福利和卫生领域的项目，是卡特总统可以采取的适当途径。这种方法将在部门的政策环境中引入各种各样的参与者，可以从卫生教育福利部和其他联邦机构转移大量教育项目，包括卫生教育福利部的儿童早期项目（Head Start）、美国农业部的儿童营养计划、美国国家科学基金会的科学教育项目和印第安人事务局的印第安人教育项目等。在论证其结论时，总统政府重组项目的教育工作小组强调，"就本分析中采用的大多数标准而言，范围狭窄的教育部是最不具吸引力的选择，而一个范围广泛的部门，包括教育和其他人力资源发展活动，似乎是最适合制定全面应对与教育有关的挑战的替代办法"。

自1977年初将政府重组项目的研究工作委托给各个工作小组后，直到11月底的大半年时间，卡特总统基本上没有过问这一工作，他一直忙于处理更为重要的国家事务。诚如在总统大选期间民众所最为关注的问题中，教育没有排上号，能源问题远胜过教育，是亟待解决的问题。卡特在竞选期间也承诺成立一个新的联邦能源部——这是对几年前美国经历"石油危机"冲击后民众的强烈诉求的回应。1977年1月20日就任总统时，卡特总统即全力推动成立能源部。终于在1977年8月4日，卡特总统签署了《1977年能源部组织法》(*The Department of Energy Organization Act of 1977*)，成立了能源部，新的能源部于1977年10月1日正式开始运作。在此期间卡特总统也没有时间和精力过问总统政府重组项目的教育工作小组原定8月完成的第一阶段报告。

到11月底，卡特总统才腾出时间过问教育工作小组所进行的设立教育部的研究结果。11月28日，卡特总统召集参与该项目的所有人员开会。与会者有咨询委员会成员坎贝尔(Campbell)、舒尔茨(Shultz)和蒙代尔副总统，卫生教育福利部部长卡里法诺，国内政策部主任斯图尔特·艾森斯塔特，白宫管理与预算办公室官员和总统政府重组项目工作人员。在白宫管理与预算办公室主任詹姆斯·麦金太尔的支持下，总统政府重组项目工作人员向卡特总统提交了一份他们费时六个月完成的备忘录。备忘录倾向于建立一个范围广泛的教育部的方案，在提供给总统的范围广泛和范围狭窄的两个选项中，强调优先选择范围广泛的新部门，其中包括教育和其他人力资源发展职能。

据一位与会者回忆，卡特总统兴高采烈地走进会议室，首先祝贺大家所做的出色工作，并微笑宣布，在其他任何问题上，他没有收到如此多的工作人员备忘录，建议他采取如此多不同的行动。很明显，卡特总统已经阅读了所有这些备忘录，对其中所列的问题了如指掌。然后，卡特总统邀请各位与会者简要介绍他们各自的观点。其中坎贝尔和舒尔茨争论不休，主张卫生教育福利部管理教育项目并维持其地位；国内政策工作人员主张设立一个范围狭窄的教育部门；总统政府重组项目的教育工作小组介绍了设立范围广泛部门的方案；当卡里法诺提出设立单独的教育部的方案不合适，主张对该选项作进一步研究时，教育工作小组成员感到很惊讶，他们猜测卡里法诺是试图拖延决定。卡特总统适时打断了他的发言，他向大家提出了一些问题，表明他对将采取的各种立场的弱点有所了解。显然，总统似乎是向与会者表明他已经就这些问题做了功课。会议进行了大约90分钟，总统实际上主导了与会者之间的交流。临近休会时，总统突然宣布他必须赶去参加国家安全委员会的会议，走前他留下希望"我们能得到最广泛的教育部"的话。蒙代尔副总统没有详细发言也随即离开了。

卡特总统和他的高级助手们之间的这次会面明确了他的态度,会议在某些方面达成了一致意见。首先,卡特总统重申了他对建立新的教育部的承诺。在本届政府内部,卫生教育福利部部长卡里法诺是唯一反对这一立场的人物。其次,赋予教育部内阁级的地位将提高联邦政府作为教育领导机构的知名度和力量。新的教育部的成立将被视为卡特总统致力于将教育置于高度优先地位的证据。

然而,虽然卡特总统确实同意新的教育部应尽可能范围广泛,但"广泛"的定义似乎存有争议,对什么是"尽可能"的看法也大相径庭。卡特总统离开会议室后,国内政策负责人斯图尔特·艾森斯塔特站起来说:"总统所说的是,他希望有一个尽可能广泛的部门。然而政治可行性(political feasiblility)将决定一个范围狭窄的部门,理由是退役军人、公民权利团体、营养倡导者、儿童早期项目参与者和印第安人等许多利益相关团体都有可能反对成立一个广泛的机构,使得该法案无法通过。"艾森斯塔特这席话令教育工作小组成员感到震惊,一个范围狭窄的教育部是他们先前讨论的三个备选方案中最不令人满意的一个。但是,所有与会者也都承认,如果有总统的支持,根据卫生教育福利部内目前教育司的轮廓而设计的范围狭窄的教育部可能会在参议院和众议院获得通过,如果建议的该部门包含的范围越广泛,在政治上就越困难。

经过1977年几乎一整年的研究,卡特的政府基本解决了设立单独的联邦教育部的问题,虽然卡特总统认同了教育工作小组提出的设立一个范围广泛的教育部的主张,但总统国内政策部主任艾森斯塔特对此仍有异议。至此,1977年也将结束了,紧接着是美国长达1个月左右的圣诞和元旦的假期,这些分歧将留待1978年来解决。

国会参议院启动教育部法案。在整个1977年期间,在卡特政府研究设立教育部的可行性的同时,国会参议院也在推动设立教育部的法案。在参议院领头的是参议员里比科夫,他是卡特总统在参议院的盟友。里比科夫早年担任康涅狄格州州长时曾帮助约翰·肯尼迪竞选总统,作为回报,里比科夫被任命为肯尼迪时期的第一任卫生教育福利部部长。正是因为这一经历,他后来告诉所有人他讨厌那份工作,他发现这个机构太大,太庞杂,不可能有效管理。由于有这一亲身体验,里比科夫本人在参议院多次提出了创建美国教育部的法案。里比科夫在1977年3月重新提出了建立这样一个教育部门的法案,在他的不懈努力下,最终有70多位参议员参与共同提案,并成功于10月中旬在参议院举行了听证会。里比科夫和他的工作人员为听证会安排了一组令人印象深刻的证人,卫生教育福利部的官员,其中有泰德·贝尔(Ted Bell),他曾是福特总统时期的教育专员。贝尔在声明中说:"专员是政府结构中的第五级官员,在卫生教育福利部中是职位最低的官员之一。我在那个庞大的组织里没有影响力。如果你来做这项工作,幻想会很快破灭。"① 正因为里比科夫参议员在参议院的积极推动和进展,才对卡特总统和蒙代尔副总统产生了巨大的压力,让我们进入1978年,看看总统当局与国会立法部门、政府各机构以及各利益团体的博弈结果吧。

(2)1978年:白宫团队与国会、政府机构以及利益团体的沟通与博弈

为什么国内政策部主任艾森斯塔特在1977年11月底的会议上会提出与总统的教育工作小组完全相悖的建议呢? 这有几方面原因:一是与艾森斯塔特所处的位置和担任的职位有关,教育工作小组纯粹从专业和效率的角度思考问题,只对卡特总统本人负责,不了解其他复杂的政治关系;担任国内政策办公室负责人的艾森斯塔特身处顶层权力机构,是"政治圈内"的人,深谙高层政治运作和平衡。例如国内政策办公室要考虑国会,政府各机构之间以及各利益团体之间的利益关系和博弈,要考虑设立一个新的联邦政府部门的预算分配和成本支出以及国会的审批等问题。加之他们是政府行政部门的事务官,不受总统选举的影响和压力,更多从政策和政治诸方面考虑问题。二是教育工作小组和国内政策部两个团体都认为他们得到了总统本人的批准。国内政策部主管艾森斯塔特接到卡特的指示是要设计一个"政治上可行"的部门,以达到各方的利益平衡,而教育工作小组在一开始时曾由总统劝诫其脱离政治,专注于专业和效率,卡特总统寻求的重组目标(政治目标除外)最好由更广泛的部门来实现。三是可能由于卡特总统本人对两种观点的矛盾态度促成了内部争议。有证据表明,卡特总统被高度理性、分析性的方法所吸引,他的个人风格和工程师的职业训练强化了教育工作小组的信念,即总统希望他们表现为一个高质量的分析团队。与此同时,总统还委托其亲密的个人顾问,让他们集中在政治战略方法上。对他们中一些人来说,总统似乎发出了相互矛盾的信号。最后一点关键是,国内政策部主管艾森斯塔特与下属很清楚顶层的

---

① Christopher T. Cross. Political Education: National Policy Comes of Age. Teachers College Press, Columbia University, 2004, p. 59.

权力运作规则,最终有权决定一个政府部门设立的是国会而不是总统。因此,在几个月后,当白宫管理与预算办公室主任麦金太尔和国内政策负责人艾森斯塔特向卡特总统提出设立一个范围相对狭窄的教育部的建议时,卡特总统否决了这些建议,似乎坚持了他的原则,指示白宫管理与预算办公室主管起草一项范围更广泛的措施向参议员里比科夫证明,捍卫其优点,而不仅仅是基于政治的权宜之计。① 法案最后能否通过,则又是另一回事。

与国会磋商以确定拟建教育部的可行性范围。虽然1977年11月底的会议后,卡特总统选择了设立范围广泛的教育部的方案,但这一方案的实质性主旨并不明确,卡特总统在内阁会议后只是指示其幕僚设计一个"在政治上尽可能可行的范围广泛的部门"。因此,紧接着教育工作小组继续为拟建的教育部的构成进行规划。就在卡特总统会见白宫高层管员的同一天,教育工作小组成员还及时拜访了参议员里比科夫,他是卡特总统设立范围广泛教育部的最强大的政治盟友。在听取了教育工作小组对构建一个范围广泛的教育部的基本原理的描述后,里比科夫非常赞同。他也认为设立一个过于狭窄的教育部是不值得的。为了配合和支持教育工作小组的准备工作,里比科夫决定把他的听证会推迟到4月,使教育工作小组有更多时间与各方磋商和沟通。

但是,里比科夫同时也强调:"虽然我不喜欢一个狭隘的教育部门,但我不希望非教育项目被纳入这个部门。新的教育部内的任何项目都必须具有教育因素。全国教育协会想要一个狭窄的教育部是错误的,我会和他们谈谈,告诉他们没有我的支持就不会有新的教育部。我们对这个部门的想法是一样的,我们会和你们协调听证会。听证会应该在复活节之后,4月中旬之前,而不是5月1日之后举行,我们不想失去目前的势头。"②

在麦戈文注意到里比科夫的支持的同时,也注意到教育工作小组对拟建的教育部应该包括哪些项目的看法似乎与里比科夫参议员有所不同。因此,如果要保持与里比科夫参议员的共同立场,与参议员的工作人员进行协调将需要大量的技巧和时间。然而,不管怎么说,里比科夫的支持对教育工作小组来说是极其重要的,这个研究小组可以从里比科夫处获悉许多国会的内情,有助于他们设计一个"在政治上尽可能可行的范围广泛的部门"。

---

① Gareth Davies. See Government Grow: Education Politics from Johnson to Reagan. University Press of Kansa, 2007, p. 233.

② Beryl A. Radin and Willis D. Hawley. The Politics of Federal Reorganization: Creating the U.S. Department of Education. Pergamon Press, 1988, p. 82.

在与参议院沟通的同时，为确切地领会卡特总统的意图，教育工作小组要求其上司——白宫管理和预算办公室主任麦金太尔向卡特总统确认三个问题，以便他们更好地继续与各方磋商。于是麦金太尔向总统提交了一份备忘录，要求卡特总统澄清其立场。麦金太尔在备忘录开始时指出，第一，11月28日讨论教育计划重组方案的会议达成的协议时，您对设立一个新的内阁级部门（包括教育和相关计划）的承诺应得到公开重申。卡特总统批复副总统"也可以"就这一问题发表声明。第二，新的教育部的范围应尽可能广泛，不应由单一的利益团体主导我们和里比科夫参议员制定立法提案。卡特总统批复：他同意重组，但在备忘录中加入了一个边缘评论"一般（general）而非具体"。第三，作为迈向新部门的过渡步骤和组成部分，卫生教育福利部内部的教育司应进行重组。卡特总统也批复：同意这一建议。

明确了总统的意图后，教育工作小组制定了针对国会议员的战略，争取使国会的主要议员支持。教育工作小组制定的国会磋商策略主要集中在三组国会议员上：第一组是国会主要领导，如参议员里比科夫、佩尔（Pell）、威廉姆斯（Williams）和伯德（Byrd）以及众议员珀金斯（Perkins）、布拉德马斯、福特、布鲁克斯（Brooks）和奥尼尔（O'Neill）；第二组是对拟从其他政府机构移出至新的教育部的教育项目具有管辖权的国会参众两院的委员会主席和国会少数党领袖；第三组是负责特定的政府事务和政府运营委员会的成员，他们被认为"可能对此计划有兴趣并支持这一倡议"。

教育工作小组在与国会主要领袖们的沟通中，发现他们中的许多人普遍支持成立一个单独的教育部，但他们作为委员会或小组委员会主席或少数党领袖，对拟移交的项目拥有管辖权。委员会管辖权的分散性意味着众议院有9个委员会或小组委员会，参议院也有9个委员会或小组委员会对被视为拟移出项目的部门拥有管辖权。与这些委员会和小组委员会的协商是一个极其微妙的问题。国会议员不仅要保护他们的项目和利益团体，而且也担心整个重组方案。多年来，人们一直试图使众议院的各委员会之间的结构"合理化"，特别是规则委员会主席、密苏里州民主党人众议员理查德·博林（Richard Bollin）尤其关注这一问题。对一些人，特别是众议院教育和劳动委员会的成员来说，重组政府被视为迫使国会本身重组的关键举措，这不仅会改变委员会的管辖结构，而且会扰乱各部委机构之间的权力平衡，也涉及与他们有关的利益团体和国会支持者。

与众议院领导人的会晤证实了教育工作小组的预期：众议院对立法的热

情低于参议院,那里没有一位可与参议院的里比科夫相媲美的众议员在立法方面起领导作用。尽管众议院在会议期间提出了几项提议设立一个新部门的法案[由民主党人卡尔·珀金斯(Carl Perkins)和共和党人玛格丽特·赫克勒(Margaret Huckler)提出],但很难得到与里比科夫地位相当的得克萨斯州民主党人、众议院政府运行委员会主席杰克·布鲁克斯的支持。而这位手握大权的众议员,正是我们曾提及的在卡特总统上任之初,在授予卡特总统联邦政府的结构重组的权力时结下梁子的布鲁克斯,很难想象他会对卡特总统的政府重组方案给予支持。正如卡特总统在自传中讲述:"事实上,由于杰克·布鲁克斯的反对,在新一届国会准备召开之际,我无法让任何民主党议员支持提出的重组立法!"最终,卡特总统总算还是说服了布鲁克斯,由其在众议院提出了一份与参议院的里比科夫提案相似的法案,但他对这项措施的支持从来都不热忱。

与各相关项目群体的沟通与磋商。教育工作小组一开始曾认为,与可能受到该提案影响的各个相关项目群体的磋商和沟通将使他们有机会检验其提案的可行性,从而制订一项应对这些立场的计划,然而,事后证明,他们之间的磋商和沟通并没有产生人们所希望的结果。支持成立新的教育部的相关群体对参与讨论项目移交的细节几乎没有兴趣。例如,对于全国教育协会这样的组织来说,他们关心的不是拟建教育部的具体构成,而是拟建教育部的本身。而另外一些与特定的项目相关的群体,如涉及劳工、青年、残疾人、印第安人、儿童营养、儿童教育、科学、艺术和人文的项目群体,他们更愿意从本身的利益角度对教育工作小组的提案作出反应,而不仅仅是对拟建教育部问题提出建议。例如,有关印第安人教育项目的提议说明了磋商路线的复杂性。很明显,大多数部落和美洲原住民群体认为,里比科夫提议将所有美洲原住民教育迁入拟建的新教育部是不可接受的。与此同时,印第安人领导人多年来一直批评印第安人学校的简陋和印第安人事务局的反应迟钝,因此提出将印第安人学校从印第安人事务局中移出来。然而,当这些群体与教育工作小组商讨时,他们对自己留在印第安人事务局的立场极为坚持。这些组织似乎在利用从印第安人事务局撤出印第安人学校来威胁印第安人事务局,迫使该组织采取更积极的整改行动。

另一个例子是关于将国家科学基金会管辖的教育局划入到拟建的新教育部的争论。教育工作小组已将目标锁定在国家科学基金会的科学教育项目,以便将其转到新的教育部。这些项目主要是对各地学区的课程和教师培训工作进行拨款。大约9%的国家科学基金预算用于改进科学教学和科学课程,这是国家科学基金会项目中相对较小的一部分。在此之前，教育工作小组曾与总统的科学顾问弗兰克·普赖斯（Frank Price）和国会技术评估办公室的代表进行对话，加强了教育工作小组的观点，即国家科学基金会内的部分项目可以转移到一个新的部门，而对科学机构的运作几乎没有干扰。

然而，教育工作小组及其顾问没有看到科学教育项目在国家科学基金会中发挥的其他作用。科学教育是该机构内唯一一个广泛分布在全国各地的项目，大多数国家科学基金会的其他经费都流向了著名的大学（主要集中在东西两大沿海地区）。科学教育项目使该机构可以向国会议员展示其所在选区正在从该项目中受益。国家科学基金会的一些官员认为这种"政治掩护"（political cover）是其对该机构支持的重要基础。此外，科学教育界的人士也担心，如果他们从享有盛誉的国家科学基金会分离，他们将失去地位。他们认为，如果离开这一独立和准自治机构，他们在科学教育界将低人一等。在教育工作小组会见科学界的代表时，很明显，国家科学基金会下属的项目群体相信拟建的新教育部将以中小学的利益为主导，高等教育的代表将发现自己是"奇怪的局外人"。但教育工作小组还是强烈建议采取行动，认为一旦科学教育项目从国家科学基金会中剥离出来，前者将更有条件去做自己最擅长的工作——专注于创新。[1]

教育工作小组也没有接受高等教育界的论点，即新的教育部将不可避免地受到中小学教育利益团体的支配。他们试图提出相反的观点：将科学教育等项目转移到一个引人注目的、强有力的新部门，将增加大学和学术界在教育问题上的投入和参与。然而，教育工作小组并没有改变许多人的想法。1978年2月初，教育工作小组专门与美国国家科学院院长、美国科学促进会执行官、卡内基理事会副主席、约翰霍普金斯大学校长、哈佛大学教员、科技项目办公室代表、总统科学顾问举行了一次会议。会议讨论了教育和科学部可能成立的一般概念、支持和反对建立教育部的具体论据，以及是否有必要在新的教育和科学研究部中纳入特定的科学和研究相关项目等一系列问题。教育工作小组成员阿瑟·希基（Arthur Sheekey）在给威利斯·霍利（Willis Hawley）的备忘录中总结了这次会议情况："这次会议的总体要点是，拟建教育部可能会对联邦政府对科学和研究的支持产生负面影响。基础研究总是容易受到攻击和竞

① Beryl A. Radin and Willis D. Hawley. The Politics of Federal Reorganization: Creating the U.S. Department of Education.Pergamon Press, 1988, p. 94.

争，一旦新的教育部拥有内阁地位，内阁代表可以游说为'中小学项目'提供更多经费，大学社区可能会受到影响。"希基接着总结说："研究和科学扮演着非常不同的角色。它们是国家政策的组成部分，关系到'国家生存''国家安全'和国家的总体健康。任何试图在科学和教育之间建立桥梁的尝试都可能产生非常消极甚至爆炸性的后果。在这样的联姻中，科学和研究可能失去一切，却得不到任何好处。"[①]

这儿要说明一下，作为官方的教育工作小组在就拟建的新教育部内部构成与各方磋商和沟通的同时，一些利益团体也针对相同的问题开展了许多活动。在某些情况下，利益团体的活动独立于总统教育工作小组的行动。而在其他情况下，利益团体的活动则是由政府主管部门的行动引发的。许多教育机构和其他组织围绕着创建一个新的教育部的基本论点开展活动，这一行动目的将为教育项目从联邦政府赢得更多的资源。全国教育协会继续在这个问题上发挥关键领导作用。事实上，全国教育协会对建立新的教育部尤其迫切。自恃是卡特总统胜选的大功臣，早在卡特总统上任之初，全国教育协会就开始担心卡特总统是否会兑现他竞选时的诺言。就在卡特总统上任2个月的1977年3月，全国教育协会会长特里·赫恩顿就已按捺不住地给卡特发了一封信，信中他抱怨说，他和他的同事"越来越焦虑您对建立内阁级教育部的承诺，如果您重申这一承诺，并就履行承诺的时间表和任务作出明确宣布，许多恐惧和焦虑将被平息"。他在信中要求举行一次私人会议。然而，当赫恩顿要求会议在1个月后举行时，结果令人失望。当时卡特总统远非"重申他的诺言"，卡特总统的态度模棱两可。据当时也在场的卡达诺(Cardano)回忆说，由于总统刚上任不久，有包括设立能源部、军备控制、国际人权、经济衰退等众多更为优先的国内外事务要处理，教育问题缺乏紧迫性，故卡特总统只是承诺"努力研究它"。这也是事实，卡特总统没有违背他的诺言，当时他正在寻求国会给予他重组政府结构的授权。其后不久，总统就组建了包括教育工作小组在内的政府重组项目，启动了对设立单独的教育部的研究工作。

正因为了解卡特总统的真实意图，全国教育协会也一直在关注教育工作小组，并利用自身的资源和影响力，带动其他利益团体予以呼应和支持。虽然全国教育协会非常有效地形成了迥然不同的利益团体，代表着广泛的教育界

---

① Beryl A. Radin and Willis D. Hawley. The Politics of Federal Reorganization: Creating the U.S. Department of Education. Pergamon Press, 1988, pp. 95–96.

利益,但不足之处是,他们几乎只注重拟建教育部的一般原则,而不强调拟议立法的具体内容。全国教育协会所采取的声援策略更多地使人想起他们在卡特总统竞选时组织的后援行动,全国教育协会向其各地分支机构发送了数千份新闻稿和社论及其领导人在白宫与总统的合照,甚至在行政部门向参议员里比科夫委员会提交正式提案之前,白宫代表已定期与全国教育协会和其他顶级教育团体举行会面,以制定竞选策略。他们之间的差异在于:全国教育协会将重点放在对拟建教育部的一般性抽象支持上,教育工作小组和其他白宫战略家则将重点放在要纳入该部门的项目细节上。尽管全国教育协会希望动用其资源来确保教育部法案的通过,但反对者对这一举动很反感,认为新的教育部将完全由全国教育协会控制。为了解除外界的疑虑,协调各个教育团体的行动,全国教育协会牵头组织了一个支持教育部提案的团体联盟。该联盟采取了两种形式:一个是支持建立内阁级教育部的广泛公民委员会(Broad Citizen's Committee for a Cabinet Department of Education)①,另一个是位于华盛顿的主要教育组织代表组成的小型协调小组。

当然,并不是所有教育利益组织都支持设立单独的教育部,美国教师联合会——全国教育协会在组织和代表教师方面的竞争对手——就反对这一想法。大多数关于美国教师联合会的新闻评论中美国教师联合会把自己的反对描述为是站在对抗全国教育协会的立场。除了美国教师联合会之外,还有其他反对建立教育部理念的人士:包括一些工会、反工会团体、美国天主教会议、私立学校利益团体,以及一批既代表自由派又代表保守派政治意识形态的个人。建立一个代表这种不同利益的联盟的任务是艰巨的。有一些组织反对设立教育部,认为它违反了《宪法》,即教育是地方和州的事务。其他人则反对说,建立一个教育部门不会确保它是个保障平等教育机会的强有力的执法角色,而是会屈服于州和地方教育机构。尽管美国教师联合会和其他劳工组织对建立一个教育部有着强烈的反感,但他们(以及许多民权倡导者)很难立于与现任民主党总统直接冲突的立场。

1978年4月初,教育工作小组将一份备忘录分发给内阁成员和受拟建的新

---

① 该公民委员会包括了美国最主要的"六大"教育团体:全国教育协会(National Education Association)、各州学校首席教育官理事会(Council of Chief State School Officers)、全国学校委员会协会(National School Board Association)、全国州教育委员会协会(National Association of State Boards of Education)、美国学校管理者协会(American Association of School Administrators)和全国家长和教师大会(National Congress of Parent and Teachers)。

教育部影响的政府机构负责人，征求他们对将于4月14日在参议院公布的政府提案的意见和评论。劳工部部长雷·马歇尔（Ray Marshall）评论说，将劳工部下辖的几个青年培训和就业项目的转移是"基于总体上对就业和培训项目的误解，并且对移交的具体项目了解甚少"。马歇尔认为，就业和培训项目与教育部门的项目有着非常不同的任务，如果进行此类移交，劳工部的其他项目也会受到影响，将这些项目转移到新的教育部意味着会限制联邦政府对劳工培训项目的影响。助理总检察长帕特里夏·沃尔德（Patricia Ward）也提出了类似的论点，他指出，虽然司法部总体上支持这一提议，"但我们强烈反对将少年犯办公室的项目、人员和全部10万美元预算划给拟建的新教育部"。他进一步指出，"有必要在司法部保留该项目的行政理由"。艺术捐赠基金会主席利文斯通·比德尔（Livingstone Biddle）指出，该基金会及其理事会暂定的建议是不将捐赠基金转入教育部。但他也利用这个机会重申了不适宜将这些项目移到新教育部的原因，无论是在现阶段还是将来。国家人文基金会在一封信函中也表达了类似的主题，信中提醒麦金太尔，人文基金会是有立法授权的，这一授权似乎排除了行政部门对这些项目组成部分的随意考虑。国家科学基金会主任理查德·阿特金森（Richard Atkinson）的回应重申了他众所周知的反对转移科学教育项目的立场。他在写给卡特的信中说："设立教育部的构想很周全，但是目前人们为将国家科学基金会的科学教育项目转移到该部而争论不休。教育工作小组提议的新教育部的方案并没有明显的理由，仅是将国家科学基金会的科学教育项目添加到了普通教育项目中。"阿特金森在信中最后说："基于这些原因，国家科学委员会和我一起强烈反对将国家科学基金会的科学教育项目移交给拟议中的教育部。"卫生教育福利部部长约瑟夫·卡里法诺也利用对政府提案草案发表评论的机会，再次对这项努力的主旨提出了反对意见。他指出："正如我早些时候指出的，教育部的概念几乎完全取决于组织的知名度和地位问题，以及组织良好的教育利益，特别是教师对这种组织符号的重视程度。"卡里法诺就三个决策选择领域发表了具体评论：不应该将儿童早期项目（Head Start）和残障人员康复训练项目转移到新的机构中，卫生教育福利部下辖的公民权利办公室与教育有关的执法责任不应转移，青年服务计划也应保留在原项目中。

完成与国会议员、项目利益群体和政府各部委机构的一系列磋商和沟通后，距离1978年4月14日举行的里比科夫政府事务委员会的听证会仅剩约1周时间。教育工作小组必须据此归纳和整理出一份报告，经卡特总统选择后，

赴参议院听证会公布政府立场。鉴此，总统办公室邀请各方在白宫的罗斯福
会议室举行了两次会议，讨论将提交给总统的教育部方案。第一次会议于4月
6日举行，出席会议的有副总统蒙代尔、约旦（Jordan）、沃森（Watson）、艾森斯塔
特（Eizenstat）、佩蒂格鲁夫（Pettigrew）、卡普（Carp）以及总统政府重组项目的主
要人员，会议的议程是讨论拟纳入新教育部的项目。副总统蒙代尔和乔丹提
前离开了会议，艾森斯塔特接手了会议。讨论中的首要问题是如何处理职业
康复项目。出席会议的大多数人对这些项目持怀疑态度，认为职业康复不是
一个教育项目，虽然属于广泛的教育和人力开发部门的定义，但不属于一个狭义
的以教育为重点的组织。会议期间还讨论了其他项目——儿童早期项目、国防
部学校、印第安人教育项目。一位与会人员将这次会议描述为与会者对整个拟
建教育部门构成的想法缺乏热情。与会者注意到，卡特总统本人的意见可能与
与会者的共识有所不同。报道引述斯图尔特·艾森斯塔特的话说，"总统可能会
反对过于狭窄的部门，他想要一个大部门"。

　　几天后，同一批人又举行了一次会议（副总统蒙代尔再次提前离开了会
议）。正是在这次会议上，很明显的是，负责国内政策人士的"政治现实主义"
占了上风。与会者对具体的方案建议逐一进行了讨论，尽管在许多问题上认
真考虑了教育工作小组的建议，但会议最后作出的决定将该建议推到了该部
门"狭义"而不是"广泛"的提法上。导致这一结果的主要原因是，白宫管理和
预算办公室的高级代表威尔福德（Wellford）和麦金太尔并不认为自己在总统和
他的亲密顾问中有良好的政治影响，他们开始觉得整个问题本身就是一个"失
败之作"。

　　卡特总统是在4月14日前收到与会者的备忘录，备忘录要求卡统总统就
"拟建的内阁级教育部的范围和具体计划内容"作出决定。同时指出，麦金太
尔将在14日向里比科夫委员会作证，并且强调"我们计划就里比科夫参议员的
S.991号法案作证，而不是在参议院提出我们的新法案"。该文件回顾了自
1977年11月与卡特总统会晤以来的工作进程，指出"您指示我们与国会合作，
建立一个教育部。您还表示，您倾向于设立一个范围尽可能广泛的部门，而不
是由一个利益团体主导的部门"。备忘录还分析了政治形势：里比科夫参议员
的提案现在有58个共同提案人，我们预计参议院今年将通过一项设立教育部
的法案。不过，众议院今年的行动尚不确定，虽然许多国会议员支持设立一个
教育部，但在该部应包括哪些项目上几乎没有共识。我们咨询过的大多数议
员，包括珀金斯、布拉德马斯、福特和汤普森，都支持一个范围广泛的部门，但

在其应该包括什么组成部分方面存在分歧。一些支持设立教育部的国会议员不赞成现在就采取行动来建立这个部门,因为可能会引起争议,对其具体目标不确定,或者担心它将被传统的"教育权势集团"所支配。众议院领导层特别担心在今年的选举中会导致民主党人之间出现分歧(因下半年是国会中期选举)。

备忘录向卡特总统提供了两点意见,作为评价拟建教育部的范围和备选方案的依据:第一,转移项目不应损害项目本身的有效性或完整性,并应尽量减少对项目原所属机构的负面影响。第二,建议转移项目的决定应考虑到国会议员、相关利益群体、政府部委机构和公众的政治支持。同时提供给总统两个选择:一是今年成立一个包括范围狭窄的教育项目的教育部,以便以后通过重组计划移入额外的项目;二是今年成立一个教育部,涵盖范围更广的相关教育项目,据此建立一个框架,可能有助于以后进一步的项目转移。第一个选择是将目前在卫生教育福利部的教育司管辖的130个项目,以及国家科学基金会的科学教育项目,住房与城市发展部下属的学院住房项目,美国农业部下属的研究生院,卫生教育福利部下属的民权办公室、教学电信示范项目和对特殊机构的预算监督,美国农业部学校为基础的营养教育项目,司法部的学生贷款项目,以及内政的美国印第安人教育计划移入新教育部。合并后,新部门将拥有164个项目,预算约为133亿美元,以及近6000名员工。第二个选择是将包括第一个选择中详述的所有项目,司法部、社会保障局、卫生教育福利部的青年服务项目,劳动部的青年培训和就业项目,以及已在卫生教育福利部开始实施的项目。在这一选择中,该部将有199个项目,预算约159亿美元,工作人员近8000人。

备忘录还就两个选择的优缺点分别予以详细说明,最后建议总统采纳第一个选择方案,指出,"经过广泛的磋商和分析,我们的结论认为,这种广泛的范围(将通过第二个选择来实现)在目前无论从实质上还是政治上都是不切实际的"。这一决定有两个主要原因:"与能源部的方案不同,教育司以外的许多教育和教育相关职能不可以轻易转移到互不相连的单位。此外,我们与越来越多的团体和国会议员进行了广泛的磋商,结果我们得出结论,在今年的选举年中,建立一个基础广泛的教育部的提案是无法在国会获得通过的。"

随后,备忘录中将政府行政部门提出的方案与里比科夫参议员的法案逐条进行了对照。前者建议将科学教育项目纳入新的教育部,而后者的法案包括了整个国家科学基金会下属的教育局;行政部门的建议是将农业部的营养教育中以学生为导向的部分纳入新的教育部，但这一内容并不包括在里比科夫法案中；双方同意将与教育相关的公民权利责任纳入新的教育部；里比科夫法案没有将印第安人教育项目纳入其条款，但是，行政部门建议将这些项目纳入其中；里比科夫和政府行政部门都没有将青年服务计划或青年培训和就业计划作为纳入教育部的候选项目；政府行政部门建议将儿童早期项目排除在政府的提案之外，而里比科夫法案确实包含了儿童早期项目；类似地，按照政府行政部门的建议，即使国防部学校是里比科夫法案的一部分，他们也将国防部学校排除在该措施之外。在其他一些情况下，政府行政部门的方案比里比科夫法案的内容更为有限，例如，政府行政部门方案中要求排除国家艺术与人文基金会以及印第安人事务局的学校，都出现在里比科夫的提案中。

尽管这份备忘录是在14日截止日期前几天完成的，并于4月11日呈交给总统，但直到4月13日晚才送达总统本人。在此期间，卡特总统的日程安排十分紧张：他11日宣布了平抑通货膨胀的计划，12日和13日会见了罗马尼亚总统尼古拉·齐奥塞斯库（Nicolae Ceausescu）；他对预定下周参议院投票表决的第二项巴拿马运河条约感到担忧。教育工作小组认为时机不在他们这一边——卡特总统现在无法更改明天将在听证会上宣读的声明了，证词已经写好，文本第二天早上将送到参议院。

14日上午7时30分，麦金太尔和总统政府重组项目的高层人员一同会见了卡特总统。在那次见面会上，总统要求重写他们提议为狭义的教育部辩护的证词，相反，他们必须改成为广泛的教育部辩护。证词定于上午10时提交，毫不奇怪，整个总统政府重组项目团队和国内政策部成员都为之震惊。对于卡特总统的这一决定有很多猜测——这一决定似乎是他本人的决定，因为卡特总统是一位坚持自己理念的人，无论是作为州长还是作为总统，他不是那种喜欢承认自己受到政治原因束缚的个人，也可能受到政府重组项目顾问理查德·佩蒂格鲁（Richard Pettigrew）的某种影响。至少，教育工作小组认为自己是正确的，并相信他们从一开始就准确地评估了总统的观点。

由于上述的意外插曲，麦金太尔在前往参议院政府运行委员会的听证会上迟到了半小时，在受到与会的参议员的调侃时，麦金太尔一度非常尴尬。麦金太尔的证词宣布了卡特总统认可的提议设立范围更广泛的观点。由于之前教育工作小组在与各方磋商和沟通中倾听了相关利益群体和机构的意见，倾向于建立一个范围狭窄的新教育部。然而，随着麦金太尔证词的变化，人们对政府的反复立场十分反感。尽管教育工作小组很清楚，卡特总统的立场是一以贯之的。听证会上有许多人——包括国会议员及其工作人员、利益团体代表，以及政府部委机构的工作人员，对白宫的立场发生逆转而感到震惊。不过，里比科夫参议员却对行政部门的这一转变感到满意，因为他提出的方案一直主张建立一个范围广泛的教育部。麦金太尔在结束证词时，这位康涅狄格州民主党人参议员评论道："我想借此机会赞扬总统决定创建一个强有力的教育部。事实上，我本来有很多问题要问你，现在不必问了。我已经准备好要进行一场大辩论了。现在我只是感到高兴。"

但是麦金太尔的证词却遭到了利益团体的代表和政府机构的代表在参议院委员会的质询。虽然有些发言涉及新教育部是否可取的一般性问题，但大多数评论集中在与他们切身利益有关的个别项目转移上，其中儿童早期项目、印第安人学校和儿童营养项目最受关注。《国家日报》报道说，"在五个政府内阁部门中的四个有项目转移给新的教育部，这四个部门表示反对。其中包括卫生教育福利部，它不仅要放弃教育办公室，还要放弃儿童早期项目。卫生教育福利部主管人类发展事务的副助理部长詹姆斯·帕勒姆（James Parham）在参议院政府事务委员会（Senate Governmental Affairs Committee）的压力下，就他对是否要放弃儿童早期项目的问题发表了看法。帕勒姆说："很少有人愿意放弃一个受欢迎的项目。"来自宾夕法尼亚州的共和党参议员约翰·海因茨三世（John Heinz III）认为，帕勒姆的评论是"我从这届政府的某位官员那里听到的支持政府提议的最冷淡、不真诚的声明。"农业部部长鲍勃·伯格兰德（Bob Bergland）虽然未直接对重组计划发表评论，但告诉参议院，粮食政策必须始终集中在一个机构里，即他的农业部。印第安人事务局也强烈反对这项提议。

（3）国会参议院的立法活动与博弈

以1978年4月14日参议院的政府事务委员会举行的听证会为标志，有关教育部法案的博弈战场就从行政部门转移到了国会，这一时期可以被描述为从制定阶段到采用阶段的过渡——这一变动表明主要行动者从白宫向国会山的自然转移，接下来国会开始成了各方关注的中心舞台，许多国会议员们的精力集中在是否建立一个独立的内阁级教育机构的斗争中。此外，这也标志着决策过程的风格和实质都发生了巨大变化。作为一个政府重组问题，卡特政府也从主角变为配角，教育部的管辖权掌握在参议院和众议院政府运行委员会手中，而不是传统上与教育直接有关的教育授权委员会——参议院人力资源委员会和众议院教育和劳工委员会。

　　虽然在4月的参议院的听证会上参议员里比科夫和政府为设立一个范围广泛的教育部达成了初步的共识，但对于拟建的教育部应该包括哪些内容，却还有分歧，这就必须在接下来的参议院第一轮立法活动期间解决。虽然教育部法案在参议院获得了广泛的支持，但议员们认为该法案的特点是"一英里宽一英寸深"。正如法案的共同提案人、西弗吉尼亚州的民主党参议员詹宁斯·兰多夫（Jennings Randolph）对一位教育工作小组成员打趣道，"当我们同意支持这些事情时，我们不一定同意其中的所有内容"。在参议院专门讨论项目移交的八次听证会上，大多数证人反对将他们的项目转移到教育部。引起争议最多的是农业部的儿童营养项目、卫生教育福利部教育司的职业康复和儿童早期项目、内政部的印第安人学校以及国家科学基金会的科学教育项目。尽管每一场辩论都涉及不同的参与者，但大多数参与辩论的代表来自利益团体、国会、总统政府重组项目和其他行政部门。支持或反对纳入个别项目的策略在有效性和强度方面各不相同。尽管对这些项目转移的辩论有许多共同点，但其结果却截然不同。经过辩论和博弈，参议员里比科夫同意在其法案中移出儿童营养项目、艺术和人文捐赠基金项目和儿童早期项目；保留职业康复项目、印第安人教育项目和国家科学基金会的科学教育。

　　由于各利益团体和国会的压力，参议院最后提出的法案比里比科夫参议员和政府原先确定的提案都要精简得多。支持有争议的项目转移的利益团体只取得了部分成功，但辩论并没有削弱参议员们对法案本身的热情。最终教育部法案于7月中旬提交参议院全体会议审议，在珀西（Percy）和斯蒂文斯（Stevens）两位参议员提议将儿童营养项目和印第安人教育项目剔除后，《教育部组织法案》于1978年9月18日在参议院以72票比11票的表决获得通过。

　　教育部法案在参议院的顺利通过也离不开全国教育协会的全力配合和支持，在此过程中全国教育协会为争取教育部法案在参议院的通过投入了大量时间和精力。该组织负责人盖尔·布朗布利特（Gail Bramblett）深度参与了立法工作，她在1980年撰写的内部历史资料中强调了这一行动的规模。她透露，全国教育协会帮助里比科夫的工作人员起草了最初的法案，确定了第一批听证会的时间、建议委员会召集证人、动员其他利益团体、成立共同赞助者、组织基层机构对主要立法者施压、协商修正案、为缺乏经验的游说者举办"如何做"的培训课程、与委员会工作人员讨论议会战略、计算选票以及在媒体上发放广告等。在整个1978年，有3位全国教育协会的政府关系工作人员全职为里比科夫的教育部法案工作。在1979年,人数增加到6名全职人员。

鉴于参议院对教育部法案的广泛支持基础,来自众议院内部的反对声浪几乎完全出乎支持者的意料。相对于众议院的立法情况,参议院的第一轮立法活动相对而言是顺利的,而众议院的立法过程和结果又反过来影响了参议院的第二轮立法活动。下面我们来看看众议院的立法博弈情况。

(4)国会众议院的立法活动与博弈

设立单独的教育部的H.R.13343提案最初是由杰克·布鲁克斯、迈克尔·布劳恩(Michael Braun)和弗兰克·汤普森(Frank Thompson)3位民主党众议员于1978年6月在众议院提出的,然而在参议员里比科夫法案9月18日在参议院通过第二天,该提案在众议院遭到了强烈的反对,到10月国会休会时审议工作陷入停顿。从布鲁克斯对众议院教育部法案进展的看法中可以明显看出,众议院将是一个很难获得支持的场所。与参议院的积极情绪形成鲜明对照的是,众议院十分消极——来自两党的议员提出了担忧,抱怨大政府,并表示担心设立这个新机构会危及地方对学校的控制。虽然众议院的许多辩论都集中在那些引起参议员们关注的项目转移上,但辩论的语气表明,他们比反对法案的细节走得更远,这种辩论在众议院引起了更为抽象、更具意识形态的讨论。众议院方面的主要参与者之一是政府运行委员会主席布鲁克斯,在卡特总统执政初期,布鲁克斯曾对卡特要求国会授权政府重组时制造过障碍,几乎一手挫败了卡特总统的重组议程,双方有过过节。布鲁克斯也从未参与或关心教育问题,但对政府来说,布鲁克斯对该法案的支持是不可或缺的,要使教育部法案进入众议院审议,头一关就是布鲁克斯领衔的众议院政府运行委员会。卡特总统与其持续几个月的会谈后,这位得克萨斯州民主党人最终同意支持教育部法案,条件是在法案中取消儿童早期项目。一些消息来源报道,布鲁克斯与卡特总统的最后决定是在随卡特总统访问得克萨斯州博蒙特期间在总统的空军一号座机上做出的,卡特总统此行的目的是出席纪念杰克·布鲁克斯联邦大楼的落成典礼。

在与卡特总统和解并支持教育部法案后,布鲁克斯表示努力使该法案在他任主席的众议院政府运行委员会获得通过。他和工作人员很少关注教育部的方案范围,对教育部最为关注的问题几乎集中于效率方面,对有关的具体教育项目知之甚少或一无所知。在该委员会启动听证会后,白宫管理和预算办公室主任麦金太尔在众议院委员会的首次作证,与他在参议院的首次露面形成鲜明对比,他们根据两院关注重点的不同,调整了政府的策略。虽然他在这两个陈述中的许多一般性介绍性评论是相同的，但一个明显的区别是用来描述创建教育部门的预期性结果的语言不同。在参议院，麦金太尔提到的结果更为抽象，主要谈到了提高知名度、高层领导和提高教育质量。在众议院，他概述的结果显示，管理问题被赋予同等的重要性。麦金太尔认为，教育部将把散布在整个政府中各个部委机构中的教育项目整合在一起，从而改善联邦一级教育项目的管理和协调。由于提高了教育和相关项目的知名度和地位，增加了教育和相关项目对国会、总统和公众的问责，并通过将一系列项目和相关群体及重点放在初等与中等教育的方案和对象外，鼓励开拓社区和家长参与的广泛和多样化的教育方法。他引用卡特总统的指示，"指责官僚主义"的情绪是影响政治气氛的一个重要因素，卡特总统承诺大幅削减联邦官僚主义的规模。麦金太尔说："我们试图节俭，认为我们在建立这个部门时既合理又实际。我们不想因为没有足够的管理能力而成立一个失败的部门。"在审议拟建教育部的构成内容时，很明显，反对派迫使政府在提案中作出让步。在布鲁克斯的坚持下，儿童早期项目被删除。行政部门提议：儿童营养计划将设在一个直接向教育部长报告的办公室；民权办公室直接向教育部长报告，由总统任命一名第四级部长；国家科学基金会的科学教育项目将维持不变，直接向教育研究和发展办公室主任汇报。至于印第安人的教育项目，麦金太尔愿意为其提供较高的组织地位，尽管他承诺这些项目和国防部海外家属学校事务将直接向教育部部长报告。

随着众议院辩论的展开，新一波的利益团体活动正在挑战教育部法案所依据的基本原则。虽然之前全国教育协会和它的盟友们致力于争取参议院对教育部法案的广泛认可，并在参议院获得通过，但反对教育部法案的那些利益团体，如美国教师联合会、保守团体、天主教会和民权团体，虽然在当时无法阻止参议院的通过，仍然保存了他们有限的力量和资源，一旦辩论进入众议院，他们就有必要更有效地表达反对意见，在众议院这个平台上，这些利益群体有各自的朋友和拥护者，反观支持教育部法案的那些利益团体在众议院的基础就并不那么广泛，反对者先前在参议院听证会上的沉默也误导了行政部门，政府没有做好反击的准备。

伊利诺伊州的共和党众议员约翰·埃伦伯恩（John Erlenborn）是众议院右翼反对派的发言人。埃伦伯恩是政府行政部门提案的有力反对者，因为他代表芝加哥郊区的一个丝袜选区，该选区并不依赖联邦政府的支持。保守派的攻击基于三个论点。首先，埃伦伯恩和他的同事明尼苏达州共和党众议员阿兰·斯坦格兰(Arlan Stangeland)、宾夕法尼亚州共和党众议员罗伯特·沃克(Robert Walker)和印第安纳州共和党众议员丹·奎尔(Dan Quayle)一起指责教育部法案(即H.R.13343法案)对教育界,特别对全国教育协会"从任何意义上讲都是一种政治上的回报"。其次,保守派认为设立教育部是对地方控制的严重威胁:"联邦政府的触角将无处不在,无法避免。如果我们创建这个部门,华盛顿将以牺牲地方多样性为代价,将会就课程内容、教材内容和课程种类制定更多的教育决策。"最后,他们警告说,建立教育部可能是一个"浪费数千万美元的巨大官僚错误"。反之,一些自由派的众议员,如纽约州民主党本·罗森塔尔(Ben Rosenthal),他关心的是截然不同的问题。他们看到建立联邦教育部的后果,该机构将分裂国会中代表卫生教育福利部利益的联盟,从而削弱联邦政府对教育的总体支持。许多黑人众议员的立场是,专业教育者以及州和地方官员的控制将削弱联邦行动的积极性和范围,特别是在民权执法方面。然而,其他一些自由派,如加利福尼亚州的众议员罗恩·德卢姆斯(Ron Dellums),则非常强烈地支持教育部法案。

　　这次的反对非常强烈,自1972年以来,美国教师联合会就一直持反对联邦教育部的立场,是反对者中最积极的利益团体。该组织担心,建立一个单独的联邦教育机构将大大加强和扩大联邦政府在教育中的作用。在这方面,美国教师联合会和众议院的保守派的担忧是一致的。在1977年5月给里比科夫的信中,美国教师联合会主席阿尔伯特·尚克(Albert Shanker)曾告诫说:除了可能因内阁级地位而提出的地位考虑之外,几乎没有证据表明联邦教育政策有任何改善。成功的联邦教育政策离不开健康和福利计划的制订和实施。如果政府部门激增,则项目的管理很可能会变得支离破碎,并且项目会重叠。合并的优点在国会的委员会结构中得到了认可,该委员会承认相关项目的重要性和行使广泛权力的重要性。另外,美国教师联合会更为实际的反对原因源于与全国教育协会的长期竞争,以及其作为美国劳工联合会—产业工会联合会(简称劳联—产联,AFL-CIO)下属机构的身份对劳工利益的认同。众议院教育和劳工委员会支持美国教师联合会以及国会中的劳工利益。劳工利益集团在众议院找到了更富有同情心的同盟,这一事实在选区政治中并不是一个新现象。人们担心,教育机构重组会影响和调整委员会的管辖权。

　　除了美国教师联合会的强烈反对外,另一个坚决反对的组织是美国天主教联合会。该联合会负责教育的主管威尔弗里德·帕拉迪斯(Wilfrid Paradis)女士强调,建立教育部会增加联邦政府对教育的干预。天主教会议认为,教育主要是家长和地方学校当局共同承担的责任。此外，教育部的成立将会代表一种"与国家传统上接受和尊重教育多元化背道而驰的教育哲学"。尽管在意识形态上对多元化作出了承诺，但天主教联合会认为，新的教育部将由公立学校的利益主导。

作为一个宗教机构的美国天主教联合会，其立法联络小组亲自会见了众议院议员，与美国教师联合会的政府关系小组"携手合作"。此外，美国天主教联合会驻扎在华盛顿的官员与全国天主教学校的校长、老师和学生家长取得联系，向他们通报了天主教联合会长期以来对建立教育部法案的反对态度。

从上述反对派的一系列行动中可以清楚地看到，政府正面临比预期更为强硬的反对。尽管几乎所有的利益团体都有反对设立教育部的务实动机，但众议院的辩论却注重于意识形态方面，在众议院激烈的意识形态讨论中，有关教育部提案的具体内容基本被忽略。与参议院的同僚相比，众议院政府运行委员会成员更善于处理管理问题，众议员们以自己的管理专业知识为荣，他们向麦金太尔提出了有关"重要统计数据"的问题：成本、人员和数字。在这些激烈的辩论中，教育部所承担的角色和责任从未提及。众议院就结构问题做出的唯一重大决定是授权在1980财政年度之前将人员减少500人。

众议院小组委员会（subcommittee）于1978年8月初开始起草教育部法案，纽约州自由派民主党人本·罗森塔尔（Ben Rosenthal）和伊利诺伊州保守党共和党人约翰·埃伦伯恩（John Erlenborn）联手力图将教育部提案一劳永逸地从政府的立法议程中删除。他们盘算，如果在立法中增加足够多的修正案，即使对最坚定的支持者来说，亦令教育部法案无法接受。因此，在小组委员审议之初，罗森塔尔即提出了他的修正案，要求确保民权办公室的完整性和独立性，这些都是以口头表决通过的。在5天后的第二次讨论中，埃伦伯恩占据了中心位置，他的策略不太注重实质内容，而更倾向于推迟最后投票的时间。在各成员总共对该法案提出的20项修正案中，其中埃伦伯恩一个人就提出了9项。在当天讨论结束时，共通过了3项修正案，其中删除了印第安人教育项目、儿童营养项目和科学教育项目的转移，并批准了其他7项与行政和组织职能有关的修正案。尽管如此，最终的结果对教育部法案的拥护者来说还是一个轻松的胜利。共和党的埃伦伯恩、民主党人罗森塔尔和密歇根州的黑人民主党人康耶斯（Conyers）是仅有的3名反对者。次日，小组委员会将通过的教育部法案送达全体委员会。全体委员会又进行了4天的审议，在此期间，共提出了50项修正案供辩论和投票。至第二天，反对者提出了如此多的修正案，占用了如此多的时间，以至于委员会无法进行表决。委员会表决的时间拖得越长，领导层安排众议院全体表决的机会就越渺茫。同一天，委员会以29票比9票同意将职业康复项目转移到教育部。鉴此，政府部委机构仍然公开反对这种转移。第三天，副总统蒙代尔出面进行了干预，他敦促众议院委员会对该法案迅速采取行动，但反对者无视政府的请求。布鲁克斯抱怨说："反对派正在利用冗长的演说(filibuster)，阻碍议案通过。"麻烦的是，众议院规则委员会批准该法案至众议院全体会议审议的最后期限已经过去了，但布鲁克斯告诉《华盛顿邮报》记者说，如果他的委员会能在周末前进行投票，该法案仍然有机会排进议程中。

第四天也是最后一天，委员会总算以27票15票通过了教育部法案。其中有22名民主党众议员和5名共和党众议员支持，7名民主党众议员和8名共和党众议员反对，很明显卡特总统未能使众议院的所有民主党议员保持一致。在提出的46项修正案中，有20项获得批准。其中大多数涉及教育部部长的权力(在大多数情况下是有限的)，以及人事分配和等级划分。然而，尽管获胜优势很大，但总统政府重组项目的立法人员还是持谨慎态度，还有关键的众议院全体会议这一关，形势不容乐观。在给哈里森·威尔福德和帕特·格沃尔特尼的一份备忘录中，工作人员评论说，许多国会议员、游说者和《华盛顿邮报》都在"预测该法案的消亡"。

众议院支持派和反对派双方的胶着状态，使全国教育协会坐不住了，它要设法声援众议院的支持派。在劳工节休会期间(一般是每年9月初的第一个星期一)，该组织进入了高速运转状态。其目的是确保在10月国会休会前，该法案能在众议院全体会议上获得通过。全国教育协会采取的第一个必不可少的步骤是说服众议院规则委员会批准一项公开规则来听取辩论，全国教育协会领导人在华盛顿分别与委员会的每位成员举行了会议，游说他们批准此规则。然后全国教育协会总部让他们在全国各地的分支机构在其家乡选区游说这些成员。与此同时，反对教育部法案的利益团体也在动员，他们通过委员会成员纽约州的雪莉·奇斯霍尔姆(Shirley Chisholm)游说同一批关键人物。直到最后计票的前几个小时，该委员会最后以9票比6票的投票结果同意此规则，从而为相关利益团体的现场声援创造了条件。

当教育部法案提交到众议院全体会议时，众议院的反对者威胁说，除非把它从议事日程上删除，否则将拖延所有的众议院事务。由于公开规则规定，除了在提出这些规定前至少一天之内将相关修正案印制在国会记录中外，对法案的任何修正案都不得进行，因此奎尔和沃克议员将30项修正案在一天内倾倒在记录中。其中一些修正案标题比实质性修正案本身更为丰富多彩，例如将其更名为公共教育和青年部（DOPEY）。这项法案原定于9月29日在众议院全体会议进行辩论，但由于反对者威胁利用冗长的演说（filibuster）阻碍议案通过，来自马萨诸塞州的民主党议长托马斯·奥尼尔（Thomas O'Neill）为息事宁人，只得暂时将其搁置。由此，教育部的法案又"悬而不决"了。据一名总统政府重组项目工作人员回忆，唯一能阻止教育部法案提前死亡的，是政府进行大量游说。在一周时间里，卡特总统和蒙代尔副总统为国会工作人员和利益团体举办了一次"动员大会"，以阻止并希望扭转众议院的不利势头。星期一，卡特总统会见了众议院重要议员。在接下来的星期三，蒙代尔副总统在白宫罗斯福厅为民权领袖举办了早餐会，随后于当日又举行了晚宴，邀请了100多个组织以及参议员和众议院代表参加，在整个一星期期间都举行了简报会。为了确保投票，参议院领导人、全国教育协会和包括卡特总统本人在内的政府内阁成员们分别游说了众议院议员和议长。然而，当教育部法案与其他19项法案一起出现在日程上时，沃克议员单枪匹马地发起了一场破坏性的冗长的演说，阻碍议案通过。在这种情况下，奥尼尔议长只好第二次作出了让步。但这是致命的一击，因为这一延误，众议院于1978年10月15日开始休会，所有议员们奔赴各自的选区，准备应对该年美国国会参众两院的中期选举，最终，导致教育部的法案还是没有在众议院全体会议上付诸表决。

（5）各方重新协调制定新的战略

由于教育部法案未能赶在国会10月中旬休会前通过众议院的审议，所以政府和各利益团体的支持者们期望国会在1978年通过该法案的计划落空了。鉴于新的情势，拥护教育部法案的各方利用1978年剩下的2个多月，制定新的应对战略，以便来年再战。这些利益相关方主要有国会议员、政府部门和教育组织。

坚定支持教育部法案的里比科夫参议员和他的幕僚没有被众议院严厉的反对党所吓倒，他们在第95届和第96届国会之间几个月的间隙时间，充分利用此前参议院通过教育部法案带来的势头制订新的行动计划。1978年12月，参议院政府事务委员会编制了一份25页的关于教育部立法的概况介绍，其中包括立法的历史、建立教育部的论点、积极的新闻评论和一份支持的组织名单。主要由各利益团体分发给他们选区的民众，但副本也发给了参议院的所有议员。到次年1月国会复会时，参议员里比科夫再次拥有40多个共同提案人，支持这项新的教育部法案（更名为S.210法案）。

与此同时，众议院的反对派也没有闲着，他们的力量已经足够强大，足以阻止该法案付诸表决。更麻烦的是,自由民主党人和保守共和党人在反对教育部法案的问题上已结成了联盟。维持这一不寻常的两党联盟对于众议院反对派至关重要,他们也认识到需要制定更复杂的策略来击败该法案。如果政府部门认为通过这项法案是国内的优先事项和政治需要,那么单单采用拖延战术反对教育部法案是行不通的。在11月的国会选举后产生的美国第96届国会的参众两院议员中,共和党斩获不少席位:共和党在参议院增加了3席,在众议院更是增加了15席(见表5–7)。有了这一势头,共和党众议员埃尔伦伯恩计划再次带头反对教育部立法,甚至在刚当选的共和党新晋众议员就职前就会见了他们,极力拉拢他们反对教育部法案。

面对接下来可能是第二轮国会博弈中的一场大战役和潜在的政治灾难,总统政府重组项目团队也在制定相应的新教育部战略,所有资源都用于谈判和妥协,眼前的任务是保持现有议员的支持,并获得那些可能被说服或仍然保持中立的议员的支持。然而人们对政府部门在将教育部法案首次提交给国会后的12个月内的举动似乎也不满,他们指出,白宫很少对法案的通过表现出过多关注,显然对其他许多问题给予了更大的优先权。就在1978年底,政府官员确实与国会和全国教育协会密切合作,以确保众议院的投票,但在很大程度上,出面的是相对低级别的管理和预算办公室和白宫人员。唯一一位似乎一直参与这场战斗的高级政府官员是卡里法诺,而他则站在反对教育部法案的一边。在1978年会议结束时,当卡特总统亲自参与进来时,一名记者问他白宫对教育部法案的重视程度有多高时,卡特总统猜测"这项法案不太可能今年就会通过"。这导致一些法案的支持者感到被愚弄了,因为这消减了众议院议长奥尼尔在第95届国会闭会前最后一周提出法案的动力。

由于白宫首脑未全力以赴介入众议院的博弈以及卫生教育福利部部长卡里法诺时不时地唱些反调,麦金太尔在给卡特总统的一份备忘录中建议,应继续敦促国会颁布教育部法案,但他坚持认为,这"将涉及您和副总统以及白宫高级官员的时间投入,以争取利益团体和国会议员对我们提案的支持"。然而,如果总统要力挺里比科夫法案,白宫各派之间的冲突就必须得到解决。行政当局必须表现出统一的态度,并致力于教育部的提案。

到1978年底,只有一个来自"教育界"的大群体对自己的立场犹豫不决——高等教育界。高等教育界是由50个不同组织组成的团体,其关切程度各不相同,尚未在任何政策制定或辩论中发挥重要作用。这些团体无法就一系列联邦教育政策问题达成共识,这是该群体的多样性和分散性造成的。但是,有一点他们是有共识的，即他们担心拟建的教育部不可避免地会受到全国教育协会和中小学利益的支配。在对教育部法案采取反对立场的高等教育团体中，呼声最高的是美国大学协会（AUA），该组织由40所最负盛名的大学组成。尽管美国大学协会是精英机构的代表，但它并不以发挥政治实力或影响力而闻名。支持者中也包括初级和社区学院以及美国大学教授协会。美国教育委员会（ACE）在该部门的问题上始终保持中立，尽管该组织负责政府关系的主任查理·桑德斯（Charlie Saunders）参与了与总统政府重组项目教育工作小组的持续对话，并提供了与这些小组合作的宝贵信息和建议。

鉴于教育部法案在众议院受挫，加之教育界内部的意见也不统一，支持者们感到失望和沮丧。在此情况下，许多教育利益团体的核心组织试图找出问题所在。经过事后调查和反思，他们得出的结论之一是拟建的教育部与全国教育协会的联系太紧密了，给外界的印象是总统向全国教育协会输送利益。众议员对利益团体在众议院日渐增强的影响力十分焦虑，众议院民主党领导层内部，将全国教育协会的兴起与20世纪70年代其自身政治权威的衰落联系在一起。早在1969年尼克松总统任上，时任议长约翰·麦科马克（John McCormack）和多数党领袖卡尔·阿尔伯特（Carl Albert）就担心教育利益团体的影响越来越大，担心由全国教育协会主导的教育项目全额资助联盟（full-funding coalition）的活动对拨款委员会的权威构成威胁。自那时以来，随着"水门事件"后几年的体制变化，领导职务的权力明显恶化了。在这些变化之后，现任议长奥尼尔、多数党领袖吉姆·赖特（Jim Wright）和少数党党鞭约翰·布雷德马斯（John Bradmas）努力保持他们的权威不受侵犯。他们怀疑全国教育协会的意图，对它非常反感。尤其是议长奥尼尔与工会关系不融洽：这位波士顿—爱尔兰新政民主党人不愿承认，"全国教育协会是美国劳工中一支新生的政治力量而值得尊敬"[1]。

基于上述情况，全国教育协会的官员意识到，要使教育部法案通过，需要消除外界认为只有全国教育协会一家在争取设立教育部的破坏性看法。经检讨后，"全国教育协会终于慢慢认识到，我们不能独自完成这项工作。"更麻烦的是，当时《读者文摘》登载了一篇轰动性的文章，题为《全国教育协会：华盛顿

---

① Gareth Davies. See Government Grow: Education Politics from Johnson to Reagan. University Press of Kansa, 2007, pp. 235–236.

游说团猖獗》,它勾画了一个"永久波托马克权力精英"的雏形①,并将该协会的"权力驱动"呈现为"一个关于特殊利益政治如何压倒公共利益的经典研究"。该新闻不仅让全国教育协会感到震惊,也让其他支持成立教育部的教育组织感到震惊。就在全国教育协会进行事后分析时,亚利桑那州斯科茨代尔市举行了一次州首席教育官员会议,不仅有州教育官员参加,还有国会工作人员和来自卫生教育福利部和白宫管理和预算办公室的官员参加。在酒店游泳池边举行的非正式秘密会议上,他们讨论了教育部法案的命运,思考了《读者文摘》的文章,最终得出结论:由全国教育协会以外的一个协会出面领导,他们委派其中两人去摸清傲慢的全国教育协会的态度。一位是艾伦·科恩(Alan Cohen),他是伊利诺伊州教育主管在华盛顿的说客。另一位是唐·怀特(Don White),他在加利福尼亚州扮演同样的角色。

当科恩和怀特与全国教育协会讨论成立一个实质性的支持内阁级教育部的特别委员会时,一开始全国教育协会犹豫不决。尽管全国教育协会认识到有必要采取措施化解媒体的这些指控,但它"并不打算放弃对这一问题的基本控制权"。经过权衡利弊,最后全国教育协会领导层还是赞同了这一提议。教育界新建立的特别委员会与全国教育协会分离,从而形成了另一个支持教育部法案的教育界的统一阵线。伊利诺伊州教育部的游说者艾伦·科恩被选为新成立的支持内阁级教育部的特别委员会的负责人。特别委员会第一次会议于12月在华盛顿特区近郊的弗吉尼亚州雷斯顿举行,为避嫌疑,这一地点是经过精心挑选的,理由是"华盛顿市中心"被视为全国教育协会的所在地。在那次会议上,包括全国教育协会在内的40个组织代表和6名白宫工作人员出席了会议。会议决定设立3个委员会,涵盖立法、公共关系和对外联络基地。会议作出了重要决定:必须绕过任何有关教育部内容的讨论,专注于取得立法胜利。

教育利益团体感到沮丧的另一个原因是白宫方面缺乏主动性。委员会试图向行政当局表明,其战略应更有条理,并在对教育部的承诺中采取行动。白宫作出了回应,蒙代尔副总统在白宫主持了该特别委员会的第三次会议,90多个组织和130名个人代表出席了会议。蒙代尔副总统在开幕词中试图回应利益团体对其的批评:"这表明了我对这项工作的重视,我刚刚经历了一场暴风雨来和你们会面。我想不出我更愿意参加的任何会议,也想不出总统和我把我们政府的任何目标放在比今天聚集在一起的原因更重要的位置,即利用

---

① 波托马克是首都华盛顿的一条河,这里隐喻华盛顿地区的上层权力群体。

必要的公众支持，最终通过并建立一个内阁级的教育部。"这次会议开创了白宫与教育部法案支持者合作的先例。在第三次会议之后，该特别委员会已扩大到包含100多个组织，每周举行会议，白宫的几名工作人员也参加了会议。

（6）1979年：国会参众两院立法的最后决战

虽然政府部门、支持教育部法案的议员和利益团体在1978年的努力功亏一篑，法案未能在国会最终通过，然而经过年末2个多月的总结和反思，重整旗鼓，调整和制定了新的战略，迎接新的艰难博弈和决战。

在新一届国会准备于1979年1月重新召开时，参众两院已经删除了各自法案中大部分有争议的转移项目，而政府部门可能会彻底抛弃原来的整个法案，重新提交一个广泛的教育部提案。与此同时，卡特总统在1979年1月的国情咨文中几乎没有对教育部法案的颁布作出明确承诺，在演讲中有关教育部法案的部分只是强调："今年，我们必须将政府'重大重组努力'扩展到教育、经济发展和自然资源管理。不存在无效的、无争议的重组，改革也不可能一帆风顺，但我们知道，廉洁有效的政府对恢复公众对我们公共行动的信心至关重要。"尽管对公众而言，卡特总统在演讲中对这项法案的态度明显轻描淡写，但在政府的不成文议程上，这项法案是政府的国内优先事项之一，尤其是卡特总统对"重大重组努力"的间接提及还是让公众感到满意。

卡特总统发表国情咨文没几天，美国三家最负盛名的报纸：《华盛顿邮报》《纽约时报》和《华尔街日报》发表社论，严厉批评设立教育部的举措。1979年1月16日，《纽约时报》刊登了题为《教育改革的幻觉》的文章。文章表示，教育部法案从众议院全体会议消失是一个积极事件，教育部将与全国教育协会建立紧密的利益关系，建立教育内阁机构将为其他特殊利益群体的效仿做出榜样。最广为讨论的一篇文章来自大卫·布伦曼（David Breneman）和诺埃尔·爱泼斯坦（Noel Epstein）的《华盛顿邮报》专栏，作者认为"山姆大叔在课堂上的影响力越来越大，创建教育部的基本政治行为并非是一个重组或巩固联邦教育努力的问题，而是建立一个美国教育责任的后门"[①]。面对这些不利因素和压

---

① 山姆大叔的称呼起始于1812年美英战争时期，主流的看法是：当年纽约有位商人山姆·威尔逊（Sam Wilson）负责提供食物给美军，在发送食品时，必须在食品包装上贴上标签，注明承包商的姓名以及食品来自何处。当时在包装上贴的标记是"E.A.—U.S."当有人问这个标记是什么意思时，有个工作人员开玩笑地说："U.S.指'山姆大叔'（即 Uncle Sam 的缩写）"，员工的意思是指山姆·威尔逊，这是员工对老板的笑称。由于合众国（United States）的缩写恰好也是 U.S.，其后成为了美利坚合众国的绰号。因此之故，山姆大叔就代称美国了。

力,加之白宫陷入了一系列极其艰难的政治斗争中,其中包括批准第二阶段核试验条约的努力、对克莱斯勒公司的救助、为节约预算而争吵、为国家医疗保健而斗争等,因此,1979年通过教育部法案就成为白宫的首要任务之一。到2月初,卡特总统作出了决定,选择缩小教育部的范围,因为意识到每从一个机构转移出一些项目资源都会产生更多的反对者。政府部门在提案中放弃了儿童早期项目、儿童营养项目和印第安人教育项目的转移。从卡特总统的战略来说,重要的是将美国国防部在海外的军事设施和基地开办的学校转入到新的教育部。虽然这些项目的钱不多,但人数却很多。事实上,在卡特总统的提议中,这些国防部学校占了大多数,因此他可以声称这是一个"主要"部门。如果没有这些教师,教育部的工作人员将是内阁级机构中人数最少的。

参议院新一轮立法行动。1979年1月,参议员里比科夫向参议院提出他的新的教育部法案(S.210),辩论的焦点集中在了教育部本身的问题上。参议院第二轮审议中提出的许多问题与众议院正在进行的辩论有着惊人的相似之处。支持者声称可以提高公众知名度,增加与总统的接触以及得到更好的协调和管理,反对者则声称存在联邦控制的威胁和丧失公民权利的保护。2月8日,白宫政府管理和预算办公室主任麦金太尔再次出席参议院政府事务委员会的听证会,麦金太尔只介绍了政府部门提案和里比科夫法案在内容上的两点不同:政府提案增加了两个移民教育项目,但没有包括职业康复项目转移。但麦金太尔迅速强调了政府愿意与委员会进一步"寻求解决"的意愿。他对教育部结构的讨论反映了上一年的情况,即政府试图为教育部部长提供比参议院法案更大的组织灵活性。

在对法案中仅存的几项转移项目进行了最低限度的辩论之后,委员会以13票比1票的表决通过,而不是一致通过的。来自缅因州的新晋议员共和党人威廉·科恩(William Cohen)投了该委员会唯一的反对票,他后来在90年代成为克林顿政府的国防部部长。然后委员会在3月14日向参议院全体议员提交了报告。在此之前,委员会还投票通过了特拉华州共和党参议员比尔·罗斯(Bill Roth)和密苏里州共和党参议员约翰·丹福思(John Danforth)提出的修正案,以加强语言保护和防止联邦政府的控制。在地方控制权倡导者的心目中,参议院正在履行其传统的角色,即保护各州和地方在政府间(intergovernmental)交往中的权利。参议院全体会议上对教育部法案提出的唯一实质性修改是保留了国防部海外学校项目的转移。在这场显然已成为党派之争的选举中,参议院在4月的最后一天以72票比21票通过了教育部法案。反对派比1978年的投票结果多获得10票，其中包括一名民主党人的一票。

卡特总统于1979年2月中旬给众议院的教育信息概述了迄今为止政府部门支持的教育部的最狭义的版本。众议院政府运行委员会主席布鲁克斯说服政府在第96届国会中提出自己的教育部法案，然后由他主持，重申他不愿冲在前面支持教育部倡议。除了属于卫生教育福利部下面的教育办公室管辖的所有与教育相关的项目之外，政府提交给众议院的提案只保留了两个教育项目：国防部海外家属学校项目和国家科学基金会的科学教育项目的转移。在1978年的国会辩论中，有关国防部项目的转移曾引起了一些争议，但得到了许多方面的支持。政府、议会、欧洲基地家长、教师和学生大会、全国家长教师协会和全国教育协会附属机构、海外教育协会，都写信、作证或决定支持这些转移。与其他不热心或公开反对将项目移交给新教育部的政府机构负责人不同，国防部官员，包括哈罗德·布朗(Harold Brown)部长本人，都赞同这一移交。参议院军事委员会的成员很乐意提供支持。在众议院教育部法案(H.R. 2444)听证会的第一天，欧洲议会副主席兼立法委员会主席迈克尔·奥斯汀(Michael Austin)指挥官即阐述了该组织支持移交的理由："我们希望被纳入进来。我们看到，我们封闭的、狭隘的军事制度离美国教育的主流更远。"与此相对照的是，国家科学基金会的科学教育项目转移的问题仍然难以解决，因为国家科学基金会的工作人员、国会支持者和利益团体对纳入科学教育项目的敌意仍然很高。最后，为了回应人们对联邦控制的担忧，一个题为《禁止联邦控制教育》的章节紧接着描述了政府众议院提案的目的。

由于参议员里比科夫推动的教育部法案在参议院进展相对比较顺利，政府近两年为建立内阁级教育机构而进行的工作都到了众议院的最后落实阶段。1979年2月底，众议员布鲁克斯尽职尽责地提出了卡特总统提出的教育部法案(H.R.2444)。考虑到众议院的阻力仍然很大，赞成票和反对票会非常接近，为加大教育部法案通过的概率，政府提交的新法案将拟转移的项目数目减少了许多，事实上，新的法案已经缩减的几乎只剩一副骨架了。政府的最终政治意图是，对众议院部门最具说服力的理由将是提高效率、改善管理和节约成本的主张。政府带着人数、成本和数字参加了最后一轮听证会。其中要求新机构至少减少400人，此后每年新增不超过50人；没有提及任何增加与计划或拨款的增长挂钩。麦金太尔在出席委员会的最后一次会议时，将这些行政福利和管理改进称为"事关重大的根本问题"。

然而，令白宫战略家们大为失望的是，强调效率方法对支持教育部法案的委员会成员的激励作用甚微。此外，唯一对政府主张持异议的委员会成员是纽约州众议员罗森塔尔（Rosenthal）。用他的话说："拟议成立的新教育部门实际上不满足建立新部门所需的任何标准，违反了良好管理、良好组织甚至良好政治的每条规则。"对许多保守派来说，真正的问题是联邦的角色本身，他们希望完全淘汰联邦计划。宾夕法尼亚州的共和党众议员罗伯特·沃克（Robert Walker）在他发给国会同僚的一份"教科书"式的报告中首次表明了他的观点，他断言设立新的教育部将不可避免地导致成本飙升。在其"第一课"中，沃克用简单算术计算出，建议的教育部高级职位数是这些职位成本的2倍，相当于450万美元的薪金总额。他评论说：在美国公众敦促削减联邦开支和官僚经济增长之际，我发现，设立90个新的官僚职位是完全不合理的。作为一个由有预算意识的民众选出的公职人员，我们怎么可能为创造这些新职位所涉及的高昂开支辩护呢？沃克的"第二课"计算出，在新的教育部中一个高级官员的薪资，可以雇3.3名学校教师。"第三课"的复杂公式得出了一个7.74亿美元的数字，用于支付教育部的文书工作费用。虽然针对沃克的每一道数学题，政府部门随后都起草了一份反驳意见，但是沃克报告中使用的图形技巧对一些国会议员来说印象更为深刻。

与此同时，国会外部以美国教师联合会自由派为首的反对派利益团体同样对教育部法案中无涉对州和地方控制的保证条款表示怀疑。美国教师联合会立法部门准备的一份正式声明称："将保证州和地方对任何事物的控制权交给联邦政府的新机构，就相当于雇一只狐狸来保证鸡舍的安全。"反过来，一些自由主义者则担心教育部法案没有提供足够的联邦控制，他们认为，如果任由州和地方机构自行决定，它们将不会在确保公民权利保护方面采取积极的行动。

在对教育部法案提出的所有反对意见中，政府最难反驳的是联邦控制的论点。不足为奇的是，双方在哲学上的分歧很大——保守派想要更少的控制，自由派想要维持现有的控制，白宫的战略家们不知道如何平衡派系。在最后的修正案中，要求教育部法案为每一项对各州、其地方学校系统或部落政府有重大影响的立法、监管或资助提案发布一份"影响声明"，规定"禁止联邦控制教育"的措辞，明确阐明各州在教育方面的宪法作用。这些修正条款使利益团体感到满意，因为这些规定将加强州和地方的控制，反过来又促使政府努力遵守这套特定的要求。

为了疏远民权倡导者并排除他们的支持，保守派共和党众议员沃克和他的同事共和党人约翰·阿什布鲁克（John Ashbrook）准备提出一系列反民权修正案。在此期间,保守派努力将这些修正案附在每一项拨款和教育相关法案上。所有反对者推翻教育部法案的策略,似乎对校车、学校祈祷、堕胎和平权行动等削弱性修正案最为有效。1979年4月初至10月下旬是政府部门和教育部法案的拥护者的艰苦斗争阶段。为了防止失败,政府被迫在许多关键时刻作出大小不一的让步,达成了数不清的交易,其中大部分可能永远不会为人所知。整个过程使行政当局陷于困境,侵占了白宫宝贵和不可替代的资源,而其他具有国家和国际重要性的问题也需要总统的关注。经过一番努力,教育部法案在通往众议院的漫长道路上成功迈出了第一步。4月9日,小组委员会通过了霍顿(Holden)议员关于转移职业康复项目的修正案和一些管理和政府间的修正案,并通过口头表决同意向政府运行委员会提出报告。根据《国会季刊》的一份民意调查,该委员会反对和赞成为18票比18票,有3名成员尚未决定。然而就在5月2日投票的当天中午时分,2位民主党资深国会议员北卡罗来纳州的L.H.弗恩(L.H.Fountain)和宾夕法尼亚州的威廉·穆尔黑德(William Moorhead)透露,他们打算改变他们去年的立场,投票反对这项措施。在接踵而至的一系列游说中,布鲁克斯主席设法获得了3名即将上任的民主党人和一名共和党新人的选票。经投票表决,法案以20票比19票的极其微弱优势通过。这次支持该法案的共和党的人数减少了一半,减少到2人,相当多的民主党人加入了反对党的行列。在19张反对票中,有7张是民主党人,卡特政府获得了一票之多的胜利。投票结束后,白宫发言人断言:"我们现在已经跨过了建立单独的教育部的最艰难的障碍。"

跨过了众议院政府运行委员会这一最难缠的关卡后,下面就要准备闯众议院规则委员会这一关。5月和6月是为众议院全体会议最后摊牌做准备的时间,双方首要目标就是众议院规则委员会,该委员会由密苏里州民主党的理查德·博林(Richard Bolling)担任主席。除了博林本人反对该法案之外,反对者在委员会中有几个有影响力的朋友——来自纽约州的民主党众议员雪莉·奇斯霍尔姆和利奥·泽费雷蒂(Leo Zeferetti)。6月7日最终的结果是9票比5票赞成批准这项法案。然而,根据《国会季刊》的一篇文章,胜利再次掩盖了这样一个事实,就在投票前几个小时,有消息说委员会投票结果将会持平。

6月11日,众议院全体会议辩论开始,教育部法案的反对者们全力以赴。按照规定,国会记录中心印制了几十项修正案。一个接一个的修正案通过了——涉及祈祷、校车和种族配额。在为期3天的修正案表决的阻挠下,反对者成功地阻止了众议院进行表决。尽管大多数拖延的修正案都被否决了,但4项反民权修正案均以125票的平均票数获得通过。删除科学教育项目和国防部学校项目的修正案没有通过。反对者曾提出修正案，将额外的项目移交给教育部，由于引起其他阵营的反对，未获成功。第三天午夜过后，辩论达到了高潮，当时威斯康星州民主党众议员大卫·奥贝（David Obey）提出议案，要求取消该法案的制定条款，在众议院议长奥尼尔恳求"不要让法案以这种方式通过"之后，这项动议才以146票比266票的表决结果被否决。考虑到这项法案的否决将成为政府的一场政治灾难，白宫被迫在项目和结构上进行交易。政府承诺将进一步削减人数，并在其他问题上进行交易。例如让印第安人学校项目回归到内政部，以便缓和印第安人和政府之间在联邦条约问题上日益扩大的裂痕；为获得保守派和天主教徒的支持，允诺在学费税收抵免问题上给予更多灵活性；拉丁裔赢得了一个独立的双语教育办公室——这是他们政治影响力不断增强的象征；博物馆的利益得到保证，他们1300万美元的项目将有一个直接向部长汇报的渠道；某些科学教育项目还给了国家科学基金会，以争取坚定的国会议员的支持。

当4天的辩论终于在众议院结束时，结果还是无法预测，反对者设法把投票推迟到7月4日的国会休会结束之后。民权团体对法案中反民权修正条款仍然不满：他们宣布反对教育部法案。在1979年6月12日写给杰克·布鲁克斯的信中，美国公民自由联盟写道："鉴于众议院最近批准的激烈和破坏性的反公民权利和公民自由修正案，这项立法已成为严重破坏美国对公民权利和公民自由承诺的机制。因此，美国公民自由联盟现在反对颁布这项立法。"然而，国会黑人核心小组仍然保持中立。一些核心小组成员接到了卡特总统的私人电话，说服他们在会议上取消这些条款。当局辩称，这不是众议院第一次支持此类措施，这些措施的实际效果存在相当大的问题。他们不愿意强调修正案的象征性，以免对防止联邦控制的语言提出同样的批评。城市联盟主席卡尔·霍尔曼（Carl Holman）仍然忠于政府，他召集了一个由妇女、拉丁裔和公民自由代表组成的广泛小组，在继续支持政府法案的同时，就公民权利问题开展工作。据报道，应蒙代尔副总统的要求，霍尔曼阻止了民权领袖在众议院最后投票前向众议院议员发出非常负面的电报。

全国教育协会利用7月4日国会休会展开了基层游说。全国教育协会政府关系办公室向所有地方分会发送备忘录，敦促其附属机构打电话或访问其所在地区的国会议员。利益团体联盟的特别委员会提供的游说目标名单包括70多位议员，其中大多数来自得克萨斯州、宾夕法尼亚州、伊利诺伊州、新泽西州、纽约州和加利福尼亚州等主要州。白宫这几周也加强与全国教育协会携手合作。立法联络小组将议员名单"分期"提供给总统、副总统、内阁官员和白宫高级职员，由他们打电话给摇摆的议员。国会休会结束后，7月11日，议长奥尼尔呼吁对法案进行最后表决。在此关键时刻，全国教育协会故技重施，像60年代游说国会投票那样，动员数百名佩戴红色、白色和蓝色绶带的基层会员，排列在众议院大楼走廊两旁，在众议员前往投票时，他们高呼口号："教育部！胜利！"投票结果宣布时，赞成票是210票，反对票是206票，教育部法案惊险获胜。

众议院通过了教育部法案后，参众两院就将各自的法案文本提交参众两院大会作最后的审议。通常，一项议案一旦提交会议，对会议报告本身的表决就成了例行公事。然而这次情况比较特殊，不到最后关头，结果仍然难以预料。根据众议院委员会的通常程序，教育部法案通过后将立即送交参议院，参议院有权选择众议院版本、参议院版本或要求召开会议。如果参议院要求召开会议，那么众议院将首先对会议报告进行表决，并有可能将其收回修改。然而，如果众议院要求召开一次会议，参议院将不得不通过报告的最终版本，然后才能将报告交回众议院全体会议，那么众议院只能要么通过或者否决这项立法，它没有将其发回会议的选择。

众议员布鲁克斯知道，国会必须由众议院要求召开这次会议：鉴于反对者希望将反民权修正案保留在立法中，众议院很可能会反复将教育部法案发回国会。7月中旬，参众两院任命了14名议员作为两院文本协调小组成员，9名民主党人和5名共和党人：参议员里比科夫、珀西（Percy）、贾维茨（Javits）、格伦（Glenn）和莱文（Levin），以及众议员布鲁克斯、霍顿（Horton）、埃伦伯恩（Erlenborn）、福夸（Fuqua）、穆尔黑德（Moorhead）、法塞尔（Fascell）、圣日耳曼（St. Germain）、莱维塔（Levitas）和斯坦格兰（Stangeland）。除了众议院法案包含限制民权活动的修正案外，众议院和参议院版本的教育部法案只有少数几处差异。众议院法案对免受联邦控制的措辞强于参议院的法案，前者更明确地规定，该部门的设立"不应增加联邦对教育的权威，也不得削弱各州、地方学校系统、州政府其他部门或部落政府在教育政策和行政领域的权利"。对最终投票的沙盘推演显示，众议院反对的联盟之所以能够获得自由派和保守派阵营的支持，这主要是因为民权问题。支持率最高的是南部和西部，而大西洋中部各州（新泽西州、纽约州、宾夕法尼亚州、马里兰州和俄亥俄州）的反对票则最多，在89名投反对票的民主党人中，有43名来自这5个州。在最后的统计中，尽管有党团领导人的敦促，但更多的国会黑人党团成员还是投了赞成票，而不是反对票。

　　协调小组要决定的最重要问题为是否删除有争议的修正案。最终商定的项目内容包括卫生教育福利部属下教育司的131个项目,康复服务管理局的6个项目,国家科学基金会、司法部和劳工部的各2个项目,国防部、住房与城市发展部、美国农业部(研究生院)的各1个项目,以及卫生教育福利部对4个特殊机构的预算监督。立法规定设立中小学、职业教育和成人教育、高等教育、海外学校、特殊教育和康复服务、双语教育、教育研究和改进以及公民权利办公室。正在谈判的主要管理问题是众议院提起的人员裁减。众议院最初通过了800名员工的削减,在会议上将削减幅度修改为500人。

　　1979年9月13日,参众两院协调小组批准了法案的共同文本,但3位小组成员:众议员厄伦伯恩、穆尔黑德和斯坦格兰德拒绝签署。在参议院通过法案共同文本后,教育部法案的最后一个障碍将是众议院的最终批准。然而,白宫国会小组经过推演后,心又悬到了空中:214票比214票,势均力敌,还有7人尚未决定。白宫工作人员的情绪近乎绝望。卡特政府意识到教育部法案的成败已是一个政治问题,与即将到来的总统选举有必然的联系。白宫的战略家们得出了与几个月前参议员里比科夫相同的结论:出于政治原因,在这个问题上取得胜利至关重要。一个教育部,无论其范围多么窄,都比没有好,必须全力以赴。鉴此,白宫里任何与国会有接触的人都必须打电话游说。卡特总统与国会议员的会议已经安排好了,双方交换了承诺,随同卡特总统访问罗马教皇或乘坐空军一号的议员们都拿到了机票。与前一年议长奥尼尔拒绝将教育部法案列入众议院日程的情况不同,这次众议院领导层在保持法案有效性方面发挥了重要作用。这可能要归功于全国教育协会为提高其在议长心中的地位所作的努力。

　　在民主党领导层对选举结果感到紧张的情况下,议长奥尼尔罕见地发表了一次演讲,恳请同事们与总统一起投票。最终,《教育部重组法》以215票比201票获胜。投票结束后,白宫和全国教育协会的游说者在通往众议院会议厅的走廊一侧爆发出欢呼声和掌声,与此相对照的是,另一旁是郁闷和沉默的美国教师联合会的游说者。对卡特总统来说,这是美好的一周:这一周国会通过了《巴拿马运河法案》,众议院商务委员会也批准了《医院费用控制法案》。卡特总统在被誉为"本届政府在立法上取得重大胜利"的喜讯中称,教育部法案的通过是"我努力提高联邦政府效率的一个重要事件,我们现在有一个单独的内阁部门,能够提供管理教育经费所需的连贯性和方向感"。尽管最终通过的《教育部重组法》(*Department of Education Reorganization Act*)的范围与早期的版本相去甚远，卡特总统还是兑现了竞选承诺，并称赞新成立的教育部是美国教育界10年中唯一最重要的成就。同样重要的是，教育部法案的通过被视为卡特总统罕见的立法胜利之一。卡特总统于1979年10月17日在白宫东厅举行的签字仪式上，签署了内阁级的《教育部重组法》。

至此，经过近3年旷日持久的博弈，虽然过程曲折、跌宕起伏，"历经劫难"，总算达到了设立单独的联邦教育部的目的。这一胜利不但被视为卡特总统政治生涯中的重要一步，也是全国教育协会和为建立教育部奋战的其他教育利益团体的胜利。这些努力是值得的，也是有重大回报的。事实上，在《教育部重组法》通过后的第二天，全国教育协会正式宣布再度支持卡特总统竞选连任。全国教育协会对卡特总统的这一新的背书，意义重大。因为在1979年夏秋，各方已经为明年的总统大选开始酝酿。在民主党内，人们普遍认为卡特总统最强有力的批评者爱德华·肯尼迪（Edward Kennedy）参议员将与卡特总统争夺民主党总统候选人提名，肯尼迪也在争取全国教育协会的支持。考虑到卡特总统当时低迷的民调数字，卡特总统能否抵御这一假定挑战尚不清楚。而全国教育协会对卡特总统的这一公开支持彻底阻断了参议员肯尼迪的挑战，从而使得卡特总统顺利获得民主党的总统竞选提名。

（7）1980年：单独的内阁级教育部正式成立

联邦教育部的立法程序在国会完成之后，又花了半年多时间才正式挂牌成立。国会通过的《教育部重组法》规定，政府必须在1980年6月初之前成立新的教育部，由此政府行政部门开始了紧锣密鼓的筹备工作。筹备工作主要包括两部分：一是物色和提名教育部部长人选；二是搭建新的教育部组织框架。

物色和提名教育部部长人选。据《美国教育》当时发表了一篇题为"教育集团构建（construct）部长"的文章，文章指出，各教育利益团体正在向白宫提交心仪的新任教育部部长的名单，纷纷建议新任教育部部长应具有的教育背景、经历和管理水平等标准。当然，白宫也正按照自身的标准开始积极物色教育部部长。根据《高等教育纪事报》报道，白宫关于任命的标准包括：哪些人会为卡特总统的1980年大选加分———一位女士或一位男士，一位黑人、一位白人还是一位拉丁裔人，是政府内部的人，还是教育界的知名人士，能给新教育部提升地位或知名度？新部长是更倾向高等教育，还是中小学教育？或者这个职位应该交给管理背景强的人，即使他或她在教育方面几乎没有经验。显然，白宫的考量更多的是在政治方面。

几经筛选，白宫最终在众多候选人中选中了加州联邦上诉法官雪莉·赫夫斯特德勒(Shirley Hufstedler)女士,由卡特总统提名为新的教育部部长。除了一小部分白宫工作人员和卡特政府官员之外,卡特总统的这一选择令所有人都感到意外。赫夫斯特德勒法官是当时美国级别最高的女法官,此前由林登·约翰逊总统任命为加州第九巡回上诉法院法官。作为一名法官,赫夫斯特德勒表现出了对公民权利的坚定承诺。在赫夫斯特德勒法官接受了卡特总统的提名后,卡特总统就他选择一位女性的决定,重申了对平等权利行动和平等机会总体领域的承诺。通过提名赫夫斯特德勒法官这位非教育人士,卡特总统发出了一个信号,即他不希望教育部成为教育利益团体的"俘虏"。《时代》杂志报道,卡特总统"说他不但想要一个'有创造力的思考者',他还想要一个独立于华盛顿无所不在的教育游说者之外的人"。根据这一说法,卡特总统"推断只有一个非教育人士才能将代表初等、中等和高等教育的教育部各个要素结合起来,这些要素代表了多年来一直在争夺联邦资金的竞争激烈的小学、中学和高等教育的利益团体。"

卡特总统的这一任命是对一直普遍认为新教育部只是卡特总统对全国教育协会政治回报观点的一种正面回击。对于赫夫斯特德勒的提名,全国教育协会和华盛顿地区的其他组织一样感到惊讶。事实上,赫夫斯特德勒与教育界的唯一联系是与高等教育界的接触。她与中小学教育界的关系间接地来自她的司法责任,以及她在加利福尼亚州教育委员会下属的各种委员会的任职。这些教育"建制派"最初的评论不那么直截了当。据报道,一位全国教育协会发言人对此提名表示了一种"观望态度"。来自家长教师协会组织的一名官员报告说,对此任命只是"有点意外",因为赫夫斯特德勒法官只是"被视为众多候选人中的主要竞争者之一"。据一位消息人士说,美国教师联合会的菲利斯·弗兰克称此任命是一个"奇怪的决定",但他同时又指出,他的组织对这一决定持开放态度。总之,几乎所有教育组织和利益团体都认为赫夫斯特德勒的提名有说不出和道不明的意味,也许这就是卡特总统所期望的结果。

1979年11月29日,参议院劳动和人力资源委员会对赫夫斯特德勒的提名举行了听证会,经参议员的审议,该委员会一致确认了赫夫斯特德勒的提名。随后委员会将建议提交参议院全体会议。1979年11月30日,参议院全体会议以81票赞成2票反对通过了对她的任命,只有北卡罗来纳州共和党参议员杰西·赫尔姆斯和得克萨斯州共和党人参议员约翰·塔尔两人反对这一提名。

搭建新的教育部组织框架。赫夫斯特德勒的任命获得国会批准后,她在白宫工作人员的协助下开始组建新的教育部。她将组建工作的重点分为三大块:

发展该部的组织结构,安排工作人员的职能和内部决策过程,任命关键职位。具体教育部的组织架构可见图5-1。新的教育部规模似乎只是原卫生教育福利部下辖的"教育办公室"和助理教育部长办公室的略为扩充。这种扩充主要是增加了三个领域:一是增设了教育研究和发展办公室;二是增设了一个办公室,以容纳职业康复项目;三是增设了双语教育项目。这些新增领域正是各方博弈的结果,整个教育部规模使卡特总统最初设想的"范围广泛"的目标大为缩水。

新的教育部在13个内阁级部门中是规模最小的一个。名义上教育部拥有1.7万名员工,其中1.1万名是国防部海外学校项目的一部分。总部设在华盛顿的6000名工作人员组成了一个比卫生教育福利部部长办公室还小的机构。教育部规模不大,但它负责管理142亿美元的预算,这一预算在内阁13个部门预算中排名第五。

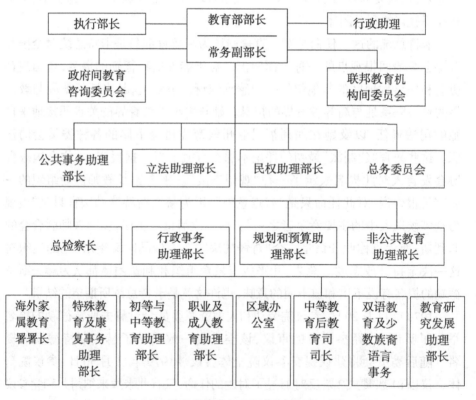

图5-1　美国教育部组织架构(1980年5月)

资料来源:Beryl A. Radin and Willis D. Hawley. The Politics of Federal Reorganization: Creating the U.S. Department of Education.Pergamon Press,1988, p. 189。

1980年5月4日,联邦教育部正式挂牌成立,比国会原来规定的新部门成立期限提前了一个月。新教育部的成立安排了一周的庆祝活动,使美国公众感受新机构的活力。这些庆祝活动多种多样、丰富多彩,包括由美国邮政总局发行一张特别邮票、组织与会各方参观华盛顿地区的学校、举办研讨会和一个纪念教师的文化活动,这些活动邀请了许多著名艺术家。一周的庆祝活动从白宫草坪举行的仪式开始,政府内阁成员、国会议员和白宫工作人员、各大教育协会代表、教育部门工作人员、媒体以及来自全国各地的教育界人士出席了仪式。新教育部的成立和热烈的庆祝典礼气氛对卡特总统非常重要。鉴于当时卡特总统在民调中的糟糕表现、伊朗人质事件以及民主党内部对卡特总统的支持率下降,新教育部的成立对提升卡特总统的支持率至关重要。然而对赫夫斯特德勒部长来说,距离新的总统大选还有六个月时间,届时如果卡特总统失利,她也只能在新的教育部部长的位子上待半年,前程难料。

(8)美国联邦教育部的职能

考虑到读者的好奇心,美国政府和各方利益团体花了那么大的精力建立的新的联邦教育部,该部究竟有些什么职能呢?我们摘录国内的一些研究报道归纳如下。

美国联邦教育部管什么?

第一,根据学校及州政府申请制定补助金额,资助所有孩子享受平等教育。

100多年来,虽然美国教育部的名称改动频频,地位也发生了多次起伏,但是它的具体职能几乎没有发生实质性变化。比较1867年的《教育部法案》和1979年的《教育部重组法》,国会设置教育部是确保教育问题得到联邦政府的资助,有效协调全国教育活动。因此教育部的职权一直主要局限于经费资助、教育研究及确保所有公民在K12教育阶段(中小学)都享受平等的教育。

与很多国家在促进教育公平方面的"空头支票"不同,美国教育部在促进平等教育上可谓不遗余力。教育部每年会编制联邦补助方案,促进智力障碍人教育、残疾人教育、扫盲教育以及发放教育贷款。这其中有适合所有学生的补助方案,也有以残障学生、贫困学生、印第安学生、移民学生以及英语能力有限的学生为主的特别补助方案。例如,根据《残障人教育法》,教育部根据每个州上报的残障学生人数,将联邦补助经费经过合理分配,划拨给不同的州,帮助各州为残障学生提供免费的公共教育。由于残障学生的教育需要特殊的器材以及师资,所以教育经费的开销比一般学生要大得多。以校车为例,由于残障学生往往不能与正常学生同坐一辆校车,所以有时为了一位残障学生的上学，就必须派出一辆经过特别改装的校车接送，这样校车的经费就成倍增加。学校据此可以向学区以及州政府申请资助，州政府再向教育部申请资助，而教育部要做的事，就是根据当年国会的相关拨款，制定适当的补助金额。

对于贫困及偏远地区的学生，美国教育部制订了"中学计划"和"偏远农村教育计划"。在接到州政府的申请后，动用联邦资金设立在贫困社区和偏远农村的特殊教育中心，派出优秀的教师以帮助提高这些孩子的升学率。此外，属于美国教育部的专属基金每年会为全国约15万的贫困学生发放助学贷款，资助其大学及留学计划。

第二，收集全国性教育数据，为各州及民间机构提供教育事务参考。

美国教育部下设有全国教育统计中心，该中心是权威的教育数据收集、统计、分析机构，为国会和决策机构提供全国性的教育数据。该中心会定期编制《全国教育发展评估》（NAEP），教育部根据该评估报告对各州的教育状况进行评估，并对结果较差的州进行督促。统计中心收集来的详细数据还为各大学排行榜提供了权威的数据来源。民间机构每年会根据教育部提供的各大学论文发表数量、学生规模、获捐款数额等数据编制大学排行榜。在促进优质教育方面，教育部会组织教师进修交流，推荐优质教科书，协助学生参加各种竞赛、下拨专项资金帮助各地政府改善教育条件等来推动、提高教学质量。

美国联邦教育部不管什么？

第一，升学、考试、教学、评估、思想一概不管，美国教育部被称作"五不管"部。

与中国教育部事无巨细的管理不同，美国教育部不管考试，不管升学，不管评估，不管具体教学，不管政治思想，在美国的华人圈内被形象地称为"五不管"部。在其官方网站上，也详细列明了美国教育部不管什么。这其中包括不设立学校，不发展课程，不设立入学及毕业标准，不设立州教育标准，不评估哪些州达到了教育目标。

第二，《教育部重组法》严禁教育部干涉具体教学和学校人事任命。

美国教育部之所以成为"五不管"部，除了美国《宪法》的"紧箍咒"外还有具体的立法。根据《教育部重组法》，美国教育部被明确禁止对任何教育机构、学校或者学校系统的课程设置、管理或者人事安排进行任何形式的命令、监督或者控制。因此，美国教育部无权任命学校的校长，也无权规定教师的职称和薪水，更无权过问学校的课程和老师的教案。除了法律层面的障碍，美国的党派政治也让教育部不敢过多干涉教育事务。虽然卡特总统一直坚称其成立教育部的目的是更好地对教育事务进行统筹管理,但共和党人指责卡特总统成立教育部纯属为了捞取全国教师协会的选票。

从美国联邦教育部的职能和权限来看,联邦教育部的成立更多的是象征意义,当时对联邦政府在教育上的作用并没有实质影响,但它确实为将教育行动置于国家关注和政策的中心以及在今后几年中联邦政府作用的扩张奠定了基础。然而,出于价值观和党派斗争的考虑,自那以后的40余年来,大部分共和党人最重要的竞选诉求之一就是废除或限制教育部,从里根到鲍勃·多尔再到麦凯恩以及特朗普都是如此。我们将在下卷各章中逐一予以论述。

除了设立新的联邦教育部之外,卡特总统在教育政策上还做了两件引人注目的事:一是增设大量联邦专项教育项目;二是大量增加联邦政府教育经费。由于卡特总统在推动这两件事的过程中,各方争议较少,满足各相关方的利益,阻力不大,故皆大欢喜。由于这两项教育政策和新的联邦教育部在卡特总统竞选连任失败后,被继任的共和党总统里根全部视为废除或限制的对象,故我们简要介绍一下。

第一,增设大量联邦专项教育项目。

1978年,当教育部的立法正在制定时,国会也在同时对1965年通过的《初等与中等教育法》进行又一次重新授权和修改。这一次修改除了针对如何分配经费的公式有争论之外,国会议员借此机会增设了大量新的教育项目。事实上,自1965年通过《初等与中等教育法》后,从尼克松、福特到卡特,历届国会均借该法重新延期的机会,添加许多联邦专项教育项目,蚕食该法的特定经费,这种情况在卡特总统任内尤为严重。基于利益的驱动,这次国会非常积极,延长和修正《初等与中等教育法》的提案在参众两院迅速通过,部分原因是1977年国会就先举行了听证会。而卡特总统在上任后一年多的时间里都没有向国会提交他的《初等与中等教育法》修改提案,直到1978年2月28日,那时国会对该法案的大部分修改和听证会已经完成。尽管如此,卡特总统还是对一些条款的确定产生了一些影响,比如改变了将该法第一章的资助经费集中拨给低收入学区。

参众两院的法案都改写了该法第一章的内容,使法律的组织更加合理,进一步明确了一些条款,并限制了联邦、州和地方各级行政人员的自由裁量权。该法第一章的计算公式被修改为从1979财政年度开始计入所有"福利儿童"(根据受抚养儿童家庭援助计划获得支持),而不是当时法律通过时规定的2/3比例。最后法案还要求将1975年的收入和教育调查作为调整分配的一个因素，以反映对使用过时的人口普查数据的持续不满。经费使用限制部分受到了兰德公司（RAND Corporation）一份报告的影响，该报告由米尔布雷·麦克劳克林（Milbrey McLaughlin）撰写，详细描述了评估该法第一章的失败，这一问题将在未来几十年内始终困扰历届政府的决策者。麦克劳克林在她的报告中指出，参议员罗伯特·肯尼迪（Robert Kennedy）将教育评估视为一种政治责任的手段，给父母提供信息，并通过这种方式确定《初等与中等教育法》资助的项目是否有效。麦克劳克林认为，要取得成效，评估必须与州和地方两级教育机构的激励措施相关，以克服教育系统固有的阻力。

此外，在该法第一章还作出了其他重要的改变。尽管1974年该法的修正案首次要求设立家长咨询委员会，但1978年收紧了规定，要求给每位家长咨询委员会成员提供所有联邦法规以及审计和监测报告的副本，并允许将该法第一章规定的经费用于家长参加会议的有限旅行，要求每个学区在申请书中说明如何培训家长咨询委员会成员。如果一所学校至少有75%的学生符合该法第一章规定的资助资格，那么就允许全校范围内受此项目的资助。1978年的修正案也包含了一些非《初等与中等教育法》资助的项目。其中最重要的两项是该法第四章，在海外国防家属教育法条款中，第一次规定了国防部在军事设施上开办学校；该法第十一章规定了美国印第安人、阿拉斯加土著人和因纽特人所享有的教育。这些领域——印第安人教育和海外国防家属学校——是联邦政府介入中小学学校运作的唯一例子。1978年的法案还延续了1974年创建的阅读基本技能计划，并将其扩展到包括数学和通信基本技能的学习。然而，当人们审视1978年的法案时，令人吃惊的是，大量的小项目要么重新授权，要么重新创建。1978年重新授权和修正的《初等与中等教育法》清单包括以下项目：教育艺术、消费教育、青年就业、法律教育、环境教育、健康教育、社区教育、学前合作项目、矫正教育、生物医学教育、人口教育、天才教育项目、教育水平标准、妇女教育公平、安全学校、民族遗产项目、廉价图书发行、国际儿童年、国家和平与冲突解决学院等等。每一个项目的授权资助水平都在每年500万—4000万美元；有几个项目需要在联邦政府内设立一个办公室来管理。其中许多项目由某位参议员或众议员提出，其背后的受益者是他们的选区或某些利益团体。这些项目严重扭曲了《初等与中等教育法》旨在资助处于不良境况中的贫穷儿童的初衷，严重扭曲了联邦政府的教育功能。据统计，到卡特总统离任时的1980年底，这样的专项教育项目大约有500个。这种情况引起共和党议员和部分民主党议员的强烈不满（次年里根总统上台后即拨乱反正）。

　　这些项目的激增不但导致联邦政府的财政压力,也使得界定联邦的角色变得困难。如果是为了支持那些弱势群体(贫困、残疾、不懂英语)的孩子上学的项目,那么这些小项目放在哪里合适呢? 联邦政府角色的边界在哪里,州政府角色的边界在哪里? 当更多项目竞争经费时,如何将经费集中在关键的联邦政府项目上? 毫不奇怪,具有利益分享特征的1978年的《初等与中等教育法》修正案很容易在参众两院都获得通过,11月1日,就在国会中期选举之前,卡特总统签署了该法案。这项法案在6月和7月仅用了3天的时间在众议院通过,8月仅用了1天时间就在参议院通过,参众两院的投票都是一片倒赞成的。正如一位全国教育协会官员当时所说,"我不确定我们是否真的需要一个部门,因为它掌握在'另一方'手中"。此外,许多利益团体在1978年努力确保的项目的激增,将为随后的"整笔(批量)拨款"提议创造理由。

　　第二,大量增加联邦政府教育经费。

　　除了大量增设联邦专项教育项目之外,卡特总统任内还大量增加联邦政府的教育经费。相较于尼克松和福特的共和党掌权时期,卡特总统任内教育经费每年有相当大的增加。不但教育拨款的总量迅速增长,而且在卡特任内每年的教育经费都大幅度增加。例如卡特总统上任后的第一个预算案中,要求为卫生教育福利部的教育项目拨款90亿美元,比福特总统上一个预算案的68亿美元增加了32%。在其任上第一学年(1976—1977年)联邦政府的教育经费占全国教育经费比例的8.8%,1977—1978学年增长至9.4%,1978—1979学年达9.8%,1979—1980学年达9.8%,是美国联邦政府历史上对教育拨款的比例顶点。相比之下,在尼克松和福特时代,曾有几年还减少了教育拨款。然而,这种只注重学生平等教育机会的投入,而无视学生学业结果的政策暴露的弊端也引起社会各界的不满和批评,次年里根总统上任后,即大幅度削减教育拨款。里根总统对20世纪60—70年代民主党的总统和国会主导通过的一系列教育法律非常反感,他认为这些法律导致联邦政府过度参与和介入本该由各州管辖的教育事务,联邦政府应该回归《宪法》的安排。因此在任内他大刀阔斧地整顿联邦教育项目、削减教育拨款,甚至一度要取消联邦教育部。从而使整个80年代美国联邦政府的党派和各利益团体一直围绕这些教育问题进行激烈的辩论,我们在下卷中会专门详细论述。

　　至此,笔者结束本书上卷的写作。如果说上卷内容主要考察和论述了美国从殖民地时期至20世纪70年代末,农业经济时代和工业经济时代背景下联邦政府的教育政策,下卷我们将打开通向另一个时代的大门——考察和论述知识经济时代美国联邦政府的教育政策，揭示不同于前两个时代的联邦政府教育政策形成的过程和特点。下卷将以同样的方式深入和系统地逐一论述里根、老布什、克林顿、小布什、奥巴马和特朗普共6位总统横跨40年的联邦政府教育政策形成的过程，以及最终从联邦教育政策转变到全国性教育政策的过程、特点与趋势。附录一是本书下卷的初步目录，笔者期待尽快与读者分享下卷的成果。

参考文献

中文文献

朱小琳:《美国对华决策始于"外脑"》,载《环球时报》2006年10月27日第11版,http://www.wendangku.net/doc/84d146dca58da0116d174900.html,2018年7月4日访问。

滕大春:《美国教育史》,人民教育出版社2001年版。

王蛹:《美国教育行政体制特征分析》,载《外国教育资料》1994年第1期。

赵玉闪:《论早期美国总统与美国教育》,载《中国电力教育》2012年第35期。

刘小飞:《本杰明·富兰克林教育思想研究》,载《才智》2010年第8期。

荀渊:《1862年赠地学院法案的缘起及其对美国社会的影响》,载《全球教育展望》2013年第6期。

兰伊春:《论美国联邦政府的土地政策及其影响》,载《青海师范大学学报》(哲学社会科学版)2006年第4期。

黄仁伟:《美国西部土地关系的演进——兼论"美国式道路的意义"》,上海社会科学院出版社1993年版。

王旭:《美国西部开发与联邦政府的土地政策》,载《史学集刊》2003年第1期。

忻福良:《各国高等教育立法》,上海交通大学出版社1992年版。

邹涵:《美国赠地学院对其高等教育资源布局的影响》,载《临沧师范高等专科学校学报》2011年4月第1期。

夏之莲:《外国教育史料选粹》(上册),北京师范大学出版社1995年版。

麦克斯·J.斯基德摩、马歇尔·卡特·特里普,张帆、林琳译:《美国政府简介》,中国经济出版社1998年版。

杨光富：《美国赠地学院发展研究》，2004年华东师范大学硕士学位论文。

陈学飞：《当代美国高等教育思想研究》，辽宁师范大学出版社1996年版。

张斌贤、高玲：《艰难历程：〈史密斯—休斯法〉的创制》，载《华中师范大学学报》（人文社会科学版）2015年3月第2期。

王书峰：《美国退役军人教育资助政策形成与变迁研究》，广东高等教育出版社2009年版。

陈艳飞：《论美国〈1944年退役军人权利法案〉的出台》，2011年复旦大学硕士学位论文。

蒋春洋、柳海民：《〈史密斯—休斯法案〉与美国职业教育制度的确立及启示》，载《黑龙江高教研究》2012年第5期。

威廉·曼彻斯特：《光荣与梦想》，海南出版社2006年版。

刘绪贻、李存训：《美国通史》（第5卷），人民出版社2002年版。

阿瑟·林克、威廉·卡顿：《1900年以来的美国史（中）》，中国社会科学出版社1983年版。

张雅琼：《美国退役军人教育援助研究》，2011年5月河南大学硕士学位论文。

张瑞玲：《二战军人权利法案对美国高等教育的影响及对我国的启示》，2011年河北师范大学硕士学位论文。

李鹏程：《美国〈1958年国防教育法〉制定过程的历史透析》，2012年4月华东师范大学教育科学学院硕士学位论文。

黄玫蕾：《美国林登·约翰逊总统执政时期教育政策研究》，2014年福建师范大学硕士学位论文。

米尔顿·格林伯格：《美国退伍军人权利法——改变美国的社会和经济风貌》，2011年7月19日(https://wenku.baidu.com/view/6c0099305a8102d276a22f6c.html)或(http://chinava.blogspot.com/2011/08/blog-post_21.html？m=1)，2019年10月12日访问。

秦珊：《1958年美国国防教育法述评》，载《广西师院学报》（哲学社会科学版）1994年第4期。

迈克尔·哈灵顿，郑飞北译：《另一个美国》，中国青年出版社2011年版。

王波：《肯尼迪总统的黑人民权政策研究》，上海人民出版社2002年版。

王庆安：《美国20世纪60年代反贫困运动及其影响》，载《历史学问题》2010年第6期。

梁茂信、聂万举:《60年代以来美国城市种族暴力冲突的特征及其根源》,载《哈尔滨工业大学学报》(社会科学版)2000年12月第4期。

张立平:《林登·约翰逊与民权法案》,载《美国研究》1996年第2期。

王庆安和易大东:《20世纪60年代美国向贫困宣战运动的动因及其影响》,载《历史学问题》2008年第3期。

黄玫蕾:《美国林登·约翰逊总统执政时期教育政策研究》,2014年福建师范大学硕士学位论文。

蓝草莓的博客:《美国的故事(61)——"权利法案"》,2014年8月4日,https://easyhistoryus.com/2019/01/09/%E7%BE%8E%E5%9B%BD%E7%9A%84%E6%95%85%E4%BA%8B%EF%BC%8876%EF%BC%89-%E5%A4%96%E5%9B%BD%E4%BA%BA%E4%B8%8E%E7%85%BD%E5%8A%A8%E5%8F%9B%E4%B9%B1%E6%B3%95/,2019年9月4日访问。

王英杰:《美国高等教育的发展与改革》,人民教育出版社2002年版。

约翰·肯尼思·加尔布雷斯,赵勇等译:《富裕社会》,江苏人民出版社2009年版。

加耳布雷思,徐世平译:《丰裕社会》,上海人民出版社1965年版。

王春雨:《浅析"1968年公平住房法"出台背景》,载《现代交际》2017年第20期。

张志梅:《从"合作联邦制"到"新联邦主义"》,载《山西大同大学学报》(社会科学版)2013年12月第6期。

高玉琢:《政府预算中的宪政问题研究》,2008年苏州大学博士学位论文。

田桂友:《论美国当代反种族隔离校车制》,2007年山东大学硕士学位论文。

梁瑞红:《战后美国城市公立学校中种族合校的困境》,2002年厦门大学硕士学位论文。

杨香香:《20世纪中期美国种族隔离制度下的拉丁裔教育》,载《世界教育信息》2011年第1期。

秦梦群:《美国教育法与判例》,北京大学出版社2006年版。

米基·英伯、泰尔·范·吉尔,李晓燕、申素平、陈蔚译:《美国教育法》,教育科学出版社2011年版)。

曹春平、祝贺:《美国全面实施特殊教育的起点》,载《教育科学研究》2017年第1期。

英文文献

Allan G. Bogue. Land Policies and Sales. in Glenn Porter, ed., Encyclopedia of American Economic History. Charles Scribner's Sons, 1980.

A Report of the United States Commission on Civil Rights. Racial Isolation in the Public Schools. U.S. Government Printing Office, 1967.

Arthur S. Trace. What Iwan Knows that Johnny Doesn't. Random House, New York, 1961.

Beryl A. Radin and Willis D. Hawley. The Politics of Federal Reorganization: Creating the U.S. Department of Education. Pergamon Press, 1988.

Blanton, Anthony Shane. Administrators' Beliefs of the Organizational Effectiveness of the Mississippi Association of Independent Schools. Dissertations, University of Southern Mississippi, 2017.

Bruce J. Dierenfield. Keeper of the Rules: Congressman Howard W. Smith of Virginia. University Press of Virginia, 1987.

Chris M. Herbst. Universal Child Care, Maternal Employment, and Children's Long-Run Outcomes: Evidence from the U.S. Lanham Act of 1940. Institute for the Study of Labor, Arizona State University, 2013.

Christopher T. Cross. Political Education: National Policy Comes of Age. Teachers College Press, Columbia University, 2004.

Clarence B. Lindquist. NDEA Fellowships for College Teaching 1958-68. Office of Education (DHEW), 1971.

David Carleton. Landmark on Congressional Laws on Education. New York: Greenwood Press, 2002.

David Tyack, Thomas James and Aaron Benavot. Law and the Shaping of Public Education, 1785-1954. University of Wisconsin Press, 1987.

Jackson Donald W., James W. Jr. Riddlesperger and John F. Kennedy and the Politics of Civil Rights. Presented at the annual meeting of the American Political Science Association, 1991.

Edward Humes. Over Here: How the G.I. Bill Transformed the American

Dream. Harcourt, 2006.

Eleventh Annual Report of the Federal Board for Vocational Education. Washington Government Printing Office, 1927.

Ellwood P. Cubberle. Public Education in the United States. Forgotten Books, 2017.

Erwin V. Johanningmeier. Equality of Educational Opportunity and Knowledgeable Human Capital: From the Cold War and Sputnik to The Global Economy and No Child Left Behind. Information Age Publishing, 2009.

Frederick M. Hess and Andrew P. Kelly. Carrots, Sticks, and the Bully Pulpit: Lessons from a Half-Century of Federal Efforts to Improve American Schools. Harvard Education Press, 2011.

Gareth Davies. See Government Grow: Education Politics from Johnson to Reagan. University Press of Kansa, 2007.

Glenn C. Altschuler and Stuart M. Blumin. The GI Bill: A New Deal for Veterans. Oxford University Press, 2009.

Howard E. McCurdy. Space and the American Imagination. John Hopkins University Press, 2011.

Jame S. Coleman. Equality of Educational Opportunity. Washington, D.C., Government Printing Office, 1966.

Jane McDonald, Robert Kaplow and Paul Chapman. School Finance Reform: The Role of U.S. Courts From 1968-1998. Report published at the National Forum of Educational Administration and Supervision Journal-Electronic, Vol. 23, 2006.

John A. Andrew III. Lyndon Johnson and the Great Society. Ivan R Dee, Inc., 1999.

John P. Resch. Americans at War: Culture, Society, and the Homefront (1500-1815). Thomson Gate, 2005.

Johnson, L. B. Transcript of Remarks by President Johnson on Signing the Education Bill. Johnson City, TX, Lyndon Baines Johnson Library, Austin, TX, 1965.

Joseph M. Holmes. Bilingual Education: Serna v. Portales Municipal Schools. New Mexico Law Review, 5N.M.L.Rev.321(1975).

J. Paul Leonard. The White House Conference on Education. International Review of Education, Vol. 2, No. 3, 1956.

Julie Roy Jeffrey. Education for Children of the Poor. Ohio State University Press, 1978.

Kathleen J. Frydl. The GI Bill. Cambridge University Press, 2009.

Keith W. Olson. The G. I. Bill, and Higher Education: Success and Surprise. the Johns Hopkins University Press, American Quarterly, No. 5, 1973.

Keith W. Olson. The G. I. Bill, the Veterans, and the College. "Chapter 1 Origins and Motives", the University Press of Kentucky, 1974.

Kennedy's Speech on NAACP Rally, Los Angeles, California, July 10, 1960. Let the Word Go Forth: the Speeches, Statements, and Writings of J. F. Kennedy 1947–1963. Selected and with Introduction by Theodore C. Sorensen, Delacorte Press, 1988.

Kern Alexander and David Alexander. American Public School Law. Thomson West, 2005 (Sixth Edition).

Matthias Nordberg Orfield. Federal Land Grants to the States with Special Reference to Minnesota. University of Michigan Library, 1915.

Maurice R. Berube. American Presidents and Education. Greenwood Press, 1991.

Michael Bennett. When Dreams Came True: The GI Bill and the Making of Modern America. Brassey's, 1996.

Military.com. GI Bill Turns 62 Today. June 22, 2006, pp. 7–8, http://www.military.com/NewsContent/0,13319,102383,00.html, 2018年5月2日访问.

Morton H. Halperin and Kristen Lomasney. Toward a Global "Guarantee Clause". Journal of Democracy(Johns Hopkins University Press), Vol. 4,1993.

New York State Education Department. Federal Education Policy and the States, 1945–2009: A Brief Synopsis. New York State Archives, Albany, 2009.

Patrick J. McGuinn. No Child Left Behind and the Transformation of Federal Education Policy, 1965–2005. University Press of Kansas, 2006.

Perry Miller and Thomas H. Johnson, eds.The Puritans: A Sourcebook of Their Writings. vol. 1, Harper Torchbooks, 1963.

Philip A. Grant, Jr. Catholic Congressmen, Cardinal Spellman, Eleanor Roosevelt and the 1949–1950 Federal Aid to Education Controversy. American Catholic

Historical Society of Philadelphia 90, December 1979.

Special Message to the Congress on Civil Rights and Job Opportunity. June 19, 1963, Public Papers of the Presidents of the U. S.: John F. Kennedy, 1963.

Steve Gunderson. Investing in America's Future: The Case for Higher Education. The Solutions for Our Future Project, 2008.

Suzanne Mettler. Soldiers to Citizens: the G.I. Bill and the Making of the Greatest Generation. Oxford University Press, 2005.

Tom Loveless, editor. Conflicting Mission? : Teachers Unions and Education Reform. the Brookings Institution, 2000.

United States Commission on Civil Rights. Racial Isolation in the Public Schools. U.S. Government Printing Office, 1967.

U.S. Commission on Civil Rights. Southern School Desegregatio, 1966–1967. Government Printing Office, 1967.

U.S. Department of Education. About Impact Aid. March 21, 2017, https://www2.ed.gov/about/offices/list/oese/impactaid/whatisia.html, 2018 年 6 月 10 日访问.

William A. DeGregorio. The Complete Book of U. S. Preridents. Dembner Books, 1984.

附录一

美国全国性教育政策形成的历史过程、特点与趋势：1981—2020年（下卷）

The Historical Evolution, Characteristics and Trends of the National Education Policy in the United States: 1981–2020 （Volume 2）

美国各州译名对照

州名	英文	简称	首府	英文名
亚拉巴马	Alabama	AL	蒙哥马利	Montgomery
阿拉斯加	Alaska	AK	朱诺	Juneau
亚利桑那	Arizona	AZ	菲尼克斯	Phoenix
阿肯色	Arkansas	AR	小石城	Little Rock
加利福尼亚	California	CA	萨克拉门托	Sacramento
科罗拉多	Colorado	CO	丹佛	Denver
康涅狄格	Connecticut	CT	哈特福德	Hartford
特拉华	Delaware	DE	多佛	Dover
佛罗里达	Florida	FL	塔拉哈西	Tallahassee
佐治亚	Georgia	GA	亚特兰大	Atlanta
夏威夷	Hawaii	HI	火努鲁鲁(檀香山)	Honolulu
爱达荷	Idaho	ID	博伊西	Boise
伊利诺伊	Illinois	IL	斯普林菲尔德	Springfield
印第安纳	Indiana	IN	印第安纳波利斯	Indianapolis
艾奥瓦	Iowa	IA	得梅因	Des Moines
堪萨斯	Kansas	KS	托皮卡	Topeka
肯塔基	Kentucky	KY	法兰克福	Frankfort
路易斯安娜	Louisiana	LA	巴吞鲁日	Baton Rouge
缅因	Maine	ME	奥古斯塔	Augusta
马里兰	Maryland	MD	安纳波利斯	Annapolis
马萨诸塞	Massachusetts	MA	波士顿	Boston
密歇根	Michigan	MI	兰辛	Lansing
明尼苏达	Minnesota	MN	圣保罗	St. Paul
密西西比	Mississippi	MS	杰克逊	Jackson
密苏里	Missouri	MO	杰斐逊城	Jefferson City
蒙大拿	Montana	MT	海伦娜	Helena
内布拉斯加	Nebraska	NE	林肯	Lincoln

续表

州名	英文	简称	首府	英文名
内华达	Nevada	NV	卡森城	Carson City
新罕布什尔	New Hampshire	NH	康科德	Concord
新泽西	New Jersey	NJ	特伦顿	Trenton
新墨西哥	New Mexico	NM	圣菲	Santa Fe
纽约	New York	NY	奥尔巴尼	Albany
北卡罗来纳	North Carolina	NC	罗利	Raleigh
北达科他	North Dakota	ND	俾斯麦	Bismarck
俄亥俄	Ohio	OH	哥伦布	Columbus
俄克拉何马	Oklahoma	OK	俄克拉何马城	Oklahoma City
俄勒冈	Oregon	OR	塞勒姆	Salem
宾夕法尼亚	Pennsylvania	PA	哈里斯堡	Harrisburg
罗得岛	Rhode Island	RI	普罗维登斯	Providence
南卡罗来纳	South Carolina	SC	哥伦比亚	Columbia
南达科他	South Dakota	SD	皮尔	Pierre
田纳西	Tennessee	TN	纳什维尔	Nashville
得克萨斯	Texas	TX	奥斯汀	Austin
犹他	Utah	UT	盐湖城	Salt Lake City
佛蒙特	Vermont	VT	蒙彼利埃	Montpelier
弗吉尼亚	Virginia	VA	里士满	Richmond
华盛顿	Washington	WA	奥林匹亚	Olympia
西弗吉尼亚	West Virginia	WV	查尔斯顿	Charleston
威斯康星	Wisconsin	WI	麦迪逊	Madison
怀俄明	Wyoming	WY	夏延	Cheyenne